Rettung über die Ostsee

Heinz Schön

Rettung über die Ostsee

Heinz Schön

Die Flucht aus den Ostseehäfen 1944 / 45

Motor buch Verlag spezial

Einbandgestaltung: Katja Draenert

Titelbilder: Ostsee-Archiv Heinz Schön

ISBN 3-613-02236-2

Copyright © by Motorbuch Verlag, Postfach 10 37 43,
70032 Stuttgart
Ein Unternehmen der Paul Pietsch Verlage GmbH + Co
Spezialausgabe: 1. Auflage 2002

Lektorat: Harald Böttcher
Innengestaltung: Viktor Stern
Scans: digi bild reinhardt, 73037 Göppingen
Druck: Rung-Druck, 73033 Göppingen
Bindung: E. Riethmüller, 70176 Stuttgart
Printed in Germany

Inhaltsverzeichnis

Vorwort

Die Jahrhundert-Flucht über die Ostsee
1944/45 retteten 1081 Schiffe mehr als 2,5 Millionen Menschen über das Meer

Zur Jahresmitte 1944 wurde vielen Bewohnern der deutschen Ostprovinzen bewusst, dass sich das Ende des Krieges näherte. Wie rasch dieses Ende über sie hereinbrechen würde, ahnten wenige.

Es begann am 22. Juni 1944, dem 3. Jahrestag des deutschen Überfalls auf Russland. Mit 45 Panzerbrigaden, 16 motorisierten Brigaden, 6 Kavalleriedivisionen und 126 Schützendivisionen, unterstützt von 4000 Flugzeugen, überrannten die Sowjets die deutschen Verteidigungskräfte der 2. Armee, der 5. Armee, der 4. Armee und der 3. Panzer-Armee.

Nach Vernichtung von 28 der insgesamt 38 deutschen Divisionen strömten die sowjetischen Truppenverbände unaufhaltsam wie eine Flutwelle durch eine 350 km breite Einbruchstelle nach Westen. 398 000 deutsche Soldaten fanden bei dieser sowjetischen Großoffensive den Tod. Von 47 Generälen fielen 10 und 21 wurden von den Sowjets gefangengenommen. Nach dieser größten Tragödie der deutschen Wehrmacht im Krieg gegen die Sowjetunion – in Stalingrad waren nur halb so viele deutsche Soldaten gefallen – standen die Russen an der Grenze Ostpreußens, nur 140 km von der nordöstlichsten

deutschen Hafenstadt Memel entfernt. Ende Juli 1944 genehmigte Hitler die »vorübergehende Evakuierung« der nicht kampffähigen Zivilbevölkerung aus Memel und dem Memelland. Mit den Schiffen »Angelburg«, »Goya«, »Heinz Horn«, »Lech«, »Messina«, »Nordland«, »Sumatra«, »Wega«, »Welheim« und »Wolta« wurden über 50 000 Memelländer vom Hafen Memel nach Pillau, Danzig und Gotenhafen gebracht.

Das war der Beginn der Jahrhundert-Flucht über die Ostsee, der größten Rettungsaktion der Seegeschichte.

Trotz der erkennbaren Bedrohung Ostpreußens durch Panzer, Erdtruppen und die sowjetische Luftwaffe gab der »Gauleiter und Reichsverteidigungskommissar Ostpreußen« Erich Koch, in völliger Fehleinschätzung der militärischen Lage an die Zivilbevölkerung die Parole aus: Ostpreußen ist deutsch, Ostpreußen bleibt deutsch, kein Russe wird jemals ostpreußischen Boden betreten.

Wie unrealistisch diese Vernebelungspolitik des Nazigauleiters war, zeigte sich wenige Monate später, als im Oktober 1944 die Rote Armee mit Panzern und Infanterieeinheiten die ostpreußische Grenze überschritt und bedeutende Geländegewinne machte. Dabei zeigte sich, dass der fast 1000 Kilometer lange »Ostpreußen-Schutzwall«, den Koch in den vorausgegangenen Monaten mit mehreren zehntausend Hilfskräften etwa 20 km vor der Grenze hatte bauen lassen, die russischen Angreifer nicht aufzuhalten vermochte. Den deutschen Verteidigern gelang es nicht, die russischen Verbände hinter die Grenze zurückzudrängen. Bis Mitte November 1944 hatte die Rote Armee bis zu einer Tiefe von 40 Kilometern und einer Breite von 150 Kilometern Ostpreußen besetzt. Weitere »Evakuierungsmaßnahmen« der Zivilbevölkerung mit Eisenbahntransporten aus dem ostpreußischen Grenzgebiet »ins Reich« hatten sich angesichts der akuten Bedrohung nicht vermeiden lassen.

In diesen und den folgenden Wochen bis Ende Dezember 1944 wuchs die Bereitschaft und der Wille der ostpreußischen Bevölkerung, die bedrohte Heimat zu verlassen. Besonders Mütter mit Kindern fürchteten sich vor dem nächsten Sturm der Roten Armee auf Ostpreußen ebenso wie vor dem nächsten Winter, der vor der Tür stand. Gauleiter Koch, die rapide Zunahme des Fluchtwillens der Bevölkerung erkennend, stellte das unerlaubte Verlassen Ostpreußens unter Strafe und setzte damit über 1.750.000 Ostpreußen der Gefahr aus, ihr Leben zu verlieren, wenn die Rote Armee plötzlich das Land überfluten sollte. Trotz des Fluchtverbotes reisten noch vor dem Wintereinbruch im Dezember tausende Mütter mit Kindern mit der Bahn, versehen mit einer Rückfahrkarte, ohne Absicht diese zu benutzen, zum weihnachtlichen Verwandtenbesuch »ins Reich«.

Die größte Angriffsarmee aller Zeiten

Zu dieser Zeit, Ende Dezember 1944, war der Aufmarsch sowjetischer Panzer- und Truppenverbände für die sorgsam geplante Winteroffensive bereits abgeschlossen.

Nach der für die Sowjetführung enttäuschenden Herbst-Offensive gegen Ostpreußen hatte sich Stalin vorbehalten, die sowjetische Winteroffensive gegen Ostpreußen, die nach der Eroberung Ostpreußens auf Westpreußen, die Danziger Bucht und Pommern bis zu dem wichtigen Nachschubhafen Stettin ausgeweitet werden sollte, persönlich zu leiten. Als Nahziele war die Erreichung der Ostseeküste bei Memel, Königsberg und Kolberg geplant.

Innerhalb weniger Wochen wollte die Sowjetarmee die Besetzung von Ostpreußen, Westpreußen und Pommern abschließen und die Faschisten vernichtend schlagen. Der sowjetische Generalstab hatte für diese Offensive die größte Angriffsarmee aller Zeiten bereitgestellt. Da dieses ehrgeizige und hochgesteckte Ziel nur mit einer Übermacht an Menschen und Material erreichbar war, hatte Stalin allein der 2. und 3. weißrussischen Front, die die Hauptlast der Operation zu tragen hatten, zur Verfügung gestellt: 1.6 Millionen Soldaten, 25.426 Geschütze und Granatwerfer, 3.800 Panzer und Artilleriegeschütze auf Selbstfahrlafetten, 3.000 Flugzeuge, 13,5 Millionen Granaten, 620 Millionen Patronen und 2,2 Millionen Geschosse für Raketenwerfer.

Man wartete im sowjetischen Generalstab in den ersten Januartagen 1945 nur noch auf den Einbruch der Kälte mit zweistelligen Minusgraden, die die Wege festigte, Äcker und Wiesen befahrbar machte und Teiche, Flüsse und Seen mit Eis überzog.

Am Samstag, dem 13. Januar 1945, bei 15 Grad unter Null, war es soweit. Das Millionenheer Stalins stürmte in das winterliche, schneebedeckte Ostpreußen. Tausende Geschütze begannen ihre todbringenden Geschosse abzufeuern. Mehr als eintausend Flugzeuge mit dem roten Stern warfen ihre Bomben auf Dörfer, Städte, Bahnhöfe, Brücken, Straßen, Häuser und die deutschen Verteidigungslinien. Tiefflieger rasten über die schneeverwehten Straßen und belegten Fahrzeuge und Menschen mit Geschossgarben. In diesen ersten Stunden des sowjetischen Großangriffes, in denen Ostpreußen zur Hölle wurde, starben viele tausend deutsche Soldaten, aber auch Frauen und Kinder, Alte und Kranke, die sich bei Einsetzen des Höllenlärms in ihren Hauskellern und Wohnungen angstvoll verkrochen hatten.

Keiner der Deutschen, ob Säugling oder Greis, ob Frau oder Soldat, hatte von diesen Stunden an noch ein Recht auf Leben. Für die angreifenden Rotarmisten war die Stunde der Vergeltung gekommen, jeder

Deutsche war für die sowjetischen Soldaten ein Faschist, der den Tod verdiente. Sowjetmarschall Tschernjachowskij, Kommandeur der 3. Weißrussischen Front, hatte seinen Soldaten für den Angriffstag, den 13. Januar 1945, einen Tagesbefehl mit folgendem Wortlaut mit auf den Weg gegeben:

»2000 Kilometer sind wir marschiert und haben die Verwüstungen aller Errungenschaften gesehen, die wir in zwanzig Jahren aufgebaut haben. Nun stehen wir vor der Höhle, aus der heraus die faschistischen Angreifer uns überfallen haben. Wir bleiben erst stehen, wenn wir sie ausgeräuchert haben. Gnade gibt es nicht – für niemanden, wie es auch für uns keine Gnade gegeben hat. Das Land der Faschisten muß zur Wüste werden, wie auch unser Land, das sie zur Wüste gemacht haben. Die Faschisten müssen sterben, wie auch unsere Soldaten gestorben sind!«

Bereits am ersten Tag der sowjetischen Großoffensive war unter der Zivilbevölkerung Panik ausgebrochen. Unter widrigsten Wetterverhältnissen mit Minustemperaturen zwischen 15 und 20 Grad, hohem Schnee, eisigem Wind, vereisten und durch zurückflutende deutsche Militäreinheiten und Fahrzeuge verstopften Straßen nahm die Massenflucht der Frauen, Kinder und alten Leute ein chaotisches Ausmaß an. Ein Land war aufgebrochen und floh vor den unaufhaltsam vorwärts stürmenden Soldaten der Roten Armee. Die deutschen Verteidiger hatten gegen diese Übermacht an Menschen und Material keine Chance, sie kämpften auf verlorenem Posten, konnten den Vormarsch der sowjetischen Panzer und Infanteristen nicht mehr aufhalten oder zurückschlagen sondern nur verzögern. Das wäre notwendig gewesen, um für die Zivilbevölkerung Zeit für die Flucht zu gewinnen .

Jetzt rächte sich die Fehlentscheidung Hitlers, der die schon im Herbst 1944 erkennbare Notwendigkeit der Verstärkung der Ostpreußen-Front ignoriert hatte. Eine entsprechende Forderung, die der Chef des Generalstabes Guderian dem Führer vorgetragen hatte, lehnte Hitler kategorisch mit der Bemerkung ab:

»Keine Verstärkung der Truppen im Osten – dort kann ich noch Boden verlieren, im Westen nicht. Der Osten muß sich allein helfen!«

Hitler hatte offensichtlich Ostpreußen bereits nach der sowjetischen Herbst-Offensive aufgegeben. Er verließ am 20. November 1944, für viele Ostpreußen und besonders für Gauleiter Erich Koch völlig überraschend, sein Führerhauptquartier »Wolfsschanze« bei Rastenburg, das er seit dem 24. Juni 1941 fast ununterbrochen benutzt hatte. Nach einem Zwischenaufenthalt in Berlin hatte Hitler am 10. Dezember 1944 sein neues Führerhauptquartier »Adlerhorst« bei Ziegenberg in der Nähe von Bad Nauheim bezogen. Dort hatte er persönlich die Leitung der Ardennen-Offensive übernommen, die ihm militärstrategisch wichtiger war als die Verteidigung Ostpreußens. Die dort verzweifelt kämpfenden Soldaten und Volkssturmleute sowie die Frauen, Kinder und Greise, die der Willkür der Rotarmisten ausgeliefert waren, hatte Hitler ihrem Schicksal, das für viele mit dem Tod endete, überlassen.

Hitler, Stalin, Flucht und Vertreibung

Hitler wusste beim Verlassen von Ostpreußen mit Sicherheit welchen Gefahren, besonders Frauen, ausgesetzt waren, wenn Soldaten der Roten Armee Ostpreußen besetzen würden; er wusste auch, welches Leid die Bevölkerung bei Flucht und Vertreibung zu erleiden hatte.

Lange Zeit bevor die »Großen Drei«, Franklin D. Roosevelt, Präsident der Vereinigten Staaten Amerikas, Winston Churchill, Britischer Premierminister und Josef Stalin, Generalsekretär des ZK, Führer der Sowjetunion, in den Konferenzen von Teheran und Jalta über das Schicksal Hitler-Deutschlands nach dem Ende des Krieges und die Abtrennung Ostdeutschlands entschieden und damit Flucht und Vertreibung Deutscher durch Russen und Polen sanktionierten, hatten Hitler und Stalin bereits vor Kriegsbeginn einen Vertrag geschlossen, der die völkerrechtswidrige Vertreibung aus der angestammten Heimat einschloss.

Nach Vorverhandlungen des deutschen Reichsaußenministers, Joachim von Ribbentrop, und des Außenministers der UdSSR, W. M. Molotow, unterzeichneten Adolf Hitler und Josef Stalin eine Woche vor dem Einmarsch deutscher Truppen in Polen am 23. August 1939 in Moskau den Deutsch-Sowjetischen Nichtangriffsvertrag. Dieser Pakt zwischen dem Deutschen Reich und der UdSSR kam zustande, obwohl sich beide Staaten bisher vehement propagandistisch bekämpft hatten. Für Hitler war Stalin der »jüdisch-bolschewistische Todfeind«, für Stalin war Hitler der »faschistische Todfeind der Arbeiterklasse«. Während westliche Demokratien sich vergeblich um eine Verständigung mit Stalin bemühten, fanden deutsche Angebote in Moskau eine positive Beachtung und führten schließlich zu dem Pakt der beiden Todfeinde. Der Pakt verschaffte der Sowjetunion den nötigen Zeitgewinn für seine Aufrüstung und dem Deutschen Reich die Sicherheit, die es für den Angriff auf Polen brauchte. In einem Zusatzprotokoll grenzten die Vertragspartner ihre Interessensphären ab und vereinbarten eine vierte Teilung Polens entlang der Curzon-Linie. Damit erhielt die UdSSR ein breites Sicherheitsgebiet im östlichen Mitteleuropa. Am 28. September 1939 wurde der Deutsch-Sowjetische Nichtangriffsvertrag durch einen Grenz- und Freundschaftsvertrag erweitert.

Die zwischen der UdSSR und dem Deutschen Reich geschlossenen Verträge hatten zur Folge, das die Ostpolen aus ihrer angestammten Heimat vertrieben wurden. Auch der Einmarsch deutscher Truppen in Polen und die daraus resultierenden Folgen führten zur Flucht vieler Polen.

Im Deutsch-Sowjetischen Nichtangriffsvertrag hatte Hitler der Eingliederung der baltischen Staaten Litauen, Lettland und Estland in die sowjetische Einflusssphäre zugestimmt. Im Oktober 1940 wurden 79.000 Baltendeutsche »heim ins Reich« geholt. Der Transport erfolgte mit den ehemaligen »Kraft durch Freude«-Schiffen, die bei Kriegsbeginn zu Lazarettschiffen umgebaut worden waren: »Robert Ley«, »Wilhelm Gustloff«, »Der Deutsche«, »Oceana« und »Stuttgart«. Es war der erste Einsatz dieser Schiffe als »Flüchtlingsschiffe«.

Letztes Fluchtziel: Ostseehäfen

An die Verträge, die Hitler mit Stalin 1939 abgeschlossen hatte und die am 22. Juni 1941 mit dem Angriff ohne Kriegserklärung auf die Sowjetunion zur Makulatur geworden waren, erinnerten sich die Ostpreußen im Januar 1945 kaum noch. Dagegen bekamen sie Stalins Krieg gegen Hitler mit all seinen Ängsten, Schrecken und Gewalttaten zu spüren, wie sie kein Deutscher zuvor erleben musste. Ihnen stand die Flucht und Vertreibung bevor, die die Bevölkerung der Sowjetunion bei der Besetzung ihres Landes hatte erleiden müssen.

Vom 13. Januar 1945 an war Ostpreußen ein Hauptkriegsschauplatz. Für die Bevölkerung hatte ein unbeschreiblicher und unbarmherziger Leidensweg begonnen. Mit großer Eile versuchte man allerorts in Dörfern und Städten Trecks zusammenzustellen und nach Norden und Westen in Bewegung zu setzen. »Nur weg, bevor die Russen kommen!« hatten sich die Frauen zugerufen. Doch oft waren die sowjetischen Panzer schneller, überholten die Trecks und erschossen die Pferde, zerschossen oder überrollten die Treckfahrzeuge und töteten Menschen.

Jetzt wurden die verhängnisvollen Folgen des von Gauleiter Erich Koch verhängten Fluchtverbotes erkennbar. Der ostpreußischen Bevölkerung blieb nichts erspart. Dem Vormarsch der Roten Armee durch Ostpreußen fielen ein Dorf nach dem anderen und eine Stadt nach der anderen zum Opfer.

Am 22. Januar verließ der letzte fahrplanmäßige D-Zug der Deutschen Reichsbahn, überfüllt mit Flüchtlingen, den Königsberger Hauptbahnhof.

Vom 22. Januar 1945 an überstürzten sich die Ereignisse auf dem Kriegsschauplatz Ostpreußen.

Am 23. Januar hatten sowjetische Panzer und motorisierte Einheiten Elbing erreicht und die Eisenbahn- und Straßenverbindung nach dem Westen ins Reich unterbrochen.

Am 24. Januar, dem elften Tag des Beginn der Winteroffensive der Roten Armee, waren sowjetische Verbände bereits bis in die unmittelbare Nähe von Königsberg vorgedrungen und drohten die Stadt einzuschließen. Die Hauptstadt Ostpreußens wurde zur »Festung« erklärt, General Otto Lasch als Festungskommandant eingesetzt.

Am 25. Januar wurde im Pillauer Hafen die Beladung der Schiffe »Robert Ley«, »Pretoria«, »Duala« und »Ubena« abgeschlossen. Sie wurden über die Ostsee mit Zielhafen Warnemünde in Marsch gesetzt. Über 20.000 Menschen, Flüchtlinge, Verwundete und Familien der Königsberger Parteiprominenz hatten auf diesen fünf Schiffen Platz gefunden.

Am 26. Januar stießen sowjetische Angriffsspitzen am hart umkämpften Elbing vorbei bis an das Frische Haff bei Tolkemit vor. Damit waren Ostpreußen abgeriegelt und der Fluchtweg über die Weichsel nach Westen versperrt. Die Flucht aus dem Ostpreußen-Kessel, der sich jetzt gebildet hatte, war auf dem Landweg nur noch über die Frische Nehrung in östlicher Richtung zum Seehafen Pillau oder in westlicher Richtung zu den in der Danziger Bucht liegenden großen Häfen Danzig und Gotenhafen möglich.

Am 27. Januar wurde im Auftrage des Reichsverteidigungskommissars für Ostpreußen, Gauleiter Erich Koch, über Lautsprecher die Königsberger Bevölkerung aufgerufen, die »Festung« sofort zu verlassen, worauf eine chaotische Flucht nach Pillau einsetzte.

Am 28. Januar verließ Gauleiter Koch mit seinem engeren Stab und Behördenleitern seinen Dienstsitz in Königsberg und bezog eine bombensichere Bunkerstellung in Pillau-Neutief, um von hier aus seinen »Frontgau Ostpreußen« zu befehligen. In seinem neuen Dienstsitz erhielt Koch die Nachricht, das die letzten deutschen Soldaten sich befehlsgemäß aus Memel abgesetzt und die Sowjets die »Festung« besetzt hätten.

In der Nacht zum 29. Januar fanden bereits Kämpfe im Vorfeld von Königsberg statt, Dohna und das Zwischenwerk Altenburg gingen verloren, am 30. Januar besetzten in einem nächtlichen Blitzangriff sowjetische Truppen die Königsberger Vorstadt Metgethen und richteten unter der Zivilbevölkerung ein Blutbad an. Mit der Besetzung Metgethens ging die wichtigste Verbindung zwischen Königsberg und Pillau, und damit der Fluchtweg an der Ostsee verloren.

Am 31. Januar stießen die Sowjets bis zum Königsberger Seekanal vor und sperrten damit auch diese Verbindung nach Pillau. Wie ein Lauffeuer verbreitete sich unter den im Pillauer Hafen auf Abtransport wartenden Flüchtlingen die Schreckensnachricht, dass das in der Nacht zuvor aus Gotenhafen ausgelaufene, mit mehreren tausend Flüchtlingen beladene ehemalige »Kraft durch Freude«-Schiff »Wilhelm Gustloff« von einem sowjetischen U-Boot torpediert worden und gesunken sei. Nur wenige Flüchtlinge hätten aus der eiskalten See noch lebend geborgen werden können.

Auch in anderen Ostseehäfen, in Gotenhafen, Danzig-Neufahrwasser, Hela, Stolpmünde, Kolberg, Swinemünde und nicht zuletzt in Königsberg hatte die Nachricht vom Untergang der »Wilhelm Gustloff« Angst und Schrecken verbreitet. »Jetzt lauert der Tod auch auf der Ostsee« dachten viele, denen die Flucht über das Meer noch bevorstand. Sie hatten keine andere Wahl, Freiheit und Leben zu retten; es waren nicht nur tausende oder zehntausende, sondern mehrere hunderttausend Ostpreußen, Westpreußen, Danziger und Pommern, fast ausnahmslos Frauen, Kinder, Kranke und alte Menschen, denen das Verlassen der angestammten Heimat besonders schwer fiel. Auch der Abtransport von Schwerverwundeten war nur noch auf dem Seeweg möglich.

Großadmiral Dönitz und die Flüchtlingstransporte

Dies wurde auch Großadmiral Dönitz bewusst, als er am 31. Januar 1945 um 16 Uhr in Berlin bei einer »Führerkonferenz über Marineangelegenheiten« Hitler über den Verlust der »Wilhelm Gustloff« berichten musste. Wie diese erste große Flüchtlingsschiff-Katastrophe bagatellisiert wurde, beweist das Protokoll über den Vortrag von Dönitz bei Hitler:

»Zum Verlust des Passagierschiffes Wilhelm Gustloff durch U-Boot-Torpedierung auf dem Außenweg nördlich der Stolpe-Bank führt der Oberbefehlshaber der Marine aus, daß bei den umfangreichen Transporten in der Ostsee Verluste von vornherein in Rechnung gestellt wurden, und daß man es, so schmerzlich der Verlust auch immer im einzelnen ist, als ein besonderes Glück ansehen muß, wenn bisher nicht mehr Verluste eingetreten sind... Trotzdem muß darauf hingewiesen werden, daß die russischen U-

Großadmiral Dönitz.

und Verwundetentranspsorte über die Ostsee gesprochen.

Schon im Juni 1944 nach dem Zusammenbruch der Mittelfront und dem folgenden Einbruch sowjetischer Truppen in das Memelland hätte Großadmiral Dönitz reagieren und Vorbereitungen für den Massentransport von mehreren hunderttausend Menschen aus den Ostseehäfen nach Westen einleiten müssen. Dass eine massive Offensive gegen Ostpreußen, Westpreußen und Pommern zeitnah bevorstand und der Krieg für Hitler nicht mehr zu gewinnen war, dürfte zu diesem Zeitpunkt jedem nur etwas weitsichtigen Militärbefehlshaber bewusst gewesen sein.

Am 9. Juli 1944 hatte Großadmiral Dönitz an einer Besprechung bei Hitler teilgenommen, in deren Mittelpunkt die offenkundige Verschlechterung der Lage an der sowjetischen Front stand. Über diese Lage berichteten Generalfeldmarschall Modl, Generalleutnant Friesner und Generaloberst Ritter von Greim. Auf die Frage Hitlers, welche Folgen ein Durchbruch der Sowjets bis zur Ostseeküste haben würde, antwortete Dönitz:

»Unsere Kontrolle der Ostsee ist wichtig. Sie ist wesentlich für die Einfuhr des schwedischen Erzes, das wir für unsere Rüstung brauchen, und sie ist von entscheidender Wichtigkeit für die neue U-Boot-Waffe. Die westliche Position, die es uns noch erlaubt, den Finnischen Golf gegen die russische Flotte abzuschließen, liegt östlich von Reval, der Besitz der baltischen Inseln ist in gleicher Weise für diesen Zweck von Wichtigkeit. Sollte jedoch der Feind weiter südlich an die Ostsee durchbrechen, z. B. in Litauen oder Ostpreußen, so würden der Finnische Golf und die Baltischen Inseln für die Seelage wertlos werden. Feindliche Stützpunkte zur See in unserer unmittelbaren Nähe würden dann die Erzverschiffung bedrohen oder völlig zum Erliegen bringen und die Übungsplätze für unsere U-Boote stören. Das hauptsächliche Ziel, dem meiner Meinung nach alles untergeordnet werden muß, selbst die Zurücknahme der nördlichen Heeresgruppe, ist es zu verhindern, daß die Russen an die offene See durchbrechen. Wenn einmal der Feind dorthin durchgestoßen ist, wird die Bedrohung unserer Seeverbindung in der Flanke, die von russischen Flugplätzen in Litauen aus gegeben wäre, es

Boote in der Ostsee nur wegen des Fehlens deutscher U-Bootsjagd durch Flugzeuge so ungestört auftreten können. Wegen des Mangels an eigenen Sicherungskräften muß sich die Kriegsmarine auf die unmittelbare Sicherung der Geleite beschränken und kann flächenmäßige U-Bootsjagd nur im geringstem Umfange betreiben. Das hierfür allein geeignete Mittel ist das mit Ortungsgerät ausgerüstete Flugzeug, das ja auch auf der Seite unserer Gegner unseren U-Boot-Krieg lahmgelegt hat.«

Nach Meinung von Dönitz war also nicht die fehlende Geleitsicherung der Kriegsmarine und die unverantwortbare Alleinfahrt auf Verantwortung der U-bootwaffe Schuld an der Gustloff-Katastrophe, sondern die Luftwaffe.

Nicht darüber beraten wurde, was mit den mehr als einhunderttausend Flüchtlingen geschehen soll, die an diesem 31. Januar 1945 in Pillau, Gotenhafen, Danzig und Hela auf ihren Abtransport über See warteten, und kein Wort wurde in der »Führerkonferenz für Marineangelegenheiten« über die offensichtlichen Versäumnisse der Seekriegsleitung bei der Vorbereitung der zur Zeit dringend erforderlichen und in naher Zukunft noch stärker anfallenden Flüchtlings-

unmöglich machen, die nördliche Heeresgruppe und Finnland über See zu versorgen. Ein unmittelbarer Durchbruch der Sowjets südlich von Kurland wäre die größte Gefahr für die Seelage«.

Schon zwei Wochen später, am 25. Juli 1944 begann die »Evakuierung« der baltischen Häfen Reval und Riga. Innerhalb von drei Monaten wurden aus Reval, Riga, Libau und Windau 306.718 Menschen über See abtransportiert, weitere 200.000 folgten kurze Zeit später. Zu den Schiffen, die bei diesen Transporten eingesetzt wurden, gehörten u.a. die großen Passagierdampfer »Steuben« und »Deutschland«.

Auch diese weitere Verschlechterung der Seelage hatte den Großadmiral nicht veranlassen können, sich mit dem auf die Marine zukommenden Problem des Abtransports von Flüchtlingen aus den östlichen Ostseehäfen zu beschäftigen. Nach seinen Äußerungen hatte es den Anschein, dass ihm der Transport von Erz aus Schweden für die Rüstung und damit der Bau neuer U-Boote wichtiger war.

Der Admiral, der alles retten sollte

Am 31. Januar 1945 musste Großadmiral Dönitz reagieren, die Situation in den östlichen Ostseehäfen hatte sich von Stunde zu Stunde verschärft, immer mehr Flüchtlinge strömten in die Häfen. Schiffe schienen ihnen die letzte Möglichkeit zu bieten, den allerorts vorrückenden Soldaten der Roten Armee zu entkommen.

Dönitz brauchte einen Mann, der diese logistische Aufgabe bewältigen konnte. Diese Fähigkeit hatte nach Meinung des Großadmirals in ganz besonderem Maße Konteradmiral Conrad Engelhardt. Dönitz berief ihn zum »Seetransportchef Ostsee«.

Der knapp 47jährige Konteradmiral trat 1916 in die Marine ein, wurde Stabsoffizier in der Reichs- wie in der Kriegsmarine. Von März 1943 bis Januar 1944 war er im Einsatz als »Seetransportchef Italien«. Im Anschluss daran wurde er Chef der Schiffahrtsabteilung in der Seekriegsleitung und damit »Seetransportchef der Wehrmacht«. Engelhardt verfügte zweifellos über die Erfahrung, die ihm für seine neue Aufgabe als »Seetransportchef Ostsee« von Nutzen

Konteradmiral Conrad Engelhardt, Seetransportchef Ostsee.

sein konnte; er wurde dem Großadmiral direkt unterstellt, worauf er bei seiner Berufung ganz besonderen Wert gelegt hatte. Als der Konteradmiral seinen verantwortungsvollen Posten übernahm stellte er fest, dass er vor einem Nichts stand.

Die Seekriegsleitung und das Oberkommando der Wehrmacht hatten während des Krieges eine Vielzahl von Operationen und Unternehmen, so das »Unternehmen Seelöwe« (das die Besetzung Englands zum Ziel hatte) und das »Unternehmen Weserübung« (die Besetzung Dänemarks und Norwegens) in monatelanger Generalstabsarbeit vorgeplant und durchgespielt, für das »Unternehmen Rettung über die Ostsee« war jedoch nichts vorbereitet worden. Weder das Oberkommando der Kriegsmarine noch ein einziger Admiralstabsoffizier hatte sich bisher mit dem Fragen- und Problem-Komplex beschäftigt, was geschehen müsse, wenn plötzlich hunderttausend oder noch mehr Menschen aus Ostpreußen, Westpreußen, Danzig und Pommern in die Ostseehäfen flüchten und über See abtransportiert werden wollen, woher der dafür erforderliche Schiffsraum kommen sollte, wie Frachtschiffe binnen kurzer Zeit auf Menschentransporte umgerüstet werden könnten und nicht zuletzt, woher Kohle und Öl für die Schiffe in ausreichender Menge für eine Transportaufgabe mit solchem Ausmaß zu beschaffen seien.

13

Keine zentrale Dienststelle der Wehrmacht, der Marine oder der Partei oder ihrer Hilfsorganisationen in den Ostseehäfen, von Riga bis Swinemünde, hatte sich mit der Frage befasst, wie Massen von Flüchtlingen, Mütter mit Kindern, Kranken, alten Leuten und Verwundeten, die sich in den Häfen sammeln, dort verpflegt werden können, wenn sich eine solche Notwendigkeit im Kriegsverlauf ergeben würde.

Als am letzten Januartag 1945 Konteradmiral Conrad Engelhardt sein Amt als »Seetransportchef Ostsee« und damit die verantwortliche Leitung des »Unternehmens Rettung« übernahm, war nichts, aber auch gar nichts vorbereitet. Er verfügte nicht einmal über eine aktuelle Liste, in welchen Ostseehäfen welche Schiffe, mit welchen Aufnahmekapazitäten für den Flüchtlingstransport zu Verfügung standen und ob diese, nach jahrelangen Liegezeiten als »Wohnschiffe«, überhaupt noch fahrtüchtig und personell für einen Rettungseinsatz ausgestattet waren. Darüber hinaus war zu klären, welche Kriegsmarineeinheiten die Sicherung der Flüchtlingsschiffgeleite über die Ostsee übernehmen konnten.

Nach einer Blitzumfrage hatte Engelhardt bereits nach 24 Stunden eine erste Übersicht. Demnach standen für das »Unternehmen Rettung« folgende Schiffe zur Verfügung:

Die großen Passagierschiffe »Cap Arcona« (27 561 BRT), »Robert Ley« (27 288 BRT), »Hamburg«(22 117 BRT), »Hansa«(21 131 BRT), »Deutschland« (21 046 BRT), »Potsdam« (17 828), »General San Martin« (11 251 BRT), die Frachtschiffe: »Moltkefels« (7 862 BRT),»Neidenfels«(7 838 BRT), »Lappland«« (7 650 BRT), »Vega« (7 287 BRT), »Wolta« (7 258 BRT), »Göttingen« (6 267 BRT), »Kanonier« (6 257 BRT), »Duala« (6 123 BRT), »Vale« (5 950 BRT), »Wiegand« (5 869 BRT), »Tübingen« (6 593 BRT), »Albert Jensen« (5 446 BRT), »Brake« (5 347 BRT), »Tanga« (5 346 BRT), »Matthias Stinnes« (5 337 BRT), »Goya« (5 230 BRT), »Mendoza« (5 193 BRT), »Cometa« (5 125 BRT), »Eberhard Essberger« (5 046 BRT), und eine Vielzahl weiterer kleiner Schiffe unter 5 000 BRT.

Die Kriegsmarine verfügte ferner in der Ostsee über die großen Lazarettschiffe »Berlin« (15 286 BRT),

»Monte Rosa« (13 750 BRT), »Monte Olivia« (13 750 BRT), und »Pretoria« (16 662 BRT) sowie acht kleine Lazarettschiffe zwischen 1000 und 3000 BRT »Glückauf«, »Marburg«, »Meteor«, »Oberhausen«, »Pitea«, »Posen«, »Würzburg« und »Rügen« sowie die ausschließlich für den Massentransport von Verwundeten eingerichteten Verwundeten-Transport-Schiffe (VTS) »Adler« (1 486 BRT), »Antonio Delfino« (13 589), »Der Deutsche« (11 430 BRT), »Steuben« (14 66o BRT), »Regina« (1 304 BRT), »Ubena« (9 554 BRT), »Urundi« (5 791 BRT), »Renate« (2 339 BRT), »Walter Rau« (13 752 BRT), »Wangoni« (7 848 BRT), »Winrich von Kniprode« (10 123 BRT), »Karlsruhe« (897 BRT), »Robert Möhring« (3 344 BRT) und das Eisenbahnfährschiff »Preußen«.

Diese erste Bestandsaufnahme über verfügbare Flüchtlingsschiffe betrachtete der Seetransportchef nur als Zwischenergebnis. Er ließ nicht locker, weitere Schiffe in seine »Flotte der Flüchtlingsschiffe« einzureihen.

Auch das Problem der Sicherung der Flüchtlingsgeleite bekam er rasch in den Griff. Admiral Engelhardt standen für die Geleitsicherung der Flüchtlings-, Lazarett- und Verwundetentransport-Schiffe die 9. Sicherungsdivision unter Führung von Fregattenkapitän Adalbert von Blanc in der östlichen Ostsee und die 10. Sicherungsdivision unter Führung von Konteradmiral Butow für die mittlere Ostsee zur Verfügung. Beide Divisionen bestanden zusammen aus 17 Flottillen und weiteren 350 kleineren Fahrzeugen, sie verfügten in allen größeren Ostseehäfen über Zweigstellen und Sonderstäbe.

Obwohl mit Geleitsicherung fahrend, konnte nicht verhindert werden, dass das am 9. Februar 1945 aus Pillau ausgelaufene Verwundetentransportschiff »Steuben« in der Nacht vom 9. zum 10. Februar durch zwei Torpedotreffer versenkt wurde, abgeschossen von dem gleichen sowjetischen U-Boot »S 13« unter Führung von Kapitän 3. Ranges Alexander Marineso, das am 30. Januar 1945 auch die »Wilhelm Gustloff« versenkt hatte. Konteradmiral Engelhardt zog aus dem Verlust des Dampfers »Steuben«, den er sehr bedauerte aber nicht als Rückschlag betrachtete, die Konsequenz, in Absprache mit den beiden Kommandeuren der Sicherungsdivisionen die Geleitsicherung zu verstärken, damit weitere Schiffsuntergänge vermieden würden.

Massenflucht in die Ostseehäfen

Ab Mitte Februar spitzte sich die Lage an der Landfront in Ostpreußen, Westpreußen, in der Danziger Bucht und in Pommern weiter zu. Mit verstärkten Kräften versuchte die Rote Armee ihren Vormarsch zu beschleunigen. Da es ihr nicht gelungen war, die Festung Königsberg im Handstreich zu nehmen und die Festungsbesatzung mit verstärkten Aufrufen zum Überlaufen oder zur Kapitulation zu bewegen, gab man sich zunächst mit einer Belagerung der Festung zufrieden und verstärkte die Angriffe auf das Frische Haff, das man als Hauptfluchtweg erkannt hatte, auf die Danziger Bucht mit den großen Häfen Danzig und Gotenhafen und auf die Festung Kolberg an der pommerschen Ostseeküste. Ein weiterer sowjetischer Angriffskeil richtete sich gegen Stettin-Swinemünde und die Odermündung.

Vor den nach Norden und Nordwesten vorrückenden sowjetischen Truppen wälzten sich bei winterlichem Wetter die Flüchtlingstrecks in Richtung Ostseehäfen. Um in die Häfen Pillau, Danzig und Gotenhafen zu gelangen, musste zunächst das zugefrorene Frische Haff überquert werden, um die Frische Nehrung zu erreichen.

Doch die Überquerung des Frischen Haffs war für viele ein Fluchtweg mit Todesfolge. In Viererreihen zogen die langen Trecks, oft schon viele Tage unterwegs, über das Haffeis. Immer wieder stürzten sich sowjetische Bomber und Jagdflugzeuge auf die Treckwagen. Viele Fahrzeuge brachen ein, nachdem die Bomben das Eis geborsten hatten. Manches Fahrzeug, mancher Treck verschwand spurlos unter dem Eis oder ließ nur noch Trümmer und Tote zurück.

Die Toten legte man an den Rand der durch Baumzweige abgesteckten Eis-Fahrwege; eine Bestattung war nicht möglich.

Was besonders die ostpreußischen Frauen mit ihren Kindern, die Kranken und die bereits durch die Strapazen der vergangenen Fluchttage geschwächten alten Menschen auf diesem Fluchtweg zu leiden hatten, hilflos den Unbilden des Wetters, grimmiger Kälte von minus 20 bis 25 Grad, eisigem Wind und tagsüber sowjetischen Bombern und Jagdflugzeugen hilflos ausgeliefert, war die Hölle auf Erden. Säuglinge und Kleinstkinder, alte und gebrechliche Menschen hatten auf diesem Fluchtweg die geringsten Überlebenschancen. Viele Säuglinge starben, Greise röchelten ihr Leben aus. Leid und Not waren groß. Das letzte Stück Brot wurde geteilt und der letzte Schluck Wasser, und manche Frau wurde in diesem Elendszug in ihrem Fluchtwagen noch entbunden.

Auf der schmalen Frischen Nehrung, auf der es nur eine Straße gab, ging der Überlebenskampf weiter. Hunger, Durst, Bomben und Bordwaffengeschosse löschten auch auf diesem Fluchtweg noch manches Leben aus. Hatten die Flüchtlinge endlich den ersehnten Hafen erreicht, standen sie auf kalten Kaimauern und mussten in einer riesigen Menschenmenge oft viele Stunden oder Tage warten, bis sie von einem Schiff aufgenommen wurden.

Ob in Pillau, Gotenhafen, Danzig-Neufahrwasser oder auf der Halbinsel Hela, überall das gleiche Bild: Tausende Menschen und wenig Schiffe. Doch die meisten waren dankbar dafür, bis hierher gekommen zu sein. Hier hatten sie die Hoffnung, dass Schiffe kommen und sie über die Ostsee retten würden. Und die Schiffe kamen.

Große Passagierdampfer, die einige tausend Menschen befördern konnten, und kleine Frachter, auf denen nur einige hundert Platz fanden. Das von Konteradmiral Engelhardt geleitete »Unternehmen Rettung« lief auf vollen Touren. Hunderte von Schiffen waren im Einsatz, zwischen Königsberg und Swinemünde warteten eineinhalb Millionen Menschen auf Rettung über die Ostsee.

Kriegsende in den Ostseehäfen

Während der Seetransportchef Ostsee, Konteradmiral Engelhardt, immer mehr Schiffe für das »Unternehmen Rettung« requirierte und in die östlichen Ostseehäfen schickte, um Menschen am Bord zu nehmen und über die Ostsee in Sicherheit und Freiheit zu bringen, versuchten Soldaten und Volkssturmmänner das Land und die Häfen so lange es ihre Kräfte zuließen, gegen die anstürmenden sowjetischen Panzer und Truppenverbände zu verteidigen; es war für sie ein Kampf zwischen Gefangenschaft und Freiheit, Leben und Tod.

Anfang März 1945 wurde die eingeschlossene »Festung Königsberg« noch immer von sowjetischen Truppen belagert. Wie viele Zivilisten sich noch in der Stadt befanden, wusste niemand genau. Die Schätzungen lagen zwischen 120 000 und 150 000 Personen. General Lasch, der Festungskommandant, hoffte, alle Zivilisten aus der Stadt heraus auf den Weg nach Pillau bringen zu können. An eine Kapitulation der Festung dachte er zu diesem Zeitpunkt noch nicht. Die kampflose Übergabe der Stadt Anfang März hätte einigen tausend Soldaten das Leben gerettet, jedoch nicht vor dem Weg in die sowjetische Gefangenschaft bewahrt. Die noch in Kellern hausenden Zivilisten wären aber den Rotarmisten in die Hände gefallen und möglicherweise in die Sowjetunion verschleppt worden. Die durch die Aufgabe von Königsberg frei werdenden sowjetischen Soldaten wären sicher für den Kampf um Pillau eingesetzt worden. Wäre Pillau bereits in den zweiten Märzhälfte in russische Hände gefallen, hätten einige hunderttausend Zivilisten und ebenso viele Soldaten Ostpreußen nicht mehr verlassen können. Diese Gedanken mögen General Lasch bewogen haben, die »Festung Königsberg« bis zur letzten Stunde zu halten und erst dann zu kapitulieren. Er dachte jedoch nicht daran, der Forderung Hitlers zum »heroischen Untergang« der Festung Königsberg zu folgen.

In der zweiten Februarhälfte war es sowjetischen Truppenverbänden gelungen, der pommerschen Ostseeküste immer näher zu kommen; ihr Ziel war die Einnahme der Festung Kolberg und damit die Abriegelung Pommern vom Westen. Am 7. März erreichten die Sowjets beiderseits Kolberg die Ostseeküste. Damit begann die Belagerung der Festung. Schon am nächsten Tag, dem 8. März, gingen die beiden kleinen Ostseehäfen Rügenwalde und Stolpmünde verloren, sie mussten blitzartig von der Zivilbevölkerung geräumt werden. Am 10. März besetzten sowjetische Truppen Dievenow, den letzten pommerschen Übergang nach Westen. Damit war die gesamte pommersche Küste, außer Kolberg, von den Sowjets besetzt. Am 18. März war auch der Kampf um die Festung Kolberg zu Ende, die Stadt wurde geräumt und danach von den Sowjets besetzt.

Bereits am 13. März hatte die Rote Armee bei Putzig die Danziger Bucht erreicht und die Landverbindung nach Hela unterbrochen. In den Häfen Danzig und Gotenhafen stauten sich einige hunderttausend Flüchtlinge. Die 2. Weißrussische Front hatte unter dem Befehl von Sowjetmarschall Rokossowski mit 5 Armeen den Sturm auf Danzig und Gotenhafen eingeleitet. Auf dem Höhengelände von Danzig und Gotenhafen hatten deutsche Truppen eine Verteidigungslinie aufgebaut. Am 23. März erreichten sowjetische Panzerspitzen zwischen Danzig und Gotenhafen das Meer. Am 24. März forderte Marschall Rokossowski die Verteidiger von Danzig und Gotenhafen zur Aufgabe auf. Da dieser Aufruf nicht befolgt wurde, ließ er die Danziger Altstadt bombardieren und durch Artillerie zusammenschießen. Am 27. März verließ das letzte Flüchtlingsschiff Gotenhafen, die Stadt wurde von den Sowjets besetzt. Am 30. März verließen die letzten deutschen Nachhuten Danzig, in der Stadt wurde zunächst die sowjetische, später die polnische Fahne gehisst.

Ende März war der Kampf um Ostpreußen voll entbrannt. Stalin schickte immer neue frische Kräfte in das Kampfgebiet. Die deutschen Einheiten wehrten sich verzweifelt gegen die sowjetische Übermacht. Südlich des längst aufgetauten Frischen Haffs bei Heiligenbeil, hatte sich der »Heiligenbeiler Kessel« gebildet. Am 13. März war die 3. Weißrussische Front unter Marschall Wassilewski zum Großangriff angetreten und hatte diesen Kampfraum in eine Hölle verwandelt. Die Absicht der Sowjets war es, die Reste der 4. deutschen Armee zu vernichten, zumindest in das Wasser des Frischen Haffs zu treiben; ein »ostpreußisches Dünkirchen« bahnte sich an. Wenige Tage später mussten die deutschen Verteidiger aufgeben, sie wurden mit der Restbevölkerung von Heiligenbeil mit 14 Pontons, 52 Sturmbooten, 15 Motorbooten, 250 Flößen und 8 Fahrprähmen für je 200 Personen über das Frische Haff auf die Frische

Nehrung gebracht und entgingen so dem Zugriff der Sowjets. Am 25. März war Heiligenbeil verlorengegangen, nachdem die Stadt zuvor mit Phosphorbomben in ein Flammenmeer verwandelt worden war.

Am 1. April hatten die Sowjets 250 000 Soldaten rings um Königsberg zusammengezogen und die Vorbereitungen zum Generalangriff auf die Festung abgeschlossen. Die deutschen Verteidiger verfügten über 25 000 Soldaten und 8000 Volkssturmmänner.

Am frühen Morgen des 6. April begann der Sturmangriff der sowjetischen Truppen mit Artillerie-, Panzer- und Luftwaffenunterstützung; er dauerte fast ununterbrochen drei Tage und endete in der Nacht vom 8. zum 9.April mit der Kapitulation der Festung. Mehr als 20 000 Soldaten und 2000 Offiziere marschierten in sowjetische Gefangenschaft.

Nach dem Fall von Königsberg dauerte es noch mehr als 14 Tage bis es den Sowjets gelang, die zur »Festung« erklärte Seestadt Pillau einzunehmen, nachdem sie vorher von der deutschen Marine geräumt worden war. Nach dem Fall von Königsberg hatte Admiral Engelhardt noch einmal alle verfügbaren Schiffe nach Pillau beordert. Als letztes großes Schiff hatte der Dampfer »Haussa« am 22. April die Reede von Pillau mit 3000 Flüchtlingen verlassen. In der Nacht vom 24. zum 25. April wurden die letzten 19 200 Soldaten und 7000 Verwundeten mit Marinefahrprähmen und Landungsbooten aus Pillau fortgeschafft. Als am frühen Morgen des 26. April das durch Bombenabwürfe und Artilleriefeuer schwer gezeichnete Pillau besetzt wurde, waren 451 000 Flüchtlinge und 141 000 Soldaten aus diesem kleinen Hafen über die Ostsee gerettet worden

Weiter im Westen, an der pommerschen Küste, hatte in der Nacht vom 19. zum 20.März 1945 die von Hitler genehmigte systematische Räumung des Brückenkopfes Stettin begonnen. Die geräumte Festung wurde am 26. und 27. April 1945 von Teilen der 2. sowjetischen Stoßarmee besetzt. Die Zivilbevölkerung war, bis auf etwa 10 000 Personen, evakuiert worden.

Am 1. Mai 1945 lief das in den letzten Apriltagen sorgsam vorbereitete »Unternehmen Knobelbecher«, die Räumung des Flüchtlingshafens Swinemünde an, das am 4. Mai, eine Stunde vor Mitternacht abge-

schlossen wurde. Auf drei Dampfern, vier Zerstörern, zwei Torpedobooten und einer Vielzahl kleinerer Fahrzeuge war es gelungen, in den letzten Stunden noch 35 000 Menschen über die Ostsee zu retten.

Der Halbinsel Hela, dem letzten Sammelbecken für Flüchtlinge, Verwundete und Soldaten, war eine Erstürmung durch sowjetische Truppen erspart geblieben, sie befand sich bis zum Tag der bedingungslosen Kapitulation der deutschen Wehrmacht, dem 8. Mai 1945, in deutscher Hand.

Als nach dem Tod von Reichskanzler Adolf Hitler und der testamentarisch verbrieften Übernahme des Amtes durch Großadmiral Dönitz erkennbar wurde, dass dieser den Krieg so rasch als möglich beenden wollte, war auf Hela zunehmend Unruhe und Hektik ausgebrochen. In den ersten Maitagen warteten weit über einhunderttausend Menschen auf Rettung über See: Flüchtlinge, Verwundete und Soldaten. Major i. G. Udo Rittgen, der verantwortliche Einschiffungsoffizier auf Hela, überhäufte Admiral Engelhardt, der seinen Dienstsitz auf dem Dampfer »Malaga« in Flensburg hatte, mit Notrufen: »Hela braucht Schiffe«. Es kamen auch Schiffe, Frachter, Torpedo- und Vorpostenboote. Doch sie reichten nicht aus, um alle Menschen zu befördern. Als letztes Schiff verließ der Ex-Bäderdampfer »Rugard«, der etwa 1500 Flüchtlinge an Bord hatte und der bis zuletzt dem Chef der 9. Sicherungsdivision, Fregattenkapitän von Blanc, als schwimmender Befehlsstand gedient hatte, Hela.

Fast zeitgleich verließen die Reede der Kurlandhäfen Windau und Libau 176 Schiffe und Schiffchen, Boote und Bötchen, Prähme, Kähne, Kutter, Landungsboote und andere Wasserfahrzeuge, jedes überfüllt mit Soldaten und Verwundeten. In vier Geleitzügen liefen die Fahrzeuge über die Ostsee nach Westen, der Heimat zu.

Den auf Hela und in den Kurlandhäfen zurückgebliebenen Soldaten, es waren 300 000, die auf den Schiffen keinen Platz mehr gefunden hatten, blieb der Weg in russische Gefangenschaft nicht erspart. Für viele wurde er zu einem Weg ohne Wiederkehr, einem Weg in den Tod.

Um Mitternacht vom 8. zum 9. Mai 1945 trat die bedingungslose Kapitulation der Deutschen Wehrmacht in Kraft, und alle Waffen schwiegen.

Die »Rettungsaktion Ostsee« war am 9. Mai 1945 jedoch noch nicht zu Ende. Erst am 14. Mai um 14 Uhr traf in Flensburg das letzte »Flüchtlingsschiff« ein. Es war nur ein Binnenkahn, der den Namen »Hoffnung« trug und der für den Ostseeweg von Hela nach Flensburg fünfeinhalb Tage gebraucht hatte. Erst mit dem Vonbordgehen der 135 Passagiere, 25 Frauen und Kinder, 75 Verwundete und 35 Soldaten, war für Konteradmiral Konrad Engelhardt die »Rettungsaktion Ostsee« zu Ende und sein Auftrag erfüllt. Der Mann, der das zweifelsfrei größte Rettungswerk der Seegeschichte, eine einmalige humanitäre Leistung deutscher Seeleute, verantwortlich geleitet hatte, wurde am 22. Mai 1945 von britischen Offizieren in Flensburg verhaftet und in die Gefangenschaft abgeführt.

2,5 Millionen Menschen über die Ostsee gerettet

Erst zwanzig Jahre später begann der Versuch, dieses Schlusskapitel des Zweiten Weltkrieges auf der Ostsee aufzuarbeiten. Der in seiner Heimatstadt Lüneburg lebende, inzwischen 67jährige Konteradmiral a.D. Engelhardt erhielt von der Bundesregierung in Bonn den Auftrag, eine mehrbändige »Dokumentation über die Rückführung von Flüchtlingen, Verwundeten und Soldaten 1944/45 mit Schiffen der Handels- und Kriegsmarine über die Ostsee«, die von der Bundesregierung veröffentlicht werden sollte, mit einem Stab ehrenamtlicher Mitarbeiter zu erarbeiten. Zur Erfüllung dieser Aufgabe wurde an der Ostakademie Lüneburg eine »Forschungsstelle Ostsee« eingerichtet, deren Leitung dem letzten »Seetransportchef Ostsee« übertragen wurde. Bei der Suche nach ehrenamtlichen Mitarbeitern stieß Engelhardt auch auf mich. Er wusste, dass ich ein Überlebender des Unterganges der »Wilhelm Gustloff« war und danach von Mitte Februar bis zur Kapitulation noch elf Flüchtlings- und Verwundetentransporte über die Ostsee auf dem Dampfer »General San Martin« miterlebt hatte. Engelhardt besuchte mich, sah sich besonders eingehend mein Gustloff- und mein Ostsee-Archiv an, mit

deren Aufbau ich bereits im Spätherbst 1945 begonnen hatte. Aus diesem ersten persönlichen Kontakt mit dem Admiral, den ich als »väterlichen Freund« ansah, entwickelte sich eine siebenjährige intensive und erfolgreiche Zusammenarbeit mit vielen Gesprächen, persönlichen Begegnungen und einer lebhaften Korrespondenz. Zu dem aus sechs Personen bestehenden Gremium der »Forschungsstelle Ostsee« gehörten der Göttinger Universitätsprofessor Dr. Hubatsch, der Flottillenadmiral (BW) a.D. Adalbert von Blanc, der Historiker von Krannhals, der Direktor der Ostakademie Lüneburg Dr. Gehrmann, der Admiral und ich. Mein Part bei der zu erarbeitenden Dokumentation waren die beiden Arbeitsabschnitte »Flüchtlingstransporte Ostsee 1944/45 mit Handelsschiffen« und »Handelsschiffs-Verluste Ostsee 1944/45«. Die Enttäuschung für uns, die wir sieben Jahre ehrenamtlich mitgearbeitet hatten, war groß, als uns im Frühjahr 1972 der Admiral mitteilen musste, dass die neugebildete Bundesregierung die Absicht zur Herausgabe der Dokumentation aufgegeben habe und die »Forschungsstelle« mit sofortiger Wirkung aufgelöst werde. Eine offizielle Begründung erfolgte nicht; später erfuhr ich inoffiziell, dass nach Regierungsmeinung sich eine solche Dokumentation nicht in die »Neue Ostpolitik« der neuen Bundesregierung einordnen lasse.

So erfuhr »offiziell« niemand, dass 1944/45 an der »Rettungsaktion Ostsee« insgesamt 1.081 Schiffe, davon 672 Handelsschiffe, vom Fischkutter bis zum Passagierdampfer, und 409 Kriegsschiffe, vom Marinefährprahm bis zum Schweren Kreuzer, beteiligt waren, dass deutsche Seeleute unter Einsatz ihres Lebens zweieinhalb Millionen Menschen über die Ostsee gerettet haben, Flüchtlinge; Frauen, Kinder und Greise, Verwundete und Soldaten und dass durch Torpedos, Minen und Bomben über 30 000 Menschen auf untergegangenen Schiffen den Tod fanden. Den selbstlosen Rettern wurde nie gedankt, an die mehr als 30 000 unschuldigen Opfer der Flucht über das Meer nie erinnert.

Da ich mit der Ostakademie vor Beginn meiner ehrenamtlichen Mitarbeit vertraglich vereinbart hatte, dass sämtliches Material, das ich für die offizielle Dokumentation erarbeite, mein persönliches frei verwendbares Eigentum bleibt, setzte ich meine Ostsee-Forschungsarbeiten noch zehn weitere Jahre fort, um danach mit der Veröffentlichung von Dokumentationen, die erinnern und mahnen und den Rettern ein Denkmal setzen sollen, zu beginnen. 1983 erschien im Motorbuch Verlag Stuttgart die Dokumentation »Ostsee '45 – Menschen, Schiffe, Schicksale«, 1984 die Dokumentation »Flucht über die Ostsee 1944/45 im Bild – Das größte Rettungswerk der Seegeschichte«, 1985 folgte die Dokumentation »Die Gustloff-Katastrophe – Bericht eines Überlebenden«. 1997 erschien die Dokumentation »SOS Wilhelm Gustloff – Die größte Schiffskatastrophe der Geschichte«. Meine im Motorbuch Verlag erschienenen Bücher sind »Bücher gegen den Krieg«; sie wollen erinnern und mahnen damit unsere Kinder und Enkel von Krieg, Flucht und Vertreibung verschont bleiben, denn »Krieg ist der Feind a l l e r Menschen«.

Diesem Gedanken ist auch meine neueste Dokumentation »Rettung über die Ostsee – Die Flucht aus den Ostseehäfen 1944/45« gewidmet, in der ich Menschen über ihre Erlebnisse in den Ostseehäfen am Ende des Krieges und ihre Flucht über die Ostsee berichten lasse. Ich bin sicher, dass auch diese Dokumentation ihre Leser finden und mit den vielen darin veröffentlichten dokumentarischen Bildern beeindrucken wird.

Die Jahrhundert-Flucht über die Ostsee – verdrängt und vergessen?

Als das 20. Jahrhundert zu Ende ging, wurde vielerorts gefeiert und in den Medien an viele Ereignisse des vergangenen Jahrhunderts erinnert. Doch an die Jahrhundert-Flucht über die Ostsee im Winter 1944/45 erinnerten die Medien nicht. Nur die unmittelbar betroffenen Memelländer, Ostpreußen, Westpreußen, Danziger und Pommern dachten an das zwangsweise Verlassen ihrer Heimat. Die zweieinhalb Millionen Menschen, die von deutschen Seeleuten über die Ostsee gerettet worden waren, erinnerten sich daran; sie hatten alles verloren, Haus, Hof, Hab und Gut, viele ihre Kinder, Eltern und Geschwister. Die meisten überlebten die Flucht nur mit Handgepäck, manche nur mit einer Handtasche mit den wichtigsten Papieren.

Keine Zeitung, kein Rundfunksender berichtete über ihr Schicksal, keine Filmkamera dokumentierte ihre Flucht und Rettung, kein Reporter interviewte sie und keine Hilfsorganisation rief zu Spenden auf.

Die Jahrhundert-Flucht über die Ostsee 1944/45 war kein Naturereignis, sondern eine Kriegskatastrophe, hervorgerufen durch den Diktator des Dritten Reiches Adolf Hitler und seine Helfer und Helfershelfer. Es ist heute an der Zeit, dieses Fluchtgesche-hen nicht weiter zu verdrängen, sondern in unsere Erinnerung zurückzurufen; es war und ist ein Teil unserer Geschichte und eine Mahnung zugleich daran, dass Gewaltherrschaft, Verfolgung Andersdenkender und Diktatur die Wurzeln für kriegerische Auseinandersetzungen sind. Davor sollten wir unsere Kinder, Enkel und Urenkel bewahren.

Bad Salzuflen im Oktober 2002
Heinz Schön

1 Der Vormarsch der Roten Armee

Im Juni 1944 dringt ein erstes sowjetisches Vorkommando in das Memelland ein.
Russisches Originalfoto

Stoßtrupps der Roten Armee dringen in das Memelland ein.
Russisches Originalfoto

6000 Königsberger Hitlerjungen bauen an der Grenze im Memelland einen Schutzwall.

Memelländer Trecks auf der Flucht nach Südostpreußen.

Das erste Flüchtlingsgeleit hat den Hafen von Memel verlassen.

Sowjetische Soldaten durchqueren im Oktober 1944 einen Stacheldrahtzaun an der ostpreußischen Grenze.
Russisches Originalfoto

Sowjetische Panzer überrollen im Oktober 1944 deutsche Grenzbefestigungen bei Eydtkuhnen.
Russisches Originalfoto

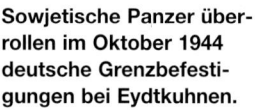

Sowjetische Pionier-
einheiten beseitigen
Grenzbefestigungen an der
Grenze Ostpreußens und
dringen in das Land ein
(Oktober 1944).
Russisches Originalfoto

Russische Artillerie-
einheiten überqueren einen
kleinen Fluss im ostpreußischen Grenzgebiet.
Russisches Originalfoto

Deutsche Soldaten in der vordersten Verteidigungslinie in Ostpreußen.

Sowjetische Panzer sind bis in den Kreis Gumbinnen vorgestoßen und treffen auf deutschen Widerstand.

Deutsche Panzer einer Eingreif-Reserve rollen an die Front, um in die schweren Abwehrkämpfe einzugreifen.

Am 13. Januar 1945 beginnt die sowjetische Winteroffensive in Ostpreußen, ein Dorf nach dem anderen wird erobert. *Russisches Originalfoto*

Am 21. Januar 1945 versuchen die Sowjets Gumbinnen zu besetzen.
Russisches Originalfoto

**Am 26. Januar 1945 haben
russische Panzer Tolkemit
am Frischen Haff erreicht.**
Russisches Originalfoto

**Die Massenflucht der ostpreußischen
Zivilbevölkerung vor der anstümenden
Roten Armee bei eiskaltem Januarwetter
hat begonnen.**

Mit immer stärkeren Panzereinheiten versuchen die Sowjets bis zum Frischen Haff vorzudringen.
Russisches Originalfoto

Der Weg über das zugefrorene Haff ist der letzte Fluchtweg auf die Frische Nehrung und von dort in einen rettenden Hafen. In Viererreihen ziehen die Trecks über das Haffeis.

Im März 1945 schicken die Sowjets den ersten deutschen Kriegsgefangenen-Transport nach Russland.
Russisches Originalfoto

Oben: Die sowjetischen Truppen haben mit massierten Panzereinheiten die deutschen Verteidigungskräfte im Heiligenbeiler Kessel eingeschlossen.
Russisches Originalfoto

Anfang April 1945 bereiten die Sowjets den Generalangriff auf Königsberg vor, leichte Feldkanonen werden in Stellung gebracht.
Russisches Originalfoto

Am 9 April 1945 muß der Königsberger Festungs-kommandant kapitulieren, die Festungsbesatzung wird einen Tag später in russische Gefangenschaft abgeführt.
Russisches Originalfoto

Der letzte Anlandehafen für Flüchtlingsschiffe im Mai 1945 war Kolpenhagen. Hier werden die Flüchtlinge von engli-schen Soldaten, die die dänische Hauptstadt bereits besetzt haben, empfangen.

Die letzten Schiffe, die Hela am 8. Mai 1945 verlassen, sind total überfüllt. Die meisten Soldaten haben auf den Schiffen nur Stehplätze an Oberdeck.

2 Es begann in Memel

Kampf bis zur letzten Stunde

Was viele befürchtet, aber nur wenige geglaubt hatten, trat im Juli 1944 ein: Als erster deutscher Ostseehafen wurde Memel von sowjetischen Truppen bedroht. Russischen Panzerverbänden war es gelungen, einen Keil bis zum litauischen Siauliui vorzutreiben und sich so der alten deutschen See- und Handelsstadt im äußersten Nordosten des Reiches bis auf 140 km zu nähern.

Erst wenige Monate vor Ausbruch des Zweiten Weltkrieges war das Memelland mit seiner Hauptstadt wieder unter deutsche Oberhoheit gekommen, nachdem es sich Litauen nach dem Ersten Weltkrieg angeeignet hatte. Die verkehrsgünstige Lage am Eingang zum Kurischen Haff und an der Mündung der Dange verlieh Memel eine besondere Bedeutung. Der Memeler Hafen diente u.a. als Um-

Der Hafen von Memel – ein Bild aus glücklichen Tagen.

Das unzerstörte Memel: Der Festungsgraben.

schlagplatz für die Haff- und Seefischerei und als Einfuhrpforte für das vorwiegend landwirtschaftlich geprägte Hinterland. Auch die Memeler Schiffswerften hatten ihre Bedeutung. Die See-Entfernun-

gen Memels betrugen nach Libau 52 Seemeilen, nach Windau und Danzig 166 Seemeilen, nach Riga 237 und nach Stockholm 264 Seemeilen.

Memel wurde bis zum Sommer 1944 vom Kriegs-

Flößer im Binnenhafen von Memel; in Friedenstagen ein gewohntes Bild.

geschehen kaum berührt, abgesehen von einem leichten Luftangriff russischer Kampfflugzeuge am 24. Juni 1941. Memel war 1944 Sitz des Kommandanten im Abschnitt Memel, einem Marineoffizier, dessen Bereich sich vom Fuße der Kurischen Nehrung bei Cranz bis zur Reichsgrenze bei Nimmerstatt erstreckte; er unterstand dem Küstenbefehlshaber Mittlere Ostsee. Auf den Memeler Hafen stützte sich die 24. U-Flottille, die hauptsächlich der Schulung von Offizieren für die Frontverwendung diente. Außerdem diente der Hafen der nördlichsten Gruppe der 3. Sicherungsflottille, die zur Kontrolle der Seewege zwischen den Häfen der Danziger Bucht und denen Kurlands eingesetzt war. Sie unterstand bis zum 1. Dezember 1944 dem Befehlshaber der Sicherung der Ostsee, danach der 9. Sicherungsdivision der Kriegsmarine, der die Sicherung des frontnahen Ostseeraums oblag. Mit dem Ausbau Memels zum Marinestützpunkt wuchs auch dessen Flakschutz. Die Befestigungspläne des Kommandanten im Abschnitt Memel verzögerten sich im Sommer 1944 aber sehr stark. Höheren Ortes wurde noch nicht mit einer Bedrohung der Stadt von Land, See oder aus der Luft gerechnet.

Im Herbst 1944 beginnt im Memelland der Bau des *Ostwalls*. Der Graben soll die sowjetischen Panzer aufhalten.

Memel ist in Gefahr

Am 14. Juli 1944 wurden im Memelgebiet alle noch nicht erfaßten Männer im Alter zwischen 16 und 65 Jahren notdienstverpflichtet und zu den Arbeiten am *Ostwall* im südlitauischen Gebiet eingesetzt. Ende Juli 1944 hörten die Memeler bei Ostwind bereits den Geschützdonner der sich nähernden Front. Doch die Bevölkerung glaubte zunächst, es handele sich nur um heraufziehende Gewitter. Sie ahnte noch nichts von der drohenden Gefahr. Die Parteidienststellen versuchten tagtäglich, die Lage herunterzuspielen, allen voran Gauleiter Erich Koch. Koch hatte erst vor wenigen Tagen Hitler über den Bau des *Ostwalls*, der in der Bevölkerung als Erich-Koch-Wall bezeichnet wurde, im Führerhauptquartier berichtet.

»Mein Führer« – begann er seinen Vortrag – »der Ostwall ist in den befohlenen Grundzügen fertigge-

stellt. Die Heimat tritt nun in fanatischem Siegeswillen an die Seite der Front. Kein Meter deutschen Bodens wird den bolschewistischen Horden preisgegeben. Ostpreußen ist deutsch und wird immer deutsch bleiben!«

Hitler zeigte sich von den Ausführungen seines Gauleiters beeindruckt. Doch dieser wußte über die Frontlage in Memel ebensowenig Bescheid wie die örtlichen Parteidienststellen. Einer der genau wissen wollte, wie die Front verlief und wie weit sie noch von Memel entfernt war, war Fregattenkapitän Karl Friedrich Merten, Chef der 24. U-Boot-Schulflottille. Er machte sich seit langem Gedanken darüber, was mit seinen Schulbooten im Falle direkter feindlicher Bedrohung von Land her geschehen sollte. Kurz entschlossen und gegen den Willen der Parteidienststellen schickte er einige seiner U-Boot-Offiziere mit einem Funktrupp in Richtung Geschützdonner, um sich ein ungefähres Bild über die Frontlage zu verschaffen. Was der Fregattenkapitän danach erfuhr, versetzte ihn in Schrecken und ließ ihn sofort handeln. Merten wandte sich nicht an

seine vorgesetzte Dienststelle, er wählte den direkten Weg: Er teilte dem Oberbefehlshaber der Kriegsmarine, Großadmiral Dönitz, seine Lagebeurteilung mit. Dönitz antwortete sofort und erteilte Merten alle Vollmachten, um die Räumung des Hinterlandes, der Stadt und des Hafens in die Wege leiten zu können. Die Parteidienststellen schäumten vor Wut über den Alleingang des Flottillenchefs. Sie drohten, ihn vor ein Kriegsgericht stellen zu lassen. Doch der fronterfahrene Offizier und Eichenlaubträger (als Kommandant von *U 68* hatte er 27 Handelsschiffe mit 170 275 BRT versenkt) ließ sich durch diese Drohung nicht beeinflussen. In einer ersten Aktion schickte er 6000 abkommandierte Hitlerjungen, die meisten kaum 14 Jahre alt, auf dem Seeweg nach Hause. Mertens Offiziere hatten bei ihrer Lageerkundung die Jungens endeckt. Sie schanzten hinter der deutschen Front am *Ostwall* und waren sich der drohenden Gefahr überhaupt nicht bewußt. Die Hitlerjungen wurden auf die beiden vom Befehlshaber der U-Boote bereitgestellten Dampfer *Messina* und *Welheim* eingeschifft und nach Westen gebracht.

Als Ende Juli 1944 russische Panzerspitzen weit nach Kurland vorgestoßen waren, wurde in den ersten Augusttagen die Räumung der Bevölkerung und des Großviehs befohlen. Sie erfolgte sowohl mit Trecks als auch mit der Eisenbahn, mit Schiffen über das Kurische Haff und per Seetransport über Pillau. Als Auffangräume für die Trecks und die Ei-

Hitlerjungen marschieren zum Schanzen am *Ostwall*.

Die *Messina* (im Bild) brachte zusammen mit der *Welheim* 6000 Hitlerjungen in den Westen.

senbahntransporte aus dem Memelland dienten vorwiegend die Kreise Elchniederung, Labiau und Samland; während die städtische Bevölkerung, die nicht mit Schiffen abtransportiert werden konnte, in etwas entferntere Gebiete, wie den südwestlichen Teil Ostpreußens, evakuiert wurde. Dabei ging man von der Hoffnung aus, daß es gelingen würde, die russischen Truppen in kürzester Zeit wieder zurückdrängen zu können.

Der erste große Flüchtlingstransport aus einem deutschen Ostseehafen erfolgte mit den Schiffen *Angelburg*, *Goya*, *Heinz Horn*, *Lech*, Messina, *Welheim*, *Nordland*, *Wega* und *Wolta*. 50 000 Memelländern gelang damit die Flucht über die Ostsee nach Pillau, Danzig und Gotenhafen. Der Flüchtlingsstrom ebbte ab, als es am 20. August 1944 einem deutschen Panzerkorps gelang, die Russen zurückzuwerfen. Dies ermutigte viele Memelländer, die bereits begonnene Flucht abzubrechen, in die Stadt und auf die Höfe zurückzukehren und die Ernte einzubringen. Tausenden wurde diese Rückkehr später zum Verhängnis. Der deutsche Vorstoß brachte nur Entlastung für einige Zeit, es herrschte die sprichwörtliche Ruhe vor dem großen Sturm. Der 7. Panzerdivision, der Division Großdeutschland und einigen anderen Einheiten gelang es, einen Ring um Memel zu bilden. Die Atempause nutzte die Memeler Festungsbesatzung zum weiteren Ausbau der Verteidigungsanlagen.

Im August wurde die Flakbatterie *Mellneraggen* nordwestlich der Stadt mit vier 10,5-cm-Geschützen statt der bisherigen 7,5-cm-Geschütze ausgerüstet. An den schweren Flakbatterien *Försterei* und *Schweinsrücken* wurden zwei Abteilungen des Reichsarbeitsdienstes ausgebildet und eingesetzt. Da die Tätigkeit der sowjetischen Luftwaffe im Seegebiet vor Memel und in der Kurischen Nehrung zunahm, wurde auf der Nehrung ein beweglicher Flakschutz mit auf Lastkraftwagen montierten 2-cm-Geschützen eingerichtet. In der Stellung der Batterie *Schweinsrücken* konnte der Ausweichgefechtsstand des Kommandanten im Abschnitt fertiggestellt werden. Die Nachrichtenmittel wurden durch die Errichtung einer 80-Watt-Heeresfunkstation und den Ausbau der Funkverbindungen mit

Alle 16 bis 60jährigen Jungen und Männer im deutschen Osten, die noch nicht Soldaten waren, wurden im Herbst 1944 zum *Volkssturm* einberufen.

dem bei Pillau stationierten Nachtjagdleitschiff *Togo* zur Luftflotte 6 und zum Flugmeldekommando Libau verbessert, der Ausbau der Gefechtsstände für das Flakgruppenkommando und für das Flugmeldekommando *Jagen 24* fortgesetzt. Unter der Mitwirkung eines Pionierstabes des Heeres wurde auch am Bau einer Stellung zum Schutze des die Stadt umgebenden Gebietes gearbeitet. Im September machten die festungsbaulichen Arbeiten weitere Fortschritte, so daß ihr Abschluß für den 10. Oktober 1944 in Aussicht gestellt werden konnte. Durch Sonderstäbe des Heeres wurden außerdem entlang der Küste, von der Ostpreußenstellung bis nach Rositten, Verteidigungsanlagen erkundet. Mit dem 22. September traten die Landkreise Tauroggen und das Gebiet nördlich der Memel zur Feldkommandantur Memel.

Die Russen greifen an

In den letzten Septembertagen 1944 hatte Hitler die 3. Panzerarmee unter Führung von Generaloberst Raus der Heeresgruppe Nord unterstellt und damit die Führung zwischen Riga und Memel in eine Hand gelegt. Für Generaloberst Raus hatte dies negative Auswirkungen, da die Heeresgruppe Nord ihr Schwergewicht auf die Verteidigung des baltischen Raumes legen mußte. An die Heeresgruppe Mitte mußte die 3. Panzerarmee zwei Divisionen abgeben, die Heeresgruppe Nord nahm ihr das am Nordflügel stehende Panzerkorps ab. Danach standen der 3. Panzerarmee nur noch fünf Divisionen für die Verteidigung eines 200 km langen Frontabschnittes zur Verfügung. Nach dem Aufmarsch starker russischer Verbände vor der Front der 3. Panzerarmee wies der Generaloberst auf die Gefahr hin, die zweifellos bei einem russischen Durchbruch der gesamten Heeresgruppe drohen würde. Daraufhin wurde ihm die Verstärkung durch Zuführung weiterer Verbände zugesagt. Bereits am 4. Oktober trafen die ersten Teile der Panzergrenadierdivision *Großdeutschland* von Nordlitauen kommend im Raum Tryakiel beim 18. Armeekorps (General Gollnick) ein.

Bereits einen Tag später, am 5. Oktober 1944, begannen die Sowjets mit der erwarteten Großoffensive. Die 3. Weißrussische Front mit 19 Schützendivisionen, drei Panzerkorps und einem Artilleriekorps griff mit einer gewaltigen Übermacht an Mensch und Material die 3. deutsche Panzerarmee an. Starke russische Schlachtfliegerverbände unterstützten die Offensive. Der 552. Volksgrenadierdivision (General Verhein) gelang es ostwärts Trys-

kiai zweimal, den Russensturm zurückzuschlagen. Durch das massive feindliche Trommelfeuer waren beim nächsten Angriff die deutschen Ausfälle jedoch so hoch, daß Teile der 48 km breiten Stellung fast ohne Verteidiger waren. Durch diese Lücken brachen die Sowjets, ohne Widerstand zu finden. Nördlich und südlich davon zeigte sich das gleiche Bild. Es gab keine Front mehr und auch keine einheitliche Führung. Nur noch einige einzelne Widerstandsnester kämpften verzweifelt in ihren Stellungen. Die bei der 552. Volksgrenadierdivision eingesetzte Panzeraufklärungsabteilung *Großdeutschland* unter Rittmeister Schroedter brachte die Wende.

Mit einem ungeheuren Schwung brach sie in den angreifenden Feind. Es gelang ihr, die Russen zurückzuwerfen, die alte deutsche Hauptkampflinie zu erreichen und die eingeschlossenen Widerstandsnester der Volksgrenadiere zu entsetzen. Doch schon am nächsten Morgen mußte Schroedter mit seiner Abteilung zurück, da die Russen links und rechts weit nach Westen vorgestoßen waren.

Am Nachmittag des 6. Oktober wurden weitere Truppenteile von Großdeutschland erwartet, die den Einbruch der Russen bei Kursenai stoppen sollten. Hierzu war es aber bereits zu spät. Befehlsgemäß besetzte das Panzergrenadierregiment den Abschnitt Bahnhof Tryskiai-Ort. Hier hatte die Zivilbevölkerung ostwärts zwei Gräben mit Verbindungsgräben und Drahthindernissen ausgebaut; dies vergeblich, es fehlte an Verteidigern.

Bei der 3. Panzer-Armee war die Lage inzwischen so bedrohlich geworden, daß das Oberkommando des Heeres am 6. Oktober die Verstärkung durch Zuführung der Fallschirmpanzerdivision *Hermann Göring* von Radom nach Insterburg befahl.

Das Memelland wird geräumt

Die von Generaloberst Raus dringend empfohlene Räumung des Memellandes wurde am 7. Oktober 1944 angeordnet. Da die erste Räumung Ende Juli/Anfang August nach Meinung vieler Bewohner des Memellandes zu früh erfolgt war, folgte man

jetzt nur zögernd der neuen Anordnung. Viele wollten ihre liebe Heimat, Haus und Hof, Hab und Gut nicht aufgeben und gegen eine unsichere Zukunft in der Fremde eintauschen. Dieses verständliche Zögern endete schließlich in einer überstürzten und planlosen Flucht nach einem plötzlichen tiefen Einbruch der russischen Panzer.

Lange Trecks, in Eile gebildet, zogen über die noch intakten Memelbrücken. Die Landbevölkerung aus dem südlichen Memelgebiet hatte noch die Möglichkeit, mit der Eisenbahn zu flüchten. Die Bewohner der Stadt Memel und des Raumes nördlich davon retteten sich zunächst bis zum Hafen, andere retteten sich über die Kurische Nehrung.

In aller Eile war befohlen worden, ein Landungs-pionier- und Ersatzregiment mit allen verfügbaren Fronteinheiten der *Festung Memel* zuzuführen. Mit zwölf Landungsbooten und einem Zug des 1. Sturmboot-Kommandos 902 mit 21 leichten Sturmbooten traf die Einheit in Memel ein und half entscheidend bei der Überführung und Rettung der Memelländer. Als zum zweitenmal Flüchtlinge die Stadt verlassen hatten, spürten die noch in der Stadt Verbliebenen eine merkwürdige Atmosphäre. Käthe Marquardt, seit 1939 Gesundheitsfürsorgerin beim Staatlichen Gesundheitsamt in Memel, beschreibt sie so:

Diese Zeit, bis auch ich die Stadt verließ, war sehr merkwürdig. Ich fühlte mich von allen und allem einsam und verlassen. Memel war zu einer Stadt ohne Kinder ge-

Viele Memeler versuchten, auf dem nächsten Bahnhof einen Zug nach Westen zu erreichen. Doch sehr schnell waren Bahnhöfe und Züge überfüllt.

Junge und Alte, allein oder in Trecks, zogen nach Westen. Die meisten glaubten an eine baldige Rückkehr in die Heimat.

Da Personenwagen nicht mehr ausreichten, setzte die Bahn Güterwaggons für den Flüchtlingstransport ein.

worden. Keine der Mütter, die bei der ersten Evakuierungsaktion Ende Juli/Anfang August die Stadt verlassen hatten, war zurückgekehrt wie andere. Sie waren fortgeblieben. Die kinderlose Stadt war für mich in diesen Oktobertagen schon eine sterbende Stadt, die bereits etwas von einem Totengeruch an sich hatte...

Die Räumung Memels durch die Kriegsmarine begann am Nachmittag des 7. Oktober noch vor der Ausgabe des Codewortes *Weißdorn*. Gegen 15.00 Uhr liefen die Beiboote der 14. Sicherungsflottille durch das Haff nach Pillau, um 17.00 Uhr folgte das Führerboot der Flottille mit der Masse der Logger, um auf dem Seewege nach Pillau zu verlegen. Zwei weitere Logger wurden am nächsten Tage vom Schlepper *Neustadt* nach Pillau gebracht. Die Minensuchboote *M 15* und *M 16*, die in der Werft gelegen hatten, liefen gegen 23.20 Uhr aus. Da *M 16* geschleppt werden mußte, wurde *M 22* dem Schleppzug als Geleitschutz zugeteilt.

Am 8. Oktober um 18.30 Uhr traf beim Marineoberkommando Ostsee fernschriftlich das von der Seekriegsleitung ausgegebene Stichwort *Weißdorn* ein, das die Verlegung der 24. Unterseeboot-Flotille – mit Ausnahme der zum Einsatz an der Landfront vorgesehenen Teile – und eines Neubaus nach Gotenhafen sowie den Abtransport eines Schwimmdocks, zweier Schwimmkräne, des Wehrmachtsgefolges und des überzähligen Geräts im Gewicht von 650 t mit Hilfe der in Memel befindlichen Transporter auslösen sollte. In der Nacht zum 9. Oktober verließen auch die Masse der von der Marine zur Räumung eingesetzten Fahrzeuge, die Boote und das Zielschiff *Goya* der 24. Unterseeboot-Flotille nebst dem Verwundetentransporter *Askari* und dem Transporter *Bolkoburg* den Memeler Hafen. Als die Schiffe ausgelaufen waren, stellte man fest, daß man 200 Marinehelferinnen vergessen hatte. Das Marineoberkommando Ostsee schaltete sich ein. Zerstörer, die kurzfristig Memel anliefen, und das Flugsicherungsschiff Hans Albrecht Wedel nahmen am folgenden Tag die Helferinnen und 80 Schwerverwundete an Bord und brachten sie nach Pillau.

Während der Abtransport von Teilen der Bevölkerung mit Schiffen verhältnismäßig geordnet und reibungslos durchgeführt werden konnte, führte die Landflucht oft in eine Katastrophe. Schreckliches trug sich auf der Straße Memel-Heydekrug zu, die mehrere Trecks als Fluchtweg nutzten. Russische Truppen und Panzer schnitten am 9. und 10. Oktober den Trecks den Fluchtweg ab. Rücksichtslos fuhren die sowjetischen Panzer in die Wagenkolonnen, überrollten und zersprengten sie, plünderten die Flüchtlinge aus, vergewaltigten Frauen und ermordeten einzelne von ihnen. In panischer Angst und großer Not wurden Pferde, Wagen und Gepäck stehen- und liegengelassen, um zu Fuß zur Haffküste zu fliehen. Etwa 4000 Flüchtende konnten sich bis zur Windenburger Halbinsel durchschlagen; auf Kähnen wurden sie über das Kurische Haff gerettet und entgingen damit einem grauenhaften Schicksal.

Eine unübersehbare Zahl von Flüchtlingen drängte sich in Minge. Hier waren die Fähren dem Ansturm nicht gewachsen. Durch den rastlosen Einsatz von Pionieren gelang es der 3. Panzerarmee, den Fährbetrieb zu erweitern. Gleichzeitig aber mußten zusammengewürfelte Truppen die nachdrängenden russischen Einheiten aufhalten.

Nicht alle Zivilisten verließen Memel und das Memelland. Nicht evakuiert wurden Angehörige des Volkssturms, der Gendarmerie, der Polizei, des Zollgrenzschutzes und der Luftschutzpolizei. Es gab auch Bewohner, die nicht evakuiert werden wollten und solche, die anfangs unentschlossen waren und sich nicht rechtzeitig auf den Weg gemacht hatten. Fast ein Drittel der ländlichen Bevölkerung fiel den Russen in die Hände und mußte Unterdrückung und Verschleppung erdulden. In vielen Gemeinden des Kreises Heydekrug blieb eine Anzahl der Bewohner nach der Räumung freiwillig zurück. Viele von ihnen bezahlten dafür mit dem Leben.

»Gott helfe mir – die Russen kommen!«

Ein 16jähriges Mädchen, das alles miterlebte, schrieb einige Wochen später aus Danzig einen Brief an seine Schwester, die – von ihr getrennt –

mit einem Schiff gerettet worden war, folgende Zeilen:

Die großen Schrecken, die Todesangst und die Strapazen, die wir ausstehen mußten, lassen heute noch mein Herz und meine Füße zittern. Verloren haben wir alles, unseren vollbeladenen Wagen; er blieb in Heydekrug in der Feuerlinie stehen. Eva und ich haben uns stückweise im LKW und zu Fuß durchgeschlagen. Ich will und kann Dir nicht alles schreiben, was ich erlebt und gesehen habe. Das regt mich innerlich zu sehr auf. Diese Kopflosigkeit, keine Ordnung, keine vernünftigen Befehle. Warum ließ man uns den würgenden Roten in die Hände fallen, im Feindfeuer verderben und verbrennen? Wo sind die vielen, vielen, mit denen wir das Dorf verlassen haben und die wir nicht mehr wiedersehen? All die Frauen und Kinder – Wo? Die grauenhafte Erinnerung kommt wieder in mir hoch, als wäre alles erst gestern passiert. Die Straßen verstopft von Wehrmachtsautos und Bauerntrecks. Jeder suchte jeden und niemand fand, was er suchte. Weinen und Schreien überall. Und dann kamen die Russen; sie hatten uns abgeriegelt und eingekesselt, es gab kein Entkommen... furchtbar war das...Schon auf unserer Fahrt vor Prökuls schossen Batterien und Panzer auf die Straße. Dazu kamen die russischen Flieger, die uns mit Bordwaffen beschossen; dann kamen die Panzer, überrollten Wagen und Pferde, Hab und Gut, das Letzte, was wir hatten mitnehmen können.

Und dann kamen die russischen Soldaten. Grauenhaft und endlos die Nächte. Und himmelrot von Feuer. Am nächsten Tag konnte ich wie durch ein Wunder dieser Hölle entkommen. Deutsche Truppen hatten die Russen zurückgeworfen, vielleicht nur für Stunden. Aber mir gelang es fortzukommen. Noch nie in meinem Leben bin ich so gelaufen wie an diesem Tag. Ich hatte das Glück, auf deutsche Soldaten zu stoßen, die auf dem Rückzug waren. Sie fuhren einen großen Feldküchenwagen. Sie nahmen mich auf und waren so gut zu mir, und sie versprachen mir, mich nicht elend den Russen zu überlassen, wenn sie wiederkommen sollten – dann wollte ich nicht mehr leben.

Noch eine ganze Nacht und einen halben Tag verbrachte ich in dem Feldküchenauto. Dann endlich waren wir am Haff. Das war meine Rettung. Mit einem Fischerboot kam ich auf die Nehrung, in strömendem Regen. Ich kann Dir nicht alles auf einmal schreiben. Noch steht mir die Angst und Not dieser Tage brennend und blutrot vor den Augen und vor der Seele, aber ich bin Gott dankbar, daß ich überlebt habe. Ich denke an die vielen, die ich sterben sah, als die Granaten um uns einschlugen und die Tiefflieger uns beschossen. Ich glaube, noch schlimmer sind die Frauen dran, die die Russen gefangennahmen. Ich höre noch immer ihre Schreie...

Memel brennt

An der Memelfront kämpften die deutschen Truppen um Zeitgewinn. Zäh und verbissen klammerten sich die Landser an ihre Geländeabschnitte. Sie gingen erst dann zurück, wenn der Feind rechts oder links durchgebrochen war oder sie eingeschlossen hatte. Dann versuchten die Versprengten, sich zu eigenen Truppen durchzuschlagen. In zunehmendem Maße drängten russische Panzer in Richtung Ostsee, auf das Kurische Haff beiderseits Memel zu.

Die Russen wollten die Stadt einkesseln, um sie von den Heeresgruppen Mitte und Nord abzuschnüren. Damit würde es ihnen gleichzeitig gelingen, die Verbindungen der Heeresgruppe Nord nach Ostpreußen abzuschneiden, so daß deren Versorgung nur noch über See möglich gewesen wäre. Zu diesem Zeitpunkt gab es nur noch einen geschlossenen Verband, die Panzergrenadierdivision *Großdeutschland* unter General Lorenz, die sich mit vorbildlicher Zähigkeit und Tapferkeit im Raum Luoke-Tryskiai-Seda schlug. Ebenso hart wehrte sich die 7. Panzerdivision unter General Mauß gegen den Ansturm der Russen.

Am Morgen des 10. Oktober begann ein neuer russischer Großangriff. Ein gewaltiger Feuersturm leitete ihn ein. Das Vorbereitungsfeuer aller Kaliber galt der vorderen Stellung und dem Stadtrandgebiet. Hier mußte der Volkssturm den Granathagel über sich ergehen lassen. Mehrere Bomberverbände unterstützen den Angriff und warfen ihre todbringenden Lasten über der Stadt und dem Hafengebiet ab. Die ganze Stadt wandelte sich in ein Flammenmeer. Dicker Qualm bedeckte die Memelfront. Immer wieder leuchteten Blitze auf, krachten

Die Ruinen des Pfarrhauses und des Gemeindehauses in Memel.

Bomben und Granaten, Erdfontänen schossen empor.

Dann kamen die russischen Panzer. Rudelweise, gefolgt von der Infanterie. Bis zur Abenddämmerung dauerte das harte Ringen, das vielfach in Nahkämpfen gipfelte. Außer den Heeresverbänden und der Luftwaffe griff auch die 2. Kampfgruppe der Kriegsmarine, bestehend aus den Schweren Kreuzern *Lützow*, *Prinz Eugen* sowie mehreren Torpedobooten, in die Kampfhandlungen ein.

Am 11. und 12. Oktober tobten weitere schwere Kämpfe. Russische Kampfflieger warfen tonnenweise Bomben auf Memel. Der Marktplatz, die Flachswaage, das Regierungsgebäude, die Marktstraße, das Rathaus wurden getroffen. Überall beleuchteten Brände zusammengestürzte Häuser. Als ein neuer Morgen heraufzog, setzte erneut ein Feuerwerk schwerer Geschütze und Werfer ein; Bomben fielen auf die Stadt und ihre Verteidiger. Offensichtlich wollte die sowjetische Führung Memel

Die zerstörte Altstädtische Knaben-Mittelschule.

sturmreif schießen. Doch die Angreifer erwartete ein blutiger Empfang. Mehrere Male forderten die Russen die Übergabe der Stadt – ohne Erfolg.

Am 14. Oktober erfolgte ein weiterer russischer Angriff und am 23. Oktober ein weiterer Versuch, Memel einzunehmen. Einbrüche russischer Truppen konnten immer wieder durch deutsche Gegenstöße bereinigt werden. Einen großen Anteil an der erfolgreichen Verteidigung der *Festung Memel* hatte die Kriegsmarine mit *Lützow, Prinz Eugen*, den Zerstörern *Z 28* und *Z 35* mit den Torpedobooten *T 13, T 19* und *T 2*, die auch am 23. Oktober sowjetische Stellungen beschossen. Besonders *Lützow* und *Prinz Eugen* erreichten durch die erstaunlich schnellen Schußfolgen ihrer gewaltigen Turmsalven deutliche Erfolge. Dabei war die moralische Wirkung auf die russischen Soldaten nahezu ebenso groß wie die Wirkung durch Splitter oder Detonationsdruck.

Die Stadt Memel kam in den folgenden Tagen nicht zur Ruhe; Luftangriffe und Trommelfeuer vernichteten die Börse, mehrere Schulen, Kirchen, die Lagergebäude am Hafen, aber auch viele Häuser.

Oberst Johannes Möll… der Marine-Festungs-kommandant von Me…

Der Marine-Festungskommandant

Der letzte Kampfkommandant von Memel, Oberst Werner Ebeling, führte über die letzten 100 Tage der *Festung* Tagebuch:

Ich habe das Kommando als Marine-Festungskommandant Memel am 18. September 1944 übernommen, von Gotenhafen kommend, wo ich mich bei meinem Vorgesetzten, dem Küstenbefehlshaber Ostpreußen, gemeldet hatte. Informationen über die Lage in Memel habe ich von seinem Stabe leider nicht erhalten, vermutlich, weil man sich auch nicht kannte. Ich hatte vorher, seit 1937, die Abteilung Marine-Nachrichtenübermittlungsdienst, heute Fernmeldedienst genannt, der Seekriegsleitung in der damaligen Marineleitung, dem späteren Oberkommando der Marine, geleitet. Spezielle Erfahrungen für meine neue Dienststelle brachte ich nicht mit.

Die Zivilbevölkerung von Memel war im Sommer 1944 wegen der russischen Offensive evakuiert worden, aber inzwischen teilweise wieder zurückgekehrt, nachdem sich die Heeresfront Ost bei Schaulen wieder stabilisiert hatte. Die Stadtverwaltung war noch im Gange, die Stadt noch unbeschädigt, da keine Luftangriffe erfolgt waren. Die Bildung einer Festungskommandantur war meines Wissens von der Marineabteilung 1938 verfügt worden, nachdem das Memelland nach der Sudetenkrise im Herbst 1938 aufgrund des Münchner Abkommens an das Deutsche Reich übergegangen war. Solche Dienststellen bestanden in den meisten von der Reichsmarine benutzten Häfen, z.B. Wilhelmshaven, Swinemünde, Pillau. Die Front der Marinefestungen war nach See gerichtet. Die Befestigungen in Memel bestanden aus mehreren fest eingebauten Flakbatterien rings um die Stadt, also außerhalb der bebauten Stadtfläche, bestückt mit 8,8- oder 10,5-cm-Flakkanonen und einer Seezielbatterie mit zwei ehemaligen, ebenfalls fest eingebauten schweren Schiffsgeschützen, die nur in einem bestimmten Sektor nach See schießen konnten. Die Munition für diese Geschütze war sehr beschränkt.

Die Kommandantur befand sich in einem früheren Wohnhaus mitten in der Stadt, hatte einen behelfsmäßigen Luftschutzkeller, aber keinen Bunker. Das Haus wurde bei dem ersten Luftangriff der Russen Anfang Oktober beschädigt und war nicht mehr benutzbar, so daß ich mitten im russischen Angriff zu einem Stellungswechsel in das Barackenlager beim Leuchtturm am Seetief gezwungen war. Später ist dort ein feldmäßiger Bunker gebaut worden, mit Behelfsmitteln, kein Beton. In Memel befanden sich im September 1944 folgende Dienststellen der Marine: Marineflakabteilung 217 zur Besetzung des Flakgruppenkommandos und der Flakbatterien. Kommandeur: Korvettenkapitän d.R. Ruhtenberg. Die Personalbatterie eines Marineartillerieregiments, dessen Stab in Gotenhafen stationiert war, besetzte die schwere Batterie auf der Nehrung. Eine Flugmeldekompanie mit etwa 100 Flugmeldehelferinnen besetzte die Flugmeldezentrale Memel; die Flugwachen der Flugmeldezentrale waren von Zivilpersonen der betreffenden Ortschaft besetzt, die beim russischen Angriff überrollt worden waren. Die Helferinnen waren, Gott sei Dank, sofort nach dem Durchbruch der Russen Anfang Oktober über See abtransportiert worden. Weitere Truppenteile waren das Marineartilleriearsenal, das Marineverpflegungsamt, eine Marineergänzungsabteilung mit mehreren Kompanien – ein Sammelbecken für Mannschaften der Marineküstenartillerie aus dem Bereich des Marineoberkommandos Ostsee. In dieser Abteilung befanden sich viele ältere Mannschaften, die für den Frontdienst nicht mehr geeignet waren – eine Marinekraftfahrkompanie. Außerdem war in Memel der Stab einer U-Boot-Ausbildungsflottille stationiert, wo die Kommandanten der neu in Dienstgestellten U-Boote nach etwa einjähriger Einfahr- und Einzelausbildungszeit ihren letzten Schliff in der Rudeltaktik der U-Boote erhielten. Die jeweiligen Boote benutzten den Hafen.

Als mein Vorgänger bei der Übergabe erwähnte, daß die Heeresfront etwa bei Schaulen, also nur noch rund 100 km entfernt verlief, war ich sehr überrascht; denn ich war, im Gegensatz zu früheren Jahren, seit dem Debakel von Stalingrad nur noch auf die Wehrmachtsberichte angewiesen, die ab 1943 nicht mehr erkennen ließen, wo die Front verlief. Ich hatte sie bis dahin viel weiter östlich vermutet. Als ich zufällig erfuhr, daß das Oberkommando der 4. Armee seine Zelte in einem Badeort eben nördlich von Memel aufgeschlagen hatte, machte ich dort meinen Antrittsbesuch in der Hoffnung, näheres über die Lage an der Front zu erfahren. Man war aber zunächst sehr zurückhaltend. Als ich dann am letzten Septembertag erneut dort vorsprach, erklärte mir der Chef des Stabes auf meine Frage nach der Lage etwa wörtlich: »Unsere Front

ist äußerst gestreckt wie ein straff gespanntes Gummiband; Reserven haben wir nicht; wir sind aber dabei, die Division *Großdeutschland* aus der Front zu ziehen. Der Russe ist angriffsbereit; hoffentlich läßt er uns noch ein paar Tage Zeit, damit wir für den Fall eines feindlichen Durchbruchs eine Reserve bilden können.«

In der nächsten Nacht erfolgte ein ziemlich heftiger Luftangriff. Am folgenden Morgen rief mich der Chef des Stabes der 4. Armee von dem neuen Stabsquartier in der Gegend von Heydekrug an und gab mir folgende Weisung: »Der Russe hat angegriffen und ist bei Schaulen durchgebrochen. Russische Panzer marschieren z.Zt. auf der Straße Schaulen westwärts; klares Ziel: Memel! Bringen Sie Ihre Flakbatterien in Stellung und wehren Sie die russischen Panzer ab«. Ich konnte nur antworten, daß meine Artillerie fest eingebaut sei, der Ausbau etwa vier Wochen, der Wiedereinbau noch länger dauern würde. Ich habe dann aus den marschfähigen Soldaten der Ergänzungsabteilung ein Marschbataillon mit 2 Kompanien aufstellen lassen und dieses mit dem Auftrag, die russischen Panzer abzuwehren. Als »Artillerie« konnte ich dem Bataillonskommandeur sogar noch ein 4-cm-Flakgeschütz auf Radlafette mitgeben. Viel ausrichten konnte das Bataillon nicht; es kehrte nach einigen Tagen stark angeschlagen zurück.

Die russischen Panzer kurvten am nächsten Tage, dem 3. Oktober, vor unseren Batteriestellungen im Osten der Stadt. Russische Infanterie drang sogar bis in die westlichen Straßen ein, konnte dann aber durch Heereskräfte aufgehalten werden. Nun machte es sich bezahlt, daß der Kommandeur der Marineflakabteilung in weiser Voraussicht seine Batteriechefs auch im Bodenzielschießen geschult hatte. Allein am ersten Kampftage wurden von unseren Flakbatterien 16 russische Panzer abgeschossen. In den nächsten Tagen waren es noch mehr. Das hat wohl die russische Führung veranlaßt, den Angriff auf Memel zu stoppen. Inzwischen hatte sich das Generalkommando des 28. Armeekorps in Memel eingerichtet und die Führung übernommen. Es gelang, die Russen zurückzudrängen und nach und nach mit den Resten von drei Divisionen eine Abwehrstellung östlich von Memel zu bilden. Diese verlief in späterer Zeit mit einem Radius von durchschnittlich etwa 8 km vom Hafen gerechnet ostwärts Memel. Im Norden waren es etwa 10 km; im Südosten betrug die kürzeste Entfernung vom Hafen nur etwa 6 km.

Unter dem Generalkommando des 28. Armeekorps waren zunächst drei Divisionsstäbe tätig, später nur noch zwei. Die Heereseinheiten waren infolge des Durchbruchs der Russen stark durcheinander geraten und wurden im Laufe der nächsten Wochen nach und nach gemäß ihrer Divisionszugehörigkeit neu geordnet. Im Laufe des November gelang es der Armee sogar, einen kleinen Abschnitt der Front im Norden zu begradigen und so eine günstigere Verteidgungsstellung zu erreichen.

Über die Erklärung dieses Minikessels um Memel zur Festung im Sinne des Heeres ist mir dienstlich niemals etwas bekannt geworden. Ich habe auch niemals danach gefragt. Doch wurde dieser Raum so behandelt. Im Laufe der Zeit wurden z.B. die Munitionsvorräte der Armee erheblich aufgestockt; überall an den Straßen außerhalb der Stadt lagen Munitionskisten, mit Zweigen getarnt. Im Dezember erhielt das 28. Generalkommando sogar ganz moderne Panzer, die, wie der Nachschub aller Art über See, in diesem Falle mit einer Eisenbahnfähre, herangeführt wurden. Auch ein sogenanntes *Festungsbataillon* wurde über See herangeführt. Es bestand zum großen Teil aus Soldaten, die am Anfang des Krieges den Polen- und/oder Frankreichfeldzug mitgemacht hatten und dann entlassen worden waren, wie z.B. mein Schwager, Geburtsjahrgang 1900, der eines Abends vor mir stand; oder aus Soldaten, die wegen ihrer Verwundung in der ersten Hälfte des Krieges entlassen worden waren. Das Bataillon wurde sofort in vorderster Linie eingesetzt.

Alles in allem blieb es im Kessel ruhig, jedenfalls hat die russische Führung keinen weiteren Angriff auf Memel unternommen, wohl in der Erkenntnis, daß hier zwei deutsche Divisionen durch schwache eigene Kräfte gebunden wurden und ihnen die Stadt früher oder später ohne großen Einsatz in die Hände fallen würde.

Es gelang mir im Laufe der Zeit, das Vertrauen des kommandierenden Generals zu erwerben und eine gute Zusammenarbeit mit seinem Stabe, insbesondere mit dem Chef des Stabes, zu erreichen. So konnten wir in Memel das Weihnachtsfest ungestört begehen, aber auch in dem bedrückenden Gedanken, auf exponiertem Posten zu stehen. Im November wurde meine Dienststelle infolge einer Umorganisation in Marinefestungskommandant Memel umbenannt und dem *Admiral östliche Ostsee* unterstellt, der bisher nur die Seestreitkräfte dort selbst geführt hatte. An unserer Situation hat sich dadurch nichts geändert. Der Befehlshaber hat sich dann bald einmal in Memel sehen lassen. Seine Hauptaufgabe blieb die Führung der Seestreitkräfte, später noch stark belastet durch den Abtransport der vielen Flüchtlinge aus Pillau und Gotenhafen. Als im Januar 1945 der Russe tief in Ostpreußen einbrach, rief mich etwa am 20. Januar der Chef des Stabes des 28. Armeekorps an und bat um meinen Besuch, da er mir Wichtiges mitzuteilen hätte. Wie aufgrund der Nachrichten aus Ostpreußen von mir erwartet, gab er mir bekannt, daß Memel auf höheren Befehl aufgegeben werden sollte, da die hier eingesetzten Divisionen wegen der prekären Lage in Ostpreußen dort dringend benötigt würden.

Nun setzte eine lebhafte Tätigkeit ein, denn es galt, die stationär eingesetzten Marineeinheiten und Marinedienststellen beweglich zu machen. Um die Truppe über das Seetief zur Kurischen Nehrung überzusetzen, wurden zwei Siebelfähren und einige Marinefahrprähme herangeführt. Gottseidank blieb das Seetief bis zuletzt offen, aber am letzten Tage, dem 27. Januar, an dem Memel endgültig geräumt wurde, herrschten 27 Grad Kälte, und es bildete sich eine leichte Eisschicht. Ich habe das mit großer Sorge beobachtet. Aber auch die letzten Sprengkommandos konnten noch übergesetzt werden, nachdem sie ganze Arbeit getan hatten.

Der Russe hat offenbar die Absetzbewegungen nicht bemerkt, jedenfalls nicht gestört. Ich habe die letzte Nacht in Memel mit meinem kleinen Stabe in einer Flakbatterie auf der Nehrung verbracht, bin dann auf der Nehrung südwärts gefahren und traf am Abend in Cranz wieder auf das Generalkommando des 28. Armeekorps, voll beschäftigt mit der Aufgabe, die angreifenden Russen aufzuhalten. Der Kommandierende General bat mich dafür zu sorgen, daß die Truppe notfalls über See abgeholt würde. Ich konnte ihn nur darauf hinweisen, daß die Bucht vor Cranz dicht voller Treibeis war, das den Einsatz von Marinefahrprähmen wohl unmöglich machen würde. Ich bin dann weitermarschiert nach Brüsterart, von wo ich mit einem dort zufällig befindlichen Marineräumboot nach Pillau gelangte. Dort wurde ich erneut als Seekommandant Ostpreußen eingesetzt und fand eine sehr prekäre Situation mit Abertausenden von Flüchtlingen vor. Der Russe war zuvor bis zu einem Marinemunitionsdepot am Fuße der frischen Nehrung vorgestoßen, dann aber dort aufgehalten worden. Er mußte sich dann wieder zurückziehen.

Das Unternehmen *Krebs*

Paul Saynisch, Hauptmann und Regimentsadjutant im Grenadierregiment 280 der 95. I.D. hat das Unternehmen *Krebs*, die befohlene Räumung der *Festung Memel* miterlebt. Hier sein Bericht:

Während schon in den Stellungen der Memel-Niederung, bei Haselber, südostwärts von Tilsit, nachdem wir über die Memel nach Süden hatten zurückweichen müssen, die Stimmung in der Truppe gedrückt war, besonders infolge der fast täglich neuen Gerüchte, war auch bei den Kommandostäben die Lagebeurteilung keine gute. Wir waren uns klar darüber, daß unsere Lage mit jedem Tag bedenklicher wurde. Es würde nur noch kurze Zeit dauern, bis der Russe die Memel auch hier überschreiten würde.

Ich gehörte 2 ½ Jahre lang dem Grenadierregiment 456 der 256. I.D. an. Im Sommer 1944 wurden wir bei der Großoffensive der Russen im mittleren Frontabschnitt fast völlig zerschlagen. Zu einer Regimentsgruppe umbenannt, mußten wir die Kämpfe in allgemeiner Rückwärtsbewegung durch Litauen bestehen, um uns dann mit den anderen Resten der 256. I.D. zur neuen 95. I.D. zusammenzuschließen. Es entstand unser neues G.R. 280 mit Oberst Mellwig als Kommandeur. Div. Kdr. war der aus der 256. I.D. hervorgegangene Oberst Lang (vorher Kdr. des G.R. 476), der kurz darauf Gen. Maj. wurde. Ich war zu dieser Zeit Regimentsadjutant geworden, davor war ich Chef der 4. (MG) Kp. 456. Der letzte Rest unserer Rückwärtsbewegung, bis zum Überschreiten der Memel, gelang besser, als wir zu hoffen gewagt hatten.

Mit Pionieren war es unter schwersten Bedingungen im Nachteinsatz gelungen, an das südliche Ufer zu gelangen, noch ehe der Feind hatte folgen können. Wir bezogen dort schnellstens behelfsmäßige Abwehrstellungen. Tage später ging es weiter in Richtung »Brückenkopf« Memel. In Memel war bei unserem Eintreffen das Nachkommando einer SS-Division, das eine sehr ausgedünnte Hauptkampflinie unter gut gelungener Vortäuschung einer noch kampfstarken Abwehr bis zu ihrer Ablösung besetzt hielt. Der Kdo-Führer, ein Sturmbannführer [Major] mit zwei jüngeren Offizieren, bat unseren Kommandeur und mich in ein noch leidlich erhaltenes Haus in Hafennähe und erklärte den auf uns entfallenden künftigen Abschnitt nach seinen genauen Karteneinzeichnungen.

Über dieses Kartenmaterial konnten wir natürlich sofort verfügen. Unser Eindruck – der von Oberst Mellwig und der meinige – war, hier haben wir einen Taktiker vor uns, dem man vertrauen darf. Wir gewannen an dem noch dunklen Frühmorgen in ganz kurzer Zeit einen genauen Überblick über die Abwehrstellungen, die in einer sehr guten Staffelung mehr und weniger weit vor dem Stadtrand, versehen mit gut gelegenen Stich- und Laufgräben, in zweite und dritte Grabenstellungen mündeten. Wir wurden vertraut gemacht über die erfolgte Herauslösung seines und des rechten Nachbarregiments. Es schien sicher, daß der Gegner von diesem Auswechseln nichts mitbekommen hatte. Wir erfuhren, daß die Bevölkerung von Memel restlos evakuiert sei. Nur der Kreisleiter Neumann mit zwei seiner Mitarbeiter sei noch da. Wir wußten inzwischen, daß in der rechten Hälfte des Brückenkopfes die 58. I.D. bereits vor uns Stellung bezogen hatte, und daran anschließend nach links die beiden Grenadierregimenter der 95. I.D. folgten, daß fünf Tage vorher, am 20.11.1944, der Dampfer *Füsilier* mit rund 3000 Soldaten an Bord – ich glaube durch Artilleriebeschuß – im Haff untergegangen war. Nur wenige hätten sich retten können. Es handelte sich dabei um Versorgungseinheiten der 95. und 58. I.D.. Das war für uns natürlich eine bittere Pille. Der Sturmbannführer verabschiedete sich nach der Vereinbarung mit uns, um am Abend um 18 Uhr unsere Einheiten von stellungskundigen Männern, am linken Flügel des Regiments beginnend, einweisen zu lassen, unter gleichzeitiger Rücknahme seines Nachkommandos.

Da wickelte sich in einer für uns schicksalhaften Phase eine Frontbewegung ab, mit einem Verlauf, wie er besser nicht in einem Lehrbuch über Taktik nachzulesen gewesen wäre, wie er aber auch nur von kampferfahrenen Offizieren, Unteroffizieren und Mannschaften exerziert werden konnte. Anerkennung und Dank unseren Vorgängern, aber auch Bewunderung unseren eigenen Batl.-Kommandeuren, Kompaniechefs, Zugführern und jeder einzelnen Gruppe, die alle den Marsch in eine unbekannte Abwehrstellung in diesen so exponierten halbkreisförmigen Brückenkopf – ohne auch nur einen Lichtblick für die Zukunft – so diszipliniert vollzogen. So ähnlich lauteten die Worte unseres Kommandeurs.

Die Herauslösung unseres Vorgänger-Regiments war reibungslos vollzogen, dank des tatkräftigen Einsatzes der Landungspioniere. Ein Heerespionierbataillon war ne-

HKL fanden oftmals beiderseitige MG- und Granatwerfer-Überfälle statt, die sich aber in Grenzen hielten. Ich persönlich mußte in der Zeit vom 8.12.1944 bis 6.1.1945 auf dem Div.-Gefechtsstand, der übrigens in den Dünen nördlich des Hafens untergebracht war, den O 1 (1. Ord.-Offz.) der Division vertreten, der verwundet ausgefallen war. Ich hatte während dieser Zeit noch etwas mehr Überblick über den Gesamtabschnitt der 95.I.D. gewonnen.

Das Frontleben in der *Festung* – wie ja bald jeder sagte – ging den inzwischen gewohnten Gang weiter. So langsam kam bei den Stäben das Wort *Krebsgang* auf. Bald aber war sicher, daß das Unternehmen *Krebs* kommen würde. Die Frontlage in Ostpreußen erforderte eine Lösung, die verhinderte, daß die Memeltruppen im Brückenkopf untergingen. Es war am 22.01.1945, als die Kommandeure zum Div.-Gefechtsstand beordert wurden, um mit dem offiziellen Räumungsbefehl des Korps vertraut gemacht zu werden, der besagte, daß die Truppen des Brückenkopfes mit Ausnahme der Nachkommandos sich bis zum 25.01. nachts, unter Zurücklassung aller schweren Waffen, nach einem bereits bestehenden Plan abzusetzen hätten. Mein Regiment, das G.R. 280, mußte allerdings, wegen der exponierten Stellung ostwärts des Hafens, bis zum nächsten Tag ausharren. Die Lage war sehr ernst, aber wir hatten Glück. Alles lief geordnet. Unser Nachkommando des Regiments, in Stärke von 60 Mann, eingesetzt in MG-Gruppen und geschickt auf den ganzen Abschnitt verteilt, mußte bis zuletzt bleiben; auch ich selbst gehörte zu denjenigen, die das »Schlußlicht« bilden mußten. In Nähe des Hafenkais wartete ich mit einigen Pionieren darauf, daß um 22 Uhr die Gruppen nacheinander, so lautlos wie möglich, ankamen. Es wurde hastig abgezählt mit der eindeutigen Feststellung, daß alle Männer vollständig zur Stelle waren.

Bevor wir nun auf zwei Fähren aufstiegen, hatten bereits die Pioniere, wie schon Tage vorher, mit einem kleinen Eisbrecher das Eis des Haffs gebrochen, das jedesmal, bei 30 Grad unter Null, sich wieder neu gebildet hatte. Auf jeder der beiden Fähren setzten wir vier MG, mit reichlich Munition ausgestattet, so ein, daß ein eventuell nachfolgender Feind hätte wirksam bekämpft werden können. Der Art.-Beschuß des Gegners hatte sich zwar merklich gesteigert, und wir ahnten Böses, aber wir blieben ohne Verluste und erreichten die Nehrung. Als wir drüben Fuß gefaßt hatten, sprengten die Pioniere die

Dezember 1944:
Im Hafen von Memel werden Geschütze ausgeladen.

ben unseren eigenen Pionieren (der 95.I.D.) auch weiterhin im Brückenkopf bzw. auf der Nehrung im Einsatz.

Die Novembertage und der Dezember verliefen in Memel verhältnismäßig ruhig. Unsere Stellungen waren recht gut gesichert. Der Nachschub von der Nehrung aus funktionierte auch. Regelmäßiges Artilleriefeuer des Gegners hatte uns erfreulich wenig Ausfälle zugefügt. In der

zurückgelassenen Panzer, Geschütze und alle anderen schweren Waffen, wie auch Munitionsdepots (in großem Umfang) und viele andere truppentechnische Einrichtungen. Das war ein strikter Befehl, der von den Pionieren – ganz auf sich ganz allein gestellt – hervorragend erfüllten. Die letzten Soldaten, die die *Festung Memel* verließen, gehörten dem Sprengkommando an. Nach sorgfältiger Ausführung ihrer Befehle glückte es ihnen in buchstäblich letzter Minute und unter verstärktem feindlichen Beschuß die Übersetzung auf die Nehrung. Memel war jetzt nach viermonatigem zähen Kampf dem Feind überlassen. Das Unternehmen *Krebs*, die Räumung der *Festung Memel* war abgeschlossen. Unser neues Marschziel hieß Cranz, am Südende der Kurischen Nehrung. Mein Regiment einschließlich der Nachkommandos sammelte sich dort. Was wir erwartet hatten, traf ein: Ein Einsatzbefehl für uns an der Samlandfront. Dieser Einsatz endete für mich mit einer schweren Verwundung am 17. April. Von Hela aus brachte mich der Verwundetentransporter *Comet* nach Kopenhagen.

»Klar machen zum Heldentod«

Kapitänleutnant d.R. Bernhard Sperling, Jahrgang 1909, Batteriechef der Batterie Götzhofen bei Memel, erlebte die Verteidigung der *Festung Memel* mit. Über die letzten Tage in Memel berichtet er:

Während meiner Zeit als Batteriechef in Memel war der Stab des Festungskommandanten von Memel im Sommer 1944 für einige Wochen in meiner weitläufigen Batterie Götzhöfen »einquartiert«, auch in den dramatischen Tagen um den 20. Juli 1944. In den Monaten September und Anfang Oktober 1944 wurde meine Batterie, da die Russen immer näher an Memel heranrückten, durch den großartigen Rittmeister Hans Erhard von Sperber zu einem starken *Igel* ausgebaut. Am 8. und 9. Oktober griffen die Russen Memel an und nahmen auch meine Batterie, mit Artillerie und aus der Luft verstärkt, unter Beschuß. Einer meiner Batterieoffiziere, Leutnant Werner Orth, sagte zu mir: »Herr Kaleu, jetzt kommt: Klar machen zum Heldentod!« Ich darauf: »Das wollen wir mal sehen.«

Wir hatten nämlich für unseren *Igel* ein sehr wirkungsvolles Sperrfeuer mit drei anderen Batterien um meine weit außerhalb liegende Batterie einexerziert, darunter

Kapitänleutnant Bernhard Sperlich war Batteriechef bei der Marine-Flakabteilung 217.

eine 12,8-cm-Nehrungsbatterie. Unser Sperrfeuer war so wirkungsvoll, daß wir uns eine Woche lang gegen die russische Übermacht hielten, bis die Div. *Großdeutschland* im Süden von Memel eintraf und eine HKL vom Haff und in einem Viertelkreisbogen über Süden und Osten in Richtung Stadt Memel bildete.

Der erste deutsche Marinebesuch, den wir dann etwa 14 Tage später hatten, war Admiral Platz aus Gotenhafen, der mehrere meiner Soldaten, die ich vorgeschlagen hatte, mit dem EK II auszeichnete und der ganzen Batterie seine besondere Anerkennung für ihre Haltung und ihren Kampfgeist ausdrückte. Auch ich erhielt dann von ihm das EK II persönlich überreicht. In den folgenden Wochen und Monaten erhielt ich von meinem Kommandeur Vollmacht, nach Anforderung von *Großdeutschland* jede gewünschte artilleristische Unterstützung zu geben, wobei mir drei weitere Batterien im Südbereich Memels für diese Zwecke unterstellt wurden. Auf diese Weise konnten wir dann verschiedene Versuche des Russen, den Südteil des Brückenkopfes Memel zu nehmen, verhindern. Im Laufe des November wurde dann die Eiv.G.D. durch die 58. I.D. abgelöst, die auch die vorhandene HKL bis zu unserem Abzug erfolgreich hielt. Überaschend erhielt ich um den 20. Januar den Befehl, meine Batterie, die noch völlig intakt war, am 25. Januar 1945 zu räumen. Meine Soldaten – etwa 140 Offiziere und Mannschaften – bereiteten wir befehlsgemäß, aber mit schwerem Herzen, auf diesen Abzug vor. Wir hatten damals immerhin noch über 9000 Schuß 10,5 cm-Flak-Munition, wesentlich mehr für unsere 3,7-cm-Oerlikon-Rohre und die für Tiefflieger vorgesehenen 2-cm-Geschütze. Die Batterie selbst war eine vorbildlich gebaute Bunkerbatterie mit guten Unterkünften, Heizung, Duschen, so daß die Soldaten von G.D. und hinterher der 58.I.D., die wir abwechselnd zum Duschen und kameradschaftlichen Zusammensein beherbergten, meine Batterie »Grand Hotel« hinter der HKL nannten. Unter meinen Soldaten befanden sich manche musischen, handwerklichen und andere Talente, die bis etwa August 1944 manches Batteriefest veranstalteten, wozu jeweils die Familien der benachbarten Güter eingeladen wurden. So war es mir u.a. geglückt, sämtliche Universitätsprofessoren, die im Herbst 43 Vorträge im Rahmen der *Memeler Universitätstage* hielten, am jeweils nächsten Vormittag, bevor sie zur Uni Königsberg zurückfuhren, in meine Batterie zu bitten, wo dann alle Vorträge wiederholt wurden und wir die Professoren anschließend noch zu einem guten Mittagsmahl einluden. Außer unserer nicht schlechten Marineverpflegung hatten wir einen munteren Bestand von »Stallhasen«, Hühnern und sogar einem Schwein, die gelegentlich zur Verbesserung des Küchenzettels »dran glauben« mußten.

Am Morgen des 25. Januar 1945 rückte ich dann, z.T. hinter Tarnanpflanzungen und durch Geländesenkungen, aus meiner Batterie mit der gesamten Belegschaft ab. Es war für beinahe alle von uns ein harter Abschied, da unsere Batterie noch voll intakt und uns sehr ans Herz gewachsen war. Tüchtige Holzschnitzer hatten z.B. sämtliche Wege der Batterie, die wir mit passenden Namen belegt hatten, durch geschnitzte Schilder geschmückt, z.B. zum Ausgang »Große Freiheit«, ein anderes »Im Kohlrabi-Tal«, wo wir unsere »Gemüseplantage« angelegt hatten. Kurz, die ganze Batterie machte einen so sympathischen, um nicht zu sagen fröhlichen Eindruck, daß sich das auch bei jeder Besichtigung von vornherein vorteilhaft auswirkte. Aus den Reihen meiner Offiziere und Soldaten war dann auch gelegentlich der Vorschlag laut geworden, aus der Batterie nach Beendigung des Krieges ein Kindererholungsheim zu machen.

Befehlsgemäß meldete ich meine Batterie beim Hafenkommandanten und wurde dann mit meinen Soldaten zum Munitionstransport eingesetzt. Wir beluden das Schiff *Sanga* mit Munitionssorten, an denen in Pillau Mangel herrschen sollte.

Der 25. Januar war ein kalter, sonniger, klarer Tag, der es den Russen erlaubte, vom Norden Memels her und von der See Aufklärung zu fliegen und auch den Hafen und die dort liegenden Schiffe mit Artilleriebeschuß nördlich

Zivilisten und Soldaten, meist Kranke und Verwundete, verlassen Memel mit den Frachtern *H 27* und *Sanga*. Vieles mußte am Kai zurückgelassen werden: Fahrräder, Fluchtwagen, Pferde und eine Ziege.

von Nimmersatt her zu stören. So hatten wir leider im Laufe des Tages auch einige Verwundete und einen Toten, hatten aber das große Glück, daß die zu verladende Munition nicht getroffen wurde. Als dann am Abend unser Schiff, in dem sich inzwischen über 600 Marinesoldaten eingeschifft hatten, nach meiner Abmeldung bei Korvettenkapitän Ruthenberg ablegen sollte, stellte sich heraus, daß die Ruderanlage eingefroren war. Nach stundenlangem Bemühen gelang es dann, die Ruderanlage wieder einsatzbereit zu machen, aber inzwischen hatte sich unser Geleit nach Pillau abgesetzt. Der Kapitän der *Sanga* bat mich dringend darum, auch ohne Geleit nach Pillau in See zu gehen, er kenne die Minengassen, denn der nächste Tag, der wieder klar sein sollte, würde verstärkten russischen Beschuß bringen. So legten wir also ab. Außer dem Kapitän, seinem Steuermann und mir ahnte keiner, daß wir allein fuhren. Wir wollten unseren Soldaten die Sorge um ein Gelingen der Fahrt nicht zumuten. Kurze Zeit nach Verlassen des Hafens – ich konnte mich vor Übermüdung kaum noch auf den Beinen halten – sagte der Kapitän zu mir: »Herr Kaleu, nehmen Sie doch kurz ein Auge voll auf meinem Sofa, Sie können mir jetzt doch nicht helfen«. Ich schlief sofort fest ein, und erst am nächsten Morgen schüttelte er mich wach mit der Bemerkung: »Es hat geklappt, wir stehen vor Pillau«.

Nach der Verpflegung meiner Soldaten im Hafen meldete ich unsere 600 Mann mit Offizieren dem Seekommandanten von Pillau, Herrn Kapitän z.S. von Chapeauroge. Er eröffnete mir darauf, daß für 600 Marinesoldaten keine Aufgabe in Pillau sei, es würde aus diesen Offizieren und Mannschaften ein Marineschützenbataillon gebildet unter meiner Leitung. Ich bekäme einige Infanterieoffiziere, die meine Soldaten in den nächsten Tagen infanteristisch ausbilden sollten. Dazu kam es aber nicht mehr.

Im Lager *Kammstigall* erhielten wir am Morgen des 30. Januar 45 den Befehl zum Einsatz in Fischhausen, ostwärts des Gutes Wischrodt, beiderseits der Bahnlinie und Straße nach Königsberg. Der Krieg war für uns noch lange nicht beendet.

Kein Verwundeter blieb zurück

Dr. Wagner, Regimentsarzt des Grenadierregiments 280 der 95. I.D., wurde im November 1944 nach Memel abkommandiert. Auf dem Frachter *Cometa* gelangte er von Pillau nach Memel. Er führte über die Tage und Wochen, die er in der *Festung Memel* verbrachte, Tagebuch. Nachstehend ein Auszug:

Am 20. November 1944 erfolgte, herausgelöst aus dem Raum Ragnit diesseits der Memel, abends die Bahnverladung unseres Regiments und der Transport nach Königsberg. Es erfolgte die Einschiffung auf die *Cometa* – Fahrt über Pillau, am 24.11.1944 Pillau ab gegen 19.00 Uhr, Memel Ankunft 25.11. In den frühen Morgenstunden Ausschiffung bei mäßigem feindlichen Störungsfeuer (Artillerie) auf das Hafengelände. Nach kurzem Quartier in Häusern im Hafengebiet ging es am nächsten Tag weiter in eine Stadtrandsiedlung von Memel (Bürgerfeld). Memel war bereits von der Zivilbevölkerung geräumt worden. Nach einigen Tagen erfolgte die Verlegung des Regimentsgefechtsstandes in eine Erdbunkerstellung, die auf einer Anhöhe lag, gut getarnt und von einer dünnen Schneedecke bedeckt. In dieser Stellung verblieben wird bis zur Räumung Memels Ende Januar 45.

Memel war von einem halbringförmigen, mehrfach hintereinander gestaffelten und zwischendurch verbundenen Stichgrabensystem umgeben, das war u.a. wichtig für die Versorgung und den Abtransport der Verwundeten und Kranken aus den vordersten Linien. Der Krieg um Memel war mehr oder weniger in den Monaten November bis Januar ein Stellungskrieg mit entsprechendem Beschuß und vereinzelten Fliegerangriffen. Im Vergleich zu den Rückzugsgefechten aus dem Mittelabschnitt durch Litauen bis zur deutschen Grenze hatten wir relativ wenig Ausfälle und Verwundete zu versorgen und abzutransportieren. Der Hauptverbandsplatz unserer Division befand sich z.T. in einem Forsthaus in Schwarzort auf der Nehrung, günstig wegen des weiteren Abtransports westwärts.

Aus Memel hatte man u.a. Teile einer SS-Einheit und weitere andere Einheiten herausgelöst, die ihre schweren Waffen, Panzer und Artillerie sowie Munition zurücklassen mußten, da die Verladeeinrichtungen im Hafen zerstört waren. Somit war für die Verteidigung von Memel viel Munition – Panzer, Artillerie (u.a. 21 Mörser stationiert auf der Nehrung) – zurückgeblieben. Unser Regimentskommandeur Oberst Mellwig hatte für besonders strapazierte Landser in einer ehemaligen Polizeikaserne am Südwestrand von Memel ein Regiments-Erholungsheim herrichten lassen. Hier befand sich auch die Div. Zahnstation mit feldmäßiger Ausrüstung (Bohrmaschine mit nähmaschinenartigem Tretmechanismus, unter der ich auch gelitten habe). Am 24. Januar 45 war ich bei einer Besprechung mit anderen Offizieren der Division. Es wurden Anweisungen für den Rückzug aus Memel gegeben. Aus strategischen Gründen sollte unser Regiment, das G.R. 280, als letztes den Brückenkopf verlassen. Die um Memel gestaffelten Grabenstellungen sollten jeweils nachts, vom Feind möglichst unbemerkt, geräumt werden. Meine Sanka sollten zum evtl. Verwundetentransport an verschiedenen rückwärts gelegenen Krankensammelstellen stationiert werden. Mein Truppenverbandsplatz verlegte so in den Nächten vom 25.1./26.1./27.1.45 etappenweise bis ans Haff. Es herrschten Temperaturen um 39 Grad minus. Am Haff hatte sich zwischenzeitlich immer wieder Saumeis gebildet, weil die Fahrpähmen nicht laufend fuhren. Ein Teil meiner Sanka hatten bereits auf die Nehrung übergesetzt. Etwa gegen 22 Uhr mußten wir stadtwärts zurück, da Verwundete angefallen waren. Der Russe hatte gemerkt, daß am Haff und auf der Nehrung igrend etwas im Gange war und sein Artilleriefeuer wesentlich verstärkt. Gegen 23 Uhr konnte ich mit dem Rest meines San. Personals und dem letzten Sanka auf die Fähre rollen und übersetzen. Am Ufer der Nehrung hatte sich zwischenzeitlich soviel Eis gebildet, daß wir große Schwierigkeiten beim Anlegen hatten. Der mit Verwundeten beladene Sanka drohte auf der schief hängenden Fähre umzukippen, konnte aber schließlich dank zupackender Soldatenhände an Land rollen.

Ich muß sagen, daß sich alle Soldaten bei dieser Räumung des Rückenkopfes Memel diszipliniert verhielten, zumal alle möglichst schnell auf die Nehrung wollten. Die Marinesoldaten haben Großartiges bei den Übersetzungsmanövern bei großer Kälte geleistet.

Ihnen gilt mein Dank. Mein Dank gilt auch den Männern meines Truppenverbandplatzes, die stolz waren zu wissen, daß in Memel kein Verwundeter unseres G.R. 280 zurückgelassen worden war.

Wir rollten dann in der Nacht vom 27.1. auf den 28.1. weiter südwärts in Richtung Schwarzort, wo wir dann auf

Oberst Werner Ebeling, Kampfkommandant der Festung Memel, als Generalmajor der Bundeswehr.

dem Hauptverbandplatz, der schon teilweise nach Cranz verlegt worden war, unsere letzten Verwundeten aus dem Sanka ab- bzw. umladen konnten.

Die letzten 100 Tage

Der letzte Kampfkommandant von Memel, Oberst Werner Ebeling, führte über die letzten 100 Tage der *Festung* Tagebuch:

Als im Sommer 1944 die deutsche Mittelfront bei Witebsk unter dem Ansturm einer gewaltigen russischen Übermacht zusammenbricht, ist auch das Schicksal der Stadt Memel bestimmt. Zwar gelingt es verzweifelt kämpfenden eigenen Verbänden, die gegnerische Flut im August/September 1944 noch einmal im mittellitauischen Raum zu stoppen, jedoch hält die dünne und entkräftete Front einem weiteren feindlichen Stoß Ende September nicht mehr Stand.

Das Memelland gerät in einen unmittelbaren Kampfbereich. Um die ausgedehnte Front zwischen Kurland und Tilsit zu stärken, werden bewährte Frontverbände aus der kurischen Front herausgelöst und auf dem Schiffs- und Landwege nach Memel gebracht. Als die ersten Teile einer Infanteriedivision am Vormittag des 6. Oktober 1944, mit dem Dampfer *Füsilier* von Riga kommend, im Winterhafen von Memel eintreffen, ist die Lage für die Stadt Memel bereits bedrohlich. In drei großen Säulen stößt der Russe auf die Stadt nördlich und südlich davon vor. Sein Ziel ist die Küste zwischen Libau und Memel, um die in Kurland stehenden deutschen Verbände vom Landwege abzuschneiden. Zwischen Libau und Memel gelingt ihm das, ebenso erreicht er südlich Memel das Haff, jedoch wird ihm Memel selbst in heftigen Kämpfen verwehrt. Für vier Monate trotzt Memel allen Anstürmen, ehe es im Zuge militärischer Notwendigkeiten Ende Januar 1945 freiwillig geräumt wird.

Es ist der 6. Oktober 1944. In der Stadt herrscht ein Wirrwarr. Schon hört man aus Norden und Osten ununterbrochenes Donnern vom Geschützlärm. Der Russe ist mit starken Kräften bereits bis Russ. Krottingen vorgestoßen. Etwa 25 km ostwärts Memel im litauischen Zadeikial, in Fortführung der Straße Memel – Klausmühlen -Dampfern – Laugallen – Garzdaö (Lit.), stehen noch deutsche Kampftruppen im heftigen Kampf und verwehren einen zügigen Stoß auf die Stadt. Der Gegner kann hier noch einige Tage bis zum Erreichen der Grenze (Laugallen) gehalten werden, südlich Memel bei Pöszeiten drängt der Russe weiter nach Westen vor und überschreitet nach Einnahme von Klooschen bei Prökuls die Menge. Er erreicht ungehindert das Haff bei Klischen. Schnell geht er weiter nach Norden, über Dittauen nach Buddelkehmen. So legt sich in den Tagen vom 6. bis 8. Oktober eine starke Klammer um die ganze Stadt Memel, nachdem der südliche Teil des Memelgebietes bereits verloren ging.

Hier hält der Gegner erst vor einer neuen deutschen Front entlang der Ruß und Memel, vor den Orten Ruß Kuckernese, Tilsit, Ragnit, bis zum Grenzort Schalleninken. Dann bricht die Front nach Süden in Richtung Schloßberg ab. Damit ist das gesamte Memelgebiet bis auf die Stadt und ein ausgedehntes Vorland in Feindeshand. Die Kurische Nehrung betritt vorerst kein feindlicher Fuß.

Schon seit Wochen hat die unglückliche Bevölkerung des Memellandes das große Frontgeschehen verfolgt. Eine so schnelle Wendung zur Katastrophe, wie sie die Oktobertage bringen, hat kaum einer erwartet. Ganz Vorsichtige trafen im September bereits Reisevorbereitungen. Erst Anfang Oktober, als das unvorstellbare Verhängnis unabwendbar hereinbricht, beginnen viele eine Flucht nach Westen. Aus dem südlichen Memelgebiet gelingt es den meisten, den Zug nach Ostpreußen und damit vorerst die Sicherheit hinter den deutschen Linien zu erreichen. Die Bevölkerung um die Stadt Memel herum und nördlich davon versucht, die Stadt zu gewinnen. Ihr gelingt größtenteils der Abzug über die Nehrung. Doch fallen große Trecks, die Memel in südlicher Richtung verlassen, um auf der Hauptstraße über Prökuls und Heydekrug in die Elchniederung zu gelangen, in Feindeshand. Ihr Schicksal ist ungewiß und furchtbar. So sind bereits am 6. Oktober die meisten Dörfer in der Umgebung Memels von den Bewohnern frei. Nur vereinzelt noch trifft man sie in Grüppchen auf den Straßen, scheu in den Häusern hockend, unschlüssig, was zu tun sei. Am 8. Oktober ist auch dieser Rest meist aus der Stadt und weitergezogen.

Hier herrscht ein buntes Durcheinander. Die Straßen sind verstopft von Treckfahrzeugen, Fußgängern, Kolonnen mancher Truppenteile, meist rückwärtiger Dienste der sich vor dem Gegner zurückkämpfenden Truppen. Alle Zufahrtsstraßen sind versperrt. Besonders von Krottingen fließen Kolonnen in Dreierreihen nebeneinander auf die Stadt zu. Die Libauer Straße in der Stadt gleicht einem Heerlager rastender Zivilisten und Troßsoldaten. Ähnlich ist es in der Alexanderstraße und der Luisenstraße an der Dange. Die beiden Dangebrücken, die Börsenbrücke und die Karlsbrücke können kaum den wirren Strom buntgewürfelter Teile fassen. Soweit sie ihren Weg nach Süden durch Schmelz suchen, geraten sie später in Feindeshand. Die allgemeine Lage ist verworren und den örtlichen Befehlshabern nicht genügend bekannt. Rund um Memel herum kämpfen eigene Truppen aufopfernd gegen den übermächtigen Ansturm frischer Feindkräfte.

Die ersten feindlichen Bomber überfliegen Memel im Tieffluge am Nachmittag des 6. Oktober und werfen ihre tödliche Last teils in das Tief und teils in den Ortsteil Bommelsvitte. Eine zusammenhängende Front besteht nicht. Niemand kann sagen, ob die Stadt nicht schon am mächsten Tage vom Feind genommen wird. Nur dem Kampf bewährter Frondivisionen ist es zu verdanken, daß die Bevölkerung des Memellandes sich retten konnte. Der Kampflärm aus Norden und Osten klingt immer näher. Schon kann man im dämmernden Abend rund um die Stadt den Feuerschein umkämpfter Orte sehen. Eine ungewisse Nacht bricht herein. Auf den Straßen lagern noch

General Lang von der 95. Infanteriedivision zeichnet im Brückenkopf Memel bewährte Soldaten aus. Lang fiel später vor Königsberg bei einem Tieffliegerangriff.

flüchtende Zivilisten und vereinzelte Fahrzeuge stoßen verspätet nach. Ihr Ziel ist die Nehrung, da es bekannt geworden ist, daß der Fluchtweg nach Süden abgeschnitten ist. Die Innenstadt ist für den normalen Verkehr unpassierbar.

Der Stadtkommandant von Memel hat selbst keine Truppe zur Hand. Memel ist zwar durch den opfervollen Einsatz ziviler Kräfte in den vergangenen Wochen mit einem doppelten Kranz von Kampfstellungen umbaut, doch sind ausreichende Munitions- und Verpflegungsbestände für eine ernsthafte Verteidigung nicht vorhanden. Die in Memel liegenden Dienststellen können sich aus eigener Kraft nicht verteidigen. Die in Memel liegenden Einheiten können keine wirksame Verteidigung mit eigenen Kräften durchführen. Die mit dem *Füsilier* eintreffenden Infanteristen sind die ersten geschlossenen Teile, die zur Verfügung stehen.

Während auf den Straßen der Stadt der Lärm hastiger Bewegungen brandet, herrscht in dem Befehlsstand des neuernannten Kampfkommandanten im Gebäude des Lehrerseminars in der Nähe des Bahnhofes eine ungewisse Stimmung. Die Aufgabe der Verteidigung scheint bei der unübersichtlichen und gänzlich verworrenen Lage unlösbar. Noch ist die Stadt nicht unmittelbar bedroht, aber am Bahnhof Deutsch-Krottingen sind schon heiße Kämpfe entbrannt. Viele Gebäude brennen. In der Nacht vom 6./7. Oktober ist die Stadt in der Ferne von vielen Häuserfackeln umgeben.

Die gelandeten Infanteristen werden im Eilmarsch nach Norden geführt. Nur mühsam können sie sich in der Dunkelheit einen Weg durch die verstopften Sraßen der Stadt bahnen. Die Häuser liegen wie tot da. Die Türen sind geschlossen. Kaum ein Fenster ist geöffnet, die Schaufenster der Geschäfte sind teils unberührt, teils in fliegender Hast ausgeräumt. Vereinzelte Feindbomber überfliegen die Stadt, ohne Bomben zu werfen. Die letzten noch in der Stadt verbliebenen Zivilisten halten sich still in den Häusern verborgen. Erst am nächsten Tage verlassen wieder Zivilgruppen die Stadt über die Nehrung. Auch die rastenden Treckfahrzeuge verschwinden im Laufe der Nacht. Danach gehört die Stadt nur noch den Soldaten und den auf Befehl der Volkssturmführung verbliebenen Memeler Volkssturmmännern.

Nirgends zeigen sich Zeichen einer auflösenden Disziplin. Kein Vergehen gegen das zurückgebliebene Eigentum der Bevölkerung. Rasch eingesetzte Streifen des Stadtkommandanten sorgen für Ordnung und unterstützen die Polizei, die ebenfalls zurückgeblieben ist.

Es gelingt noch im Laufe der Nacht, eine haltbare Verteidigungsfront im Norden der Stadt aufzubauen. Hier schält sich vorerst die gefährdetste Stelle heraus. Die neue Verteidigungslinie verläuft südlich Deutsch-Krottingen, etwa über Karkelbeck, Kunkergörge, Szodelken-Janell, Paul Narmund, Gündullen, Ekitten bis Wewerischken. Die Infanteristen graben sich ein. Vor ihnen tobt noch ein heftiger Kampf. Laufend stoßen ausweichende Teile eigener Truppenteile, die aus dem Raume Kurland kommen und sich durch den Gegner boxen, auf ihre Linien. Dazwischen sind auch stark abgekämpfte Panzerteile, die soeben aus erbitterten und für den Gegner vernichtenden Panzergefechten kommen. Hell brennen die Orte Jagutten und Clauspuszen. Sie brennen größtenteils nieder. Zivilisten finden vereinzelt Rettung in den eigenen Linien. Weitere Truppenteile verstärken noch in der Nacht die Front. Vorerst ist hier Sicherheit. Die erste kritische Nacht vergeht ohne besondere Vorfälle. Dann bricht der 7. Oktober herein. Einzelne Feindflieger werfen ungenau Bom-

Anfang Januar 1945 trafen noch einmal Verstärkungen ein. Moderne Kampfwagen vom Typ *Panther* rollen in ihre Bereitstellungsräume.

ben. Die letzten Zivilisten sind verschwunden. Sicherlich mögen noch einige in ihren Orten verblieben sein in dem Vorsatz, die russische Flut über sich ergehen zu lassen.

Der erste Einsatz von Volkssturmgruppen erfolgt. Hier und da sieht man kleine Gruppen von Zivilisten, mit Gewehren bewaffnet, an den Hauptstraßen unmittelbar vor der Stadt stehen und scheu debattieren. Uniformierte Polizei und Gendarmerie versucht, Ordnung zu halten. Diesen Männern steht eine Aufgabe bevor, die von ihnen nicht zu meistern ist. Schnell und mutig ist der Volkssturm in der Stadt organisiert, und auf Weisung der örtlichen Militärführer erfolgt der Einsatz unmittelbar am Rande der Stadt. In den ersten geschlossenen Häuserteilen entsteht im Laufe der nächsten Wochen eine gut ausgebaute Verteidigungsstellung des Volkssturms als rückwärtige Linie der Kampffront. Den Männern Memels, die diesem Volkssturm angehören, kann man als erfahrener Ostkämpfer eine offene Bewunderung nicht absprechen. Möge ihre Haltung hier verspätet Würdigung finden. Erfreulich war, daß ihnen der ernste Kampf erspart blieb. Er hätte das bittere Ende dieser braven Männer bedeutet, die bei den Mängeln ihrer Ausrüstung und Ausbildung einem militärischen Gegner immer unterlegen sein mußten. Trotzdem ist ihre Haltung, ihr williger Einsatz ehrlich zu würdigen. Den chaotischen Geschehnissen einer modernen Schlacht von vornherein hoffnungslos ausgeliefert, zeigten Memeler Volkssturmmänner aller Grade in Führung und Haltung eine dem Frontsoldaten gleichende, bewundernswürdige Haltung. In den pausenlosen Granat-

einschlägen aller Kaliber, den rollenden Bombenwürfen und den grauenhaften nächtlichen Luftangriffen ertragen sie in ihren Stellungen mannhaft und unerschrocken alle Qualen des unausweichlichen Erduldens. Mancher zeichnet sich bei besonderen und gefährlichen Hilfsaktionen aus, junge Burschen erhalten Anerkennung und Auszeichnungen für vorbildlich tapferen Einsatz in den Bombennächten.

Der 7. Oktober wird dazu benutzt, die Front um Memel weiter auszubauen. Im Norden bei Paul Narmund ist der Gegner im ersten Abwehrkampf geworfen. Der Ort erleidet dabei nur geringe Zerstörungen. Von Osten gelingt es starkem Feind, mit erheblichen Panzerkräften die deutschen Truppen über Laugallen bis Daupern zurückzudrängen.

In hinhaltendem Kampf setzen sich diese Verbände in Richtung Memel ab und verstärken die Besatzung der Stadt. Schnell wird die Stellung in südlicher Richtung über Korellischken, Grünheide, Löllen, Gut Paugen, Jacken, Miszeiken verlängert. Nur flüchtig können die Infanteristen ihre Gräben ausheben, denn schon stoßen an vielen Stellen erste Feindteile gegen sie vor. Es kommt zu blutigen und erbitterten Nahkämpfen, in denen die eigene Stellung überall behauptet wird. In der Stadt selber, im Befehlsstand des Kampfkommandanten, wird fieberhaft an der Organisation der Verteidigung gearbeitet. Truppen werden geordnet, schwere Waffen planmäßig eingesetzt, Panzerteile als Stoßreserve hinter der vordersten Front bereitgestellt. Im Winterhafen landen neue Truppenteile, schwere Waffen werden ausgeladen. Noch am Abend gelingt es, auch im Süden zu schließen. Es ist auch höchste Zeit, denn mit Beginn der Dunkelheit stoßen russische Panzer auf der Straße von Balten, Dawillen, Kischken-Görge über Miszeiken hinaus vor und stehen kurz vor der Straßengabel bei Neuhof (westlich Klausmühlen). Beinahe wäre ihnen ein unbemerkter Durchstoß gelungen. Eigene Pionierkräfte vernichten die Panzer und treiben die gegnerischen Infanteristen bis zum Gut Miszeiken zurück.

Auch bei Buddelkehmen kommt es zu heftigen Nachtgefechten mit vorfühlenden Feindpanzern und Infanteristen. Die südliche Front von Jacken über Miszeiken, Zenkuhnen, Buddelkehmen, Gibbischen-Schompeter bis ans Haff nördlich Starrischken wird geschlossen. Erst jetzt hat Memel seinen Verteidigungsring.

Dann bricht der 8. Oktober herein und mit ihm der erste Großkampftag der neuerklärten Festung. Der bis an den Verteidigungsring der Stadt vorgestoßene Gegner glaubt, im unaufhaltsamen Vormarsch in den schnellen Besitz der wichtigsten Hafenstadt zu kommen. Darin sieht er sich gründlich getäuscht. Durch den überraschenden Erfolg der Sommermonate fast trunken gemacht, geht er gleich aus der bisherigen Angriffsbewegung ohne besondere Angriffsgliederung zum Sturm auf die Stadt über. Bereits am Abend des 7. Oktober wurde die Stadt dauernd von Aufklärern überflogen und mit Bombenwürfen belegt. Der Hauptstoß des Gegners wird vorerst an den Einfallstraßen geführt, im Norden bei Jagutten, im Osten bei Korallischken und Baugskorallen, südlich davon bei Daupern und an der Südfront bei Buddelkehmen. Dieser Großangriff am 8. Oktober kommt unerwartet. Mit gewaltigen Feuerschlägen aller Kaliber auf die vordersten Stellungen der Infanterie und den Stadtrand auf der Linie Gut Luisenhof   Jansichken – Althof – Schmelz beginnt der Angriff. Im Norden liegt besonders die Straße nach Krottingen unter starkem Feuer. Schon nach wenigen Minuten ist die Stadt von einem dunklen Schleier undurchdringlichen Qualms umhüllt. In den benannten Zielräumen schießen unaufhörlich die zuckenden Einschlagfontänen hoch. Nur noch wenige Flugzeuge fliegen in den Rauch und werfen vereinzelt Bomben in die Hafengegend. Kaum eine Viertelstunde später geht die feindliche Sturmtruppe mit Panzern zum Angriff über. An den Brennpunkten der Stellungen kommt es während des ganzen

Tages zu erbitterten Kämpfen. Der Gegner holt sich blutige Verluste und eine schmerzliche Niederlage. Fast nirgends wird die eigene Stellung aufgegeben. Die Kämpfe ebben am Nachmittag ab und ersterben in der ersten Dämmerung ganz. Bei genauerem Betrachten ist der durch die Beschießung angerichtete Schaden in der Stadt doch nicht so groß. Die letzten noch in der Stadt verbliebenen Zivilisten versuchen beschleunigt, über die Nehrung zu entkommen. Jedenfalls sieht man in den kommenden Tagen vor der Stadt und am Rande keine Einwohner mehr außer dem Volkssturm. Der Gegner hat eingesehen, daß nur ein Angriff nach gründlicher Bereitstellung aller Angriffsmittel erfolgversprechend sein kann. In den eigenen Stellungen und den rückwärtigen Linien werden die Wunden des Kampfes geheilt. Der Ausbau schreitet voran. In jeder Senke, hinter jedem Waldstück, in den Gutshöfen hinter den Dämmen und Feldscheunen warten schwere Waffen, Panzer und Stoßreserven auf das Abwehrfeuer und den Gegenstoß. Für den unbefangenen Beschauer nicht ersichtlich, hat sich an dem friedlichen Bild der Stadt und ihres Vorfeldes nichts geändert. Im Hafen landen kleine Schiffe mit Nachschubgütern. In der Stadt trifft man letzte Abwehrvorbereitungen und baut für Stäbe, Trosse und rückwärtige Dienste feste Unterkünfte aus. Der Volkssturm wird von seiner Leitung für die zu erwartende Abwehr an den Außenrändern der Stadt gegliedert.

Der 9. Oktober nimmt alle Kraft für diese Arbeiten in Anspruch. Die Stimmung der Besatzung ist gespannt. Es gibt kein Ausweichen mehr, denn im Rücken ist das Wasser. Es heißt für alle: Kämpfen und Siegen oder Untergehen. Am Abend rollen dichte Bomberverbände über die Stadt dahin. Es fallen massiert Bomben, besonders auf die Hafengegend in den Häuserraum südlich der Dange beim Marktplatz, der Flachswaage, dem Regierungsgebäude, der Marktstraße, ebenso nördlich der Dange beim Rathaus, der Börse und vor allem in Bommelsvitte. Viele Häuser sinken in Schutt, Brände lodern auf. Versorgungskolonnen auf den Straßen zur Front werden empfindlich gestört. Die Front selbst bleibt ziemlich verschont. Während der ganzen Nacht erhellen die von den Bombern abgeworfenen Christbäume den Raum über der Stadt. Das deutet auf den kommenden Großangriff hin.

Im Morgengrauen des 10. Oktober beginnt schlagartig an allen Fronten der Feuerorkan auf die Stellungen, das

Über Trümmer- und Ruinen, aber auch durch fast unzerstörte Straßen der fast menschenleeren Innenstadt rollten Nachschub und Verstärkungen nach vorne. Die meisten Bewohner hatten Memel längst verlassen.

gesamte Hintergelände und den Stadtkern beiderseits der Dange. Schwerste Artillerie- und Werfersalven schlagen ganze Straßenzüge nieder, legen Gehöfte in Trümmer und zerfetzen die Straßen. Pausenlos rollen geschlossene Bomberangriffe über die Stadt hin. Dann toben den ganzen über Tag wütende Kämpfe mit feindlicher Infanterie und Panzern. Memel gleicht einem Brandhaufen. Nur die Nacht bringt ein wenig Ruhe. Das Morgengrauen des 11. und 12. Oktober läßt die Kämpfe mit unverminderter Erbitterung wieder aufflammen. Wichtige Gebäude – wie die Börse, mehrere Schulen und Kirchen, Lagergebäude des Hafens – sind restlos zerstört. Der Stadtteil zwischen Friedrichsmarkt und Festungsgaben hat heftig gelitten, ebenso die Häuserfläche zwischen Waldschlößchen und dem Tief. Verhältnismäßig unbeschädigt blieben die zahllosen Häusergruppen, Einzelhöfe, Werke und Gutshöfe, die der Stadt vorgelagert sind. Nur die unmittelbaren Frontbereiche sind starker Zerstörung ausgesetzt gewesen. Zu oft hat die Stellung den Besitzer gewechselt, wobei die einzelnen Häusergruppen und Gutsteile als Anklammerungspunkte benutzt werden und immer wieder erstürmt werden müssen. Der Bahnhof Clauspußen geht verloren, ebenso Jagutten. Stark zerstört wird Eckitten,

konnte aber gehalten werden. Radeilen fällt, ebenso Wewerischken. Jedoch können die Trümmer des letztgenannten Ortes teilweise noch als weitere Verteidigungsstellung dienen. Korallischken bleibt mitten in der Front liegen und wird im Laufe der kommenden Monate langsam zermahlen. Löllen brennt tagelang, Gut Paugen wird siebenmal verloren und im Sturme wiedergenommen, um endlich doch verloren zu gehen. In seinen Trümmern stellen sich die Feinde immer wieder zum Angriff bereit. Seine Mauern sind jeden Tag das Ziel eigener schwerer Artillerie und von Fliegern. Die schweren Breitseiten eines von See her unterstützenden deutschen Schweren Kreuzers schaffen den eigenen Männern Luft. Nur Grundreste bleiben. Der bis Clausmühlen eingebrochene Gegner hinterläßt beim Gegenstoß nur Brandtrümmer. Jacken kann dem Gegner nicht wieder abgerungen werden, es erleidet das Schicksal des Frontdorfes und wird ein Schutthaufen. Der auf der Höhe zwischen Clausmühlen und Jacken gelegene Memeler Sender bildet ein Bollwerk der deutschen Verteidigung, fällt jedoch fast völlig zusammen. Gut und Ort Misseicken werden zu Orten des Grauens. Die schweren Waffen haben Häuser, Wald und Felder zerfetzt. Zenkuhnen behält der Gegner, ebenso das zerstörte Buddelkehmen und Schompeten. Noch einige Tage lagert der dichte Brandqualm über der Stadt. Dazwischen leuchten die weniger betroffenen Gutshöfe Luisenhof, Kollaten, Purmallen, Tauerlauken und viele andere. Sie werden jeden Tag mit einem Artilleriegruß bedacht, stehen aber als wuchtige Bauwerke trotzend im Gelände.

Mehrfach fordert der Russe die Übergabe der Stadt. Sie wird abgelehnt, es zeigt sich, daß der Ansturm des Russen an dem zähen Verteidigungswillen der Besatzung zerbrochen ist. Der angeschlagene, jedoch weit überlegene Gegner ist erschüttert und stellt am 13. Oktober seine Angriffe ein. Die eigenen schweren Wunden können notdürftig behandelt werden. Noch einmal versucht der Gegner am 22. Oktober an mehreren Stellen des Verteidigungsringes, besonders aber im Raume Pipwethen-Löllen, Überraschungsstöße gegen die Stadt.

Aber er wird vernichtend abgewiesen. Damit hat er die Absicht, Memel zu nehmen, aufgegeben.

Das Festungsleben normalisiert sich langsam. Die vorhandenen Panzertruppen werden zum Einsatz im Weichselraum über die Nehrung abgezogen. Dafür wird der Verteidigungsring infanteristisch stärker gesichert. Memel wird eine wirkliche Festung. Grabenstellungen und Stützwerke in dichter Folge und vielfacher Tiefe umziehen die Stadt. In den heilen Gebäuden regt sich frisches Soldatenleben. Troßstellungen, dampfende Feldküchen, Instandsetzungswerkstätten, Wäschereien, Verbandsplätze, Bäckereien, Stabsstellen, Gerätehallen, Pferdeställe werden hergerichtet. Die wichtigsten Straßen werden vom Trümmerschutt gesäubert, bedrohte Straßenzüge völlig gesprengt und zerstörte Hafenstege ausgebessert. Ein lebhafter Nachschub kommt über die Nehrung oder über See. Die Nehrung selbst ist durch ein besonderes Sicherungsbataillon geschützt. In den Sägewerken am Haff südlich der Dange stellen Pioniere Material für den Stellungsbau her. Der Strand von Mellneraggen liegt friedlich und licht an der ruhig anschäumenden See.

An der Front dagegen nagen allnächtliche Stoßunternehmen an der Kraft der Truppe. Die letzten Ortsstützpunkte zerbröckeln, manches frontnahe Gebäude zerfällt.

Erst der im Dezember mit geringer Schneedecke einbrechende Winter mildert den Anblick der äußeren Wunden. Überall friedlich anmutende, sonnenglitzernde Schneelandschaft, hin und wieder gestört durch die häßlichen Flecke brandschwarzer Explosionskrater. Wer über die frostklirrenden Felder geht, überrascht noch manchen Hasen, manchmal auch ein Reh, das sich durch alle Wirren gerettet hat. In der Ferne blinken die Türme und Dächer der grauen Memelstadt, und an windstillen Tagen kann man deutlich den Brandungsschlag der Wellen hören, wenn man von Klemmenhof und Löllen rückwärts horcht.

Das Weihnachtsfest sieht eine Stadt und eine Truppe, die in bescheidener Stille den ihr verbleibenden »Zipfel« Weihnachtsglanz glücklich auf dem Schoße ausbreitet. Der letzte Tag des Jahres wird durchzuckt von den zahllosen Freudenschüssen bunter und aufstrahlender Leuchtkugeln. Bisher sind die unversehrten Häuser der Stadt vor unerlaubten übergriffen eigener Männer geschützt worden. Besonders wertvolle Geräte, Maschinen und Einrichtungsgegenstände sind teils auf der Nehrung oder in besonderen Lagerschuppen zum Transport gestapelt. Gesunder Einsicht folgend, dürfen mit einsetzender Kampfstille mehr und mehr den vorderen Truppen fehlende und dringend benötigte Hausgeräte entnommen werden. Und so stattet sich manche Bunkerbesatzung, manche Grabenstellung und wer irgend kann, mit der gewünschten Bequemlichkeit aus. Der ungebrochene Lebenswille sucht sein Recht. Belastet auch täglicher und aufreibender Kleinkampf die Besatzungen der Frontstellungen, so bleibt die Stadt selber, bis auf die unregelmäßig einbrechenden Granatschüsse und gelegentlichen Besuche feindlicher Schlachtflieger, verschont.

Der Januar ist fast zur Hälfte vergangen. Da bricht am 13. Januar der vernichtende russische Sturm auf Ostpreußen los. Der Brückenkopf Memel, der bisher als kleine Festung zwischen der ostpreußischen und der kurischen Front gelegen hat, verliert seine Bedeutung als geplante Verbindungsstelle zur Vereinigung beider Fronten. Bereits am 14. Januar werden die ersten verfügbaren Teile der *Festung* abgezogen und an Brennpunkten vor Königsberg eingesetzt. Schwerbewegliche Teile, Versorgungsgüter, Instandsetzungstruppen, rückwärtige Dienste, Volkssturm und alle für den unmittelbaren Kampf entbehrlichen Teile werden an den folgenden Tagen vorsorglich ebenfalls auf die Nehrung abgezogen und teils ins Samland verlegt. Zwar ist in bewährter militärischer Vorsorge für alle Fälle ein Räumungsplan aufge-

Vor der Aufgabe von Memel wurde wertvolles Wehrmachtsgut wie diese LKW auf Prähme verladen und nach Pillau gebracht.

stellt und planspielmäßig durchgeübt worden, doch kommt der endgültige Befehl zur Räumung der Stadt erst am 25. Januar. Die hochbewährten Truppen werden für entscheidende Kämpfe im gefährdeten Samland dringend benötigt. Die Pioniere haben in Zusammenarbeit mit Marineeinheiten sehr viel zu tun, denn alle wichtigen Objekte müssen durch Sprengung zerstört werden. Sperren aller Art sind anzulegen. Memel wird seine letzten Wunden durch eigene Hand erhalten. Das ist leider zum Schutze der eigenen Truppen nötig, da der Gegner bei unbehindertem Nachstoß leichtes Spiel hat. Eine Absetzbewegung, zumal über Wasser, ist immer ein Präzisionswerk.

Am 25. Januar abends beginnt das Absetzen. Die Nachhuten beziehen die zweite Stellung, ein Grabensystem näher an der Stadt. Es verläuft etwa vom Südrande Schmelz bis Götzhöfen, zwischen Althof und Neuhof, über Bachmann, Schaulen, Tauerlauken, Seebad-Försterei an die Küste. Der Feind stößt sofort nach. Die letzten Reste des E-Werkes bei Klausmühlen brechen zusammen. Janischken wird kräftig beschossen, ebenso das Gut Rumpischken, Budsargen, Krucken-Görge, Masuhren und der Bahnhof Kollaten. Rings erhellen Brände die Nacht. Durch Gegenstöße kann der Gegner überall zurückgeworfen werden. Besonders im Raume Götzhöfen toben heftige Gefechte.

Am 28. Januar sind bereits alle schweren Waffen, höheren Stäbe und drei Viertel der Truppen auf die Neh-

rung übergesetzt. Nur die Nachhuten stehen noch unmittelbar am Stadtrand im Gefecht. Die deutsche Artillerie unterstützt die Kämpfe von der Nehrung aus. Feindliche Artillerie beschießt die abziehenden Truppen auf der Nehrung von der Südspitze Sandkrug bis tief herunter zur Bärenschlucht. Viele Häuser erhalten Treffer. Kleine Brände werden gelöscht.

Am 29. Januar wird das Gut Rumpischken im Süden und der Nordteil von Bommelvitte heiß umkämpft. Die letzte Befehlsstelle befindet sich am Abend im Keller des großen und massiven Backsteingebäudes der freiliegenden *Höheren technischen Staatslehranstalt* westlich Rumpischken. Die Nachhuten kämpfen sich auf den Stadtkern zurück. Sie erreichen vom Norden kommend den Winterhafen und setzen mit Landungsbooten über. Die südlich der Dange kämpfenden Soldaten winden sich durch die nächtliche Trümmerstadt. In Janischken, am Mühlenteich und weiter am Haff bei der großen Zellulosefabrik gibt es erbitterte Kämpfe. Die letzten Teile erreichen gegen Mitternacht durch die brennende Stadt die Dangemündung am Süderhul. Im Werftgelände versammeln sie sich kurz. Von den Gräben der Zitadelle wird noch gegen allzu vorwitzige Gegner geschossen. Rings brennt alles, überall explodieren gelagerte Benzintanks. Die ganze Stadt ist taghell erleuchtet. In den Hauptstraßen riesige Explosionen, die von Pionieren angelegt wurden, die damit den nachdrängenden Gegner aufhalten wollen. Endlich stößt das letzte Schiff vom Werftgelände ab. Kaum hat es die Mitte des rotglänzenden Tief überquert, gehen hinter ihm mit gewaltiger Erschütterung Teile der Hafenanlagen und Magazine in die Luft. Von Sandkrug aus bietet Memel ein schauriges Bild rot aufschießender Fackeln. Der letzte freie Deutsche hat Memel verlassen.

Nur als Gefangene sollen deutsche Soldaten einige Tage später zum Aufräumen die Stadt wieder betreten. Der Abzug über die Nehrung geht zügig voran. Zwar versuchen die Russen, mit einigen Booten an der Südspitze zu landen, können aber nichts ausrichten. Erst ein starkes Feindbataillon, das in der Nacht zum 31. Januar nördlich Schwarzort über das zugefrorene Haff auf die Nehrung gestoßen ist, scheint anfänglich bedrohlich zu werden. Doch wird dieses Bataillon noch am Abend des 31. Januar restlos vernichtet.

Von starkem, inzwischen bei Sandkrug ungehindert auf die Nehrung übergesetzten Gegner bedrängt, verlassen die deutschen Nachhuten am 1. Februar 1945 in Richtung Cranz das Memeler Nehrungsgebiet. Mit ihnen ziehen mehrere, in verzweifelter Flucht aus der Elchniederung übers Haff geflüchtete Frauen und Kinder, sowie einige rührend zahm gewordene Elche.

Der Kampf ist aus – Memel ist verloren

Der monatelange Kampf um den zur *Festung* erklärten Ostseehafen Memel endete in der Nacht vom 27. zum 28. Januar 1945. Am 28. Januar gegen 4.00 Uhr hatte der letzte deutsche Soldat Memel verlassen. In der Nacht zuvor waren alle noch

Memel nach dem Krieg. Die Sowjets tauften die alte Hansestadt in »Klapeida« um.

im Hafen befindlichen Schiffe, Fähren, Boote und Pionierboote ausgelaufen, obwohl die meisten Wasserfahrzeuge reparaturbedürftig und kaum noch fahrtüchtig waren, und die wenigsten über Navigationsmittel oder andere Orientierungshilfen verfügten. Trotz der ungünstigen Wetterlage – das Thermometer zeigte 30 Grad unter Null – und trotz aller ungünstigen Bedingungen erreichten alle Fahrzeuge den Zielhafen Pillau.

Nur zögernd folgten die Russen den Absatzbewegungen der deutschen Verteidiger. Erst gegen 8.00 Uhr sickerten die ersten »Iwans« in den Memeler Hafen ein.

Jetzt war es endgültig: Die alte deutsche Ostseehafenstadt Memel und das Memelland waren verloren.

Der Kampf um Memel war, wie erst später erkannt wurde, eine »Generalprobe« für die Räumung der Ostseehäfen. Dabei wurde deutlich, vor welche Aufgabe die Marine in der Endphase des Zweiten Weltkrieges gestellt werden würde: *Kämpfen und Retten.*

Der Einsatz der großen Einheiten *Lützow* und *Prinz Eugen*, aber auch der Torpedoboote mit der Beschießung von sowjetischen Truppenansammlungen an der Memelfront, war eine der wichtigen Voraussetzungen dafür, daß Memel so lange gehalten werden konnte. *Menschen retten* war die zweite Aufgabe der Marine, denn aus den Häfen gab es nur noch einen Weg in die Freiheit, den Weg über die Ostsee.

In Memel hatte der Abtransport der Zivilbevölkerung reibungslos funktioniert. Was aber würde geschehen, wenn die Ostseehäfen Königsberg und Pillau, Danzig und Gotenhafen Angriffsziele sowjetischer Armeen würden und nicht Zehntausende wie in Memel, sondern Hunderttausende in die Häfen strömten und nur noch über die Ostsee gerettet werden könnten?

Waren dafür Vorbereitungen getroffen? Welcher Hafen würde es sein, der nach Memel geräumt werden mußte? Es waren weder Königsberg noch Pillau, weder Danzig oder Gotenhafen. Der nächste Hafen, um den bis zum letzten Mann gekämpft wurde, war die *Festung Kolberg*.

Memel wie es war

Die Memel prägt das Bild der Innenstadt.
Memel-Archiv

Blick vom Kurhaus auf Memel. *Memel-Archiv*

Der Hafen. *Memel-Archiv*

**Als sich im Juni 1944
sowjetische Vorhuten und
Panzer dem Memeler
Grenzgebiet näherten,
wurden die Befestigungs-
anlagen verstärkt und neue
Verteidigungsstellungen
gebaut.**

Zwischen Juli und Oktober
1944 wurde die Zivilbevölkerung des Memellandes
»vorübergehend evakuiert«.
Die meisten Trecks zogen
in den Süden von Ostpreu-
ßen in der Hoffnung, bald
wieder »nach Hause«
zurückzukehren.

50 000 Memelländer werden vom Hafen Memel mit Schiffen nach Pillau, Danzig und Gotenhafen »evakuiert«. Zum ersten Geleit, das Memel am 31. Juli 1944 verlässt, gehören außer den Schiffen »Angelburg«, »Goya«, »Heinz Horn« »Messina« und »Wega«:

Dampfer »Nordland«.
Griebel

Dampfer »Sumatra«.
HAL

Dampfer »Welheim«.
Stinnes

Frachter »Wolta«.

U-Boot-Begleitschiff »Lech«.
KM

Nachdem die Stadt Memel im Oktober 1944 von der Zivilbevölkerung geräumt und von sowjetischen Truppen eingeschlossen worden war, konnte die Festungsbesatzung nur noch von See aus versorgt werden. *ADN*

Die Festungsbesatzung Memel bereitet sich Anfang Januar darauf vor, sich abzusetzen.
Die ersten Soldaten werden mit Schiffen abtransportiert.
OA

Mitte Januar 1945 beginnt die sowjetische Artillerie die schon stark beschädigte Stadt durch fast pausenlosen Granatbeschuss vollends zu zerstören, russische Flugzeuge werfen Bomben ab. Memel wird zur Trümmerstadt.
Memel-Archiv

Die zerstörte Alte Post und das Wiener Cafe.
Memel-Archiv

Die Hafenanlagen von Memel am 27. Januar 1945; bevor der letzte Soldat Memel verließ, wurden sie gesprengt.
OA

Die Ruine der Sparkasse ragt über die Trümmer des Alexanderplatzes. *Memel-Archiv*

Die zerstörte Libauer Straße. *Memel-Archiv*

Rügenwalde und Stolpmünde

Der Sturm auf die Pommernhäfen beginnt

owjetischen Verbänden gelang es in den sechs Tagen vom 24. Februar bis zum 1. März 1945, eine gewaltige Schneise durch Hinterpommern bis zur Ostseeküste zu schlagen. Nach harten Kämpfen war die Stadt Köslin in der Nacht vom 5. zum 6. März gefallen; die Innenstadt war bei den Kämpfen weitgehend zerstört worden. In weiteren zehn Tagen konnten die Russen die Schneise nach Osten bis an die westpreußische Grenze erweitern.

Marschall Rokossowski versuchte jetzt, mit massierten Schwerpunktangriffen westlich der Weichsel und an der Ostseeküste die deutsche Front an der unteren Weichsel aus den Angeln zu heben. Die abgekämpften deutschen Einheiten hatten dem wenig entgegenzusetzen. Sie litten unter anderem an Brennstoffmangel, weshalb sie ihre Fahrzeuge zum

Stolpmünde besaß den größten Hafen Hinterpommerns und war deshalb bevorzugtes Angriffsziel der Sowjets im März 1945.

Stadt und Hafen Stolpmünde mußten am 8. März 1945 innerhalb von 24 Stunden geräumt werden.

Teil sprengen mußten. Vor allem aber waren die starken Flüchtlingsströme ihren Truppenbewegungen hinderlich. Die Bevölkerung, die zunächst nach Westen geflüchtet war, flutete nach Osten zurück, da die Sowjets die Straßen in Hinterpommern unterbrochen hatten. Ziel der zunehmenden Fluchtbewegungen waren die Häfen in der Danziger Bucht: Gotenhafen und Danzig.

Der Zeitpunkt war abzusehen, an dem die deutsche Front den starken sowjetischen Angriffen nicht mehr standhalten konnte. Die Kräfte mußten auf den Schutz der wichtigen Pommernhäfen konzentriert werden. Am 6. März näherten sich sowjetische Truppen von Südwesten her der Linie Rügenwalde – Schlawe. Hier standen stellenweise nur sehr schwache deutsche Verbände. Das relativ kleine Rügenwalde hatte militärische Bedeutung, weil hier sowohl die Kriegsmarine als auch das Heer militärische Einrichtungen unterhielten. Das Heer verfügte in Rügenwalde beispielsweise über

ein Artillerie-Versuchsgelände. Bereits am 30. Januar hatte das Heereswaffenamt den Befehl erteilt, den Platz von wichtigen Versuchsgeräten zu räumen. Ende Februar bestand die Besatzung noch aus zwei Restbatterien der Lehr- und Ersatzabteilung der Küstenartillerie; die Männer waren nur mit Panzerfäusten und Karabinern bewaffnet. Die Kriegsmarine unterhielt in Rügenwalde eine Marineflakschule, die in der Lage war, eine Hafensperrbatterie zu besetzen.

Sowjetische Verbände rückten am 6. März rasch über Zanow auf Rügenwalde vor, stießen dann aber auf Widerstand. Gegen 20.00 Uhr dieses Tages befahl das LVB-Armeekorps die Räumung des *Platzes Rügenwalde*. Man befürchtete eine Einkesselung, da der Druck gegen Schlawe immer größer wurde. Nach Sprengung der Befestigungsanlage in Rügenwaldermünde, einer Brücke in der Stadt und aller wichtigen Versuchsanlagen, verließ die gesamte Besatzung gegen Mitternacht ihre Stellungen, setzte sich nach Osten ab und erreichte am 6./7. März Stolpmünde.

Tage zuvor hatte die Kriegsmarine zwar noch 200 Marine-Flakhelferinnen mit kleinen Fahrzeugen über See abtransportieren können, eine planmäßige Evakuierung der Rügenwalder Bevölkerung fand jedoch nicht statt. Die Marine tat jedoch alles Erdenkliche, um ihren Abtransport sicherzustellen; sie orderte die beiden Navigationsschiffe *Regulus* und *Zenith* in den Hafen. Die Einschiffung der Hals über Kopf flüchtenden Rügenwalder auf diese beiden Schiffe war am 6. März um 22 Uhr abgeschlossen.

Die knapp 14jährige Schülerin Helga Greinke hatte das Glück, mit ihrer Mutter und Schwester auf der *Regulus* aus Rügenwalde zu entkommen. Über die letzten Tage in Rügenwalde, ihre Flucht nach Swinemünde und zurück nach Rügenwalde, schreibt sie:

Wir wohnten am Stadtrand von Rügenwalde in der Kopfbergsiedlung. Von unserer Wohnung aus hatten wir eine herrliche Aussicht, einmal bis zum nächsten Dorf Sackshöhe und auch auf einen Teil der Ostsee zwischen dem Kiefernwald und dem Darlowberg. Es war im Sommer wie im Winter ein schönes Bild mit den Schiffen auf der See. In diesem letzten Winter zogen tagtäglich die Pferdetrecks aus Ost- und Westpreußen über die Straße aus Richtung Sackshöhe. Es lag viel Schnee, und durch den Sturm über See gab es hohe Schneewehen. Viele Trecks machten Pause in Rügenwalde, viele zogen gleich weiter. In der Stadt wurden die Flüchtlinge verpflegt. Ich erinnere mich an Berge von Butterbroten, die wir streichen mußten. Unsere Hanse-Schule war schon im Jahr 1944 als Lazarett eingerichtet worden. Der Unterricht wurde dann umschichtig mit der Hagener Mittelschule in der Volksschule abgehalten, später in verschiedenen Geschäftsräumen rund um den Marktplatz. Ab Januar war dann der ganze Schulunterricht vorbei. Alle Räume wurden für die Flüchtlinge aus Ostpreußen gebraucht, und wir wurden eingesetzt zur Küchenhilfe im Lazarett, zum Brotestreichen, zum Austeilen heißer Getränke oder auch zum Schneeschippen. Es ging in diesen Tagen nur darum, den Flüchtlingen zu helfen. Daß die Russen auch bis Rügenwalde kommen würden, daran haben zumindest wir Kinder im Januar noch nicht geglaubt. Es waren ja auch noch alle Bewohner da. Ein Schulkamerad hat mir später einmal erzählt, die Russen stünden schon auf der anderen Seite der Wipper, da haben wir immer noch geglaubt, das schaffen die nie, darüber zu kommen.

Da wir ja gleich an der Landstraße wohnten, hatten wir oft Flüchtlinge zum Übernachten. Diese haben dann meiner Mutter immer wieder gesagt, sie solle sich auch Gedanken machen, daß wir bald fort müßten. Wir haben dann auch überlegt, wo könnten wir wohl etwas vergraben, aber das sollte ja auch niemand wissen. So haben wir in der Mühle in der Stolpmünder Straße Steine hochgehoben und ein großes Loch geschaufelt. Der Sand wurde in den gegenüberliegenden Stall getragen, so fiel es draußen im Schnee gar nicht auf. Eine große Kiste hatten wir, und dann haben wir in Taschen einige Sachen zur Stolpmünder Straße gebracht. Die volle Kiste wurde zugeschippt, Steine drauf und noch alle möglichen Gerätschaften darüber. Wir haben die Kiste später wieder ausgegraben.

Anfang März konnte man den Kanonendonner auch bei uns immer mehr hören. Oben vom Dachfenster aus sahen wir den Himmel abends ganz rot. Es war ein unheimliches Gefühl. Dazu die Berichte der Flüchtlinge aus Ostpreußen, die schon unter den russischen Truppen gelitten hatten und dann doch noch freigekämpft worden waren. Ich wollte nun auch nur noch fort, ich hatte fürchterliche Angst vor den Russen bekommen. Meine Mutter aber scheute noch immer den Seeweg, da ja kurz vorher die *Wilhelm Gustloff* untergegangen war. Am 2. März 1945 durften die Bewohner von Rügenwalde auch offiziell die Stadt verlassen. Es blieb damals nur noch der Seeweg, aber es fehlten die Schiffe.

Am 6. März, dem Geburtstag meiner Schwester, hörte ich vormittags, es sollten noch Schiffe unseren Hafen anlaufen. Meine Schwester und ich haben unsere Mutter so gebeten, auch mit uns zum Hafen zu gehen. Sie wollten mit uns zu Verwandten in den Kreis Stolp. Da aber wären wir zu der Zeit gar nicht mehr hingekommen. Also machten wir uns auf den Weg zur Münde mit Bettsack, Rucksack und großer Tasche. Die Flüchtlingstrecks kamen uns nun wieder aus Osten entgegen, denn der Russe stand inzwischen kurz vor der Stadt von Westen her.

Am Hafen standen viele hundert Menschen von der Mole bis hinter die Zugbrücke. Wir mußten auch schon hinter der Brücke bleiben. Von Schiffen war nichts zu sehen, und wenn, dann fuhren sie weit draußen auf See vorbei. Die Bewohner von Rügenwalde-Münde waren auch alle fort. Sie waren mit den Fischkuttern abgefahren.

Die Zeit des Wartens verging sehr langsam, es war zudem sehr, sehr kalt. Ab und zu liefen noch kleine Gruppen deutscher Soldaten über die Zugbrücke Richtung Osten. Kampfhandlungen gab es keine mehr, die Russen schossen immer nur Leuchtkugeln hoch, gar nicht weit vom Hafen entfernt. Am späten Nachmittag wurden wieder Schiffe gesichtet, und zwei davon nahmen Kurs auf unseren Hafen. Alles stand nun voller Erwartung da, aber würden auch alle mitkommen? Für die Menschen hinter der Brücke fast aussichtslos. Aber dann schoben sich die Schiffe rückwärts durch die Molen. Das war auch nicht ganz einfach bei dem herrschenden Seegang. Dann ging die Zugbrücke hoch, und die *Regulus* machte genau vor uns fest. Direkt vor uns wurde der Laufsteg aufgelegt, und wir gingen fast als erste auf das Schiff. Wir haben dadurch unsere Sachen alle mitbekommen.

Durch das Fenster konnten wir aber sehen, daß viele Gepäckstücke, die auf das Schiff geworfen werden sollten, dann aber im Wasser landeten.

Auf dem Schiff waren sehr viele Ostpreußen, die Pferd und Wagen in Rügenwalde stehen ließen, um nur mit dem Schiff wegzukommen. Es war schon sehr dunkel, als wir den Hafen verließen. Die Fenster waren alle schon von außen abgedichtet. Am Motorengeräusch merkten wir, daß das Schiff Fahrt aufgenommen hatte. Als wir die Molen hinter uns hatten und die offene See erreichten, wurde das Schaukeln stärker. Nicht lange danach gab es die ersten Seekranken.

Doch alle, die auf dem Schiff waren, fühlten sich sicher und waren froh, noch aus Rügenwalde gerettet worden zu sein. An Bord uneres relativ kleinen Schiffes sollten sich über 900 Personen befunden haben. Die Fahrt dauerte fünf Tage bis Swinemünde. Wir wurden dort in der Tirpitzschule untergebracht. In den folgenden Tagen gab es öfter Fliegeralarm, aber keinen großen Angriff.

Bis dann am 12. März der Großangriff folgte. Es war die Hölle. Der Schulhof der Tiripitzschule war nach dem Angriff ein großer Krater. Unser Gepäck, das wir aus Rügenwalde gerettet hatten, war mit Steinen und Mörtel zugedeckt.

Wieder begann die Flucht. Wir landeten schließlich in Grimmen, wo wir von den Russen überrollt wurden. Am 20. Mai 1945 mußten wir Grimmen verlassen. Meine Mutter, meine Schwester und ich sind dann mit einem Handwagen losgezogen. Drei Wochen waren wir unterwegs, bis wir dort wieder ankamen, wo wir die Flucht begonnen hatten, in Rügenwalde. Erst am 14. November 1946 wurden wir ausgewiesen.

Stolpmünde: Menschenleer in 24 Stunden

Nachem sich bei den verantwortlichen Stäben immer mehr die Erkenntnis durchsetzte, daß der sowjetische Vormarsch auf die Pommernhäfen Stolpmünde, Kolberg und Stettin nicht mehr aufzuhalten war, trat die Aufgabe in den Vordergrund, aus den Ostseehäfen die Bewohner und Flüchtlinge abzutransportieren. Dafür boten sich drei Möglichkeiten an: Der – bereits eingeschränkte – Transport mit der Eisenbahn, der Abtransport mit Flugzeugen und die Evakuierung mit Schiffen.

Bei den Bahntransporten lagen die Schwierigkeiten klar auf der Hand, mit Lufttransporten war die Zahl der in den Pommernhäfen Wartenden – über 100000 – kaum zu bewältigen. Deshalb knüpften sich alle Erwartungen an die Marine. Nur sie war in der Lage, derartige Menschenmassen nach Mecklenburg und Vorpommern, Schleswig-Holstein oder Dänemark zu befördern. In den letzten Wochen hatte zwangsläufig Kopenhagen die höchste Zahl von Anlandungen erreicht. Aufgrund dieser Sachlage hatte Großadmiral Dönitz bereits Anfang Februar Konteradmiral Konrad Engelhardt, der seinen Sitz in Flensburg an Bord des Dampfers *Malaga* hatte, als *Seetransportchef Ostsee* eingesetzt. Engelhardt, ein alter Fahrensmann der Handelsschiffahrt, verstand sein Handwerk, er wußte die Lage richtig einzuschätzen und glaubte nicht mehr an Wunder.

»Vor Ort« brauchte Engelhardt einen Mann, der Seetransporte zügig und professionell zu organisieren verstand, der einen Draht zu den Handelsschiffskapitänen und Kriegsschiffs-Kommandanten hatte, der wußte, was auf dem Spiel stand und daß Eile geboten war.

Konteradmiral Conrad Engelhardt leitete als *Seetransportchef Ostsee* das Unternehmen »Rettung«.

Bevor die russischen Panzer bis an die Ostsee vorstießen, flüchteten viele Pommern zu Fuß in die Danziger Bucht

Engelhardt, der von Großadmiral Dönitz alle Vollmachten für seinen Auftrag erhalten hatte, berief den besten Mann, über den er verfügen konnte, zum Einsatzleiter für Kolberg und die benachbarten Häfen: Fregattenkapitän Kolbe. Durch Zufall hatte Engelhardt erfahren, daß Kolbe das Wehrbezirkskommando Kolberg leitete. Dort holte er ihn telefonisch vom Platz: »damit mir der Mann nicht hinter dem Schreibtisch vergammelt«.

Engelhardt beurteilte Kolbe als einen dynamischen, ungeheuer einsatzwilligen Mann mit einem hervorragenden Organisationstalent und großen seemännischen Kenntnissen.

Daß Kolbe der richtige Mann am richtigen Platz war, zeigte sich bereits, als er von der Bedrohung Stolpmündes erfuhr. Er erschien unverzüglich vor Ort, um sich ein Bild der Lage zu verschaffen. Stolpmünde glich einem Ameisenhaufen. Waren es 10 000, 20 000 oder noch mehr, die sich in dem kleinen Hafenstädtchen zusammengeballt hatten? Von überall her, besonders aus dem Raum Stolp, waren in den letzten Tagen Tausende nach Stolpmünde geströmt.

Kolbe nahm sofort Kontakt auf mit Oberst Gürke, dem Chef der Stolpmünder Flak-Artillerieabteilung; desweiteren mit Korvettenkapitän Wolff, dem Chef der Marinekommandantur. Wolff hatte den Befehl erhalten, den Hafen zu verteidigen. Doch das schien sinnlos. Darüber waren sich Gürke, Wolff und Kolbe einig.

Als erste Maßnahme ließ Kolbe noch am gleichen Abend das Hafengebiet mit Hilfe von Matrosen der Sicherungsdivision, Flaksoldaten, Zollbeamten und zwei Polizisten räumen. Die schon einige tausend zählende Füchtlingsmenge wurde von der Bollwerkkante zurückgedrängt. Willig folgte die Menge den Anweisungen nachdem Kolbe bekanntgegeben hatte, daß er 14 Schiffe zwischen 200 und 1500 BRT erwarte.

Ungeduldig warteten die Menschen, bis die Schiffe festgemacht hatten. Es handelte sich um den Dampfer *Södenhamm* (1499 BRT), gefolgt von *Reiher* (1304 BRT), dem Schulschiff *Nautik* (1127 BRT) und den weit kleineren Schiffen *Pickhuben* (999 BRT) *Karlsruhe* (897 BRT), *Nadir* (842 BRT),

Oktant (800 BRT), *Amrum* (670 BRT), *Sextant*, sowie den in Stolpmünde beheimateten *Martha Geiss* und *Kolberg*. Die »Kleinsten« waren *Bernd* und *Vicking 2*.

Die Einschiffung begann ruhig und geordnet. Urplötzlich setzte aber Unruhe ein, die von Minute zu Minute zunahm. Es wurde gedrückt, geschoben, gestoßen. Die Masse drängte auf die schmalen, sich unter der Last durchbiegenden Landgänge. Daß Familien mit Kindern zuerst und Ledige zuletzt einsteigen sollten, blieb blanke Theorie. Abgehetzt, erschöpft, nach Luft ringend fielen die Menschen in die Laderäume, auf einem Quadratmeter mußten vier Menschen Platz finden. Inmitten einer Gruppe Verwundeter brachte man einen Kindertransport an Bord. Man hätte sie allein nicht auf das Schiff bringen dürfen, sie wären zertrampelt worden. Da und dort brachen alte Leute zusammen, mußten an Bord getragen werden. Allen saß die Angst im Nacken, doch noch zurückbleiben zu müssen; morgen konnten die Russen ja schon hier sein. Wer keinen Schiffsplatz fand, war verloren, so glaubten viele. Da nahm kaum noch einer Rücksicht auf den anderen.

Nachdem General Weiß, Oberbefehlshaber der 2. Armee, durch Fernschreiben allen Stäben und Marinedienststellen die Anordnung übermittelt hatte »Kein kampffähiger Mann verläßt Pommern«, war auch in Stolpmünde inmitten des Gewühls ein »Auffangstab Heldenklau« unterwegs.

18 Arbeitsdienstmänner des Jahrgangs 1927 wurden »ausgesiebt«. Die Papiere eines Generalarztes, der sich auf der *Reiher* eingeschifft hatte, wurden besonders sorgfältig geprüft. Im Motorenraum der *Amrum* nahm man einen Oberleutnant fest, dessen Papiere wohl nicht in Ordnung waren. Einige verschlafene Landser, die sich klammheimlich absetzen wollten, entdeckten die Streifen mitten unter den Flüchtlingsfrauen.

Fregattenkapitän Kolbe erkannte schon wenige Stunden nach Beginn der Einschiffung, daß 14 Schiffe nicht ausreichten. Er rief die Kriegsmarine um Hilfe: »Ich brauche schnell schnelle Schiffe!« Doch es dauerte seine Zeit, bis sie kamen.

Das Wetter hatte sich in den letzten Stunden verschlechtert. Beißende Kälte und ein Nordoststurm hatten viele Flüchtlinge in den Windschutz der Häuser am Hafen getrieben. Alle Schiffe waren inzwischen überfüllt. Nichts lief mehr, keiner kam mehr an Bord. Da entdeckte Kolbe ein Schiff, das eine Stolpmünder Reederei für ihre Leute reserviert hatte. Kolbes Drohung: »Entweder Sie nehmen noch 200 Flüchtlinge an Bord oder ich verhindere Ihr Auslaufen!« verfehlte ihre Wirkung nicht.

Plötzlich heftige Detonationen. Frauen schrien: »Die Russen sind da...!« Der Nachrichtenoffizier hatte die Marinefunkstation gesprengt und setzte sich ab. Auch Oberst Gürk hatte sich befehlsgemäß abgesetzt und nur eine schwache Sicherung zurückgelassen.

Fregattenkapitän Kolbe atmete auf, als einige Schnellboote einliefen. Sie nahmen die letzten Flüchtlinge auf, niemand mußte zurückbleiben.

Im Morgengrauen des 8. März war es endlich soweit. Ein Schiff nach dem anderen legte ab. Selbst auf den freien Oberdecks standen die Menschen dicht an dicht. Lieber Kälte und Sturm ertragen als den Russen in die Hände fallen, dachten viele Frauen an Bord. Es befanden sich ja überwiegend Frauen und Kinder auf den Schiffen.

Außer den genannten 14 Schiffen lief alles aus, was sich noch im Stolpmünder Hafen befand: Fischkutter, Fährprähme und Motorboote. Ein vollbesetzter Fährprahm, der sich als letzter der langen Kette der Schiffe und Schiffchen angeschlossen hatte, schlug bei dem zunehmenden Nordoststurm plötzlich unter, tauchte kurz wieder auf – man sah noch einmal die sich aneinander klammernden Menschen – dann hatte die See den Fährprahm verschluckt. Für diese Menschen war die Flucht vorzeitig zu Ende.

Ohne jeden Geleitschutz, der ohnehin nicht zur Verfügung stand, nahm die »Armada« Kurs auf Swinemünde.

Nachdem das letzte Schiff außer Sicht geraten war, verließ auch Fregattenkapitän Kolbe mit dem U-Jäger *119* Stolpmünde.

Er glaubte, der Letzte zu sein.

Die ersten russischen Granaten schlugen ein. Dann begann es am Stadtrand zu brennen, später

Eine deutsche Kampf-
gruppe passiert die Reste
einer Kolonne, die von
russischen Tieffliegern
angegriffen wurde.

stieg dichter Qualm aus dem Bahnhof. Kurze Zeit später huschten die ersten russischen Schützen die Hauswände entlang. Der Hafen bot ein trostloses Bild: das Bollwerk lag voll von fortgeworfenen Gegenständen, vom Koffer bis zum Fahrrad, vom Kinderwagen bis zum Schinken. Verlassene Wehrmachtsfahrzeuge standen herum. Die Stolpmünder waren weg – doch nicht alle. Plötzlich stiegen Zivilisten aus Kellern, in denen sie sich die Nacht über verkrochen hatten. Sie sahen, daß niemand mehr da war, der sie hörte, der ihnen helfen konnte. Kleine Kinder, am Rockzipfel ihrer Mutter hängend, jammerten herzzereißend. Mütter rangen die Hände, hofften auf Hilfe, schrien verzweifelt, wünschten den Tod herbei – doch der Tod kam nicht. Dafür kamen Soldaten in erdbraunen Uniformen, die Waffen im Anschlag. Bei ihrem Anblick erstickte mancher Entsetzensschrei. Die Russen waren da.

Im Hafen von Stolpemünde ereignete sich in diesen Minuten etwas Ungewöhnliches. Während die ersten russischen Soldaten auf das Hafengelände eilten, lief plötzlich ein U-Boot der 250-Tonnen-Klasse ein. Die Russen starrten auf das Boot. Ein russisches? Ein deutsches?

Ein deutsches Boot. Es hatte Stolpemünde angelaufen, um einen Tauchschaden reparieren zu lassen. Der Kommandant ahnte nicht, daß der Hafen schon besetzt war. Noch bevor das Boot angelegt hatte, sprangen plötzlich zwei deutsche Marineoffiziere an Deck, klärten mit wenigen Worten über die Lage auf, und augenblicklich lief das Boot mit äußerster Kraft aus dem Hafen. Die beiden Offiziere gehörten zur Kriegsmarinedienststelle Danzig; sie wollten sich eben auf Schusters Rappen nach Osten absetzen, als überraschenderweise das U-Boot einlief.

Am Morgen des 8. März 1945 war Stolpemünde fest in russischer Hand, die Flüchtlingsschiffe auf dem Weg nach Swinemünde – nicht ahnend, was sie dort erwartete.

Fregattenkapitän Kolbe konnte nach Abschluß der blitzartigen Räumung Stolpemündes dem Seetransportchef Admiral Engelhardt melden: »Die eingesetzten 14 Schiffe nahmen 18 310 Menschen an Bord, die kleinen Fahrzeuge und die Schnellboote nahmen nochmals rund 2000 an Bord, so daß über 20 000 Menschen aus Stolpemünde gerettet werden konnten«.

Nach Kolberg zrückgekehrt, stand der Fregattenkapitän vor einer neuen und weit schwierigeren Aufgabe. Er wußte, daß der Abtransport von einigen zehntausend Menschen aus diesem Hafen noch größere Probleme mit sich bringen würde als die Räumung von Rügenwalde und Stolpemünde.

Links: So sah der kleine pommersche Hafen Stolpmünde aus der Luft aus. *Pommern-Archiv*

Viele Flüchtlinge hatten sich zu Fuß auf den Weg nach Stolpmünde gemacht. *Pommern-Archiv*

Die Hoffnung der Flüchtlinge waren Schiffe, die sie über die Ostsee nach Westen brachten, der Seeweg schien leichter und sicherer als der Landweg. Anfang März 1945 musste Stolpmünde beim Näherkommen sowjetischer Panzer und Truppenverbände blitzartig geräumt werden. Mehrere kleine Schiffe wurden eingesetzt, um die mehr als 15 000 Menschen zu befördern.

»Södenhamn«.
H.M.Gehrckens

»Rigel«.
Poseidon

»Pickhuben«.
H.M.Gehrckens

»Karlsruhe«.
Ernst Russ

»Kolberg«.
Griebel

»Adele Traber«.
Traber

4 Kolberg

Übrig blieb verbrannte Erde

Berlin, 1. Juni 1943. Stalingrad war gefallen. Viele deuteten dies als die Wende des Krieges. Propagandaminister Goebbels sah seine Aufgabe darin, das *ganze Volk* für den Krieg zu mobilisieren, um dem Bolschewismus, der das Reich bedrohte, Einhalt zu gebieten. An diesem 1. Juni hatte er eine Absicht verwirklicht, die er schon 1940/41 gehegt hatte. In den Nachmittagsstunden dieses Tages ließ er einen Brief in das Babelsberger UFA-Studio bringen, adressiert an Professor Harlan. Das Schreiben hatte folgenden Inhalt:

Hiermit beauftrage ich Sie, einen Großfilm »Kolberg« herzustellen. Aufgabe dieses Films soll es sein, am Beispiel der Stadt, die dem Film den Titel gibt, zu zeigen, daß ein in Heimat und Front geeintes Volk jeden Gegner überwindet. Ich ermächtige Sie, alle Dienststellen von Wehrmacht, Staat und Partei, soweit erforderlich, um ihre Hilfe und Unterstützung zu bitten und sich dabei darauf zu berufen, daß der hiermit von mir angeordnete Film im Dienste unserer geistigen Kriegsführung steht.

Kolberg – ein Film und der Krieg

Veit Harlan wußte, wie schwierig es sein würde, den Auftrag im Sinne des Reichspropagandaministers zu erfüllen. Auf eine telefonische Rückfrage hin erklärte ihm Goebbels, es sei ein Befehl Hitlers, ihn mit der Abfassung des Drehbuches und des *Kolberg*-Films zu beauftragen. Veit Harlan (gestorben 1964 auf Capri) äußerte sich nach dem Krieg zu seinem Film:

Ich bekam den Befehl, mich bei der Abfassung des Drehbuches genau an die Geschichte Nettelbecks, Gneisenaus und der Geschehnisse von 1807 zu halten. Ich sollte eine Liebesgeschichte dazu erfinden, wie ich das für den Film *Der große König* getan hatte. Goebbels sah in der Figur des Nettelbeck sich selbst. Er sprach das auch aus. Nettelbeck war ein Bürger und hatte als Oberhaupt der Stadt ein Bürgerheer zusammengetrommelt. Goebbels wollte betont wissen, daß zumindest im Fall Kolberg Nettelbeck der eigentliche Held war, und nicht etwa der große Gneisenau. Die Gegnerschaft zwischen dem Bürgergeneral Nettelbeck und dem Offizier Gneisenau sollte ich, bei allem Respekt vor Gneisenau, deutlich herausschälen. Es sollte klar erkennbar werden, daß der große Mann im Kampf um Kolberg der Bürger Nettelbeck war und die Siege seiner Bürgerwehr gehörten. Damit wollte Goebbels die ständige Rivalität zwischen der Waffen-SS und der SA auf der einen, und dem übrigen Militär auf der anderen Seite zugunsten des Bürgerheeres darstellen lassen.

Es ist völlig falsch, wie später behauptet wurde, Goebbels habe diesen Film 1943 befohlen, weil er zu dieser Zeit schon vorausgeahnt habe, daß einmal der Volkssturm aufgerufen werden würde, und daß dieser Film eine Progaganda für den *Volkssturmgedanken* sein sollte. Goebbels wollte vielmehr zeigen, daß der Widerstand bis zum Äußersten gegen den fremden Eroberer Napoleon vom Volk ausging und nicht vom Militär. Am Ende des Films sollte natürlich die typisch nationalsozialistische Verschmelzung deutlich gemacht werden, nach der jeder Preuße, ob Zivilist oder Uniformierter, ein Soldat zu sein hatte.

Gleichzeitig legte Hitler Wert darauf, daß Napoleon als eine »verehrungswürdige Erscheinung« dargestellt werde, weil Napoleon, der darauf abzielte, ganz Europa zu regieren, eine Gestalt sei, der »der Führer höchste Achtung zollt«. Es fiel mir nicht schwer, das Drehbuch zu *Kolberg* zu schreiben. Ich erfand eine Liebesgeschichte zwischen dem berühmten Reiteroffizier Schill und der mit Nettelbeck verwandten Bauerntochter. Den Hauptteil bildeten drei große Schlachten.

Der Film durfte kosten, was er wollte. Und er kostete über achteinhalb Millionen Mark. Das war ungefähr das Achtfache, was ein guter Film damals zu kosten pflegte. Mit den außergewöhnlichen Vollmachten von Goebbels ausgestattet, konnte ich für meine riesenhaften Bauten soviel Holz requirieren, wie ich wollte, obwohl Holz damals eine Mangelware war. Ich konnte mir überhaupt jedes Material beschaffen. Und darüber hinaus konnte ich Soldaten in jeder beliebigen Zahl – insgesamt waren es 187 000 aus ihrem Dienst und ihrer Ausbildung wegholen. Goebbels wollte gewaltige Schlachten sehen, er wollte den »größten Film aller Zeiten« machen, der die Massenfilme der Amerikaner in den Schatten stellen sollte. Ich bekam für eine Szene die echte deutsche Kaiserkrone des Heiligen römischen Reiches deutscher Nation, die Karl der Große getragen hatte, dazu auch ein Zepter und den Reichsapfel. 20 Detektive bewahrten das kostbare Gut.

Die Mole des Kolberger Hafens ließ ich durch die Ausschüttung zahloser mit Salz gefüllter Güterwagen in eine Schneelandschaft verwandeln. Auch ließ ich die Stadt Kolberg zu einem Teil in Groß-Glienicke bei Berlin aufbauen, um sie dort schließlich mit den Kanonen Napoleons beschießen und abbrennen. In der Stadt und Festung Kolberg wie auch in den kleinen, der Festung vorgelagerten Forts, die ich sowohl von einem Schiff von der Ostsee her als auch von einem Fesselballon aus der Luft aufnahm, ließ ich von verschiedenen Standpunkten durch sechs Kameras den beginnenden Untergang der Stadt aufnehmen. Etwa 30 Pyrotechniker entwickelten an vielen Stellen der Stadt große schwarze und weiße Rauchwolken. Sie schossen Scheingranaten in die Luft, deren Blitze sich wirkungsvoll gegen den schwarzen und weißen Rauch abhoben. Rund um Kolberg herum ließ ich die in der Geschichte berühmt gewordenen *Inundation*, die Nettelbeck veranstaltet hatte, wiederholen. Das heißt,

ich ließ den kleinen Fluß Persante durch Kanäle, die gegraben wurden, in die Niederungen, die um Kolberg herum umliegen, so einfließen, daß die ganze Stadt vom Wasser eingeschlossen zu sein schien. So war Kolberg vorübergehend zu einer uneinnehmbaren Festung gemacht worden. Im ganzen hatte ich 10 000 Uniformen anfertigen lassen, in den größten Schlachten bekamen die weit hinten stehenden Soldaten Klosettpapierrollen, die sie sich quer über die Uniform rollen mußten, um das weiße Leder vorzutäuschen, das die französischen Soldaten von der linken Schulter bis zur rechten Hüfte trugen. An diesem Lederband hingen das Bajonett, der Säbel oder die Patronentasche. Ich bekam für den Film 10 000 Pferde gestellt, mehrere Eisenbahnzüge und 187 000 Soldaten. Die Organisation dieser gewaltigen Aufmärsche lag in den Händen des Produktionsleiters Sperber.

Ich habe mich während der Aufnahmen immer wieder mit Offizieren über das Opfer unterhalten, das vom Militär dem Film gebracht wurde. Aber niemand verstand, warum ein Film solche Wichtigkeit haben sollte. Man schrieb schon das Jahr 1944. Stalingrad war längst gefallen und die Gefahr eines total verlorenen Krieges rückte immer unheimlicher an uns heran. Die jungen Menschen waren von ihren Feldern weggeholt worden. Sie hatten die Ernte im Stich gelassen, weil Soldaten gebraucht wurden – und nun mußten sie sich monatelang beim Film herumtreiben.

»Die Grausamkeit und Last des Krieges«

Ich habe mich ehrlich bemüht, die Grausamkeit und Last des Krieges in einem Ausmaß darzustellen, wie sie ein Krieg im Jahre 1807 noch gar nicht gehabt haben konnte, weil man die technischen Mittel zu einer so ungeheuerlichen Vernichtung und für den Mord noch gar nicht besaß. Im übrigen ist geschichtsbekannt, daß die siegreiche Verteidigung Kolbergs damit endete, daß die Stadt schließlich ihre Tore doch noch den Franzosen öffnen mußte, weil der Krieg verloren war. Am Beispiel der Stadt Kolberg hätte man also die Sinnlosigkeit eines bis zur letzten Konsequenz geführten Krieges eher zeigen können. Um aber die Wirkung des »Schandfriedens von Tilsit« nicht als Schluß des Films hinnehmen zu müssen, war Goebbels eine Rahmenhandlung eingefallen, die im Jahre

1813 spielte, nach der Schlacht bei Leipzig, als Napoleon geschlagen war und aus Preußen vertrieben wurde. In dieser Rahmenhandlung marschierten viele tausend Zivilisten, militärisch geordnet unter dem Kampflied Theodor Körners *Der Kampf bricht aus, der Sturm bricht los* durch die Straßen Breslaus und füllten sowohl den Fahrweg als auch die zwei Bürgersteige so aus, daß die Marschkolonne links und rechts der Straße die Häuserwände streifte. So entstand der zwingende Eindruck, als quollen aus den Straßen und Gassen und über die Plätze Ströme von Preußen, um den Eroberer Napoleon in ihren Fluten zu ersäufen. Goebbels ließ sich immer wieder die Muster vorführen, namentlich von den Schlachten. Er rief mich mehrmals an und versicherte mir, daß die Szenen einen großen Eindruck auf ihn gemacht hätten und daß er sehr gespannt auf den Film sei. Ende November 1944 war der *Kolberg*-Film soweit fertig, daß ich ihn Goebbels vorführen konnte. Ein Bombardement von Flüchen und Beleidigungen brach auf mich nieder. Goebbels war zu enttäuscht. Er behauptete, daß ich ihm eine Trumpfkarte aus der Hand geschlagen hätte. Mit einem Sarkasmus sondergleichen verurteilte er die Greuelszenen, die vielen Leichen und die Flucht der Einwohner vor dem Feuer der brennenden Stadt Kolberg. Das alles sei sadistisch dargestellt. Er befahl, diese Szenen herauszuschneiden. Daß eine Frau ein Kind gebäre, während das Haus über ihr brennt und im Zusammenstürzen die Mutter und das Neugeborene unter sich begräbt, bezeichnete er als geschmacklose Übertreibung. Ebenso hatte ich herauszuschneiden, daß die Menschen die Türen aus den Häusern brachen, um Särge für die zahllosen Toten anzufertigen, da in Kolberg keine Bretter mehr aufzutreiben waren, und auch daß die Brunnen und Wasserleitungen in Kolberg durch die Leichen der vielen Toten vergiftet waren, so daß niemand mehr zu trinken wagte. Sogar eine der drei großen Schlachten mußte fallen. Das andauernde Töten und getötet werden falle dem Zuschauer auf die Nerven. Das würde zu einem pazifistischen Film passen, aber nicht zum »Heldenlied auf Kolberg«. Der Film führe in die Resignation, aber nicht in »die Entschlossenheit zum Sieg – koste er, was er wolle!« *Kolberg* wurde geändert. So wurden nach und nach für zwei Millionen Mark Szenen aus dem Film herausgeschnitten. Es war für zwei Millionen Mark »das Grauen eines totalen Krieges«.

Der Film *Kolberg* wurde zu dem, was sich Goebbels gewünscht hatte – ein Progagandafilm, der zum »Durchhalten bis zum Endsieg« aufforderte und die Bürger mobilisieren sollte, ihre Heimatstadt bis zum letzten zu verteidigen. Es war der teuerste Film des Dritten Reiches und der teuerste Film, der bis zu diesem Zeitpunkt jemals in Deutschland gedreht wurde – und das in der Endphase des Zweiten Weltkrieges. 90 Stunden Film wurden gedreht und dafür die von Goebbels auserlesenen Schauspieler verpflichtet, darunter Heinrich George, Paul Wegener, Kristina Söderbaum, Otto Wernicke, Horst Casper, Kurt Meisel, Paul Henckels. Nach der Vorführung im Progagandaministerium am 20. Januar 1945 verlieh Goebbels dem Film sieben Prädikate: »*Film der Nation*«, »Staatspolitisch und künstlerisch besonders wertvoll«, »*Kulturell wertvoll*«, »*Volkstümlich wertvoll*«, »*Anerkennenswert*«, »*Volksbildend*« und »*Jugendwert*«.

Nicht in Kolberg, sondern in der mehr als 2000 Kilometer entfernten Atlantikfestung La Rochelle fand am 30. Januar 1945, dem zwölften Jahrestag der Machtergreifung durch Adolf Hitler, die Uraufführung statt. La Rochelle war seit sechs Monaten eingeschlossen. Zehntausende deutscher Soldaten hatten den Befehl, die waffenstrotzende Festung mit ihren riesigen U-Boot-Bunkern »bis zur letzten Patrone zu verteidigen«. Goebbels ließ die Filmkopie per Fallschirm über der eingeschlossenen Festung abwerfen. Gleichzeitig richtete er einen Funkspruch an den Festungskommandanten Vizeardmiral Schirlitz:

Ich habe Ihnen eine erste Kopie des eben fertiggestellten Farbfilms *Kolberg* zur Uraufführung in Ihrer Festung, am 30. Januar 1945, übersandt. Der Film ist ein künstlerisches Loblied auf die Tapferkeit und Bewährung, die bereit ist, auch die größten Opfer für Volk und Heimat zu bringen. Er wird also seine würdige Uraufführung im Zeichen der engen kämpferischen Verbundenheit von Front und Heimat bei jenen Männern erfahren, die die in diesem Film dargestellten Tugenden der ganzen Nation vorleben. Möge der Film Ihnen und Ihren tapferen Soldaten als ein Dokument der unerschütterlichen Standhaftigkeit eines Volkes erscheinen, das in diesen Tagen eines weltumspannenden Ringens, eins geworden mit der kämpfenden Front, gewillt ist, es den großen Vorbildern seiner ruhmvollen Geschichte gleichzutun.

Heil unserem Führer.

Gez. Reichsminister Dr. Goebbels.

Am gleichen Tag wurde der Film auch im Ufa-Theater am Berliner Alexanderplatz und im Ufa-Theater in der Tauentzienstraße aufgeführt. Ursprünglich hatte das Propagandaministerium die Uraufführung an diesem Tage in fast allen deutschen Großstädten geplant, doch viele Filmtheater lagen am 30. Januar 1945 bereits in Schutt und Asche.

Begeisterung bei den Zuschauern kam nicht auf. Der Film konnte seinen propagandistischen Zweck nicht mehr erfüllen. Die Wirklichkeit ließ sich nicht mehr verbergen, der Krieg hatte den Film überholt.

Kriegselend im Kolberger Hafen

Am 31. Januar 1945 geschah im Kolberger Hafen etwas Ungewöhnliches. Die Oberin Gertrud Hilliger, seit Frühjahr 1939 Leiterin des *Kurhospitals und Kinderheimstätte Kolberg,* Hafenstrasse 1–7, erinnert sich:

Es war in den frühen Nachmittagsstunden, als plötzlich eine Schwester in mein Zimmer stürzte und mir zurief: »Frau Oberin – wir müssen sofort in den Hafen, dort werden Überlebende der *Gustloff* ausgeladen!«. Einen Moment überlegte ich. Die *Gustloff?* Das war doch das große *Kraft-durch-Freude*-Schiff? Sollte dieses Schiff untergegangen sein? Kaum vorstellbar. Der Hafen war nur fünf Minuten von unserem Heim entfernt. Als ich dort ankam, sah ich ein Torpedoboot, das festgemacht hatte. Marinesoldaten waren schon dabei, Menschen herunterzuführen. Die wenigsten konnten noch laufen, die meisten mußten gestützt, viele getragen werden. Ich sah in die Augen und Gesichter von zwei Mädchen, die kaum bekleidet waren. Aschgrau die Gesichter, leblose Blicke, als hätten sie in der vergangenen Nacht Furchtbares erlebt.

Unweit von mir stand ein offener flacher Speditionswagen. Hierauf legte man Menschen, meist Frauen, wie Heringe nebeneinander, in Marinejacken und Mänteln. Sie waren nackt darunter, denn die Matrosen hatten ihnen die angefrorenen Kleider aufschneiden müssen. Waren es noch Lebende oder Tote? Bei einigen Frauen hingen die nassen Haare links und rechts vom Wagenrand herunter. Ich mußte wegsehen; mir kamen die Tränen. Wie ein Lauffeuer hatte es sich in Kolberg herumgesprochen: »Die Gustloff ist gesunken!« Ein furchtbares Gedränge entstand. Jeder wollte helfen. Viele fragten die Matrosen, wollten mehr wissen. Viele Matrosen waren nur mit dem Unterhemd bekleidet, sie hatten ihre Sachen den unglücklichen Schiffbrüchigen überlassen.

Mit dem Ausladen wollte es kein Ende nehmen. Weitere Fahrzeuge waren gekommen. Nachdem man die Frauen und Kinder vom Schiff hatte, kamen die Männer. Auch diese waren nur notdürftig bekleidet. Sie kamen in die Jägerkaserne. Die Frauen und Kinder kamen in unser Haus. Gerade als ich in das Führerhaus eines Wagens einsteigen wollte, sprang ein Matrose auf mich zu. An der Hand hatte er einen zehnjährigen Jungen, auf dem Arm ein Baby. »Hier – kümmern Sie sich bitte darum, die sind auch von der *Gustloff*«. Ehe ich richtig zur Besinnung kam, war der Matrose im Gewühl der Umherstehenden verschwunden. In den nächsten Stunden brachten wir die Frauen und Kinder in die Räume unseres Hauses, die Gott-sei-Dank leer waren. Wir hatten vor einer Woche alle unsere Patienten nach Hause geschickt, um das Haus für Flüchtlinge frei zu haben. Wir nahmen etwa 80 Menschen auf, darunter mehrere Kinder. Sobald die Menschen eine Schlafmöglichkeit hatten, fielen sie wie tot in die Betten. Sie waren total erschöpft und keine Regung war zu sehen. Es dauerte lange, bis sie aus dieser apathischen Ruhe wieder langsam zu sich kamen. Unsere Schwestern waren sofort zur Stelle, flößten ihnen heißen Tee und Bohnenkaffee ein und riefen sie zurück ins Leben. Als sie die Wirklichkeit wieder begreifen konnten, gab es überall in den Räumen ein großes Gejammer. Rufe erschollen: »Wo sind meine Kinder?« – »Wo ist meine Mutti?«. Und niemand war da, der eine Antwort geben konnte. Schon am frühen Abend kamen Kolberger und brachten Kleidungsstücke. Man trennte sich von den allerbesten Sachen, die bisher in keine Sammlung gegeben wurden. Alle, die wach geworden und wieder einigermaßen bei Kräften waren, wurden bekleidet. Als erstes hatten sie Schwesternkittel und Ärztekittel bekommen, weil wir nichts anderes im Haus hatten. Jetzt aber konnten wir sie einkleiden. Dann kam Unruhe ins Haus. Jeder wollte telefonieren, um Angehörige zu benachrichtigen. Der

Andrang war fast nicht zu bewältigen. Telefonnummern mußten erst gesucht werden. Das dauerte. Und manche wollten gleich zwei oder drei Gespräche hintereinander führen. Bis in die tiefe Nacht war unser Büro belagert. Erst im Laufe des Abends erfuhren wir von einigen Frauen, mit welcher Aufopferung die Matrosen des Torpedobootes *Löwe* die Schiffbrüchigen aus der eiskalten Ostsee gerettet hatten. Manche mußten aus Booten, viele aus Flößen, geborgen werden. Die Matrosen opferten ihre Jacken und Hosen. Die Ärmsten der Armen waren die schiffbrüchigen Kinder. Die meisten von ihnen haben wohl nicht überlebt. Am nächsten Tag – ich hatte die Nacht über kaum Schlaf gefunden – wurde ich immer wieder gefragt: »Wann kommen wir hier weg?« Das war nicht so einfach. Züge nach Westen fuhren kaum noch, der Bahnhof und das Bahnhofsgelände glich einem Heerlager. Liefen Züge ein, wurden sie von Hunderten gestürmt. Besser war es, es mit einem Schiff zu versuchen. Doch viele wollten nie wieder auf ein Schiff. In den folgenden Tagen gelang es jedoch allen, fortzukommen. Nur einer blieb zurück: der knapp einjährige Junge, den mir ein Matrose im Hafen übergeben hatte. Der Junge war zum Liebling aller Schwestern geworden. Da er namenlos war, tauften wir ihn »Hein Gustloff«. Aber auch für diesen kleinen Findling kam der Abschied. Am 2. März gaben wir ihn einem Kindertransport nach Stettin mit, in einem Güterzug. Dort sollte er in einem Kinderheim Aufnahme finden.

Von der »Flüchtlingsstadt« zur »Festung«

Ende Januar wurde Kolberg zu einer Flüchtlingsstadt. Endlose Trecks aus Ost- und Westpreußen zogen nach Westen, immer von der Angst begleitet, die rasch vordringenden russischen Truppen könnten ihnen den Fluchtweg abschneiden. In den ersten Februartagen hatten sowjetische Verbände bereits die Oder bei Fürstenberg und Küstrin erreicht. Ostbrandenburg war bereits in den Händen der Sowjets. Der militärische Verbindungsweg nach Ostpommern und zu den in Westpreußen kämpfenden deutschen Einheiten – und damit auch der Fluchtweg für die Zivilbevölkerung von Ost nach West – wurde in seiner gesamten Länge bis zur

Oder vom Feind flankiert. Trecks, die von Südosten aus Hinterpommern nach Westen wollten, wurden von russischen Verbänden immer mehr nach Norden abgedrängt. Einige Trecks wurden von den Russen überrollt. Von Tag zu Tag spitzte sich die Lage zu. Auch in Kolberg. Immer mehr und immer längere Trecks zogen durch die Stadt und verstopften die Straßen. Kranke, total Erschöpfte, Mütter mit Kleinkindern blieben in Kolberg hängen, konnten oder wollten nicht mehr weiter. Es gab kaum noch eine Schule, einen Saal oder ein Haus, das nicht mit Flüchtlingen überbelegt war. Das galt auch für das Krankenhaus, die Kinderheime und die Gaststätten. Die Zuwanderung von Flüchtlingen drohte in eine Katastrophe zu führen.

Kolberg sollte aber zur *Festung* werden. Bereits im November 1944 war beschlossen worden, die Stadt militärisch auszubauen. Drei Verteidigungsringe wurden festgelegt: Ein äußerer, zwölf km vor

Der Mariendom von Kolberg, ein Wahrzeichen der Stadt.

Der Leuchtturm an der Außenmole.

Der Kolberger Markt in alten Tagen.

der Stadt; ein innerer, 5 km vor der Stadt; und ein dritter am Stadtrand.

Im November und Dezember 1944 wurden Volkssturmeinheiten aufgestellt. Kommandeur des Volkssturm war der Marine-SA-Standartenführer Erhard Pfeiffer aus Kolberg; er wurde vom Festungskommandanten zum Abschnittskommandanten West ernannt. Er befehligte in dieser Funktion alle Volkssturmbataillone, die in Kolberg eingesetzt waren. Alle U.K. gestellten Behörden- und Wehrmachtsangehörige wurden in einer Volkssturmkompanie zusammengefaßt. Zum Kompanieführer bestellte man Kreisoberinspektor Franz Müller. Zum Jahresbeginn hatte man, da der Kolberger Oberbürgermeister Dr. Wegner als Soldat eingezogen war, den 1943 aus dem aktiven Dienst verabschiedeten Generalmajor Krapp als kommissarischen Oberbürgermeister von Kolberg eingesetzt. Ende Januar 1945 erhielt Kolberg auch einen Festungskommandanten: Generalmajor Paul Hermann. Dieser befand sich, schwer von Ischias geplagt, bei seiner Familie in Kolberg. Hervorgerufen durch einen Sturz auf dem Eis, trug er seinen Unterarm in Gips. De facto war der Festungskommandant dienstuntauglich. Als er sein Amt übernahm, war in Kolberg noch nichts für die Verteidigung getan. Zum Kolberger Kreisleiter hatte der General ein sehr gespanntes Verhältnis, weil sich dieser immer wieder in militärische Angelegenheiten einmischte. General Hermann setzte sich zunächst das Ziel, die zahlreichen Etappendienststellen aus Kolberg herauszubekommen. Beim Generalkommando in Stettin forderte er eine Verstärkung des Flakschutzes an, da er russische Luftangriffe auf den Hafen erwartete. Am 26. Januar wurde der Stab des Festungskommandanten ausgebaut. Als Pionieroffizier der *Festung* wurde Oberst Gerhard Troschel nach Kolberg beordert. Eine *Festung* mußte ja erst einmal aufgebaut werden. In den nächsten Wochen verstärkte sich die militärische Präsenz, neue Einheiten wurden aufgestellt und die Verteidigungsstellungen ausgebaut. Das regnerische Wetter erschwerte die Bautätigkeit sehr.

Trotz seines schweren Leidens wollte sich General Hermann angesichts der zahlreichen Aufgaben nicht krank melden. Nachdem ihn noch eine schwere Grippe befallen hatte, mußte er es am 20. Februar doch tun. Sein Amt übernahm vorübergehend sein Stellvertreter, der Pionieroberst Troschel.

Ende Februar 1945 hatte sich die Lage an der Front geradezu katastrophal zugespitzt. Eine unmittelbare Bedrohung Kolbergs war abzusehen. Kolberg erhielt einen neuen Festungskommandanten: Oberst Fullriede, einen erfahrenen und auf verschiedenen Kriegsschauplätzen bewährten Frontoffizier. Fullriede war der richtige Mann auf dem richtigen Platz.

Kolbergs neuer Festungskommandant

Der Ordonnanzoffizier beurteilte seinen unmittelbaren Vorgesetzten so:

Oberst Fullriede war nicht der durch preußische Tradition geprägte Offizierstyp landläufiger Vorstellung. Dazu fehlte ihm rein äußerlich schon die gesammelte Strenge der Erscheinung. Kräftig und ewa 1,90 m groß, im Auftreten von lässiger Sicherheit, mit nicht feinen, aber markanten Gesichtszügen, so erscheint er mir im Äußeren eher wie der ideale Typ des Soldaten von der »Wasserkante«.

Fullriede stammte aus der Gegend um Bremen und erwarb in seiner Jugend das kleine Steuermannspatent. Er ging später nach Südwestafrika, wo er eine größere Pferdefarm besaß. Fullriede, dessen Frau und Sohn während des Krieges in Südafrika interniert waren, hatte sich im südafrikanischen Herr bis zum Major emporgedient. In den 20er Jahren besuchte er regelmäßig Deutschland, wo er noch vor 1933 Mitglied der NSDAP wurde und später militärische Übungen mitmachte. Humane Gesinnung und praktische Vernunft waren neben seiner in allen Lagen bewährten Ruhe und Entschlußsicherheit die wesentlichsten Eigenschaften, die ihn als militärischen Führer auszeichneten. Von Fullriede wurde behauptet, daß er »das besondere Vertrauen« Hitlers besaß, der ihn als Soldaten besonders schätzte. Trotzdem waren die persönlichen Beziehungen Fullriedes zu Hitler »mehr als gespannt«, da der Oberst fünfmal direkte Führerbe-

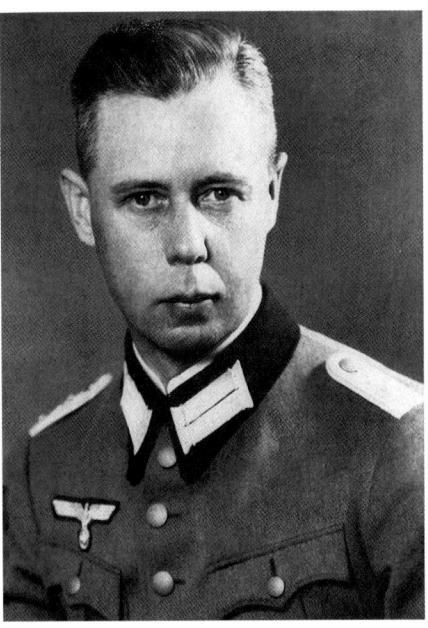

Oberst Fullriede zu keiner Zeit abgenommen.

Bei seinem Amtsantritt am 1. März 1945, drei Tage vor der ersten Feindberührung, sah sich Oberst Fullriede vor zwei schwierige Aufgaben gestellt: Er mußte die Verteidigung der zur *Festung* erklärten *offenen Stadt* mit unzureichenden Kräften und Mitteln vornehmen, und er mußte kurzfristig die Räumung der Stadt von zehntausenden von Flüchtlingen unter militärischem Schutz veranlassen. Dazu mußte er dem Gegner solange als irgend möglich den Zugriff auf die Stadt verwehren. Um den Zugang zur See sicherzustellen, mußte der Hafen mit seinen Zu- und Ausfahrten durch die Molen und die beiderseits der Mündung der Persante liegenden Strandabschnitte bis zur letzten Stunde feindfrei gehalten werden. In einer Lagebesprechung am 3. März 1945 wies der Festungskommandant darauf hin, daß die Evakuierung der Stadt von der Zivilbevölkerung den absoluten Vorrang habe und auch während der zu erwartenden Kämpfe über See durchgeführt werden müsse. Die Truppe sollte über den Ernst der bevorstehenden Kämpfe in Kenntnis gesetzt werden. Erst wenn die Zivilbevölkerung aus Kolberg heraus sei, könne an die Verschiffung der Truppe gedacht werden. »Dafür stehe ich ein«, erklärte Fullriede.

Die Russen vor Kolberg

Fullriede war sich klar darüber, daß ein sowjetischer Großangriff unmittelbar bevorstand. Seine militärischen Kräfte reichten nur dazu aus, eine Verteidigungsfront aufzubauen, die sich unmittelbar an den Stadtrand anlehnte. Für eine Verteidigungsfront um den inneren Ring fehlten Mensch und Material. Der Oberst teilte die Verteidung in drei Kampfabschnitte ein: a) Der *Kampfabschnitt West* reichte vom Strand westlich der Maikuhle bis zur Straße nach Gribow. Er stand unter dem Kommando von Marine-SA-Standartenführer Pfeiffer, der zwei Volkssturmbataillone und eine zusätzliche Volkssturmkompanie befehligte. b) Der Kampfabschnitt Mitte erstreckte sich von der Straße nach Gribow über den Exerzierplatz und die Gelder Vorstadt zur Per-

fehle nicht befolgt hatte. Während des Afrikafeldzuges hatte sich der damalige Oberstleutnant seine Lorbeeren verdient, als er den Angriff der Amerikaner und Engländer auf die Enge von Fondouk zurückschlug und damit die Rommel-Armee vor dem Untergang bewahrte. Gegen den ausdrücklichen Befehl Hitlers hatte Fullriede die militärisch nutzlose Zerstörung der Stadt Cairouan in Tunesien, die Geiselerschießungen in Piglio und die Niederbrennung der Stadt Putten in Holland verhindert. Als weiteres »Vergehen« hätte man dem Ritterkreuzträger ankreiden können, daß er die Ernennung Kolbergs zur *Festung* nicht anerkannte und diese für sich nicht als bindend ansah. Seine ablehnende Haltung teilte er dem Oberkommando der Wehrmacht per Funkspruch mit. Den Funkspruch unterzeichnete sein Ia mit seinem Namen. Dies geschah unerlaubt. Hitler vermutete sofort Sabotage. Er ordnete an, daß der Ia gefesselt an Bord zu bringen und sofort zu degradieren sei. Nachdem Fullriede durch einen zweiten Funkspruch mitgeteilt hatte, daß er für den Funkspruch verantwortlich zeichne, hob Hitler seinen Befehl auf. Kolberg, immer als *Festung* bezeichnet, ist nie zur *Festung* erklärt worden; der übliche Festungseid wurde

sante, und ostwärts noch über diese hinausgehend bis zum Park und zur Lauenburger Vorstadt. Er stand unter dem Kommando des Führers der Marine-Kampfgruppe, Korvettenkapitän Prien. Seine Truppe setzte sich vorrangig aus Angehörigen der in Kolberg stationierten Torpedoschule III und aus Alarmeinheiten der Kriegsmarine zusammengeführten Soldaten zusammen. c) Den *Kampfabschnitt Ost* vom Glacis ostwärts der Persante über die Kösliner Straße bis zur Waldenfels-Kaserne und von dort nach Norden über den Stützpunkt »Meeresrauschen« zur Küste befohligte Oberst Woller, Regimentskommandeur des Feldausbildungsregiments Pz. AOK.3. Seine Truppe rekrutierte sich aus Resten des Grenadier-Ersatz- und Ausbildungsregiments 258 in Stärke von zwei Bataillonen sowie zugeteilten Sondereinheiten.

Oberst Fullriede forderte den Kreisleiter der NSDAP auf, für den Abtransport der Flüchtlinge zu sorgen. Mit dem Hinweis, daß ihm ein entsprechender Befehl des Gauleiters Franz Schwede-Coburg nicht vorliege, lehnte der Kreisleiter ab. 35 000 Einwohner zählte Kolberg zu Friedenszeiten. Anfang März befanden sich etwa 85 000 Menschen in der Stadt, zumeist Frauen, Kinder und ältere Männer, die aus den pommerschen Dörfern nach Kolberg geflohen waren. Ein großer Teil von ihnen lebte in Pferdewagen oder hauste in Kellern, da alle Unterkünfte bis unter die Dächer belegt waren. Sie alle hofften, in Kolberg noch einen Zug oder ein Schiff nach Westen zu bekommen.

Am Abend des 3. März erhielt Oberst Fullriede

fernmündlich die Nachricht, daß der Feind auf Kolberg marschiere. Die Spitze der sowjetischen Verbände befände sich bereits 15 km vor Kolberg. Fullriede gab sofort Festungsalarm. Noch im Laufe der Nacht wurden die Stellungen besetzt. Er übernahm die Befehlsgewalt auch über die Partei- und Zivildienststellen und ordnete das sofortige Abfließen der in der Stadt angestauten Zivilbevölkerung über die noch freie Strandstraße nach Gribow an. Er erwartete, daß der Weg an der Küste entlang auch noch weiter freigehalten werden könnte. Am 4. März um 4.00 Uhr morgens wurde der Belagerungszustand ausgerufen und Aufrufe an die Bevölkerung angeschlagen:

Der Russe nähert sich Kolberg. Für die Stadt und Umgebung Kolbergs wird der Belagerungszustand erklärt. Damit ist die alleinige Befehlsgewalt an den Festungskommandanten übergegangen. Sabotageakte, Plünderungen oder irgendwelche Handlungen, die die Wehrmacht schwächen, werden mit sofortigem Erschießen bestraft. Sämtliche in Kolberg befindlichen und noch nicht eingesetzten Wehrmachtsangehörige – außer Wehrmachtsgefolge –, die keinen gültigen Ausweis des Festungskommandanten besitzen, dürfen Kolberg nicht verlassen und melden sich sofort beim Standortoffizier Schillkaserne.

gez. Fullriede, Oberst und Festungskommandant.

Sämtliche nichtmilitärischen Dienststellen unterstellte Fullriede am 27. Februar dem von der Gauleitung als *Kreiskommandant* abkommandierten SS-Oberführer Bertlin. Er beauftragte ihn vor allem mit dem Abtransport der Frauen und Kinder aus der Stadt.

Anfang März begann die Belagerung. Sowjetische Infanterie- und Panzerverbände – hier ein schweres Sturmgeschütz – hatten Kolberg eingeschlossen.

Ein Kinderheim geht auf die Flucht

Zu den ersten, die Kolberg fluchtartig verließen, gehörten die Bewohner des *Kurhospitals und Kinderheimstätte Kolberg*, zumeist Flüchtlingskinder und einige Mütter. Die Leiterin des Heimes, Oberin Gertrud Hillinger, hielt die Ereignisse vom 19. Februar bis zum Verlassen der Stadt im Tagebuch fest. Nachstehend ein Auszug:

19. Februar 1945: 14 Gefolgschaftsmitglieder, dabei sechs Schwestern, zum Schippeinsatz. Kolberg baut einen Panzergraben. Ich habe eine Station für kranke Flüchtlingskinder eingerichtet. Das machte uns allen viel Freude.

20. Februar 1945: 21 Gefolgsschaftsmitglieder haben heute bei den Schanzarbeiten geschippt, ein Mann, 20 Frauen. Alle kamen freudig angeregt zurück. Gespräch mit Standortarzt, Lazarettzug kann täglich da sein, um unsere Kinder mitzunehmen, die noch wegen TBC hier liegen. Temperatur weiter 1–2 Grad über Null. Pommernfront hält weiter.

21. Februar 1945: Die *Consul Cards* ist auf der Fahrt nach Lübeck gesunken, bis auf 16 alle gerettet. Es waren eine Anzahl unserer Flüchtlinge dabei, auch einige, die als Schiffbrüchige der *Gustloff* zu uns gekommen waren. Unser Baby, das namenlos und mutterlos von der *Gustloff* zu uns kam, haben wir heute Hein Gustloff »getauft«. – Ich habe den Oberfeldarzt unseres Lazarettes heute gebeten, eine Gulaschkanone zu besorgen, damit wir auf dem Hof kochen können. Die Kohlen reichen nur noch 8 Tage. Ca. 500 Menschen müssen täglich verpflegt werden.

22. Februar 1945: Heute versucht, 13 elternlos aufgefundene Kinder unterzubringen. Es gibt deren Unzählige. Die Züge fahren ab, Kinder drin, Mütter draußen, und umgekehrt. Die Trecks verlieren Kinder. Morgen bringen die Schwestern sie fort in Sammelstellen, damit sie bald registriert und den Eltern zugestellt werden. – Heute erzählt mir eine Frau, daß sie auf ihrem Treck 8 Tage Hunger und Durst gelitten hat. Auf meine Frage, warum sie denn auf ihrem Wagen nichts zu trinken mitgenommen hatte, erinnerte sie mich an die 15 Grad Kälte. Es waren alle Getränke im Wagen eingefroren! – Die Erfrierungen der Füße sind ganz furchtbar!

23. Februar 1945: Von heute ab wird nur noch jeden zweiten Tag zweimal $\frac{1}{2}$ Stunde geheizt, damit wir vielleicht noch 4–6 Wochen mit Dampf kochen können. Bisher sind seit dem 24.1. 1653 Flüchtlinge durch unser Haus gegangen mit 5707 Verpflegungstagen.

27. Februar 1945: Gestern sind die Russen bei Bublitz und Rummelsburg durch unsere Linien gebrochen. Was wird aus uns werden? Ganz Kolberg ist voller Flüchtlinge, alle Kinder- und Säuglingsheime sind überfüllt. Müssen wir alle hier bleiben oder gibt es noch einen Weg aus Kolberg nach Westen?

1. März 1945: Der Russe ist vor Köslin. Er hat die Stadt beschossen. Es brennt. Draußen ein unvorstellbarer Sturm! Niemand hat dort an Räumung gedacht. Wir bereiten die Abreise unserer Kinder vor. Heute Nacht geht es in drei Güterwagen, in denen sich je ein Öfchen befindet, ab nach Bad Oldeslo. Vier Schwestern, drei Kindergärtnerinnen, drei Vorschülerinnen fahren mit. Für 3–4 Tage Verpflegung sollen wir mitgeben. Ich war zur Besprechung an der Bahn. Dort lagen auf dem Boden Schwerverwundete, deren Anblick mich tief erschütterte. Wie unsagbar elend sahen sie aus. Ich hörte ein Gespräch, daß ein Zug Richtung Rügenwalde, zurückgeleitet ist, da die Strecke gefährdet! Was werden wir morgen wissen? – Eben bringt Schwester Nadja einen selbstgenähten Rucksack und eine Rolle mit Schlafdecken, falls wir fliehen müssen. Man kann es nicht fassen.

2. März 1945: Früh kommen die Verwandten einer Angestellten aus Köslin. Sie waren nachts in offenen Güterzügen nach Kolberg gebracht worden. Alle hoffen, daß sie nur einige Tage hier sind und dann zurück können. – Mittags um 2 Uhr haben wir unsere Kinder in die Güterwagen verladen. Es waren zwei Möbelwagenfuhren. Einmal nur Gepäck, dann die zwölf Tragen und 67 Kinder, die laufen konnten. Kein Licht in den Wagen, und sehr eng. Sie tun mir alle unendlich leid, fünf Tage sollen sie unterwegs sein. Essen, Feuerung, Matratzen, Betten – alles haben wir reichlich mit eingepackt. Kerzen als Beleuchtung. Der Abschied war nicht leicht. Ob ich meine Schwestern wiedersehe? Eine beginnende TBC-Menengitis ist dabei. Der Älteste von drei Geschwistern, die elternlos hier ankamen. Die Mutter besuchte den Vater im Lazarett in Königsberg. Er war Lehrer in Zinten. Da kam der Räumungsbefehl. Das Hausmädchen zog mit den fünf Kindern allein ab. Die zwei Kleinsten auf einem Schlitten. Auf der Nehrung verloren sie sich, so daß von da an die drei Ältesten planlos umherirrten, neun, sieben und drei Jahre alt, bis

sie hier aus dem Zug gesetzt wurden. Wir brachten sie, nachdem sie sich etwas erholt hatten, in ein Kinderheim in Henkenhagen für elternlose Kinder, von dort kam der Große gestern mit Menengitis wieder zu uns zurück. Nun wird er in Oldeslo sein Leben beenden. Die arme Mutter, die die Kinder sucht, wird ohne zu ahnen von dem Unglück hören. – Und doch bin ich froh, daß unsere Kinder fahren, Abends kommen wieder 35 neue Flüchtlingskinder ins Haus.

3. März 1945: Morgens noch Ruhe. 11 Uhr Anruf von der NSV Stettin. Die Vorschülerinnen sollen nach Stettin kommen. Mit der Bahn! Da noch ein Kinderheim aus Ostpreußen, das gestern abend zum Übernachten eintraf, hier war, rief ich für alle 60 die Bahn an. Bescheid: »Heute unmöglich! Morgen«. Rufe in Stettin an: vielleicht mit LKWs? Um 14 Uhr Anruf: Fertigmachen, LKW kommt gleich, nimmt Kinderheim mit, läßt aber Vorschülerinnen stehen, da er noch viele Kinderheime abholen muß. Also wieder zurück ins Haus. Inzwischen allerlei Alarmmeldungen, u.a. unsere Lazarettabteilung sei ganz leer. Wann, wohin – unbekannt. Meine Sorge um die Schülerinnen steigt mit jeder Stunde. Zehnmal versucht Bahn anzurufen, kein Anschluß. Also müssen wir wohl auf Morgen hoffen. Dr. Lange meint, ich soll sie ruhig zu Fuß schicken. Das fällt mir zu schwer. Wer schützt sie, wer verantwortet das? Ihr bißchen Hab und Gut stehen lassen? Frau Heide (Küchenleiterin) wäre fort, heißt es inzwischen. – Mittags habe ich einen kleinen Betriebsappell gemacht. Denn jeder sieht mich so fragend an und möchte etwas wissen. Arbeitsamt angerufen: Lösung von Arbeitsverhältnissen nicht möglich. – Ich könnte wohl niemandem etwas genaues sagen, nur, daß ich stündlich aufpaßte, was zu tun sei. Abends 22 Uhr kommt ein Oberstabsarzt und der Assistenzarzt, mit dessen Hilfe ich gestern die Güterwagen an der Bahn für die Kinder bekam. Unser geräumtes Lazarett wird »Frontlazarett«. Morgen zieht er mit seinen Leuten dort ein. Eigener Koch, nur Soldaten zur Pflege, keine Schwestern. Er meinte, wir müßten hier fort. Wohin? Wann? Ich trug ihm meine Sorge wegen der Schülerinnen vor. Er versprach, sein Möglichstes zu tun. Eine halbe Stunde später ruft er an: Sofort kommen, gleich geht ein Zug. Im Trab alles zur Bahn. Wieder eine halbe Stunde später ruft er an: Alles drin. Ich war wie erlöst. 12 Uhr. Nun wollen Schwester Nadja und ich noch packen. – Dr. Brand ist im Hause, bringt seine Frau noch

auf ein Schiff. All seine Ämter lassen ihm wenig Zeit: Ratsherr, Arzt vom Amt für Volksgesundheit, Volkssturmarzt u.m..

Am Abend des 3. März erfahre ich von unserem Heiner Schmidt, daß für Kolberg ein Räumungsbefehl herausgegeben worden sei. Er berichtet mir, daß russische Panzer bereits vor der Stadt stehen würden. Was soll aus unseren Kranken werden – und unseren Kindern. Ich rufe Dr. Brand an und berichte ihm was ich gehört hätte. Er versucht mich zu beruhigen: Polizei und Kreisleitung wüßten nichts von einem Räumungsbefehl. Kurz darauf ist er im Haus. Auf der Treppe begegnen wir den drei Schwestern vom Sanatorium in Zivil, mit Gepäck fertig zum Gehen. Ich bin außer mir, spreche Dr. Brand an, worauf er zum Hafen geht, um zu erfahren, ob ein Schiff unsere Kranken noch mitnimmt. Also doch! Ich begreife kaum, was in diesen Stunden geschieht. Fühle nur plötzlich Gefahr und völlige Einsamkeit und Verlassenheit. Ich bin tief niedergeschlagen und muß doch Herr der Situation bleiben. Dr. B. erlaubt, die Kranken, 50 Kinder, 40 Erwachsene, auf das Schiff zu bringen, und nichts ist vorbereitet! Es sind teils Schwerstkranke, teils Kinder, deren Mütter zumeist als Flüchtlinge in Kolberg anwesend sind. Erreichen können wir sie nicht, und um 6 Uhr (inzwischen ist 4. März) soll das Schiff auslaufen. Also Eile!

4. März 1945: Keine Möglichkeit, die Kranken, die z.T. gar nicht laufen können, irgendwo anzumelden. Alles nur gen Westen. Sie werden einfach auf den Boden des Schiffes auf Stroh gelegt. Keine Verbandswechsel möglich, nichts! Es gibt natürlich auch keine Erledigung von Formalitäten oder dergleichen. Einige Schwestern fuhren mit. Der Abschied von ihnen war so kurz und eilig, keiner war sich wohl klar darüber, was er bedeutete. Die Gedanken waren völlig beherrscht von Eile, noch mit dem Schiff fortzukommen. 8 Schwestern wollten nicht mit aufs Schiff, sie fürchteten das Wasser, nach allem Gesehenen und Gehörten der Schiffskatastrophen. Ich riet ihnen, sich um $^{1}/_{2}$ 7 Uhr dem zu Fuß gehenden Verwundeten des Luftwaffenlazarettes anzuschließen. Wenn man Verwundete laufen ließ bis Dievenow, 60 km, nun – dann gab es wohl nichts anderes mehr. Und so waren die Schwestern doch unter militärischem Schutz. Es war 6 Uhr durch, da fragte mich eine Schwester: »Frau Oberin, was machen Sie?« Ich stutzte einen Augenblick, weil bei mir noch keine absolute Klarheit herrschte, was ich tun würde. Was

dachten sie wohl, was ich tun würde? Sie fühlten sich wohl verlassen und fürchteten sich vor dem weiten Fußmarsch ins Ungewisse. Und in derselben Sekunde wußte ich, daß ich mit ihnen gehen würde. Es blieb ja auch wohl kaum eine spätere Möglichkeit. Was wollten wir noch in dem leeren Haus? Ich schickte die Schwestern vor, zog mir mehrmals Wäsche und Mäntel übereinander, half Schwester Nadja, den Rucksack zu packen, nahm mein Gepäck, einen Koffer, den Rucksack auf dem Rücken, eine Bettrolle mit einer Daunendecke vorne um, in jeder Hand noch eine Tasche. Dasselbe Schwester Nadja, dann noch ein langer, langer Blick zurück auf unser Arbeitsfeld. Es war inzwischen 8 Uhr. Kaum sind wir um die Nikolaikirche herum, sehen wir am Bahnübergang in der Pfannschmieden einen Menschenauflauf – Panzer!

Zurückflutende Menschen, die uns sagen: »Hier können Sie nicht mehr durch!« Wir drehen eiligst mit unserer Last um zum Luftwaffenlazarett, wo die Verwundeten noch stehen. Da plötzlich – heftiges Knattern, Flugzeuge, ich sehe Soldaten sich an Hausmauern lang hinlegen. Leute drücken sich an Baumstämme, irgendetwas wie Gefahr überkommt uns. Wir befinden uns plötzlich in einem Gewühl von Menschen, zu Fuß, mit Wagen und Wägelchen, wohl schon von weither. Autos, Sanitätskolonnen, immer dichter, plötzlich ist der Weg fast verstopft. Also gibt es keine andere Möglichkeit, aus Kolberg zu entkommen, als nur noch den sandigen Dünenweg. Unendlich mühsam kommen wir dann unten am Meer entlang bei Schneegestöber vorwärts.

Wir hatten lange nichts mehr gegessen, und wir setzten uns in den Sand, um eine kleine Frühstückspause zu machen. Wir blieben weit hinter allen anderen zurück.Ich hoffte im stillen, in Deep auf dem Flugplatz übernachten zu können. Dort wollte ich mich ja auch mit den vorangegangenen Schwestern wiedertreffen. Nachdem wir mit unendlicher Mühe die Dünen auf allen vieren hinaufgekraxelt waren, konnten wir zuerst einmal nicht weiter. Das Gepäck war wie ein eiserner Anker. 2 km waren es noch bis zum Platz. Schließlich erreichten wir ihn doch. Ehe wir zu den Baracken kamen, hörten wir, es ginge noch ein Flugzeug am Abend. Wir begaben uns zum Startplatz und hier haben wir mit vielen anderen bis zum Abend gestanden. Zwei Maschinen flogen, die Mütter mit kleinen Kindern mitnahmen. Dann hieß es: Vielleicht startet morgen noch eine. Nach der Nacht in der Baracke waren wir früh um 7 Uhr wieder am Startplatz, inzwischen mit Hunderten von Menschen. Die Straße Kolberg-Dievenow zog am Camper See unmittelbar vorbei, und der Flüchtlingsstrom mit. Wer sich vom Gepäck trennen konnte, versuchte, mitzufliegen. Es kamen immer wieder Flugzeuge, die nur Mütter mit Kindern aufnahmen, was ja auch richtig war. Viele standen schon seit gestern und hatten keine Milch, ja nicht einmal Wasser für die Kinder. Am Horizont standen Rauchsäulen, wohl brennende Dörfer. Es kamen noch über 20 Maschinen und über 20 mal blieben wir als Enttäuschte zurück. Am Abend gelang es uns, in eine Maschine zu kommen, die uns nach Swinemünde brachte.

Der Beginn der Belagerung

Die Belagerung Kolbergs begann am Morgen des 4. März 1945. Panzerspitzen der sowjetischen 45. Gardepanzerbrigade drangen bis zum Strand westlich der Persante und zur Gelder Vorstadt vor. Offensichtlich glaubten sie, Kolberg im Handstreich nehmen zu können. Flugzeuge unterstützten den Angriff. Sie versuchten, die Bahnstrecke nach Belgard zu zerstören. Die ersten sowjetischen Panzer drangen gegen 8.00 Uhr zwischen Karlsberg und Treptower Straße ein und belegten von dort aus alle nach Kolberg führenden Straßen mit Feuer. Kaum eine halbe Stunde später erfolgte ein massiver Panzerangriff, der unter starken Verlusten am deutschen Abwehrfeuer des *Kampfabschnittes Mitte* zerbrach. Deutsche Schlachtflieger kamen den Verteidigern zu Hilfe. Nach dem Verlust mehrerer Panzer zogen sich die Angreifer nach Karlsberg zurück. Der Handstreich war gescheitert.

Über die Lage der Zivilbevölkerung notierte der Festungskommandant an diesem Tage: *Bei Beginn der Einschließung standen 22 Züge mit Flüchtlingen, Verwundeten und Material aller Art auf der Strecke von Belgard nach Kolberg. Zu Fuß und auf Pferdewagen gelangen immer noch Flüchtlinge in die Stadt.*

Bedingt durch den Verlust des Wasserwerks Koppendieksgrund war Kolberg von der Trinkwasserzufuhr abgeschnitten. Der erste Angriffstag hatte den Sowjets gezeigt, daß Kolberg stärkerern Widerstand leistete als erwartet. Am Morgen des 5. März brachten sie die ersten Geschütze in Stellung und begannen eine fast pausenlose Beschießung der Stadt. Jetzt erkannte auch der letzte Zivilist den Ernst der Lage. Die wiederholte Weigerung des Kreisleiters, den Räumungsbefehl zu erteilen, zeitigte jetzt katastrophale Folgen. Fünf Minuten nach zwölf entschloß sich die Kreisleitung endlich dazu. Wieviele Tage sich Kolberg noch halten konnte, wußte niemand, auch der Kreisleiter nicht.

Dem Festungskommandanten standen 3300 Mann, davon 2200 Mann für den Infanterieeinsatz, zur Verfügung. Hinzu kamen 373 Marinesoldaten mit neun Offizieren; Luftwaffen- und Volkssturmeinheiten mit etwa 700 bis 900 Mann – insgesamt also nicht einmal 5000 Verteidiger. Mit dieser Truppe sollte der Oberst die *Festung Kolberg* gegen einen vielfach überlegenen Gegner halten. Die russisch-polnische Armee, die sich zum Angriff anschickte, bestand aus mehreren Infanteriedivisionen, einer Panzerdivision und einer Artilleriebrigade. 20 schwere Batterien, mehrere Werferbatterien, schwere Granatwerfer und Stalinorgeln verwandelten Kolberg in ein Inferno.

Gab es für die Bewohner und die Flüchtlinge noch einen Ausweg aus dieser Hölle?

Mit dem Flugzeug entkommen

Der zehnjährige Heinz Bockner aus Marienwerder war Ende Januar 1945 mit einem Treck nach Kolberg gekommen; zusammen mit seinem schwerkriegsbeschädigten Vater, seiner 45jährigen Mutter und seiner sechsjährigen Schwester. »Wir müssen hier raus – weiter nach Westen«, hatte der Vater immer wieder gesagt. Am Sonntag, dem 4. März, begab sich die Familie aus Westpreußen zum zweiten Mal auf die Flucht. Heinz Bockner erinnert sich:

Wir hatten zwar in den ersten Märztagen gehört, daß auch für Kolberg die Gefahr bestand, von russischen Truppen besetzt zu werden. Da aber die Danziger Bucht, Gotenhafen, Danzig und auch Königsberg und Pillau noch in deutschem Besitz waren, hatten wir noch keine Angst

Heinz Bockner.

und waren im guten Glauben, es würde noch einige Wochen dauern, bis der Russe vor Kolberg ist. Vielleicht war auch dann der Krieg schon zu Ende. Doch wir hatten uns gründlich getäuscht. Am Sonntag, dem 4. März, gab es für uns ein böses Erwachen. Ein gewaltiges Geschieße trieb uns in den frühen Morgenstunden aus der Wohnung in den Hausflur, wo wir das Geschehen auf der Straße hinter den kleinen Scheiben und der festen Haustür gut beobachten konnten. Granaten schlugen ein und russische Tiefflieger rasten über die Stadt, schossen mit Bordwaffen auf Häuser, Straßen und Plätze. Alles was auf der Straße war, rannte und floh, suchte Schutz hinter Bäumen, an Hauswänden und in den Hausfluren. Es war der erste russische Angriff auf Kolberg. Der Beschuß hielt so eine Zeit an, bis auch schwerere Kaliber einschlugen und das Haus tüchtig erbebte und schwankte. Wir suchten dann Unterschlupf im Keller des Nachbarhauses. Um die Mittagszeit ließ die Schießerei nach. Mit meinem Vater gingen wir in die Posallelstraße, dort sollte eine Granate eingeschlagen haben. Es war eine breite Straße, mit 2 Fahrbahnen, die durch einen mit Bäumen bestandenen Fußweg getrennt wurden. Der Granateinschlag lag in Straßenmitte, genau auf dem nicht befestigten Fußweg. Ein flacher Trichter, ca. 30 cm tief und im Durchmesser 2–3 m. Auf den ersten Blick sah alles sehr harmlos aus. Doch dann sahen wir einen Toten, der wenige Meter vom Trichter entfernt lag. Ein Eisenbahner, wie seine Uniform verriet. Dicht daneben lag seine Aktentasche. Eine dünne Blutbahn wies hinter dem Ohr zur Einschlagstelle. Die Druckwelle war gewaltig. Schaufensterscheiben lagen in Splittern auf der Straße, und die Fensterscheiben der darüber liegenden Wohnungen waren bis in das oberste Stockwerk zu Bruch gegangen. Plünderer hatten sich wohl schon in den Läden bedient, eine Menge leerer Kartons und Schachteln lagen umher.

Wir gingen in unsere Wohnung in der Wallstraße zurück. Die Eltern rüsteten zum Verlassen der Stadt, was am Abend bei Dunkelheit geschah. Unsere Familie zog mit ihren wenigen Habseligkeiten, die auf einem kleinen Handwagen geladen wurden, los. Der Sack mit Federbetten mußte zurückbleiben. Wir zogen in Richtung Bahnhof, er lag wie ausgestorben dar, nirgends war Licht zu sehen, kein Zug weit und breit. Eine Nachfrage des Vaters beim Diensthabenden in seinem verdunkelten Dienstzimmer bestätigte den Eindruck. Von hier gab es also in der nächsten Zeit keine Fluchtmöglichkeit. Es hieß, der Russe hätte einen Durchbruch westlich der Stadt gemacht und dabei die Eisenbahnlinie Kolberg-Stettin, die einzigste Fluchtverbindung per Schiene, gesprengt. Man wäre dabei, die Schienen zu reparieren und die Gegend weiter freizukämpfen.

Eine unheimliche Stille in der Stadt, kein Schuß fiel, keine Brände, kein Fahrzeugverkehr – und wenn, dann sehr wenig. Nur Menschen mit letzter Habe, gepackt auf Fahrrädern, Handwagen; die meisten nur mit Rucksäcken und kleinen Koffern oder Taschen in der Hand; schweigend. Alle in der gleichen Richtung. Die Straßen die wir passiert haben, waren alle noch sauber, kein Schutt keine weggeworfenen Sachen, keine zerstörten Fahrzeuge. Nur hin und wieder an Straßenecken oder Grünanlagen Wehrmachtsgut. An eine große lange Kiste kann ich mich gut erinnern, ihr Inhalt: Telefonzubehör – für uns nicht zu gebrauchen. Brauchbar dagegen waren 2–3 Büchsen Schmalzfleisch, die wir noch in einer anderen Kiste fanden.

Es ging weiter in Richtung Westen der Stadt, in eine Gegend, in der ich noch nie war. Alles dunkel und fremd. Wir überschritten eine Bodenlinie. Einige hundert Meter entfernt stand eine Lok unter Dampf. Lange ging es nicht mehr auf dieser Straße weiter. Plötzlich wurde nach rechts in eine Art Park mit hohen Fichten und anderen Bäumen eingeschwenkt – ein Friedhof. Wir verließen den breiten Hauptweg und es ging ein Stück nach links bis wir die Ostsee rauschen hörten. Wir waren am Strand angekommen, weiter ging es nicht. Einheimische sagten uns, wir wären jetzt in der Maikuhle. An einen Baum kuschelten wir uns in eine Decke ein, um ein wenig zu schlafen. Vorerst ging es nicht weiter, wir sollten den Morgen abwarten, hieß es. Mein Vater fand keine Ruhe, er stand auf und lief hin und her, und ich hörte auch ein leises Gespräch mit der Mutter. Danach kam er zu mir und sagte, daß er zurück in die Stadt gehen wollte, um unseren Bettensack aus dem Schutzkeller zu holen, den wir dort zurückgelassen hatten. Er fragte, ob ich ihn begleiten würde? Es ging ihm wohl mehr um die moralische Unterstützung, als um die Transporthilfe. Viel Lust hatte ich wirklich nicht, die 2–3 km in die Stadt mit dem Handwagen zurückzutippeln. In der Stadt war es noch stiller geworden, ja fast totenstill. Niemand begegnete uns, wir sahen bis zu unserem Haus keinen Menschen. Der Handwagen polterte auf dem Straßenpflaster und machte unheimlichen Lärm, ein Wahnsinn, wenn ich ihn doch nur leiser ziehen könnte. Er weckt die Leute in den Kellern und Wohnungen auf und macht den Feind auf uns aufmerksam, so glaubte ich. Ich fand eine Lösung, indem ich ihn auf dem glatten Bürgersteig zog, so war es bedeutend leiser und mir schien es auch sicherer. Meine Angst schwand langsam und ich schaute mich schon kecker nach den Seiten um. Es war wohl etwas Mondschein und so konnte man die Umrisse von Gegenständen doch deutlich erkennen. Wir waren in der Straße mit dem Artillerietreffer eingebogen. Da, plötzlich ca 100 m vor uns auf der linken Straßenseite, standen Fahrzeuge. Keine Autos. Panzer. Aber was für welche? Russische oder deutsche? Kein Mensch war zu sehen. Sollten wir umkehren? Vater war zuerst unschlüssig. Er sagte dann aber leise, daß es keine russischen sein könnten, denn die würden sich nicht in einer feindlichen Stadt nachts, ohne bewacht zu werden, hinstellen. Also gingen wir darauf los und tatsächlich war weit und breit kein Wachposten sichtbar. Es waren 2 oder 3 deutsche Sturmgeschütze, jeder mit einer kleinen Plane überdacht. Sicherlich waren die Besatzungen erst einmal in leerstehende Wohnungen gegangen und schliefen sich in ordentlichen Betten aus.

Bis zu dem Haus in der Wallstraße, wo sich der Schutzkeller befand, war es nicht mehr weit. An der Ecke gab es eine Bäckerei, davor eine Litfaßsäule, sagte mein Vater, ich solle hier warten. Damit hatte ich nicht gerechnet, ob er nicht wußte oder spürte, daß ich Angst hatte? Ich erwiderte nichts. Es wäre notwendig, sagte er, daß ich draußen wartete, sonst könne man uns den Handwagen klauen. Dagegen konnte man nichts einwenden. Er würde ein paar Häuser weitergehen und aus dem Keller den Sack mit Federbetten holen. Ich stand draußen an der Ecke und wartete. Diese unheimliche Stille. Wo sind die Russen, wo sind die Deutschen? Wo verlief die Frontlinie? Kein Mensch weit und breit. Ich wartete und wartete, die Zeit schien stillzustehen. Hoffentlich kommt niemand. Plötzlich Schritte auf dem Bürgersteig. Kräftig zuschreitende Männerschritte. Noch niemand zu sehen. Mein Herz klopfte bis zum Hals. Da, auf der anderen Straßenseite kommt ein Mann. Schnell war ich hinter der Litfaßsäule verschwunden. So wie der Mann näher kam, so drehte ich mich um die Litfaßsäule. Er konnte mich nicht sehen. Ich erkannte an der Uniform einen deutschen Eisenbahner, der in Richtung Bahnhof wohl zum Dienst ging. Wo blieb bloß der Vater? Endlich, endlich kam er mit dem Bettensack auf der Schulter – wie war ich froh. Die Angst war weg. Schnell wurde der Sack in den Handwagen geladen und schon ging es den alten Weg, an den Sturmgeschützen vorbei, zurück in Richtung Maikuhle.

Wir hatten die Stadt fast hinter uns gelassen, als plötzlich der Handwagen wie von alleine lief. Wir drehten uns gleichzeitig nach hinten um und schon sahen wir eine Person mit Kopftuch kräftig schieben. Das war also des Rätsels Lösung. Es war eine Frau, eine Russin, bekleidet mit der bekannten grauen Steppjacke und dem OST-Aufnäher auf der Brust. Sie trug ihre Habseligkeiten in einem kleinen Rucksack, sie bat Vater, sie mitzunehmen. Sie würde auch kräftig den Handwagen mitschieben. Sein Einwand, daß es die verkehrte Richtung sei, die sie eingeschlagen habe; ihre Befreier, ihre Landsleute, kämen aus der entgegengesetzten Richtung, ließ sie überhaupt nicht gelten. Mit den Deutschen wolle sie flüchten, etwas anderes käme für sie nicht in Frage. Mit der Befreiungsmission ihrer Landsleute der Sowjetarmee hatte sie wohl schon ihre Erfahrungen gemacht oder davon gehört. Vater sagte ihr, daß sie bis zu den anderen deutschen Flüchtlingen mitkommen könne, um sich ihnen dann anzuschließen. Wir zogen und schoben gemeinsam den Handwagen bis in die Maikuhle, dann gesellte sich die

Russin einer Gruppe Flüchtenden zu, die sehr zeitig am anderen Morgen aufbrachen. Den Rest der Nacht verbrachten meine Schwester und ich in einem stehengelassenen Zivil-PKW, der in der Nähe unseres Nachtlagers stand. Er hatte wohl seinen Geist aufgegeben und war für den Besitzer auf der Flucht nur behinderlich – so blieb er stehen. Vater legte den Bettensack anstelle der hinteren Sitzbank hinein. Für uns Kinder eine notdürftige Schlafstelle, aber besser als unter dem Baum, so hatten wir etwas Schutz vor der Kälte. Doch der Schlaf währte nicht lange. Im Morgengrauen des 5. März brachen die Flüchtlinge auf, um direkt hinter der Düne in Richtung Westen zu ziehen.

Es war ein unheimlich langer Zug, soweit man am Strand sehen konnte, liefen Menschen. Viele, die uns überholten, waren noch guter Dinge, sie hatten wenig Gepäck zu schleppen. Manche machten auch hastige Bemerkungen über die Plackerei von Vater und Mutter mit unserem Handwagen im weichen Ostseesand. Aber wer wollte es den Eltern verdenken, daß sie sich nicht von den wenigen Habseligkeiten, die sie schon über 200 km vor der Heimat in Westpreußen gut durchgebracht hatten, trennen konnten. Die Eltern hatten herausgefunden, daß der Strand dort noch am leichtesten zu befahren war, wo die Wellen abliefen. Und so haben wir im Verlauf des Vormittags doch einige Kilometer nach Westen zurückgelegt. Am späten Vormittag bin ich in einem günstigen Moment, trotz Verbots, auf die Düne geklettert und konnte in dem flachen Land sehr weit nach Süden sehen. Einige Dörfer waren deutlich zu erkennen und viele Gehöfte, sie brannten lichterloh. Es war ein Anblick, den ich nicht vergessen konnte. Nur schnell von der Düne runter und weiter mit den Flüchtenden. Die meisten kamen schnell voran, da sie nur Handgepäck mit sich führten. Wie gut sie es hatten, merkten wir erst am nächsten Tag auf dem Flugplatz Deep. Zu diesem Zeitpunkt wußten wir noch nichts von seiner Existenz.

Gegen Mittag durften wir den Strand verlassen und konnten eine kleine Waldstraße, die parallel dazu verlief, benutzen. Darauf fuhr sich bedeutend leichter. Plötzlich wurden wir von einer kleinen Militär-LKW-Kolonne, bestehend aus drei oder vier Fahrzeugen, überholt. Einige hundert Meter vor uns hielten sie an. Vater schöpfte Hoffnung, vielleicht nahmen die Soldaten uns ein Stück mit. Wir kamen heran und Vater sprach mit dem Verantwortlichen. Dieser lehnte ab, und meinte, es wäre ihnen verboten, Flüchtlinge mitzunehmen, und im übrigen würden wir bei der nächsten Kontrolle sowieso vom LKW geholt werden. Wir machten uns weiter auf den Weg. Nach einer ganzen Zeit hatten wir eine Begegnung mit Landsleuten aus Marienwerder. Es waren Bauern, die mit Pferd und Wagen im Treck unterwegs waren und plötzlich im Wald auftauchten. Wenn ich mich recht entsinne, war darunter ein bekannter Ortsbauernführer aus unserem Stadtteil in Marienwerder, mit dem Mutter ein paar Worte wechselte. Interessanter war die nächste Begegnung. Ein verwundeter deutscher Soldat, er hatte einen Arm in der Binde, forderte uns spaßhalber auf, einen Zahn zuzulegen, denn heute abend flögen noch Flugzeuge vom Flugplatz Deep, und diese würden Flüchtlinge in Sicherheit bringen. Er wäre auch auf dem Weg zum Flugplatz. Das ergab für die Eltern eine völlig neue Situation, die man erst einmal richtig überdenken mußte. Man entschied sich dann, nicht gleich zum Flugplatz zu gehen, sondern im Dorf noch eine Nacht zu bleiben. Wir fanden Unterkunft auf einem Bauernhof, etwas abseits der Hauptstraße, in südlicher Richtung. Der Bauernhof war von Flüchtlingen voll belegt und Mutter mußte der Bäuerin gut zureden, damit wir ein Schlafplätzchen in der Scheune einnehmen durften. So geschehen am 5. März abends im Dorf Deep. In der Scheune schliefen wir recht gut, denn es war im Stroh angenehm und warm. Nach dieser Nacht hatten es die Eltern nicht allzu eilig mit dem Aufbruch. Im übrigen hatte der Bürgermeister des Dorfes bekanntgeben lassen, daß an diesem Tage für die Flüchtlinge noch geschlachtet und Brot gebacken würde. Aber darauf wollten die Eltern nicht warten. Am Vormittag wurde ich öfters von starkem Motorengebrumm aufgeschreckt, wie ich es bisher noch nicht kennengelernt hatte. Es kam immer aus der gleichen Richtung – Südwesten. Gleich darauf sah man Flugzeuge hinter Bäumen und Sträuchern hochkommen, die in westlicher Richtung davonflogen. Sie waren aber relativ weit entfernt – Einzelheiten konnte ich nicht erkennen.

Gegen Mittag machten wir uns auf den Weg. Der Handwagen rollte wunderbar auf der glatten Betonstraße. Wir kamen an einen Fluß oder Kanal von 10–12 m Breite, der den Kamper See mit der Ostsee verbindet. Eine Betonbrücke führte über den Fluß, an ihr war alles aus Beton, auch das Brückengeländer, sogar der Handlauf. Am Flußufer auf der westlichen Seite lagen einige deutsche Soldaten, die sich von der Frühlingssonne verwöhnen ließen und darum ihre Uniformjacken ausgezogen hatten. Es war das Sprengkommando. Es lag an der Zündeinrichtung, Kabel waren zur Brücke gelegt und große lange Kisten standen daneben. Darin lagen wohl Fliegerbomben. Diese werden die Brücke sicherlich ordentlich in Stücke zerlegt haben. Wir passierten die Brücke und mein Vater rief den Soldaten etwas zu. Sie antworteten sinngemäß, daß sie nur darauf warteten, die Brücke hochzujagen und das würde passieren, sobald der erste russische T-34-Panzer hier auftauchte. War es denn wirklich so ernst? War der Feind uns schon so sehr auf den Fersen? Das Verhalten der Soldaten war dementsprechend. Die Wehrmachtsfahrzeuge fuhren, was das Zeug hielt – nur in Richtung Westen. Es war wirklich so, der Russe war nur wenige Kilometer entfernt. Auch wir bekamen es jetzt mit der Angst zu tun. Nur schnell zum Flugplatz. Die Straße verlief durch einen Kiefernwald, weit konnte es nicht mehr sein. Noch eine Biegung und wir waren da. Flugzeuge der verschiedensten Typen standen, gegen Feindsicht getarnt, unter den Kiefern. Über alle waren noch Tarnnetze geworfen. Das war etwas für mich. Unter einem Flugzeug fand ich einen mächtigen Schleppsäbel in der Scheide. Den hätte ich am liebsten mitgenommen. Doch Vaters Stimme rief mich in die Wirklichkeit zurück und sagte mir, wo es langging – in Richtung Kamper See. Eine unheimliche Menge Leute standen da, Hunderte vielleicht, Tausende. Die Riesenmenge stand längs des Wassers, wie an einem Kai. Wir wollten uns vergewissern, ob es Zweck hatte, zu warten. Alles sprach dafür, daß in Kürze Flugzeuge zum Abtransport zu erwarten wären. Luftwaffenangehörige wiesen die Flüchtlinge in die Abläufe ein. Zuerst hieß es, Abschied nehmen von unserem lieben Handwägelchen und dem größten Teil unseres Gepäcks. Darunter unser Bettensack, den wir unter großen Mühen und Ängsten knapp zwei Tage vorher aus Kolberg nachgeholt hatten. Wozu haben sich die Eltern mit dem Zeug so am Ostseestrand abgeplagt? Jetzt regelte sich alles auf seine Weise. Jeder, der sich in die Schlangen der Wartenden einreihen wollte, durfte nur ein Handgepäckstück mitnehmen. Mein Vater seinen Rucksack, meine Mutter einen kleinen Koffer und ich meinen Schultornister. Meine sechsjährige Schwester hatte Mühe, an der Hand meiner Mutter mitzulaufen. Die Eltern packten noch schnell etwas um, bevor das restliche Gepäck zurückgelassen werden mußte. Was heißt zurück gelassen? So einfach war die Sache nun auch wieder nicht. Wir waren schließlich noch in Deutschland und dazu in Preußen – es mußte alles seine Ordnung haben. Auch wenn der Feind dieses Gebiet in Stunden oder wenigen Tagen einnehmen sollte. Kein Gepäckstück durfte auf dem Handwagen bleiben, alles mußte abgeladen werden. Jedes Gepäckstück kam fein gestapelt zu seinesgleichen. Der Bettensack wurde zu anderen gestapelt, Koffer zu Koffer hochgetürmt, Fahrräder zu Fahrrädern und Handwagen zu Handwagen gestellt. Dazwischen wurde eine breite Gasse gelassen, um den Abtransport des Gepäckes vorzunehmen. Den ersten unternahmen schon einige Bäuerlein aus der Umgebung. Sie waren mit Pferd und Wagen, manche mit großen Leiterwagen, wie sie zur Ernte verwendet werden, in die Gepäckgasse gefahren und luden auf, was ihnen gefiel. Hoffentlich hatten sie recht lange ihre Freude daran, was durch den späteren Kampfverlauf in diesem Gebiet zu bezweifeln ist. Aber auch die Russen werden sich bei der Einnahme über soviel deutscher Ordnung nicht geärgert haben.

Für uns gab es nur noch einen Wunsch: Weg, weg, egal wie und womit. jetzt durfte sich auch unsere Familie mit dem leichten Flucht- und Fluggepäck in die lange Reihe der Wartenden stellen. Zu unserer Linken der Kamper See als Start- und Landebahn für Wasserflugzeuge. Das Ufer betoniert mit einer schiefen Ebene ins Wasser führend. Darauf ein kräftiges Holzlattenrost, damit Flugboote sich nicht den Rumpf beschädigen. Ein großes Flugboot vom Typ Dornier Do 24 lag im Kamper See, einige hundert Meter von uns entfernt. Es hieß, es wurde am Abend vorher von den Russen aus dem gegenüber liegenden Dorf Robe beim Start abgeschossen und ist in den See gestürzt. Niemand von den Flüchtlingen konnte sich retten und nur ein Besatzungsmitglied hat schwimmend das Ufer erreicht. Alle anderen fanden den Tod und befinden sich noch in diesem schwimmenden Sarg.

Zur Rechten war eine große betonierte Fläche, das Hallenvorfeld. Davor führte die Straße vorbei. Wehrmacht-LKW fuhr hinter Wehrmacht-LKW, alle mit hoher Geschwindigkeit. Die Planen flatterten im Fahrtwind. Es war, als wäre der Teufel hinter ihnen her. Wir standen und warteten – erstmals tat sich nichts. Zur Linken das abgestürzte Flugzeug, zur Rechten das Militär auf LKWs. Und

wir? Plötzlich ein Knall – eine Signalpatrone wurde abgeschossen, sicher von der Flugleitung. Ein Flugboot war im Landeanflug, setzte aufs Wasser und rollte langsam heran. Es war wieder eine Do 24, ein mächtiges Flugboot. Für mich ein imposanter Anblick. Kräftig schob sich sein Kiel auf die schiefe Ebene, das Holzlattenrost ächzte und bog sich. Die Motoren wurden abgestellt und eine Art Laufsteg oder Bootssteg, vorne mit einer Achse und zwei großen luftbereiften Rädern dran, wurde auf der rechten Seite neben dem Rumpf ins Wasser gefahren. Die Besatzung kletterte heraus. Was jetzt unter den Wartenden begann, kann man sich nicht vorstellen, alles drängelte, schubste, schimpfte und fluchte. Alle wollten einen vorderen Platz in der Nähe des Flugzeuges. Einige wurden ins Wasser geschubst, Kinder weinten. Es dauerte eine ganze Weile, bis die Soldaten wieder Ordnung in die Menge brachten. Als die Besatzung zurückkehrte und wieder im Flugboot war, durften auch einige Flüchtlinge einsteigen. Das Flugzeug war voll besetzt, der Laufsteg wurde weggezogen und das Flugboot rollte zum Start. Die Motoren liefen mit höchster Leistung. Schon in geringer Höhe drehte der Pilot in Richtung Ostsee ab, denn hier war es wohl noch am sichersten vor den Russen. Danach kamen zwei oder drei Flugboote in kurzen Abständen, um Flüchtlinge aufzunehmen. Eines mußte betankt werden. Rollreifenfässer mit Benzin wurden herangeschafft, die Handpumpe eingeschraubt und dann von Hand gepumpt – eine zeitaufwendige Angelegenheit, aber notwendig. Aus dieser Gruppe von Flugbooten brachte eines Luftwaffenangehörige mit, verschiedene Dienstgrade, die meisten wohl Unterführer. Sie sollten Ordnung schaffen und schafften sie auch, und das mit Bravour. Die Luftwaffenangehörigen stellten sich in Abständen in die Flüchtlingsschlange und forderten eine Formierung. Es wurden Gruppen aufgestellt zu 30 oder 35 Personen, die Menge, die ein Flugboot transportieren konnte. Am rechten Flügel stellte sich ein Soldat wie ein »Zugführer« hin und niemand durfte diese Fluggruppe verlassen. Stand ein Flugboot zum Start bereit, so führte der Zugführer seine Fluggruppe zum Einsteigen. Unser Zugführer war ein großer blonder Feldwebel, bewaffnet mit einer Pistole 08. Jetzt ging alles Schlag auf Schlag. Bevor wir an der Reihe waren, wurden noch große Kartons mit Knäckebrot vom Flugplatz herangefahren. Jeder konnte sich bedienen, soviel er wollte. Aufgefallen ist mir, daß der Flugplatz

Deep zu diesem Zeitpunkt am 6.3. nachmittags – keinerlei Beschädigungen oder Zertörungen aufwies, soweit man das von unserem Stellplatz aus feststellen konnte. Desweiteren war auffallend, daß kein Flugplatzpersonal zu sehen war, das Stammpersonal hatte ihn sicherlich schon verlassen oder war an anderen Stellen eingesetzt. Die Besatzungen von den Flugbooten holten sich selbst das vom Flugplatz, was sie brauchten. Endlich war es soweit, unsere Fluggruppe war an der Reihe. Es war das siebte oder achte Flugboot dieses Nachmittags. Das Warten hatte ein Ende. Die Besatzung half beim Einsteigen. Es ging nach hinten in den Rumpf. Wir Kinder konnten aufrecht gehen, mußten aber immer den großen Schritt machen, um über die hohe Türschwelle zu kommen. Die Türen wurden fest verschlossen. In einem separaten Raum wurde das Gepäck abgestellt. Wir nahmen auf sehr tiefen Bänken Platz. Es war alles sehr spartanisch, keine Verkleidung an den Wänden – eben ein Flugzeug für die Truppe. Die Bänke waren längs der Rumpfseiten angeordnet und bestanden aus einem Rollerrahmen, als Sitzplatz diente derbes Leinentuch, mit Schnüren eingebunden. Während des Besteigens der Flugzeuge klagte oder jammerte niemand. Keiner zeigte nach außen hin Angst vor seinem ersten Flug im Leben. Alle empfanden dies wohl als Rettungsflug und das war es auch, wie sich erst später herausstellte. Die Menschen haben es begriffen und verhielten sich ruhig und diszipliniert.

Es wurde gewartet, bis die anderen Flugboote auch startbereit waren. Die Zeit des Wartens reichte schon für einige bedauernswerte Leute aus, in der sie blaß und blässer wurden und sich so eigenartig benahmen. Man saß sich ja gegenüber und sah es genau. Sie zogen den Kopf ein und versteckten ihn verstohlen hinter dem hochgeschlagenen Mantelkragen, bis die jedermann bekannten Tränen verrieten, daß sie sich von ihrem Mageninhalt befreit hatten. Tüten, wie in Verkehrsflugzeugen, gab es nicht, und lange hinsehen konnte man schon gar nicht. Ich saß neben meinem Vater, der in die Manteltasche langte und eine Flasche Kognak herauszog. Erstmals in meinem Leben bot er mir Schnaps an. Nimm einen kleinen Schluck, sonst überstehst Du es hier nicht, sagte er. Er nahm natürlich einen größeren Zug. Mutter und Schwester lehnten trotz guten Zuredens den Schluck aus der Flasche ab. Wir rollten zum Start, das leise Zittern des Flugbootes wurde stärker, hinzu kam das Rauschen des

Wassers. Dann wurde es ruhig, das Flugboot hatte abgehoben. Ein wunderbares Gefühl. Der Pilot flog an der Küste entlang, nicht sehr hoch. Ich sah Bauern mit Pferden auf den Feldern bei der Frühjahrsbestellung. Nach 1 Stunde und 8 Minuten, einer hatte genau die Uhr gestellt, landeten wir wohlbehalten auf dem Fliegerhorst Parow, ca. 7 km westlich von Stralsund. Wir waren am Ziel, wir durften das Flugzeug verlassen. Luftwaffenhelferinnen luden unser Gepäck auf LKWs, es wurde in eine Unterkunft auf dem Fliegerhorst gefahren. Wo waren wir nur, nicht mal um unser Gepäck brauchten wir uns zu kümmern! Den Erwachsenen verschlug es die Sprache. Soviel Hilfe hatte niemand erwartet. Frauen und Kinder wurden mit Bussen zum Essen in den Unteroffizierspeisesaal des Fliegerhorstes gefahren. Gerade einem finsteren Schicksal in Kolberg entkommen – vielleicht sogar dem Tod – und jetzt in sicherer Obhut bei der Luftwaffe?!

Alle spürten einen tiefen Dank gegenüber den Fliegern der Seenotrettungsstaffel, die uns ausgeflogen hatten. Aber auch Dank den Angehörigen der Luftwaffe auf dem Fliegerhorst Parow, von den Luftwaffenhelferinnen bis zu den Stabsoffizieren, die ihr Stabsgebäude als Unterkunft den Flüchtlingen zur Verfügung stellten.

Ist ein Chaos unvermeidbar?

Am 5. und 6. März stießen die Sowjets westlich der Persante vor. Die Lage der Stadt verschlechterte sich zusehends.

In der Nacht vom 6. zum 7. März gelang es sowjetischen Kräften, den Flugplatz Bodenhagen einzunehmen. Damit ging der Kampfabschnitt *Ost*, ein wichtiges Vorfeld der Stadtverteidigung, verloren. Die Luftwaffenbesatzung mußte sich nach Kolberg zurückziehen, sie wurde hier zu einer Einsatzkompanie formiert. Noch am gleichen Tage versuchte sowjetische Infanterie, von Osten her entlang des Bahndamms Köslin-Kolberg vorzurücken. Dieser Angriff konnte abgewehrt werden. Nicht abgewehrt konnten jedoch sowjetische Angriffe, die am Abend von Süden her einen Durchbruch mit Panzern und Infanterie über die hohe Bergschanze erzwangen. Damit ging in der folgenden Nacht der Ortsteil Altstadt verloren.

Im Kampfabschnitt *Mitte* war es den Russen gelungen, bis auf den Infanterie-Exerzierplatz hinter den Kasernen und ostwärts der Treptower Straße bis zum Holzgraben vorzudringen. Am Abend des 7. März standen damit die sowjetischen Kräfte im Süden und Südwesten Kolbergs unmittelbar am Holzgraben und damit innerhalb der deutschen Verteidigungsanlagen. Damit war das lebenswichtige und für den Abtransport der Zivilbevölkerung wichtige Hafengelände ernsthaft bedroht.

Dieses Tor zur Freiheit mußte so lange offengehalten werden, bis der letzte Zivilist und der letzte Soldat die Stadt verlassen hatte. Um den Abtransport der Flüchtlinge und der Kolberger Bevölkerung bemühten sich viele Dienststellen und Kräfte. Man hatte den Eindruck, zu viele. Mit Beginn der Belagerung hatten die zivilen Dienststellen ihren Sitz in den Hafen verlegt. Das Dienstfahrzeug *Gneisenau* des Fischereibeamten wurde als *Wohnschiff* benutzt, auch in den umliegenden Häusern im Hafen hatte man Quartiere eingerichtet. Fischereirat Dr. Marquardt (Vertreter der Kriegsmarine-Dienststelle Stettin), ein Amtmann als Leiter der Ortspolizei, ein Vertreter des Ernährungsamtes, ein Vertreter des Wasserstraßenbauamtes und nicht zuletzt der kommissarische Bürgermeister, Generalmajor a.D. Krapp, bemühten sich, Herr der Lage zu bleiben und ein Chaos zu verhindern. Dies hatte der Parteikreisleiter Gerriels heraufbeschworen, der die Anordnung der Räumung Kolbergs von der Zivilbevölkerung – entgegen den Weisungen des Festungskommandanten – immer wieder hinausgeschoben hatte. Erst jetzt wurde er aktiv. Als Vertreter des Gauleiters Schwede-Coburg bestätigte er den zivilen Arbeitskreis in seinen Funktionen. Der Kreisleiter verbot den Mitgliedern des zivilen Arbeitsstabes das Verlassen der Stadt unter der Zusicherung, daß er zur gegebenen Zeit für ihren Abtransport mit einem Schiff sorgen werde. Oberst Fullriede beäugte, genau wie der Hafenkapitän, die zivile Nebenregierung sehr mißtrauisch. Er unterstellte sie schließlich dem Kreiskommandanten, SS-Oberführer Bertling.

Der Kolberger Hafen hatte, nachdem die Fluchtwege über Land versperrt waren, eine immer größere Bedeutung erlangt. Der Oberst setzte deshalb einen militärisch Verantwortlichen für den Hafen ein. Er fand ihn in einem Kriegsberichterstatter, der freiwillig in seine Heimatstadt zurückgekehrt war. Er erhielt von Fullriede den Auftrag, Schiffe zu besorgen und den Abtransport aller Zivilisten unverzüglich und ohne Zeitverlust zu organisieren.

Damit waren jetzt drei verschiedene Stellen »zuständig« für den Abtransport der Flüchtlinge und Zivilisten. Das Wichtigste aber, – große Schiffe, die mehrere hundert oder tausend Menschen aufnehmen konnten – fehlten. Es mußten auch Soldaten aller Dienstgrade am Verlassen Kolbergs gehindert werden, notfalls mit Gewalt. Nur Zivilisten durften sich im Hafen für den Seetransport sammeln. Dr. Brand sah die damalige Situation so:

Zur Durchsetzung der Anordnung, nur Zivilisten im Hafen für den Abtransport über See vorzusehen, wurde eine Hafenstreife eingesetzt. Diese militärische Hafenstreife erschwerte die Arbeit der bisher mit der Verschiffung Beschäftigten aufs äußerste. Sie fuchtelten den Flüchtlingen ständig mit der Maschinenpistole vor der Nase herum und beunruhigten, statt zu beruhigen. Die Männer der Hafenstreife schnauzten und kommandierten im Hafen herum. Sie versuchten sogar, die städtische Polizei an ihrer Tätigkeit zu hindern, so daß es nur mit Mühe gelang, eine drohende Schießerei zwischen beiden zu verhindern. Schließlich kam es sogar soweit, daß die Streife in der Nacht des 7. März die Mitglieder des zivilen Arbeitsstabes verhaftete, als diese von der Beladung des kleinen Dampfers *Thesus* kamen und ihr Quartier aufsuchen wollten. Die Verhaftung wurde mit »Fluchtverdacht« begründet. Man behandelte die Verhafteten wie Verbrecher und drohte ihnen mit Erhängen. Erst auf Intervention des SS-Oberführers wurden sie nach 24 Stunden freigesetzt und konnten ihre Arbeit fortsetzen.

Die Hafenstreife revanchierte sich postwendend. Sie verhaftete den SS-Oberführer wegen Fluchtverdacht, als dieser dienstlich im Hafen ein Boot besteigen wollte. Das alles geschah vor der auf ihre Einschiffung wartenden Bevölkerung, die sich über die Vorgänge sehr erregte. Mit Befremden stellten sie fest, daß sich die Mitglieder der Hafenstreife nicht mit dem *deutschen Gruß*, sondern in aller Öffentlichkeit mit »Frei Deutschland!« begrüßten. Das erregte die Gemüter noch mehr. Einige vermuteten unter den Mitgliedern der Hafenstreife Kommunisten, andere Mitglieder des *Nationalkomitee Freies Deutschland*.

Die Vorkommnisse führten in ein Chaos. Hinzu kam, daß der Kreisleiter den kommissarischen Oberbürgermeister mit dem Satz von seinen Pflichten entband: »Begeben Sie sich mit dem nächsten Schiff nach Stettin, suchen sie dort den Reichsverteidigungskommissar für Pommern auf, und berichten Sie ihm über die Lage in Kolberg, über die man in Stettin anscheinend völlig im unklaren ist. Vor allem machen Sie darauf aufmerksam, daß viel mehr Schiffe geschickt werden müssen«.

Generalmajor a.D. Krapp folgte dieser Anordnung. Beim Betreten des Dampfers *Theseus* wurde er aber von der Hafenstreife festgenommen, zurück nach Kolberg gebracht und dort dem Gerichtsoffizier vorgeführt. Nach einer eingehenden Vernehmung behielt man ihn in Haft. Nach der Entlassung am nächsten Abend meldete er sich wieder im Arbeitsraum der zivilen Dienststelle. Er war sehr blaß und sagte kein Wort. Plötzlich befielen ihn Krämpfe, er brach zusammen und war kurz darauf tot. Generalmajor a.D. Krapp hatte sich vergiftet.

Neuer Angriff mit neuen Truppen

Am Stadtrand formierten sich inzwischen sowjetische Verbände zum nächsten Angriff. Am 7. März war das 134. Schützenkorps der 19. Armee der 2. Weißrussischen Front am Ostrand der Stadt erschienen. Damit war die Verbindung zu Einheiten der 1. Weißrussischen Front hergestellt. Am 8. März begann der konzentrierte Angriff an allen Fronten. Die sowjetischen Truppen waren im Zeitverzug. Die 1. Gardepanzerarmee der 1. Weißrussischen Front war für den 8. März bereits zum Einsatz in Richtung Gotenhafen befohlen. Sie befand sich aber immer noch vor Kolberg. Inzwischen war die Ablösung eingetroffen: die 1. Polnische Armee, deren Divisionen gerade bei Schivelbein freigeworden waren. Die Polen erhielten den Auftrag, Kolberg einzunehmen, von Kolberg bis zum Stettiner

Haff den Küstenschutz zu übernehmen, und die 2. sowjetische Stoßarmee herauszulösen.

Der Befehlshaber der 1. Polnischen Armee, General Pawlowski, war davon ausgegegangen, daß er in Kolberg nur noch mit Feindresten zu tun hätte, die rasch über See fliehen würden. Er rechnete damit, am 9. März Kolberg besetzen zu können. Doch dies erwies sich als großer Irrtum. General Pawlowski setzte zunächst die 6. und die 3. Infanteriedivision auf die Stadt an. Am Abend des 7. März erschienen die ersten Polen der 6. Infanteriedivision vor Kolberg, sie lösten die sowjetische 45. Mot.-Schützenbrigade ab, die sich gerade zum Sturm auf den Südwestteil bereitstellte. Die Polen sollten, unterstützt von der 3. Artilleriebrigade, die Stadt von Südwesten und Westen her einnehmen. Der Angriff am 8. März scheiterte zwar, doch die polnischen Truppen konnten sich in den Außenbezirken festsetzen. Damit begann ein blutiger Häuserkampf, der an Verteidiger und Angreifer fast unmenschliche Anforderungen stellte. Während die Zahl der Verteidiger zusammenschmolz, erhielten die Angreifer immer wieder frischen Nachschub an Truppen und Material. Trotzdem gaben die Festungssoldaten nicht auf. Sie rangen um jedes Haus, um jede Straße.

Als die polnische Führung erkannte, daß sie mit den vorhandenen Kräften Kolberg nicht erobern konnte, forderte sie weitere Verstärkungen an; darunter Pioniere, schwere Artillerie und Werfer. Man wollte Kolberg zusammenschießen und dann einnehmen.

Hauptaufgabe: Menschenleben retten

Die Verteidigung von Kolberg hatte für Oberst Fullriede nur noch einen Sinn: Menschenleben retten. Es galt, die angreifenden Truppen solange von der Innenstadt und dem Hafen fernzuhalten, bis der letzte Zivilist und der letzte Soldat Kolberg per Schiff verlassen hatte. Es bestand durchaus Hoffnung, das Schiffe kamen. Viele Schiffe. Dies hatte ein Mann veranlaßt, der am 9. März von Stolpmünde nach Kolberg gelangt war: Fregattenkapitän Kolbe.

Schon auf der Überfahrt auf dem U-Jäger 119 hatte er sich per Funk beim Admiral Westliche Ostsee über die Lage in Kolberg informiert. Kolbe forderte sofort Schiffe an. Auch mit dem Seetransportchef Ostsee, Konteradmiral Engelhardt, setzte er sich in Verbindung: »Kolberg braucht Hilfe, Kolberg braucht Schiffe. Sofort, bevor die Festung fällt!«.

Der Hafen hatte sich in eine Hölle verwandelt. Jedesmal, wenn es hieß »Schiffe kommen!«, stürzten die Menschen aus Baracken und Kellern nach draußen, obwohl das Hafengelände unter Artilleriebeschuß lag. Tote und Verwundete lagen umher. Weitere Tote gab es, als durchgehende Pferde das Hafenglände durchrasten und in eine Ansammlung wartender Flüchtlinge stürmten.

Zunächst kamen zwar Siebelfähren und Boote. Auch die Kolberger Fischerflotte nahm Flüchtlinge an Bord. Erst am 4. März war ein größeres Schiff nach Kolberg gekommen, es hatte in aller Eile 1500 Menschen an Bord genommen, um sie unbeschadet nach Swinemünde zu bringen. Danach verließ ein Fischkutter den Hafen, überfüllt mit Flüchtlingen. Einige Kolberger versuchten mit Erfolg, trotz stürmischer See, mit Segelbooten nach Swinemünde zu fliehen.

Viele Kolberger, die vom Untergang der *Gustloff* und des Dampfers *Steuben* erfahren hatten, mußten dagegen fast mit Gewalt auf die Schiffe gedrängt werden.

Die Heeresentlassungsstelle I/II hatte sich am 6. März um 12 Uhr mittags befehlsgemäß von Kolberg auf der *Stolpe* in Richtung Swinemünde abgesetzt, zuvor aber außer den angehörigen der Dienststelle noch etwa 400 Verwundete und mehrere hundert Flüchtlinge an Bord genommen. Bei diesen Transporten galt, wie auch später, die Regel *Frauen und Kinder zuerst*.

Sogar einen Benzintanker, der am 7. März in Kolberg eingelaufen war, hatte man mit Flüchtlingen beladen, er nahm 100 Zivilisten mit nach Swinemünde.

Andere Kolberger verloren die Nerven und begingen Selbstmord. Verzweifelte Mütter töteten ihre kleinen Kinder und brachten sich dann selbst um. Zwei Töchter eines Kolberger Drogeriebesitzers und die Witwe eines Tierarztes vergifteten sich mit Zyankali. Der Vater begrub seine beiden Kinder in den Verteidigungsgräben am Preußenplatz.

Kolberg wurde immer mehr zu einer sterbenden Stadt. Ganze Häuserfronten stürzten ein, überall flackerten Brände auf, detonierten Granaten.

Kein Wunder, daß sich der Druck auf den Hafen immer mehr verstärkte. Am 7. März hatte der Dampfer *Theseus* vor dem Silo festgemacht. Dr. med. Haenisch erlebte das Geschehen mit: Wir

Das Flüchtlingsschiff *Theseus*.

Edith Scheunemann.

hatten das Glück, nahe am Bollwerk zu stehen, auch nahe am Laufsteg des Schiffes, das völlig leer war, und wie ein Haus in die Luft ragte, so groß war es. Ich half zuerst beim Hinaufbringen des Kinderwagens und stieg wieder hinab, um meine Tochter Sigrid nach oben zu bringen. Schutzleute, die die Einschiffung leiteten, beschimpften mich, sie glaubten ich wollte mit flüchten. Ohne Abschied hatte ich mich von meiner Familie getrennt, vielleicht auf Nimmerwiedersehen. Meine Schwester und ich standen eingekeilt in der Menschenmenge, in der stehengebliebene Handwagen jeden Verkehr hemmten und niemand daran dachte, auch nur einen kurzen Augenblick seinen Platz zu räumen.

Zu jenen, die das Glück hatten, auf die *Theseus* zu gelangen, gehörte auch Edith Scheunemann:

Um Mitternacht vom 3. zum 4. März 1945 machten wir uns zu Fuß auf den 25 km langen Marsch von Alt-Marrin nach Kolberg. Am Morgen kamen wir dort an, völlig durchgefroren und erschöpft. Wir mußten unseren Weg in dichtem Schneetreiben, begleitet von Tieffliegerangriffen der Russen, zurücklegen. In Kolberg angekommen, suchten wir eine Bleibe, was nicht so einfach war, denn Kolberg war total mit Flüchtlingen überfüllt. Nach langem

Umherirren fanden wir eine wärmende Unterkunft im Landschulheim von Dr. Lange. Hier wurden wir freundlich aufgenommen, bekamen zu essen und die kranken Kinder ein Bett. Wir bekamen mit, daß viele verwundete Soldaten hier lagen und von Dr. Brand, einem bekannten Kolberger Arzt, versorgt wurden. Meine Schwägerin und ich, wir waren beide schwanger, machten uns mit Dr. Brand bekannt, der uns versicherte, daß man Schiffe aus Stettin erwartete, die Verwundete, Kranke und Flüchtlinge aufnehmen und in Sicherheit bringen sollten. Nach dieser Mitteilung wichen wir dem Arzt nicht mehr von der Seite und halfen, wo wir helfen konnten. In der Nacht vom 6. zum 7. März gegen 4 Uhr morgens, klingelte in unserer Unterkunft das Telefon. Dr. Brand ließ uns mitteilen, daß ein Schiff Stettin mit Kurs auf Kolberg verlassen habe. Das war für uns das Signal zum Aufbruch. Wir nahmen unsere Kinder und pilgerten zum Hafen. Was uns hier erwartete, ist kaum zu beschreiben. Tausende warteten. Es wurde schon jetzt deutlich, daß nur ein Teil der Wartenden auf das Schiff gelangen würde.

War es Gottes Fügung, war es Glück – wir waren dabei. Mittags gegen 12 Uhr 30 setzte sich das Schiff in Bewegung. Wir verließen Kolberg. Immer mehr Passagiere wurden seekrank, die Nacht brach herein. Morgen würden wir in Swinemünde sein. Plötzlich in der Nacht stand das Schiff still. Wir hörten Flugzeuge brummen. Doch es fielen keine Bomben. Der Tod hatte uns verschont. Es kam uns wie eine Ewigkeit vor, bis das Schiff wieder Fahrt aufnahm. Wohlbehalten erreichten wir am nächsten Tag die erste Etappe unserer Odyssee, den Swinemünder Hafen. Unsere Heimatstadt war Stettin. Von dort waren wir 1944 nach dem großen Luftangriff in den Kreis Kolberg evakuiert worden. Jetzt hatte uns der Krieg wieder hierher zurückgeführt.

Am 9. März trafen die Schiffe ein, die Fregattenkapitän Kolbe über Funk angefordert hatte. Sie kamen von Swinemünde und ankerten auf der Reede von Kolberg, da ein Einlaufen und Festmachen im Hafen unmöglich war: Der ehemalige Westindienfahrer *Heinz Horn* (3994 BRT), das Bananenschiff *Nordenham* (4952 BRT), die *Westpreußen* (2877 BRT), die *Hestia* (2883 BRT), die *Nautik* (1127 BRT), und – als größtes Schiff- der 10 000-Tonner *Winrich von Kniprode* der Hamburg-Amerika-Linie; ein gekapertes Schiff, das unter französischer

Flagge als *Kergualen* gefahren war.

Mit Fährprähmen und Landungsbooten wurden die Flüchtlinge auf die Reede gebracht. Wie schwierig sich die Übernahme aus den Fährprähmen und Landungsbooten bei stürmischer See gestaltete, vermerkten die Kapitäne in ihren Schiffstagebüchern. Der Kapitän der *Hestia* machte folgenden Eintrag:

Die Reede von Kolberg lag unter ständigem Beschuß. Es waren nur wenige Meilen bis zur Kampflinie. Die Menschen wurden bei völliger Dunkelheit von längsseits kommenden Landungsbooten unter den schwierigsten Bedingungen übernommen. Von Kolberg wurden sie nach Swinemünde gebracht. Auf jeder Fahrt nahmen wir 2800 Flüchtlinge an Bord.

Im Schiffstagebuch der *Nautik* ist nachzulesen:

Wegen Unpassierbarkeit der Hafeneinfahrt in Kolberg, die unter ständigem Beschuß lag, erfolgte die Anbordnahme von 150 Verwundeten und 1200 Flüchtlingen von Flugsicherungsbooten auf der Reede.

Ein volles Schiff und keine Kohle

Die *Winrich von Kniprode* lief von der Kolberger Reede ab, hatte aber nach einer Stunde keine Kohlen mehr. Das vollbeladene Schiff mußte auf der Ostsee ankern. Wie die Heringe lagen die Flüchtlinge in den großen Laderäumen nebeneinander auf Holzwolle oder Säcken. Viele waren sich wohl der Gefahr nicht bewußt, in der sie sich auf dem ankernden Schiff befanden, es war eine ideale Zielscheibe für Luftangriffe. Das Warten auf Kohle dauerte. Die Lebensmittel wurden knapp. Unruhe kam auf, als Schwimmwesten verteilt wurden. Doch diese Vorsichtsmaßnahme war notwendig. Flugzeuge waren im Anflug. Doch der Angriff galt Swinemünde. Tage vergingen. Endlich kam Kohle. An Bord drohte bereits Seuchengefahr; viele litten unter Durchfall. Am Abend des 15. März befand sich das Schiff auf der Reede von Swinemünde – doch niemand konnte von Bord. Britische Bomber hatten am 12. März Stadt und Hafen fast total zerstört. Am 13. März schickte man aus Swinemünde einen Beamten auf die *Winrich von Knirprode*; er sollte sich über den Zustand an Bord informieren. Erst am 18. März wurde das Schiff seine Elendsladung los.

Der 14jährige Manfred Gruhlcke aus Köslin hielt die Ereignisse an Bord fest:

Freitag, 2. März 1945: Panzerbeschuß in Köslin. Wir müssen fliehen. Die Russen sind da. Abends heult der Sturm. Es beginnt zu schneien. Auf dem Bahnhof ein Zug. Das ist die Rettung. Morgen gehts los.

Mittwoch, 7. März 1945: Rucksäcke auf dem Nacken. Koffer aufs Rad. Alles andere schon im Zug gelassen. Wir ziehen nach Kolberg. Dichter Schneesturm. Zerstörte Trecks an beiden Seiten der Straße. Zerschossene Häuser und Autos. Eingeschneite Leichen. Vier gen Himmel ra-

Ein volles Schiff und keine Kohle: Der Flüchtlingstransporter *Winrich von Kniprode*.

gende Pferdebeine. Überall Menschen, Pferde, Wagen und Gepäck. Viele vom Leichentuch des Schnees bedeckt. Soldaten mit Panzerfaust. Panzersperre. Wir werden durchgelassen.

Donnerstag, 8. März 1945: Morgens 6 Uhr zum Hafen. Beschuß. Fährprähme laufen ein. Wir kommen auf den dritten. Alles unter Deck. Es rumst im Karton. Splitter klirren an die Stahlwand. Das Boot erzittert. Volltreffer? Saufen wir ab? Das Ende? Nein – nichts von alledem. Noch einmal hat der liebe Gott seinen Daumen dazwischengehalten. Windstärke 8. Schwere See. Alles seekrank. Ich aber nicht. Anlegemanöver an ein großen Schiff. Es heißt *Winrich von Kniprode*. Schiff wird beschossen. Doch wir gelangen heil an Bord. Kommen in den Laderaum auf Strohsäcke. Verpflegung reichlich, da wir die ersten auf dem Schiff.

Freitag, 9. März 1945: Liegen noch immer auf Reede. Kolberg bleibt in Sicht. Überall Rauch. Der Dom brennt mit sichtbar roter Flamme. Weitere Fährprähme bringen Flüchtlinge an Bord. Zerstörer greift mit Artillerie in den Landkampf ein. Verpflegung wird knapper.

Samstag, 10. März 1945: Weitere Übernahme von Flüchtlingen. Jetzt bestimmt schon 5000 an Bord. Kolberg brennt lichterloh. ¹/₂ Liter Wassersuppe mit Graupen für zwei Personen. Geleitfahrzeuge kommen am Abend. Schiff nimmt Fahrt auf.

Sonntag, 11. März 1945: Schiff stoppt. Keine Fahrt mehr. Andere Schiffe laufen mit Geleit weiter. Schiff bleibt liegen und ankert. Grund: Dampfer hat keine Kohle mehr. Warten auf Ladung. Verpflegung: Zum Sattessen zu wenig, zum Verhungern zuviel.

Montag, 12. März 1945: Nebel. Warten auf Kohle. Schwimmwestenausgabe. Fliegeralarm. Alles unter Deck. Großangriff auf Swinemünde.

Dienstag, 13 März: Immer noch keine Kohle. Überflüssige Holzteile werden gesucht und verfeuert. Nebel. Verpflegung: Zehn Mann ein Brot, je Person 1/4 Liter Suppe. Viele haben Durchfall.

Mittwoch, 14. März: Endlich kommt Kohle. Es geht weiter. Parole: Wir fahren nach Dänemark.

Donnerstag, 15. März: Ankunft auf Swinemünde-Reede. Etwa 40 Schiffe um uns herum. Dürfen nicht einlaufen. Durch Luftangriff alles zerstört. Wieder warten.

Freitag, 16. März 1945: Proviant kommt. Luke 4 und 5 Aussteigen. Mithelfen bei Proviantübernahme. Am Abend »herrliches Essen« nach Hungerperiode.

Samstag, 17. März 1945: Frühstück: Drei Paar Stullen mit Butter und Wurst und Marmelade. Jetzt ist es auszuhalten. Warten noch immer Einlaufen in Swinemünde.

Sonntag, 18. März 1945: 5.30 Uhr morgens. Anker auf und Einlaufen. Zum Frühstück Kaffee und drei Paar Stullen. Marschverpflegung fassen. Endlich an Land Gepäck auf Wagen. Ab zum Bahnhof. Züge fahren noch. Fliegeralarm. Mit Gepäck in den Keller. Wieder auf den Bahnsteig. Sonderzug für Flüchtlinge kommt. Neue Güterwagen ohne Achsenfederung. 15.00 Uhr Abfahrt. Es geht nur langsam vorwärts. Immer wieder Haltestellen. Pausen. Endlich 22.00 Uhr in Rostock. Gerettet. Flucht überstanden.

Kämpfen und Überleben

In Kolberg war der Kampf noch nicht zu Ende. Doch die polnisch-russische Übermacht war zu gewaltig und die Verteidiger hatten ihr von Tag zu Tag weniger entgegenzusetzen. Aber die Festung durfte konnte noch nicht aufgegeben werden: Es befanden sich immer noch viel zu viele Zivilisten und Soldaten in der Stadt. Am 9. März 1945 verstärkten die Belagerer das Trommelfeuer, ab 9 Uhr morgens lag Kolberg unter Dauerbeschuß. Es gab Tote und Verwundete am Kaiserplatz, in der Brunnenstraße in der Viktoriastraße und in anderen Straßen. Der Dom und andere Kirchen brannten. Der nördliche Teil der Luisenstraße zwischen Wall- und Kimmertstraße ging in Flammen auf, die Beamtenhäuser in der verlängerten Börstenstraße brannten, ebenso das Lichtspieltheater *Delihaus*...

Eine wahre Völkerwanderung setzte ein. Über Schutt und Asche, über Granat- und Bombentrichter zogen die Kolberger und die Flüchtlinge durch die Stadt in Richtung Hafen. Nur das Nötigste wurde mitgenommen. Niemand wollte mehr in dieser Flammenhölle bleiben. Im Hafen sollten Schiffe liegen, doch sie lagen auf Reede. Dorthin kam man nur mit Booten und Prähmen. Die Jungen und Mädchen sprangen in die Boote hinein, die schnell belegt waren, den Alten aber gelang es oft nur mit größten Anstrengungen, in ein Boot zu gelangen.

Nach den erbitterten Kämpfen war die gesamte Innenstadt fast völlig zerstört.

Erschwerend hinzu kam das stürmische Wetter, Windstärke 9. Drei Minensuchboote nahmen zunächst nur Mütter mit Kindern auf.

Am 10. März war der Hafen völlig abgesperrt; ohne Passierschein kam niemand mehr durch. Viele Flüchtlinge hausten schon mehrere Tage und Nächte in Kellern der Häuser am Hafen. Da es kein Trinkwasser mehr gab und der Durst immer unerträglicher wurde, holten sich einige Wasser aus dem Hafen, in dem Leichen herumschwammen. Nachdem die Fischverwertungsgesellschaft einen Volltreffer erhalten hatte, waren Tausende von Litern Gasöl, Öl und Teer in die Persante geflossen. Trotzdem wurde auch dieses Wasser getrunken. Für ein gutes Glas Trinkwasser hätte man ein Vermögen ausgeben müssen. Die Stimmung unter den Kolbergern und den Flüchtlingen wurde immer gereizter.

Dem Festungskommandanten blieb dies nicht verborgen. Er notierte:

Die Verluste der eigenen Truppe sowie der Zivilbevölkerung in der Stadt sind erheblich. Es machen sich Anzeichen einer beginnenden Panik bemerkbar. Um den Ab- transport zunächst für Frauen und Kinder zu sichern, sind härteste Maßnahmen notwendig.

Einen Tag später vermerkte er:

Die Panikstimmung in der Zivilbevölkerung, hervorgerufen durch den pausenlosen Artilleriebeschuß; eine hohe Säuglings- und Kindersterblichkeit, hervorgerufen durch den Mangel an Milch und Trinkwasser; Kindermord durch die eigenen Mütter und Selbstmord sind häufige Erscheinungen. Davon hob sich auf der anderen Seite die tapfere Haltung mancher Frauen ab, die beim Löschen von Bränden, beim Bergen von Verwundeten unter Einsatz ihres Lebens einem großen Teil der männlichen Zivilbevölkerung ein Vorbild sein konnten. Zu erwähnen sind besonders zwei Nachrichtenhelferinnen und eine Wehrmachtshelferin, die freiwillig bis zum letzten Abtransport von Frauen und Kindern bei der Truppe aushielten und ihren Dienst in vorbildlicher Weise versahen.

Am 11. März um 7.30 Uhr traf der Zerstörer *Z 34* unter Korvettenkapitän Hetz auf Kolberg-Reede ein, wenig später kam *Z 43* unter Kapitän z.S. Wenninger hinzu. Beide unterstützten den Abwehrkampf der Festung Kolberg sehr wirksam. Obwohl sie nach ihrem Eintreffen einen Tieffliegerangriff überstehen mußten, griffen sie mit ihren 15-cm-Geschützen wirkungsvoll in die Landkämpfe ein.

Vor allem die polnischen Truppen hatten in den bisherigen Kämpfen schwere Verluste erlitten. Die 3. und 6. polnische Infanteriedivision verfügten nur noch über ein Drittel ihrer Sollstärke. Die 6. polnische Infanteriedivision war bereits gezwungen, ihre Kampfeinheiten aus Schreibstuben, Trossen und Werkstätten aufzufüllen. Pausenlos versuchten Polen und Russen neue Kräfte, vor allem auch Offiziere und Panzer, heranzuführen.

Der Befehlshaber der polnischen I. Armee, General Poplawski, wurde immer ungeduldiger. Die zahlreichen Verluste und die mangelnden Erfolge, die mühsam erkämpft werden mußten, paßten nicht in sein Kalkül. Außerdem drängte Marschall Schukow immer mehr, nun endlich »Schluß mit Kolberg zu machen«. Poplawski setzte jetzt alles auf eine Karte. Er übte scharfe Kritik an den bisherigen Angriffsmethoden seiner Truppen, befahl die Aufstellung von Sturmabteilungen für den Straßenkampf sowie einen vermehrten und verbesserten Einsatz von Panzern und Artillerie. Er bildete einen besonderen Operationsstab unmittelbar vor Kolberg in Sellnow. Er übertrug die Verantwortung für die Einnahme Kolbergs dem Stellvertreter des Armeebefehlshabers in Frontangelegenheiten, Brigadegeneral Krakoz, und dem Stellvertreter des Operationschefs der Armee, Stabschef Oberst Switelski.

Diese Umbildungen änderten die Lage in der Tat zuungunsten der deutschen Verteidiger.

Auch die russischen Streitkräfte waren mit dem bisherigen Verlauf der Kampfhandlungen nicht zufrieden. Mit Unwillen hatte die Führung der 1. Weißrussischen Armee das Scheitern der 1. Polnischen Armee, Kolberg zu besetzen, verfolgt. Die Sowjets hatten sich deshalb entschlossen, weitere Truppen und Waffen heranzuführen, um endlich die Einnahme zu erzwingen. Bereits am 12. März befahl der Befehlshaber der 1. Polnischen Armee den Einsatz der 4. Infanteriedivision ostwärts der Persante zwischen der Küste und der Bahnlinie Kolberg-Köslin. Außerdem war der verstärkte Einsatz polnischer Luftwaffeneinheiten befohlen worden.

Unteroffizier Ernst-August Duntz kämpfte in Kolberg.

Es war vorauszusehen, daß sich das Schicksal von Kolberg bald erfüllen würde, die Lage der Besatzung wurde immer kritischer, der Endkampf um Kolberg hatte begonnen.

Der Abwehrwille der Verteidiger blieb ungebrochen. Jeder Soldat war sich klar darüber, daß der Zugang zum Hafen in jedem Fall bis zur letzten Stunde freigehalten werden mußte, um die restliche Zivilbevölkerung und die Verteidiger noch retten zu können. Die Parole, die niemand ausgegeben hatte, aber die jeder befolgte, hieß: »Kämpfen und Überleben!«

Ich war dabei beim Kampf um Kolberg

Zu den Männern, die Kolberg bis zur letzten Stunde hielten, gehörte Ernst Duntzlaff. Der Pommer aus Schivelbein, Jahrgang 1924, war mit Leib und Seele entschlossen, seine Heimat zu verteidigen. Der erste Kriegseinsatz hatte ihn nach Rußland geführt, wo er im Mittelabschnitt kämpfte, im Januar 1945 kam er als Genesender in die Kolberger Gneisenaukaserne, um im Februar 1945 zunächst bei der Verteidigung von Köslin mitzuwirken. Hier beginnt sein Bericht:

Der 5. Januar 1945 war der letzte Tag meines Genesungsurlaubs, den ich wegen einer ausgeheilten Verwundung erhalten hatte. Der Zug von Schivelbein erreichte Kolberg über Belgard am späten Nachmittag. Ich hatte nicht die leiseste Ahnung, daß dies meine letzte Fahrt auf dieser Bahnstrecke sein würde und meine Heimatstadt schon zwei Monate später von den Russen besetzt werden sollte. In meiner Kolberger Kaserne angekommen, fühlte ich mich in meiner neuen Kompanie sofort sehr wohl. Wir waren alle »alte Hasen«, Soldaten mit Fronterfahrung, und empfanden es als völlig normal, wieder für den Fronteinsatz vorbereitet zu werden. Daß diese Front bald sehr nahe liegen würde, ahnten wir nicht. Anfang Januar 1945 spürte man in Kolberg nichts, was auf eine sich nähernde Front hinwies. Das Leben verlief, der Zeit entsprechend, völlig normal. Die Soldaten hatten Ausgang und genossen auf ihre Art die dienstfreie Zeit. So vergingen die Tage und Wochen. Der Januar war kalt und auch in Kolberg lag Schnee.

Ab Mitte Februar zogen die ersten Flüchtlingstrecks durch die Stadt. Ab sofort bestand Ausgehverbot und Alarmbereitschaft. In den folgenden Tagen wurden die Trecks zu einem endlosen Strom. Auch auf unserem Kasernengelände wurden die Wagen nachts abgestellt. Die Soldaten rückten auf ihren Stuben dichter zusammen. So konnten sich die Flüchtlinge aus Ostpreußen in den freigewordenen warmen Zimmern wenigstens eine Nacht von den großen Strapazen ausruhen. Zu dieser Zeit besuchte mich mein Vater, der als Oberfeldwebel und Kurier in Kolberg dienstlich zu tun hatte. Daher bekam ich für den Tag Sonderausgang. Man wußte noch nicht, was uns in naher Zukunft bevorstand. An einem letzten Tage im Februar wurde nachts Alarm gegeben. Panzerfäuste, Karabiner- und MG-Munition sowie Handgranaten wurden ausgegeben. Die Truppe wurde feldmarschmäßig ausgerüstet. Wir rückten aus zum Einsatz nach Köslin, da sich der Russe beängstigend genähert hatte. Meine Gruppe bezog Stellung, wir gruben uns ein auf offenem Gelände vor dem Gollenwald rechts der Straße Köslin-Stolp. Hier gab es die erste Feindbeführung. Panzer versuchten, auf dieser Landstraße mit aufgesessener Infanterie in die Stadt einzudringen. Der erste Angriff wurde durch unser gezieltes Granatwerferfeuer abgeschlagen. Nach einigen Tagen mußten wir uns auf den Stadtrand zurückziehen. Nun begann der Häuserkampf. Wir ver-

nichteten einen T 34 mit Panzerfäusten und dann auch die Besatzung, die unter ihrem Panzer Deckung gesucht hatte. Es war unmittelbar am Ortseingang von Köslin. Anfang März mußten wir Köslin aufgeben. Schon im Rücken von uns waren vereinzelt Russen gesehen worden. Ich zog mit der weichenden Truppe nach Kolberg. Zwischen Köslin und Kolberg wurden wir in einzelne Gefechte verwickelt. Wir nutzten Wälder und die Dunkelheit für den Rückzug nach Kolberg. Die letzte Nacht verbrachten wir in einer Strohscheune eines Bauerngehöftes. Hier war alles mit Flüchtlingen überbelegt. Am nächsten Morgen kamen wir an die Bahnstrecke Belgard-Kolberg. Sie war mit zahllosen Flüchtlingszügen verstopft. Sie konnten scheinbar wegen Überlastung des Kolberger Bahnhofes nicht in die Stadt einfahren. In diesen Zügen suchte ich meine Mutter, denn unsere Heimatstadt Schivelbein war inzwischen auch Kampfgebiet geworden. Meine Suche war vergebens, keiner konnte mir Auskunft geben.

Wie ich mit einigen wenigen Kameraden den Zug vorne verließ, stiegen am Ende des Zuges russische Kosaken von ihren Pferden und kletterten in den Zug. Wir hörten die Schreie der Flüchtlinge, waren aber machtlos gegen die Überzahl der Russen. Wir wußten nicht, ob Kolberg von den Russen schon eingeschlossen war und schlichen unter Ausnutzung jeder Deckung an den Stadtrand. Vereinzelt hatten hier deutsche Truppen schon Stellungen bezogen. Es war der Morgen des 4. März 1945. Zu dritt marschierten wir zum Bahnhof. Wir sahen nun die zahllosen Flüchtlinge in der Vorhalle und in den Wartesälen sitzend, liegend und stehend auf einen Zug hoffend, der sie vielleicht noch aus der Stadt in Richtung Westen bringen würde. Hier hatte ich mich vor wenigen Tagen von meinem Vater verabschiedet. Unser Weg führte uns zur Kommandantur im Finanzamt in der Parkstraße. Dort meldeten wir uns und wurden einem Zug zugeteilt, der u.a. auch die Panzersperre an der Kösliner Straße absichern sollte.

Auf einem Gefechtsstand in der Nähe wurden wir eingewiesen und am Morgen des nächsten Tages an der Panzersperre – links kleine Häuserfront – eingesetzt. Hier waren wir nur drei Kameraden. Auf der anderen Straßenseite war ein größeres Wohnhaus, welches auch von einzelnen Soldaten besetzt war. Wir hatten die Aufgabe, diese Panzersperre zu verteidigen und dadurch ein Eindringen des Russen mit Panzern und Infanterie zu vereiteln. Die vor uns rechts und links der Kösliner Straße liegenden Wiesen waren teilweise durch Anstauung des Persanteflusses unter Wasser gesetzt. Dieses erleichterte unsere Aufgabe etwas. Der Gefechtsvorposten war zurückgezogen worden. Im Morgengrauen konnte ein Treck die Panzersperre passieren. Die Bauern berichteten, daß sie unterwegs von russischer Artillerie beschossen worden seien. Im Laufe des Vormittags feuerte russische Artillerie in die Stadt. Auch feindliche Flugzeuge sah man Kolberg angreifen. Von Stunde an wurde der Beschuß heftiger. Erstmals feuerte feindliche Pak auf unsere Panzersperre. Auch unsere kleine Unterkunft wurde mehrmals getroffen. Im gegenüberliegendem Haus schlugen die ersten Granaten ein. Auf der vor uns liegenden Straße tauchten einige russische Panzer auf. Durch gezieltes eigenes Artilleriefeuer entzogen sie sich der Sicht. Daraufhin erfolgte gezieltes Artillerie- und Werferfeuer auf unsere Stellung. Wir rechneten jeden Augenblick mit einem russischen Infanterie-Vorstoß. Bisher hatten wir keine Ausfälle. In den Abendstunden erhielten wir warmen Kaffee und Marketenderware. Unaufhörlich waren in dieser Nacht die Motorengeräusche russischer Panzer zu hören.

In der Nacht zum 06.03.45 näherte sich sowjetische Infanterie der Panzersperre. Unser sofort einsetzendes Abwehrfeuer schlug den Angriff zurück. Niemand war bis an die Panzersperre vorgedrungen.

Am nächsten Morgen wurde unsere Stellung von einem deutschen Offizier besichtigt. Mit den Worten »Haltet die Stellung« setzte er seine Frontinspektion nach kurzem Verweilen fort. Wir wollten oder konnten zu diesem Zeitpunkt noch nicht ahnen, was uns noch bevorstand. Auch den heutigen Tag lagen die Häuser links und rechts der Panzersperre unter starkem Beschuß. Das Dachgeschoß unserer Unterkunft wurde mehrmals getroffen. Mit den Kameraden im gegenüberliegenden Haus konnten wir uns über die Straße hinweg verständigen. Einige Male besuchten wir uns gegenseitig. Wir hatten auch Zeit, eine Zigarette zu rauchen. Mit Unterstützung von Pak und Panzer, die unsere Stellung sturmreif schießen sollten, kam erneut russische Infanterie über die Chaussee auf uns zu. Auch dieser Angriff blieb erfolglos. Artillerie und unser Abwehrfeuer vereitelten ein Eindringen. Die Russen mußten sich unter Verlusten zurückziehen.

Am 7. März lag unsere Stellung unter ständigem Beschuß. Die Panzersperre war erheblich getroffen. Das Dachgeschoß von unserer Unterkunft war zerschossen und eingestürzt. Auch das große Wohnhaus gegenüber erhielt zahlreiche Treffer. Am 8. März 45 versuchte der Russe unter starkem Feuerschutz mit Panzer und Infanterie erneut entlang der Kösliner Chaussee einen Angriff. Wir suchten Deckung an der Rückwand unseres völlig zerschossenen Hauses. Durch Pak und Panzerbeschuß wurden die Reste der Häuser rechts und links am Ortseingang sturmreif geschossen. Ringsumher die Einschläge der Granaten und das Krachen einstürzender Häuserwände. Es war, als wackelte die Erde. Nicht nur in unserer Verteidigungsstellung lagen die Einschläge, auch beim linken und rechten Nachbarn war die Hölle los. Unter dem Schutz dieses vernichtenden Feuers, welches sich jetzt weiter in die Stadt verlegte, griff der Feind unsere Stellung an. Wir sahen hinter uns einen deutschen Panzer auffahren. Trotz starkem Abwehrfeuer war es am Nachmittag den Russen gelungen, bis an die Panzersperre vorzustoßen. Mit unseren Infanteriewaffen versuchten wir, ein weiteres Eindringen zu verhindern. Der Häuserkampf begann. Handgranaten flogen hin- und herüber. An der Sperre lagen gefallene Russen. Die Kameraden aus dem großen Haus verließen dieses durch die Toreinfahrt, denn die ersten Russen waren schon im angrenzenden Garten. Es ging das Gerücht um, daß in Kürze deutsche Kriegsschiffe mit ihren Geschützen in den Kampf eingreifen würden.

Wir selbst wußten über den Frontverlauf wenig, fast gar nichts. Wir wunderten uns nur, daß keine Jagdflugzeuge oder Stuka am Himmel waren. Jetzt hörten wir nicht nur die Abschüsse der Stalinorgeln, auch die deutschen Do-Werfer beschossen den Feind vor uns in der Bereitstellung. Auch heute währte das Artilleriefeuer die ganze Nacht. In dieser Nacht zogen wir uns aus unserer immer aussichtsloser werdenden Lage in Höhe des Georgenfriedhofs zurück. Hier stießen wir auf Soldaten der Luftwaffe – viele Offiziere – die scheinbar diesem Abschnitt zugeteilt waren. Durch das Herausdrängen aus unserer Stellung war es dem Russen möglich geworden, in der Nacht in die ersten Häuserruinen am Stadtrand einzusickern. So versuchte er, sich auf dem Georgenfriedhof festzusetzen. Wir traten zum Gegenangriff an. Von einem Gebäude bekamen wir Feuer. Die Russen lagen ja schon hinter den Grabhügeln und Grabsteinen. Die Infanteriegeschosse pfiffen uns man so um die Ohren. Handgranaten wurden aus der Koppelhalterung gerissen. Der Kampf wogte hin und her. Hier fielen die ersten Kameraden aus meiner Umgebung. Auch der Russe hatte hohe Verluste. Immer und immer wieder tauchten die Gestalten auf dem verschneiten Friedhofsgelände auf. Dazu das Getöse der über uns orgelnden Granaten und dann die Einschläge – es war die Hölle los.

Nach einiger Zeit hatten wir den Friedhof freigekämpft. Ein Landser und ich zogen uns in die Deckung der Häuserfront zurück. Wir waren im Hause eines Bäckers. Durch die zerschossenen Schaufensterscheiben konnte ich das Vorfeld gut beobachten. Ca. 100 Meter rechts vor mir lag an einem Gartenzaun ein russisches MG in Stellung. Ich legte meine Maschinenpistole auf den Drücker der Ladentür und gab Einzelfeuer. Der Soldat blieb reglos liegen. Unaufhörlich versuchten einzelne Russen, vorzurobben. Aber mein gezieltes Feuer aus vermeintlich guter Deckung vereitelte jede Annäherung an das russische MG mit dem gefallenen russischen Soldaten. Mehrere russische Infanteristen lagen schon tot im Garten. Es war ein totales Abschlachten. Gegenüber von diesem Bäckerladen war ein Gebäude, das einer alten Scheune glich. In der geöffneten großen Toreinfahrt tauchten plötzlich zwei Volkssturmmänner mit Panzerfäusten auf. Sie wußten nicht so recht, was sie machen sollten. Auf der Straße, in Höhe unseres Hauses, fuhr ein deutscher Panzer auf. Im Hause lagen einige Verwundete, die Couch im Wohnzimmer war stark mit Blut befleckt. Im Laufe des Tages waren noch einige Landser zu uns gestoßen. Mit vier oder fünf Mann mußte ich eine neue Stellung beziehen. In der Nettelbeckstraße, die im rechten Winkel zu unserer Straße verlief, besetzen wir einen langen Saal. Ob es der Saal des *Tivoli* war? Rechts von uns war ein Holzlager mit aufgestapelten Brettern. Durch die Saalfenster konnte man in Richtung Feind blicken. Irgendwann mußte er ja auftauchen. In diesem großen Raum standen Tische angereiht unter den Fenstern. Hier reinigten wir nacheinander unsere Waffen. Posten waren am Ein- und Ausgang aufgestellt. In diesem Saal verbrachten wir die Nacht.

In den Morgenstunden des 10. März tauchten russische Soldaten rechts von uns auf dem Holzlagerplatz auf. Ein sofort eingeleiteter Gegenstoß konnte diesen Einbruch zurückdrängen und abriegeln. Heute brachte der Küchenunteroffizier persönlich die Verpflegung. Zum Essenfas-sen gingen wir alle durch eine Türe in den Vorraum des Saales. Während wir Verpflegung faßten, wollte der Küchenunteroffizier mal in den Saal blicken. Er öffnete die Türe zum Saal, durch die halbgeöffnete Türe presste ihm jemand eine Pistole auf den Bauch und schoß sofort. Mit Bauchschuß sackte der Unteroffizier zusammen. Wir sahen im Saal einen Russen enteilen, es ging alles blitzschnell. Handgranaten flogen in den Saal, der Russe erreichte den Ausgang nicht. Der verwundete Unteroffizier wurde zum Verbandsplatz gebracht. Nun wußten wir unseren Gegner wieder in unmittelbarer Nähe. Auf der Straße, in Richtung Kösliner Straße blickend, bemerkten wir, daß der Feind auf einige Stellen von unserer Straßenseite auf die andere Straßenseite sprang. Um einer Einkreisung zu entgehen, taten wir ein Gleiches. An unserer rechten Seite lag der Nettelbeckpark. Aus diesem Stadtrandgebiet waren alle Einwohner geflüchtet.

Die Stadt brannte an zahlreichen Stellen. Ununterbrochen schoß die russische Artillerie. Am Abend sah alles gespenstisch aus. Die Nerven waren zum Zerreißen angespannt. Wir waren am Nettelbeckpark angekommen. Aus dieser Richtung drang Gemurmel an unser Ohr. Mit dem Auge war im Gehölz nichts auszumachen. Auf unseren Anruf: »Halt wer da, Parole!« kam keine Antwort. Nun ein Feuerstoß von uns aus einer Maschinenpistole. Daraufhin wurde es lebendig vor uns. Mit den Rufen: »Nicht schießen, wir sind Deutsche!« kamen einige Gestalten auf uns zugeeilt. Keiner von denen kannte die Parole. Wer stand da vor uns? Waren es versprengte Landser, die noch hinter der Frontlinie gekämpft hatten? Oder waren es Fremde in deutschen Uniformen? Erst kürzlich waren wir auch auf solche Möglichkeiten hingewiesen worden. Plötzlich, wie sie gekommen waren, verschwanden sie wieder im Dunkel der Nacht zwischen den zerschossenen Häusern ins Stadtinnere. Hinter uns hörten wir des öfteren Infanteriefeuer. War der Russe links von uns etwa durchgebrochen? Noch in dieser Nacht zogen wir uns dann um einige Häuser zurück.

Im Morgengrauen des 11. März sahen wir, daß wir nach links wieder Verbindung zur eigenen Truppe hatten. Der Frontverlauf war sehr undurchsichtig geworden. Mit Artillerie und Stalinorgeln wurden wir beschossen. Zudem flogen feindliche Flugzeuge ständig ihre Angriffe. Von See her hörten wir die Abschüsse schwerer Artillerie, es war wohl die zugesagte Marineunterstützung eingetroffen.

Die schweren Granaten orgelten durch die Luft, um kurz danach bei den Russen einzuschlagen. Ich glaube, von diesem Moment an fassten wir wieder etwas Mut. Es entbrannte der Häuserkampf in unerbittlicher Härte. In einigen Häusern fanden wir deutsche Frauen und Kinder, die in den Kellerräumen Schutz gesucht hatten. Wir forderten die Bewohner auf, die Keller zu verlassen und in Richtung Hafen zu ziehen. Manchmal mußte unter Androhung von Gewalt gehandelt werden. Die Stadt brannte an allen Ecken, es gab kaum noch unbeschädigte Häuser. Gegen Abend unternahmen wir einen Gegenangriff, der uns einen Geländegewinn brachte. Dadurch war abermals die Verbindung nach links unterbrochen.

Starker Gefechtslärm läutete diesen Tag, den 12. März, ein. Da kam der Nachschub für die Russen über die Kösliner Straße, dort, wo mein erster Einsatz war. Nun hörten wir plötzlich aus einem Lautsprecher die russische Aufforderung zur Aufgabe des Kampfes. Unsere Artillerie legte Vernichtungsfeuer auf den russischen Nachschub. In der Nacht wurde unsere Gruppe aus der Hauptkampflinie herausgezogen, wir mußten uns am Markt im Rathaus melden. Hier war von der unmittelbaren Gefahr noch nichts spürbar. In einem Raum fanden wir Platz, um uns endlich – nach schweren, kampffreien Tagen – auszuruhen. Ringsum aber hörten und sahen wir die Einschläge der schweren feindlichen Geschosse. Auch die russischen Flugzeuge waren ständig über uns, schossen mit Bordwaffen und warfen Bomben auf die schwergeprüfte Stadt.

Gegen Mittag des 13. März wurden wir in der Nähe des Rathauses eingesetzt, wir mußten die Kellerräume der nächsten Häuser auf deutsche Zivilisten durchsuchen, denn es war ja abzusehen, daß in kurzer Zeit auch hier der Häuserkampf entbrannte. Weinend und flehend standen die Bewohner vor uns, sie wollten die schützenden Kellerräume nicht verlassen. Nun schlugen die Granaten in unserer Nähe ein. Da, plötzlich, was war das? Ein schwerer Schlag unter meinen Stahlhelm in Höhe des rechten Auges. Vorgebeugt hielt ich eine Hand auf diese Stelle. Kein Blut, nur ein heftiger Schmerz. Ein Granatsplitter konnte es also nicht gewesen sein. Durch den Einschlag einer Granate mußte ein harter Erdbrocken mein Auge getroffen haben. Nach kurzer Zeit war der Umkreis des Auges stark verschwollen. Ein Sani verordnete mir kühlende Kompressen, hierfür war ja kaum Zeit.

Am 14. März 1945 wurden wir zum Badehaus an der Persante verlegt. Unmittelbar vor mir die Persantebrücke. Durch die kleinen Fenster des Badehauses konnte ich das gegenüberliegende Persante-Ufer sehr gut beobachten. Erstmals tauchten polnische Soldaten vor mir auf; ein polnischer Offizier und zwei Soldaten versuchten, eine 3,7-cm-Pak auf der Brücke in Stellung zu bringen. Dieses mußte ich unbedingt vereiteln. Schon die erste Salve, jetzt links schießend, traf voll das Ziel. Das Geschütz konnte nicht in Stellung gebracht werden. Der Feind hatte meine Stellung scheinbar erkannt und beschoß meine Deckung mit Maschinengewehrfeuer, aber das starke Mauerwerk schütze mich. Auch an den Häusern an der Persante sah ich hin und wieder polnische Soldaten. Rechts von mir lag die gesprengte Eisenbahnbrücke, wo des Nachts im Feuerschein der brennenden Häuser auf den Brückenteilen deutsche Soldaten sich zurückzogen. In den Nachtstunden versuchte der Feind, über die Brücke vorzudringen. Ständig erhellten Leuchtkugeln den Himmel. Ununterbrochen hörte man Infanteriefeuer. Auch über die gesprengte Eisenbahnbrücke versuchte der Gegner seine Vorstöße, die aber im Abwehrfeuer der dort kämpfenden Einheit abgeschlagen wurden. In den Nachtstunden waren Geräusche von Kettenfahrzeugen aus Richtung des Feindees wahrzunehmen.

In der Morgendämmerung des 15. März trafen Panzersprenggranaten das Badehaus. Hier konnte ich nicht länger bleiben. Links von mir wußte ich noch deutsche Landser. Ich zog mich in Richtung Kaiserplatz-Offizierskasino zurück. Hier waren auf dem Gehweg einzelne Schützenlöcher ausgehoben; in einem bezog ich Stellung. Vom Postgebäude kamen deutsche Soldaten, die Waschkörbe trugen. Diese waren mit Geldscheinen angefüllt, welche wahllos unter den Soldaten verteilt wurden. Im nahegelegenen Casino herrschte Hochbetrieb, Soldaten, Unteroffiziere und Offiziere drängten sich in den Räumen. Es war ein Kommen und Gehen. Plötzlich taucht aus der Dunkelheit vor mir eine Person auf. Sie ruft »Nicht schießen!« – ich sehe einen Zivilisten in Lederjacke. Er fragt mich nach einem Befehlsstand. Ein Kamerad und ich begleiten diesen Mann bis zum Offiziers-Casino, wo wir ihn einem Offizier übergeben. In der gleichen Nacht wechselte diese Person noch zweimal unsere Linie. Wer war das wohl, was war sein Auftrag? Man sprach von

Zuletzt tobten die Kämpfe um Straßenzüge und einzelne Gebäude. Jedes Haus wurde von den Festungssoldaten erbittert verteidigt. Im Bild sowjetische Schützen.

deutschen Soldaten, die auf feindlicher Seite gegen uns kämpften. Ob die Uniform wohl durch die Lederjacke verdeckt war? Später sickerte durch, daß man einen Spion, der nach einem weiteren Besuch unserer Stellung festgesetzt wurde, anschließend erschossen hatte. Es folgten für uns wohl die schwersten Stunden und Tage des Kampfes um Kolberg. Wieder forderte uns der Feind durch Lautsprecher auf, die Waffen niederzulegen und uns zu ergeben. Russische Panzer und Paks zerschossen jede schützende Deckung.

Am 16. März gelangen wir am Offiziers-Casino vorbei in eine Seitenstraße. Aus dem 1. oder 2. Stockwerk eines Hauses konnten wir in einen Innenhof blicken. Sobald einer von uns am Fenster auftauchte, bekam er Feuer aus dem gegenüberliegenden Haus. Mit Panzerfaust und Handgranaten, die wir in die Fenster waren, fügten wir auch hier dem Gegner Verluste zu. Wir wollten nun erkunden, ob der Feind dort vernichtet war und schoben zu diesem Zweck einen auf einer Stange hängenden Stahlhelm vorsichtig aus der Fensterecke. Kaum, daß der Helm sichtbar wurde, kam Infanteriefeuer von drüben. Wir mußten aber auch die untere Etage absichern. Zu diesem Zweck begaben wir uns nach unten in die Kellerräume. Letztere hatten Verbindung zum Nachbarhaus. Aus einem in der Nähe gelegenen Tabakgeschäft versorgten wir uns mit Rauchwaren. Plötzlich wurde gemeldet, daß ein rus-

sischer Panzer an der Hausecke Stellung bezogen hatte. Panzerbrechende Waffe hatten wir nicht mehr, daher warfen wir Handgranaten auf diesen Panzer, die natürlich keine Wirkung zeigten. Nun schnell zurück ins Nachbarhaus. Da saß ein Feldwebel auf der Treppe, der eine sehr schwere Unterkiefer-Verletzung hatte. Sanitäter waren nicht erreichbar, wir legten sofort einen Notverband an. Es mußte eine schnelle ärztliche Versorgung erfolgen. Einige Zivilisten waren zu diesem Zeitpunkt noch in den Häusern. Ich versuchte, mit dem Feldwebel auf die andere Straßenseite zu kommen. Ein russisches MG schoß fast ununterbrochen die Straße entlang. Die Russen wußten, daß die Landser beim Rückzug über diese Straßen mußten. Mehrere Versuche unsererseits scheiterten. Ich mußte den Feldwebel aber unbedingt zum Hafen bringen. Wir warfen Nebelhandgranaten, diese vernebelten den Straßenzug. Heftiges MG-Feuer der Russen in die Nebelwand. Eine kurze Feuerpause nutzend, wagten wir den Sprung über die Straße. In der Abenddämmerung eilten wir stürzend und stolpernd durch die zerschossene und verwüstete Gegend in Richtung Theaterwäldchen. Wohin man auch blickte, überall lagen Leichen, Pferdekadaver, umgestürzte und brennende Treckwagen. Der Baltenhof brannte. Unbeschadet erreichten wir den Hafen. Hier herrschte unbeschreibliches Gedränge. Mir gelang es, relativ schnell meinen verwundeten Feldwebel an Bord eines kleinen Schiffes zu bringen. Nun wußte ich ihn geborgen. Wir verabschiedeten uns, ich eilte in der Dunkelheit zurück zu meinen Kameraden. Aber auf dem Wege dahin mußte ich unter einem Bahnwagen Deckung suchen. Starkes Artilleriefeuer der Russen machte ein Vorwärtskommen unmöglich. Es war gespenstisch, durch die kohlenden und brennenden Feuer sah man des öfteren Gestalten huschen. Unter dem Bahnwaggon hatte ich eine ganz gute Deckung. Wo mochten meine Kameraden sein? Da huschten Soldaten an mir vorbei.

Der Einschließungsring war am 17. März sehr eng geworden. So verbrachte ich die Stunde bis zum Morgengrauen unter dem Güterwagen. Dann setzte Infanteriefeuer ein. Ich sah mehrere Soldaten, die sich sprungweise zurückzogen. Mir riet man, abzuhauen, gleich würde der Russe kommen. Durch einen Offizier wurde eine Verteidigungslinie aufgebaut. Die russischen Panzer waren wegen der großen Trümmerberge nur beschränkt einsetzbar. So stand uns jetzt nur die feindliche Infanterie gegenüber. Ob meine Kameraden auch den Sprung über die Straße geschafft hatten? Von See her hörte man das Feuer der Schiffsgeschütze. Wir erwarteten stündlich den russischen Angriff. Die schweren Waffen des Feindes kannten keine Pause. Unaufhörlich wurde unsere Stellung und das Hintergelände behämmert. Am Abend sickerte die Nachricht durch, daß wir in der Nacht von unserer Marine an Bord genommen würden. Langsam entblößte sich unsere Stellung. Vereinzelt zogen sich die Landser in Richtung Hafen zurück. Auch ich verließ meine Deckung. Im Hafengelände, in der Nähe vom Lotsenturm, wurde ich aufgehalten und zur Sicherung des Rückzuges eingeteilt. Es bestand ja keine geschlossene Verteidigungslinie mehr. Ich weiß nicht mehr, wie lange ich hier aushielt. Das Zeitgefühl war verlorengegangen. Nach einer gewissen Zeit zog ich mich zum Lotsenturm zurück. Dieser war von Soldaten überbelegt. Alle warteten auf die angekündigten Boote der Marine.

Während dieser Wartezeit kam des öfteren falscher Alarm. Die lange Treppe in den Turm ging ich hinab, setzte mich auf eine Stufe und wartete auf das Zeichen zum Einschiffen. Am 18. März kam die Nachricht: Die Boote sind da. Ich hatte das Glück und konnte als einer der ersten den Turm verlassen. Mit einer Decke über der Schulter eilte ich zum Strand. Dort lagen Unmengen von Schokolade. Der Strand lag bereits unter feindlichem Infanterie-

feuer. Ich überstieg die Molenmauer und eilte zur vorderen Mole. Boote waren noch nicht angekommen, es herrschte ein erbarmungsloses Gedränge. Nun hörten wir von See her Motorengeräusche. Bald darauf lief ein Boot ein. Was war das? Dieses Boot legte an der anderen Seite der Hafeneinfahrt an. Dort nahm es Soldaten auf und fuhr mit voller Kraft auf die hohe See zurück. Ob unser Warten doch vergeblich war? Wie von Geisterhand tauchte in der Dunkelheit nach kurzer Zeit ein weiteres Boot in der Hafeneinfahrt auf und legte an unserer Seite an. Was sich nun abspielte, ist fast unbeschreiblich. Jeder wollte der Erste sein. Von der Mole führten nur schmale Stege zur Anlegestelle des Bootes. Die drängende Masse stieß die vor ihnen Stehenden ins eiskalte Wasser. Einer riß den anderen mit sich. Hier gab es keine Rettung mehr, jeder war sich selbst der nächste. Auch durch den Gefechtslärm hörte man die Hilfeschreie durch die Nacht, es gab keine Rücksichtnahme mehr. Man mußte diesem Inferno entkommen, nur nicht in russische Gefangenschaft geraten war das Motto. Ein Matrose packte mich am Arm und zog mich aufs Boot. Alles verlief in Windeseile. Nach kurzer Zeit war das Boot besetzt und legte ab, um mit voller Kraft schnellstens die offene See zu erreichen.

Das Molengelände lag unter schwerstem Beschuß. Auf der dunklen See tauchten die Umrisse eines größeren Schiffes auf. Vor, hinter und neben uns stiegen Wasserfontänen empor. Nach kurzer Zeit legte sich unser Boot längsseits des wartenden Zerstörers. Wir wurden an Bord genommen. Ein letzter Blick zurück auf die schwer geprüfte, brennende und im Schutt versinkende Stadt Kolberg.

Die feindlichen Batterien versuchten, den deutschen Zerstörer zu erreichen. Alle Einschläge lagen zu kurz. Der Zerstörer selbst legte sein Vernichtungsfeuer auf die feindlichen Stellungen und Ansammlungen am Strand.

Ich vertraute mich einem Marinemaat an, der mich mit in den Maschinenraum nahm. Es gab einmal Fliegeralarm, die englischen Flugzeuge hatten Gott-sei-Dank einen anderen Auftrag. Ich schlief sofort ein und wurde erst bei der Ankunft in Swinemünde wachgerüttelt. Von hier fuhr ich mit dem Zug in Richtung Karlshagen.

Ich kam zum Einsatz an die Oder bei Gartz und erhielt dort am 20.4.45 aus naher Distanz einen Lungendurchschuß. Mit einem Lazarettzug kam ich nach Heide in Holstein. Hier erlebte ich die Kapitulation.

Kolberg vor der *Stunde Null*

Nach der Neuordnung der polnischen Angriffskräfte wurde der Druck auf Kolberg immer stärker. Das Artilleriefeuer konzentrierte sich mehr und mehr auf das Hafengebiet, um die Verladung von Zivilisten auf Schiffe zu verhindern. Die Einschiffung mußte am 12. März unterbrochen werden. Gegen 19.00 Uhr waren zwei Flugsicherungsboote der Luftwaffe in den Hafen eingelaufen, um Flüchtlinge an Bord zu nehmen. Außerdem lagen Minensuchboote und Fährprähme zum Beladen bereit. Doch der andauernde Beschuß verhinderte die Beladung. Der größte Teil der Wartenden rettete sich in das naheliegende Hotel *Monopol*. Zusammengepfercht hofften Sie hier auf eine Feuerpause.

In der Münderschule wartete eine Kolbergerin mit drei alten, körperlich schwerbehinderten Frauen auf ihren Abtransport. Sie berichtet:

Um 15 Uhr wurden wir wie das liebe Vieh zum Hafen getrieben und mußten hier auf unsere Abfahrt warten. Der Hafen wurde von Tieffliegern und schwerer Artillerie beschossen und wir lagen im Eis auf der Erde. Es wurde 18 Uhr, bis wir einen Fischkutter erwischten. Aber wenn Dr. Brand, der den Abtransport leitete, nicht gewesen wäre, wären wir nicht mitgekommen. Meine beinamputierte Base bekam einen Sitzplatz in der Kabine, alle anderen mußten an Deck bleiben.

Auf der Reede von Kolberg standen die deutschen Zerstörer *Z 34* und *Z 43*. Ihr Feuer brachte die feindlichen Batteriestellungen vorübergehend zum Schweigen und verhinderte das Vordringen feindlicher Panzerverbände. Während des Feuerns wurden herangebrachte Verwundete und Flüchtlinge an Bord genommen.

Das Vordringen der feindlichen Truppen machte auch den »Umzug« des NSDAP-Kreisleiters, des Fregattenkapitäns Kolbe und des Festungskommandanten erforderlich. Der Kreisleiter verlegte seinen Dienstsitz in den DRK-Bunker unmittelbar im Hafen. Nach seinen Recherchen warteten noch über 12 000 Zivilisten auf den Abtransport. Fregattenkapitän Kolbe, der bis dahin auf dem U-Jäger *119* die Einschiffung geleitet hatte, mußte das Schiff nach einem Treffer verlassen. Mit seinem Oberleutnant begab er sich auf den Zerstörer *Z 43*. Kolbe:

Die Einschiffung im Hafen und das Auslaufen der Schiffe geht immer schnellstens vor sich, da auf die Beteiligten der gehörige Nachdruck durch den feindlichen Beschuß ausgeübt wird. Schwieriger ist es, die Fahrzeuge von der Reede in den Hafen zu schicken und das Ausladen auf die größeren Schiffe und Wiedereinlaufen zu beschleunigen. Dazu war ein unermüdliches Antreiben und schärfste Befehlserteilung mit dem nötigen Nachdruck erforderlich. Nach reiflicher Überlegung war für

Mit Erfolg griffen der Zerstörer *Z 43* (im Bild) und das Torpedoboot *T 33* in die Landkämpfe ein. Zuletzt nahmen sie Flüchtlinge an Bord und brachten sie in Sicherheit.

Die Flucht der Kolberger erreicht ihren Höhepunkt. Rucksäcke, kleine Koffer und Taschen sind alles, was sie mitnehmen können. Dichtgedrängt warten sie im Hafen auf die Ankunft der Rettungsschiffe.

mich als Einsatzleiter ein Fahrzeug mit Funk- und UK-Sprechwelle sowie mit einem gut besetzten Signaldeck, ausgerüstet mit den optischen Signalmitteln, von ausschlaggebender Bedeutung. Ich erkannte, daß das bewegliche Schiff auf der Reede mein Gefechtsstand sein mußte.

Der Fregattenkapitän wechselte das Schiff, sobald ein Zerstörer mit je über 1000 Flüchtlingen nach Swinemünde ablief. Zum Schlafen fand er keine Zeit mehr.

Festungskommandant Fullriede, der einst seinen Gefechtsstand im Finanzamt an der Parkstraße hatte, saß jetzt in der Seestraße im Luftwaffenbauamt. Eines Tages wird ihm ein Zivilist vorgeführt, der – als Frau verkleidet – versucht hatte, an Bord eines Schiffes zu gelangen. Es stellt sich heraus, daß es sich um einen Offizier des 1. Weltkrieges und Inhater des E.K. I handelte, der im allgemeinen Durch-

einander die Nerven verloren hatte. Fullriede ordnete an, ihn in die kämpfende Truppe einzureihen, wo er sich wieder fing und bewährte.

Ein Parteifunktionär war abgefangen worden, als er sich mit einem bereitgestellten Motorboot verzeitig in Sicherheit bringen wollte. Er wurde gefangengesetzt. Einer seiner Begleiter, ein ehemaliger Fliegeroffizier, beging Selbstmord. Er selbst und die übrigen akzeptierten es, daß sie gleichzeitig mit den Invaliden, militärischen Spezialisten und Kriegsgefangenen im Anschluß an die Frauen und Kinder abgeschoben wurden. Himmler, bei dem sich der Funktionär über Oberst Fullriede zu beschweren versuchte, da er mit der Maßnahme nicht einverstanden war, erklärte später: »Der Parteifunktionär hätte erschossen werden müssen«.

Die Besatzung eine Panzerzuges mußte infanteristisch eingesetzt werden. Ihr Führer meldete sich in einer kritischen Situation angetrunken zum Befehlsempfang. Fullriede übersah dies, er ließ ihn lediglich in den ihm zugewiesenen Kampfabschnitt führen.

Einige Hitlerjungen, die sich freiwillig in die Verteidigung eingereiht hatten, zeichnete der Festungskommandant mit dem EK II aus – und sorgte für ihren rechtzeitigen Abtransport.

Trotz eines immer enger werdenden Verteidigungsringes, starker Verluste und keinerlei Nachschub an Reserven blieb Oberst Fullriede Herr der Lage. Seine starke Persönlichkeit strahlte Ruhe und Vertrauen aus. Den Abschnittskommandanten, die, vom unmittelbaren Kampfgeschehen beeindruckt, oft ziemlich erregt zu ihm kamen, konnte er bestenfalls Artillerieunterstützung gewähren. Dennoch pflegten sie ihn ruhiger zu verlassen als sie gekommen waren. Ein Lob von ihm wirkte Wunder. Aber nicht zuletzt gewannen sie wohl auch die Gewißheit, daß er die Truppe nicht »verheizen« würde.

In Kolberg tobte der Kampf. Die Stadt versank von Tag zu Tag mehr in Schutt und Asche. Der Feind eroberte Haus um Haus, Straße um Straße. Ganze Häuserfronten schoß er mit Pak und Artillerie zusammen. Die Verteidiger sahen sich gezwungen, die Georgenkirche und den Leuchtturm selbst zu zerstören, damit sie dem Feind nicht als Beobachtungsstellen dienen konnten. Im Osten hatte der Gegner den Lokomotivschuppen und die Gasanstalt besetzt. Zwischen den Einschlägen dröhnte es immer wieder aus Lautsprechern: »Kameraden der Festung Kolberg, denkt an eure Frauen und Kinder! Rettet euer Leben, indem ihr den Kampf einstellt!« Doch die Verteidiger gaben nicht auf. Auch der Volkssturm nicht, der von 700 auf 450 Mann zusammengeschrumpft war.

Den Angreifern gelangen mit frischen Verstärkungen, Panzern und Flammenwerfertrupps tiefe Einbrüche. Ohne die dauernde Feuerunterstützung der Zerstörer hätte die Stadt längst aufgegeben werden müssen.

Der letzte Akt der Tragödie Kolberg

Der letzte Akt begann am 16. März. Die 1. Polnische Armee wurde an diesem Tage durch die 6. Leningrader Raketenwerfer-Brigade verstärkt, die zum sofortigen Einsatz auf die Angriffsverbände verteilt wurde. Jetzt ging es Schlag auf Schlag. Der am Vortage erzielte Einbruch bis zum Personenbahnhof wurde bis zur Stadtmitte erweitert. Westlich der Persante rückte das 16. polnische Infanterieregiment weiter gegen die Maikuhle und den Hafen vor. Noch konnte die Maikuhle von den Verteidigern gehalten und ein Angriff auf den Fischereihafen mit Unterstützung der Schiffsartillerie abgeschlagen werden. Doch wie lange noch?

Am Nachmittag den 16. März bewegte sich ein Doppelkeil des Angreifers beiderseits der Persante in Richtung Hafen. Damit war der Lebensnerv, der Hafen, in größter Gefahr.

Im Hafen rannten die letzten Kolberger um ihr Leben. Siegfried Perband, damals Führer eines Landungsbootes, erinnert sich:

Hochachtung hatte ich vor dem Volkssturm, der mit einer sehr mangelhaften Bewaffnung dem Feind erbitterten Widerstand leistete. Dadurch konnten wir den von uns bis zuletzt eingerichteten »Pendelverkehr« aufrecht erhalten und alte Leute, Frauen und Kinder aus dem Kolberger Hafen heraus in Sicherheit bringen. Es spielten sich dabei die traurigsten Geschehen ab, die ich jemals als Soldat im Krieg erlebt habe. Es war grausam.

Wir waren im Nebel in den Hafen eingelaufen, hatten kaum festgemacht, als auch schon der Beschuß durch die feindliche Artillerie einsetzte. Trotzdem stürmten die Flüchtlinge zu uns an Bord. Unter ihnen auch eine junge Frau mit einem kleinen Kind an der Hand. Sie liefen, was sie laufen konnten. Plötzlich fiel die Mutter hin und bewegte sich nicht mehr. Sie war von einem Splitter tödlich getroffen worden. Ich hatte den Vorgang beobachtet, ging zu dem kleinen Mädchen, nahm es auf den Arm und versuchte es zu trösten. Sie hatte in der Aufregung nicht erfassen können, daß die Mutter tödlich getroffen war. Sie redete nur immer auf die Mutter ein: »Steh doch auf, wir müssen aufs Schiff!« Ich sagte ihr, daß Mutti mit den Koffern zu schnell gelaufen sei und sich erst einmal ausruhen müsse. Sie müsse mit mir kommen. Mutti brächten wir mit dem nächsten Schiff nach.

Ich habe dann auf See das Kind einer Krankenschwester übergeben und ihr den Hergang erzählt. Sie versprach mir, sich des Kindes besonders liebevoll anzunehmen. Für mich bleibt dieses Erlebnis unvergeßlich.

Kolberg war der grausamste Kriegsschauplatz, den ich erlebt habe. Der Hafen war übersät mit Armen, Beinen, Köpfen, Leichen.....Wir selbst hatten an diesem Tag einen Gefallenen an Bord. Er stand neben mir und fiel plötzlich um. Ein Granatsplitter hatte ihn getroffen.

Als die letzten Bewohner Kolbergs und die letzten Flüchtlinge am 17. März über See abtransportiert waren, stand dem Festungskommandanten eine wichtige Entscheidung bevor. Er war nicht bereit, seine tüchtige Truppe bis zum letzten Mann zu opfern. Er hatte seinen Soldaten versprochen, sie über See abtransportieren zu lassen, wenn alle Zivilisten die Stadt verlassen hätten. Der Zeitpunkt, dieses Versprechen einzulösen, war gekommen. Er hatte seinen militärischen Auftrag erfüllt, jeder weitere Kampf war sinnlos. Jetzt lag die letzte Aufgabe vor ihm, seine Männer in Sicherheit zu bringen. Eine Kapitulation, zu der er in den letzten Tagen mehrfach aufgefordert worden war, kam für ihn nicht in Frage. Er wollte keinen seiner Soldaten in Gefangenschaft sehen.

In den frühen Morgenstunden des 17. März lud Oberst Fullriede seine Regiments- und Bataillonsführer zur Lagebesprechung. Er erklärte, daß er nicht kapitulieren wolle, da kein Räumungsbefehl vorliege, und daß er auf eigene Verantwortung und in eigener Entscheidung Kolberg räumen werde. Er wolle sein Versprechen einlösen, die Truppe auf Boote und Schiffe zu verladen und in Sicherheit zu bringen. Schiffe und Boote seien ihm zugesagt. Bis dahin müßte der Feind noch vom Hafen ferngehalten werden. In jedem Fall beabsichtige er, am 18. März die Kampfhandlungen einzustellen, auch wenn keine Schiffe mehr anlegen sollten. In diesem Fall müsse sich jeder auf eigene Faust durchschlagen.

Alle Kommandeure wußten, woran sie und ihre Männer waren. An diesem Tag hieß es noch einmal für alle: »Kämpfen!«.

Dieser letzte Kampftag bescherte den Verteidigern nochmals die Hölle. Vom Fischereibecken aus hielten feindliche Granatwerfer alles unter Feuer. Rathaus und Bahnhof waren vom Feind besetzt. Die ganze Innenstadt bot ein Bild der Verwüstung. Überall auf den Straßen Granattrichter, Panzerwracks als Barrikaden, zusammengeschossene Fahrzeuge, eingestürzte Häuser, Trümmer über Trümmer. Je näher man dem Hafen kam: Feuer. Die Hotels am Badestrand brannten lichterloh. Qualm und Rauch überall. Dazwischen der ohrenbetäubende Lärm der Stalinorgeln, ein Heulen ohnegleichen, Granateinschläge, das Rattern der Maschinenwehre und Schreie Verwundeter. Der Feind mußte sich buchstäblich jeden Meter auf dem Weg zum Hafen erkämpfen.

Am 17. März um 15.35 Uhr ließ Oberst Fullriede einen Funkspruch an das AOK absetzen:

Restbesatzung im Nah- und Häuserkampf. Feind drückt mit Panzern. Widerstandskraft wird stündlich geringer. Beabsichtige Restbesatzung auf Prähme zu laden, falls noch möglich.

Fullriede, Festungskommandant.

Der Eingang des Funkspruches wurde bestätigt, eine Stellungnahme erfolgte nicht. Fullriede hatte keine Genehmigung zur Räumung Kolbergs erbeten, er hatte sie in eigener Entscheidung bereits selbst befohlen.

Inzwischen war die Restbesatzung östlich der Mole auf einen Strandstreifen von etwa 1800 Meter Länge und einer Tiefe von rund 400 Meter zusammengedrängt worden.

Im Hafen liefen Boote und Prähme ein. Oberst Fullriede erteilte letzte Befehle. Ein Funkspruch ging an den Einsatzleiter der Kriegsmarine, Fregattenkapitän Kolbe:

Um 21 Uhr legt sich der Fährprahm I an das äußerste Ende der Ostmole, nimmt die dort wartenden Soldaten auf und fährt ab. Ab 22 Uhr legt sich der Fährprahm an die gleiche Stelle, um die Sicherungstruppen aufzunehmen. Zur selben Zeit stehen die Schiffsboote vor der Küste zwischen Familienbad und Seesteg, um die letzten weit vom Osten kommenden Sicherungen aufzunehmen. Die Boote sollen die an der Küste eintreffenden Soldaten zu den dahinter stehenden U-Jägern oder Schnellbooten leiten. Ein Motorboot wartet ab 21 Uhr am Seesteg auf mich.

Fullriede.

Die Gegenmeldung von Kolbe lautete:

Seit 19.40 Uhr stehen vier Flugsicherungsboote im laufenden Pendelverkehr. Bisher 1000 Soldaten abtransportiert. Stehe mit Booten in laufender Funkverbindung. Jedes Boot mit 250 Mann. Sobald ein Boot fertig, legt nächstes an. Zur Zeit ein Boot an der Mole. Es sind nur wenige Soldaten hier. Zweites Boot liegt vor der Einfahrt, macht fest, sobald erstes Boot abgelegt hat. Zur Zeit außer *Flüsi* noch ein Schlepper an der Mole. Soldaten kommen nicht.

Die Einschiffung der restlichen Soldaten konnte nur erfolgen, wenn die feindliche Artillerie zum Schweigen gebracht wurde. Das besorgten die Zerstörer *Z 34, Z 43* und das Torpedoboot *T 33*. Mit gewaltigen Feuerschlägen belegten sie die feindlichen Stellungen und brachten sie augenblicklich zum Schweigen. Dies ermöglichte den letzten Verteidigern, sich vom Feind zu lösen. Die polnische Infanterie konnte den weichenden deutschen Soldaten ohne Feuerunterstützung nicht mehr folgen.

Im Hafen liefen die Soldaten um ihr Leben. Die angelegten Boote bedeuten für sie die letzte Rettung. Auch Siegfried Perband war mit seinem Landungsboot voll im Einsatz:

Wir konnten nicht mehr in den Hafen einlaufen. Am Molenkopf der Ostmole konnten wir nur noch unter größter Vorsicht anlegen. Von »Festmachen« war keine Rede mehr. Es kamen die letzten Soldaten angelaufen, die wir an Bord nahmen. Wir wollten gerade ablegen, als noch ein kleines Häuflein von etwa zehn Mann im Schutze der Molenmauer angelaufen kam. Sie hatten einen verwundeten Kameraden bei sich, den sie in einer Zeltbahn trugen. Als sie sahen, daß wir ablegen wollten, verloren die Männer anscheinend die Nerven. Sie ließen die Zeltbahn fallen und kamen angelaufen. Wir ließen sie nicht an Bord. Sie mußten zurück und ihren Kameraden holen. Wir haben auf ihre Rückkehr gewartet und dann abgelegt. Das was sie getan hatten, haben sie wenig später selbst nicht mehr verstanden.

Der Überlebenswille, der Hölle von Kolberg zu entkommen und auf die freie See zu gelangen, kannte in der Nacht vom 17. zum 18. März 1945 keine Grenzen. Nicht nur auf Prähmen, Landungsbooten und Flugsicherungsbooten, auch auf Ruder-, Schlauch- und Paddelbooten oder auf rasch

Schiffe der Handels- und Kriegsmarine retteten insgesamt 75 000 Menschen aus der Festung Kolberg.

zusammengebundenen Flößen suchten die Menschen zu den auf Reede liegenden Schiffen zu gelangen. Und alle schafften es.

Übrig blieb verbrannte Erde

Am 18. März 1945 vollzog sich das Schicksal von Kolberg. Gegen 2 Uhr morgens trafen die schnellen

Der Kai ist von zurückgelassenen Gepäckstücken und Handwagen übersät. In letzter Stunde gehen die Verteidiger Kolbergs an Bord der wenigen Schiffe, die den Hafen noch anlaufen. Als letzter verläßt Oberst Fullriede die Festung.

Flugsicherungsboote an der Ostmole ein. Ein Einlaufen in den Hafen war nicht mehr möglich, feindliche Truppen standen bereits am linken Ufer der Persante. Kaum hatte das erste Boot angelegt, war es auch schon mit Soldaten überfüllt und setzte sich wieder in Bewegung. Die Nacht wurde erhellt durch das Feuer der brennenden Stadt, die sich auf dem Wasser und den Gesichtern der Soldaten widerspiegelte. Dann legte das zweite Boot an, füllte sich mit Menschen, legte ab, fuhr mit Höchstgeschwindigkeit auf die Reede, lieferte die Soldaten ab. Zuerst wurden die Verwundeten die steilen Bordwände emporgehievt. Die Kriegsschiffe feuerten, während die Boote ihre Fracht ablieferten.

Um 2.30 Uhr nahm Z 34 mehrere Feindpanzer, die bei der Kleistschanze zum Angriff auf das westliche Hafengelände ansetzten, wirkungsvoll unter Beschuß. Gegen 3.00 Uhr erfolgte nochmals ein

gemeinsamer Feuerschlag der beiden Zerstörer und des Torpedobootes T 33 bis die Boote zurückkamen, die die letzten Sicherungen aufgenommen hatten.

Gegen 3.00 Uhr bemannte Korvettenkapitän Prien eine mangels Seefähigkeit zurückgelassene Siebelfähre, sie war größtenteils ohne Decksplanken. Erkennbare Lecks wurden in aller Eile abgedichtet. Schwimmwesten wurden herbeigeschafft und Schlauchboote. Am Seehospiz ließ der Korvettenkapitän die fahruntüchtige Fähre besetzen und von der ebenfalls stark beschädigten Hafenbarkase *Marga* schleppen. Das »Geleit« war eben dabei, sich abzusetzen, als es einen Volltreffer erhielt. Es gab Tote und Verwundete. Nördlich des Yachthafens wurden noch Volkssturmmänner an Bord genommen. Mit 450 Mann war diese »Arche Noah« total überlastet. Starke Strömung drückte die Fähre

Torpedoboot T 33.

an die Ostmole. Das Notruder gehorchte nicht mehr. Hier warten noch fünfzig Soldaten auf Abtransport. Sie stürmten das schon überfüllte Fahrzeug. Die Fähre war dem Sinken nahe. Panik entstand. Die Fähre bekam beträchtige Schlagseite und konnte nicht mehr manövrieren. Man ließ sie treiben und *Marga* warf los. Die Männer auf der Fähre blickten auf die in Flammen stehende Festung zurück, der sie zu entkommen versuchten. Über ihnen heulten die Geschosse der Artillerie, während die Fähre, als wäre nichts geschehen, in die ruhige See glitt.

In der Morgendämmerung wurde die Siebelfähre ausgemacht und alle Insassen von einem Fährprahm übernommen. Die Fähre blieb sinkend zurück.

Oberst Fullriede war bis in die Abendstunden hinein in seiner Befehlsstelle geblieben. Er verließ sie erst nach Eingang der Meldung der Hafenstreife, daß die Absetzbewegung planmäßig verlaufen sei und vor dem Abschluß stehe. Nachdem sich auch die unittelbar vor seinem Gefechtsstand liegende letzte Sicherung bei ihm abgemeldet hatte, begab er sich mit seinem Stab zum Seesteg. Von dort aus wollte er nochmals mit einem Boot zum Hafen fahren, um sich persönlich von der Räumung zu überzeugen. Dies war jedoch nicht möglich. Das für ihn bereitgestellte Boot blieb wegen Motorschadens liegen. Unter heftigem Feindfeuer kam ein Verkehrsboot von *Z 34* zu Hilfe und nahm das Motorboot in Schlepp.

Um 4.30 Uhr traf das Verkehrsboot auf der Reede ein, der Festungskommandant wurde von *Z 34* an Bord genommen.

Um 5.00 Uhr trat *Z 34* den Rückmarsch nach Swinemünde an. An Bord befanden sich neben Verwundeten und Soldaten auch noch einige Flüchtlinge. Nachdem der Zerstörer *Z 43* ebenfalls noch Verwundete, Wehrmachtsangehörige und Flüchtlinge an Bord genommen hatte, verließ er um 6.30 Uhr die Reede von Kolberg. Zur gleichen Zeit lief auch *T 33* nach Swinemünde ab.

Von Bord der Schiffe aus bot sich den Männern ein unauslöschliches Bild des Grauens: Kolberg brannte in seiner gesamten Breite. In der Lindenallee explodierten Munitionswagen mit ohrenbetäubendem Krachen. In einem Lagerschuppen an der Gaststätte *Nothafen* flogen acht Stunden lang Hunderte von Benzinfässer in die Luft. Noch in 10–15 km Entfernung konnte man das Sterben der Stadt verfolgen, über die sich eine kilometerhohe Rauchwolke gelegt hatte.

Fregattenkapitän Kolbe hatte damit gerechnet, daß das Absetzen der Soldaten um 4.00 Uhr beendet sein würde. Er befand sich an Bord von *VP 2005*. Er wartete auf See in Hafennähe noch eine weitere Stunde. Der Morgen dämmerte bereits, als *VP 2003* auf See zwei Schlauchboote sichtete. Zwei Offiziere und acht Mann wurden übernommen, wie waren sie glücklich, doch noch überlebt zu haben. Gegen 6.00 Uhr nahm das Vorpostenboot Kurs auf Swinemünde.

Als der Fegattenkapitän noch einmal auf die brennende Stadt geblickt hatte, wußte er noch nicht, daß eine Kampfgruppe von 350–400 Mann zurückgeblieben waren.

Wie alle anderen hatte auch diese Kampfgruppe den Befehl erhalten, sich zum Hafen abzusetzen. Doch sie wurde am Hafen in heftige Straßenkämpfe verwickelt und kämpfte, bis der Feind unter dem Feuer der deutschen Schiffsartillerie zurückwich. Erst dann gelang es ihnen, sich in den Hafen abzusetzen – zu spät.

Auch Soldaten eines Infanterie-Geschützzuges wurden aufgehalten. Bevor sie dem Befehl, sich abzusetzen folgten und ihre Geschütze vernichteten, verschossen sie die gesamte Restmunition. Beim Rückzug durch die Parkstraße und den Rosengarten waren sie auf Granatwerfer der Russen gestoßen. Dann endlich langten sie beim Leuchtturm an.

Endlich kam ein Schiff in den Hafen, legte an. Panik entstand, jeder wollte mit. Doch das Schiff war viel zu klein und konnte nur wenige aufnehmen. Viele Soldaten stürzten ins Wasser.

Dann war das Schiff fort.

Und sie warteten auf das nächste Schiff. Doch es kam keines mehr. An der Molenmauer trafen sie auf die Kampfgruppe, die ebenfalls kein Schiff mehr erreicht hatte. Später fanden sich noch ein zurückge-

Die Verteidiger Kolbergs überließen dem Feind nichts als »verbrannte Erde«. In letzter Minute sprengten Pioniere alle kriegstechnisch wichtigen Anlagen.

bliebenes Sprengkommando und Soldaten einer Nachhut ein.

Diese Männer bezahlten ihren Einsatz für Kolberg mit der Gefangenschaft.

Ein alter Major hob einen Stock, woran ein weißes Taschentuch hing. Die Soldaten warfen ihre Karabiner und Maschinenpistolen über die Molenmauer. Dann standen die Polen vor ihnen, die Waffen im Anschlag.

Am Strand hatten sich inzwischen die Sieger versammelt und feierten. Sie hatten Geschütze aufgestellt und feuerten in Richtung See. Der Schnaps floß in Strömen.

Während am Nachmittag des 18. März die »Verlorenen von Kolberg« in die Gefangenschaft abgeführt wurden, gingen in Swinemünde die »Geretteten aus Kolberg« an Land.

Oberst Fullriede erstattete der Seekriegsleitung und der Armeeführung Bericht. Das *Unternehmen Kolberg* wurde am Morgen des 18. März 1945 ab-

geschlossen. Es war gelungen, 70 913 Menschen aus der eingeschlossenen Stadt zu retten.

Fullriede dachte in dieser Stunde auch an die Männer, die die Stadt bis zuletzt verteidigten. »An die Soldaten der Festung Kolberg« richtete er folgendes Dankschreiben:

Nur Eurem tapferen Einsatz ist es zu danken, daß 70 000 deutsche Männer, Frauen und Kinder vor dem Zugriff unseres unbarmherzigen Feindes bewahrt wurden. Ihr habt Euer eigenes Leben für sie eingesetzt und Euch damit den Dank aller dieser sonst verlorenen Menschen und des ganzen deutschen Volkes verdient. Ich persönlich spreche allen meinen Offizieren, Unteroffizieren und Mannschaften meinen tiefsten Dank aus. Ich bin stolz, der Führer einer solchen Truppe zu sein, der es gelungen ist, ohne eigene schwere Waffen einen übermächtigen Gegner immer wieder aufzuhalten und ihm schwerste Verluste zuzufügen. In die Geschichte Kolbergs habt ihr eine neue Seite eingefügt, die sich würdig an die ruhmreiche Tradition dieses Namens reiht. Unter härtesten Bedingungen, die ganze Männer erforderten, habt ihr Euch gleichrangig jenen Männern erwiesen, die einst unter Gneisenau und Nettelbeck unter den Mauern fochten. Euch ist der Regimentsname »Kolberg« verliehen. Ihr habt ihn Euch ehrenvoll erkämpft. Wenn es nach diesen Tagen der Ruhe in einen neuen Einsatz geht, dann werdet Ihr Euch, davon bin ich überzeugt, an jeder Stelle genauso tapfer einsetzen, wie in Kolberg für das Leben unserer Frauen und Kinder, für die Zukunft unseres Volkes.

Im Kriegstagebuch des Oberkommandos der Wehrmacht erfolgte am 19. März 1945 folgender Eintrag:

Kolberg wurde geräumt. Weggeführt wurden 68 000 Zivilisten, 1223 Verwundete und 5213 Mann. Der Kommandant verließ auf einem Zerstörer das Kampfgebiet. Eine Untersuchung läuft.

Oberst Fullriede hatte nicht vollzogen, was Hitler von ihm erwartet hatte, nämlich Kolberg bis zum letzten Mann zu verteidigen. Eine Untersuchung gegen den Festungskommandanten fand jedoch nie statt.

In Ahlbeck auf Usedom erarbeitete Hauptmann Döllinger, der Adjutant Fullriedes, den »Gefechtsbericht über die Belagerung Kolbergs vom 4. März bis zum 18. März 1945«. Er wurde von Oberst Fullriede abgezeichnet und dem Befehlshaber der Heeresgruppe Weichsel, Reichsführer SS Heinrich Himmler, übermittelt. Der Bericht schloß mit der Feststellung:

Dem Feind fiel eine völlig niedergebrannte, verwüstete Stadt in die Hand. Der Dom ist eine ausgebrannte, schwer beschädigte Ruine, sämtliche Persante- und Holzgrabenbrücken sind gesprengt. Der Bahnhof mit Gleisanlagen ist zerstört, die Verladeeinrichtungen am Hafen sind für lange Zeit unbrauchbar. Dies ist der Gewinn, den der Feind mit sehr hohen Verlusten erkaufte, aber auch der Preis, um den es gelang, 75 000 Menschen dem Reich zu erhalten.

Am 26. März 1945 erhielt Oberst Fullriede das Eichenlaub zum Ritterkreuz des Eisernen Kreuzes, später wurde er zum Generalmajor befördert.

Kolberg war vor dem Zweiten Weltkrieg eines der bestbesuchten Ostseebäder.
Pommern-Archiv

Ende Februar stoßen motorisierte sowjetische Verbände mit Selbstfahrlafetten vom Typ SU-76 in Pommern vor, Ziel ist die **Festung Kolberg.** *Russisches Originalfoto*

Sowjetische Truppen beim Vormarsch durch ein pommersches Dorf.
Russisches Originalfoto

Pommersche Mütter fliehen mit ihren Kindern nach Kolberg. *Pommern-Archiv*

Vor den Schiffen im Hafen warten lange Menschenschlangen. *OA*

75 000 Menschen werden von Schiffen aus Kolberg gerettet und nach Swinemünde gebracht, viele kleine Schiffe sind dabei.

»Hestia«.
DG Neptun

»Heinz Horn«.
H.C.Horn

»Meteor«.
OA

»Kaiser«.
HAL

»Bolkoburg«.
Ostseereed.Dzg.

»Saar«.
Griebel

Die letzten Verteidiger von Kolberg drängten sich an Oberdeck der Rettungsschiffe; sie sind froh, dass sie der Gefahr, in sowjetische Gefangenschaft zu geraten, im letzten Augenblick entwichen sind.
OA

Pioniere sprengten, bevor sie sich aus Kolberg als Letzte zurückzogen, alle kriegstechnisch wichtigen Anlagen, sie überließen den Besetzern nur noch »verbrannte Erde«.
Pommern-Archiv

Gotenhafen
Marinestützpunkt – Flüchtlingshafen – Seebrückenkopf

1924 begann Polen das relativ kleine und unbedeutende deutsche Fischerdorf Gdingen in der Danziger Bucht mit Hilfe französischer Banken zu einer Hafenstadt auszubauen. Zunächst von der großen Freien Hansestadt Danzig, die über einen gut ausgebauten Hafen verfügte, belächelt, zeigte sich sehr bald, daß mit dem Hafen Gdynia eine Konkur-

renz entstand, die durchaus ernstzunehmen war. Den Danzigern erschien das Projekt zunächst deshalb fragwürdig, weil bei Oststurm und starkem Seegang Gefahr für den Hafen bestand. Die Polen wußten, wie sie das Problem lösen konnten, sie schützten das geplante große Hafenbecken durch einen drei Kilometer langen, etwa 800 Meter vor der

Die evangelische Kirche an der baumbestandenen Adolf-Hitler-Straße, der Hauptverkehrsader Gotenhafens.

alten Küstenlinie erbauten Wellenbrecher, der mit dem Festland durch drei breite Kais verbunden wurde. Diese wurden zum Meer hin aufgeschüttet. Damit schufen sie noch vor der ehemaligen Küstenlinie drei kleinere Hafenbecken. Dieser *Südhafen* war bestimmt für Anlagen der Passagierschiffahrt und eine Werft. Am breiten Ausgang des Kielauer Bruches nördlich der alten Fischersiedlung legte man die Hafenbecken für Handelsschiffe an, die bis zu 1000 Meter lang waren. An den Seiten, auf den Kais, baute man die Lagerschuppen für Handelsgüter und ein weitverzweigtes Gleissystem, das mit der Hauptstrecke verbunden wurde. Dies war der Beginn des polnischen Ostseehafens Gdynia, der bereits 1933 als größter Hafen Europas galt; mit einem Warenumschlag, der schon um eine Million Tonnen über dem von Danzig lag.

14 Tage nach dem Ausbruch des zweiten Weltkrieges eroberten deutsche Truppen Gdingen zurück, den Kriegshafen Oxhöft konnten polnische Truppen noch einige Tage halten. Stadt und Hafen hatten durch das Kriegsgeschehen kaum gelitten. Noch im September 1939 erhielt die Stadt den neuen Namen *Gotenhafen*.

Bereits 1940 wurde Gotenhafen zu einem der wichtigsten deutschen Marinestützpunkte und Nachschubhafen ausgebaut. Die tiefe Danziger Bucht eignete sich ausgezeichnet als Übungsgebiet für die Ausbildungseinheiten, insbesondere der

U-Boot-Waffe, die im November 1940 die 2. Unterseeboots-Lehrdivision nach Gotenhafen verlegte. 1943 überzeugte sich Großadmiral Dönitz durch einen Besuch bei der 2. Unterseeboots-Lehrdivision persönlich von dem erfolgten Ausbau Gotenhafens zu einer wichtigen Ausbildungsbasis der U-Boot-Waffe.

Bis zum Spätherbst 1943 war der Krieg an Gotenhafen und der Danziger Bucht, dem Ausgangspunkt des Zweiten Weltkrieges, der mit der Beschießung der Danziger Westerplatte seinen Anfang genommen hatte, fast spurlos vorübergegangen. Dies änderte sich am Samstag, dem 9. Oktober 1943. Daß es Fliegeralarm gab, war nichts Ungewöhnliches, daran hatte man sich im Laufe der Jahre gewöhnt, aber bisher waren alles Fehlalarme geblieben. Auch am 9. Oktober 1943 waren die in Gotenhafen-Oxhöft stationierten Soldaten der 2. Unterseeboots-Lehrdivision von den Schiffen herunter in die an Land stehenden drei Luftschutzbunker *Anton*, *Berta* und *Cäsar* gelaufen. Diesmal wurde es ernst. Verbände der 8. amerikanischen Luftflotte belegten die Hafenanlagen und die Schiffe mit einem Bombenteppich. Obwohl alle im Hafen und auf der Reede liegenden Kriegsschiffe, mit heftigem Flakfeuer aus allen Rohren versucht hatten, den Angriff abzuwehren oder zu stören, mußte die Marine Verluste hinnehmen. Nach den Eintragungen im Kriegstagebuch der Seekriegslei-

Nach dem Luftangriff vom 9. Oktober 1944 fand im Sportstadion die Bestattungsfeier für die Opfer statt.

tung gingen bei dem Angriff verloren oder wurden beschädigt: »Lazarettschiff *Stuttgart*, brennend aus dem Hafen geschleppt. Dampfer *Cuxhaven* nach Volltreffer gesunken, U-Boot-Begleitschiff *Eupen* gesunken, *Schiff 47* gesunken, später gehoben, U-Jäger *UJ 1210* gesunken, später gehoben; Schlepper *Saspe* gesunken, später gehoben, Schlepper *Reval* gesunken, später gehoben, finnischer Dampfer *Vipjoern* gesunken, schwedischer Dampfer *A. K. Fernstroem* gesunken, Minensuchboot *Nordpol* gesunken, später gehoben, Dampfer *Ginnheim* beschädigt, Schlepper *Atlantik* im Dock schwer beschädigt, danach gesunken, Dampfer *Neidenfels* beschädigt«.

Nicht im Kriegstagebuch vermerkt war die Beschädigung der *Wilhelm Gustloff*. Das Schiff war zwar nicht getroffen worden, aber unmittelbar neben der Bordwand war eine Bombe ins Wasser gefallen und hatte einen nicht unerheblichen Schaden angerichtet. Der 2. Ingenieur der *Gustloff*, Erich Goering, hatte festgestellt: »...im Bereich der Steuerbord-Wellenhose war die Außenhaut des Schiffes aufgerissen. Mit Eigenmitteln hatte man zunächst den 1,50 langen Riß abgedichtet, das Schiff mußte aber später eingedockt werden, um den Riß zu verschweißen«.

Dieser kleine Schaden hatte für die letzte Fahrt der *Gustloff* am 30. Januar 1945 eine große, ver-

hängnisvolle Bedeutung; der *Gustloff* war es unmöglich, Höchstgeschwindigkeit zu laufen.

In der Nacht vom 18. zum 19. Dezember 1944 erlebte Gotenhafen einen zweiten Großangriff aus der Luft. Bomber der RAF legten mit 824 t Bomben einen Teppich auf den Hafen, der den Verlust mehrerer Schiffe zu Folge hatte. Bei dem Angriff gingen das Schulschiff Schleswig-Holstein, das Torpedoboot *T 10*, das Zielschiff *Zähringen* und das U-Boot-Begleitschiff *Waldemar Kophammel*, außerdem der Netzleger *Theresia L.M. Russ*, die Frachter *Leverkusen*, *Warthe*, *Heinz Horn* und der Tanker *Blexen* verloren. Mehrere Schiffe wurden erheblich beschädigt, die *Unitas* erhielt sechs Bombentreffer.

Januar 1945: Flüchtlingsstadt Gotenhafen

Im Januar 1945 begann sich das Schicksal des deutschen Ostens zu vollziehen. Obwohl der Gauleiter Ostpreußens immer wieder erklärt hatte, daß kein Russe jemals Ostpreußen betreten würde, hatte er bereits im Herbst 1944 vorsorglich den *Ostwall* errichten lassen. Dieser Verteidigungsgürtel, von Frauen, Hitlerjungen, Volkssturmmännern und Soldaten gebaut, sollte die russischen Panzer aufhalten.

Nach Beginn der russischen Großoffensive Mitte Januar 1945 versuchten viele Ostpreußen, über das Eis des Kurischen und des Frischen Haffs auf die Nehrungen zu gelangen. Dort warteten Schiffe der Kriegsmarine, die sie nach Gotenhafen bringen sollten.

Viele schafften es nicht…Menschen, Pferde und Wagen wurden auf der deckungslosen Eisfläche von sowjetischen Tiefliegern zusammengeschossen oder versanken spurlos unter dem Eis. Reste eines Flüchtlingstrecks auf dem Frischen Haff.

250 sowjetische Divisionen stürmten am 13. Januar über die Grenzen Ost- und Westpreußens. Niemand vermochte sie aufzuhalten. Vor dem roten Sturm wälzte sich ein Flüchtlingsstrom von Hunderttausenden über die vereisten Straßen, das zugefrorene Kurische und das Frische Haff und über die Nehrungen nach Westen. Die Ostpreußen waren vorgewarnt. Sie hatten von den Massakern in Nemmersdorf, Goldap und Gumbinnen gehört. Dort waren im Oktober 1944 überraschend sowjetische Panzer eingebrochen. Nach der Rückeroberung fanden die deutschen Soldaten nur noch Leichen, geschändete Frauen, die an Scheunentore genagelt waren, totgeprügelte und erschossene Greise und Kinder vor. Jede Frau wußte von diesen Tagen an, was ihr bevorstand, sollte sie der sowjetischen Soldateska in die Hände fallen. Für die so-

Der Hauptbahnhof von Gotenhafen. Ab Mitte Januar liefen hier täglich überfüllte Flüchtlingszüge ein.

wjetischen Soldaten hatte Stalins Chefpropagandist Ilja Ehrenburg die Parole ausgegeben »*Auge um Auge, Zahn um Zahn, tötet den Deutschen, wo ihr ihn trefft*«. Das war die Rache. Und es zeigte sich bei diesem roten Sturm, der über Ostpreußen hinwegfegte, das Krieg nicht mehr ein Krieg der Männer ist, sondern die Entfesselung der Hölle gegen wehrlose Frauen, Kinder und Greise.

Die Ostpreußen, die Westpreußen, die Danziger und die Pommern erlebten diese Hölle am eigenen Leibe. In schier endlosen Trecks zogen sie, Wagen auf Wagen, nach Westen. Doch der Weg war weit. Eisige Winterstürme, Minusgrade bis zu 30 Grad, das Fehlen ausreichender Nahrungsmittel (vor allem Milch für die Kleinkinder) forderten unzählige Todesopfer. Dafür sorgten auch die russischen Tiefflieger, die keine Erbarmen kannten. Wer das Glück hatte, noch einen Eisenbahnzug zu erreichen, war längst nicht außer Gefahr. So mancher Zug wurde mit Bomben belegt oder von Tieffliegern mit Bordwaffen beschossen.

Ab Mitte Januar 1945 wurde Gotenhafen Endstation für viele Flüchtlingszüge, Trecks und auch kleinere Schiffe, die Flüchtlinge von Pillau gebracht hatten. Wohnungen, Flure, Gaststätten Kinos, überall wurde Platz geschaffen für Frauen und Kinder. Fast alle hofften, von Gotenhafen aus mit einem Schiff über die Ostsee gerettet zu werden. Hier lagen die großen Passagierschiffe, die *Gustloff*, die *Cap Arcona*, die *Hansa* und viele andere. Mehrere zehntausend würden diese Schiffe aufnehmen können. Und diese Hoffnung erfüllte sich für viele.

Das Unternehmen *Hannibal*

Mitte Januar 1945 hatte Großadmiral Dönitz das Unternehmen *Hannibal* befohlen. Dahinter verbarg sich die Verlegung der in Gotenhafen stationierten 2. Unterseeboots-Lehrdivision nach Kiel. Zur 2. ULD gehörten die großen »Wohnschiffe«, darunter die *Gustloff*, die *Hansa* und andere. Dönitz hatte befohlen: »*Der nicht für den Transport von Soldaten benötigte Schiffsraum kann für die Rückführung der nicht kampffähigen Bevölkerung genutzt werden. Fahrausweise für die Zivilbevölkerung geben die*

Mit 6600 Frauen, Kindern, Verwundeten und Soldaten an Bord verließ am Mittag des 30. Januar 1945 die *Wilhelm Gustloff* Gotenhafen. In der folgenden Nacht zerrissen Torpedos das Schiff.

Dienststellen der Partei und des Roten Kreuzes aus«.

Tausende, Zehntausende, strömten in den letzten Januartagen in die Hafenbecken von Gotenhafen. Als erstes »Flüchtlingsschiff« verließ die *Wilhelm Gustloff* am Mittag des 30. Januar mit 6600 Menschen an Bord Gotenhafen. Niemand ahnte, daß diese Reise nicht in Kiel, sondern auf dem Grund der Ostsee enden würde. Am Tage darauf und in den nächsten Tagen verließen Gotenhafen: Der Dampfer *Hansa* mit 3000 Menschen, der Dampfer *Hamburg* mit 5000 Flüchtlingen, der Dampfer *Deutschland* mit 12 000 und die *Cap Arcona* mit 13 000 Menschen an Bord; ferner die zu »Flüchtlingsschiffen« umfunktionierten ehemaligen Passa-

gierschiffe *Antonio Delfino*, *Oceana*, das Walfangmutterschiff *Walter Rau* und mehrere kleinere Schiffe. Auch die Kriegsschiffe, die am 30. Januar und den folgenden Tagen Gotenhafen verließen, nahmen Flüchtlinge an Bord: *Admiral Hipper* mehr als 1500, das Begleitschiff *T 36* etwa 250 und das Torpedoboot *Löwe* ebenfalls einige hundert. Ob Handels- oder Kriegsschiff, ob Schlepper oder Passagierdampfer, in diesen Tagen verließ kein Schiff Gotenhafen, ohne bis auf den letzten Platz mit Flüchtlingen vollgestopft zu sein. In dieser ersten *Rettungsaktion Gotenhafen* über die Ostsee gelang es der Kriegsmarine, in den letzten Januar- und ersten Februartagen 1945 rund 50 000 Menschen nach Westen zu bringen. Und alle Schiffe kamen unbehelligt von Minen, U-Booten und Flugzeugen in ihren Zielhäfen an – bis auf die *Wilhelm Gustloff*. Wie ein Lauffeuer verbreitete sich am 31. Januar die Nachricht in Gotenhafen, »die Gustloff ist torpediert worden und gesunken, nur wenige hundert sollen überlebt haben!«. So mancher dankte Gott, daß er auf der *Gustloff* keinen Platz mehr erhalten hatte. Die meisten wurden sich plötzlich bewußt, daß der Fluchtweg über die Ostsee auch Gefahren in sich barg und der Tod immer mitfuhr.

Der Februar brachte Gotenhafen einen immer stärker werdenden Zustrom von Flüchtlingen, die mit Trecks, Eisenbahnzügen und Schiffen eintrafen. Doch gleichzeitig erfolgte auch der Abtransport über See, zwar nicht in dem gleichen Maße wie Flüchtlinge ankamen, aber fast jeden Tag kamen Schiffe, wurden beladen, liefen aus, meist nach Saßnitz oder Swinemünde, kamen wieder um neue Menschenfracht abzuholen.

Der Vormarsch russischer Truppen in Ostpreußen, Westpreußen und Pommern war nicht mehr aufzuhalten. Die russische Führung hatte zwei Operationsziele: Berlin und die Ostseeküste. Wenn es ihr gelang, die pommersche Ostseeküste zu erreichen, war damit der Fluchtweg nach Westen abgeschnitten, auch für die deutschen Armeen, die in Pommern kämpften. Am 3. März erreichten sowjetische Verbände zwischen Köslin und Schlawe die Ostseeküste. Damit war die 2. deutsche Armee, die Westpreußen verteidigte, abgeschitten. Wenige Tage später erreichten die Sowjets Quatschin und standen 10 km vor Gotenhafen. Am 11. März stießen sie bis Putzig vor und kappten die Landverbindung zwischen Gotenhafen und der Halbinsel Hela. Anfang März 1945 war auch Gotenhafen zum *Ostsee-Brückenkopf* und zur Frontstadt geworden.

12. März 1945:
Der Endkampf um Gotenhafen beginnt

Die 2. deutsche Armee mit der 32., 215., 227. und 389. Infanteriedivision sowie der 4. und 7. Panzerdivision konnte der drohenden Einkesselung nur über das Nadelöhr bei Schönwalde/Kölln in Richtung Gotenhafen entkommen – unter Zurücklassung fast des gesamten schweren Materials. Für den Endkampf um Gotenhafen standen am 12. März zur Verfügung: Die 251. Infanteriedivision, die 4. und 7. Panzerdivision sowie Marine-Infanterieeinheiten. Den Sowjets war bekannt, daß Gotenhafen im Februar zu dem wohl bedeutendsten Hauptverladeplatz sowohl für Flüchtlinge und Verwundete als auch für Munition und Truppennachschub geworden war. Von Gotenhafen aus wurden auch die Truppen in Pillau und an der Kurlandfront über Windau und Libau mit Munition, Waffen und Nachschub versorgt.

Um den Brückenkopf Gotenhafen verteidigen zu können, hatte die Wehrmacht bereits 1944 einen äußeren und einen inneren Befestigungsgürtel angelegt. Der innere Festungsring war nur etwa 3 km von den Stadtgrenzen entfernt, der äußere verlief kreisförmig etwa 10 km vor der Stadt. Sehr wichtig für die Verteidigung Gotenhafens war die Oxhöfter Kämpe mit ihren Steilhängen. Von dieser Seite war die Stadt fast uneinnehmbar. Am 11. März lagen – noch vor dem äußeren Verteidigungsring – die Linien der 227. westfälischen Infanteriedivision. Die 227. I.D. war am 11. März in Kolletzkau angelangt und sofort südlich im Raum Lenitz-Kolletzkau-Bojahn eingesetzt worden. Die Soldaten erhielten den Auftrag, Stellungen anzulegen und diese unbedingt zu halten. Der Divisionsgefechtsstand befand sich in Groß-Katz. Teile der bayerischen 4. Panzerdivision, die zur Verstärkung eingetroffen waren, saßen bei Lenitz. Im Rücken dieser Einheiten lag der beherrschende, aber unbefestigte Höhenzug des Dohnasberges, der eine Schlüsselrolle für die Verteidigung Gotenhafens spielte. Deshalb versuchten sowjetische Panzer und Infanterie immer wieder, den Dohnasberg einzunehmen.

Die Verteidigung des Dohnasberges

Gustav Höhn machte als Obergefreiter der 227. Infanteriedivision die Kämpfe um den Dohnasberg mit:

März 1945. Die 227. I.D. erhält den wichtigen Auftrag, die Stadt Gotenhafen zu verteidigen. Als Obergefreiter erlebte ich, wie aussichtslos der Kampf am Schluß des Krieges geworden ist. Ich war Funker in der Nachrichtenabteilung und wurde mit meinem Funktrupp für eine Sonderaufgabe bestimmt. Es ging um die Verteidigung des Dohnasberges. Eigentlich handelte es sich mehr um einen Hügel. Aber er war von entscheidender Bedeutung, strategisch gesehen. Wer den Dohnasberg besaß, dem gehörte auch die Stadt Gotenhafen. Die deutsche Heeresleitung wußte das natürlich genau so gut, wie die sowjetische. Es galt also, diesen Punkt und seine Umgebung besonders stark zu machen. Schützengräben wurden vom Fuß des Berges bis fast zur Spitze ausgehoben. Und alle diese Gräben waren gleichzeitig besetzt.

Ich wurde zur Panzeraufklärungsabteilung 227 befohlen. In der Dunkelheit fuhren wir auf einem Panjewagen dorthin. Russische Granaten schlugen unentwegt entlang des Weges ein. Ein Splitter hatte mir an der Stirn die Haut aufgeritzt, ohne daß ich es bemerkte. Als wir um Mitternacht den Gefechtsstand des Abteilungskommandeurs, Major Barall, erreichten, bauten wir sofort unsere Geräte im Keller eines Einfamilienhauses auf. Wir befanden uns unmittelbar am Fuß des Dohnasberges. Der Major klärte uns erst einmal über die Lage auf. Seine Grenadiere hielten den vierten und fünften Graben, von unten gerechnet, besetzt. Die Jägerkompanie lag in Bereitschaft. Unser Funktrupp hatte die Aufgabe, die direkte Verbindung zum Div. Stab zu gewährleisten. Mit uns im gleichen Raum befanden sich fünf weitere Funkstellen. Es waren Artilleriefunker, die zu ihren Batterien Sprechverbindung hatten. Selbst die schwere Marineartillerie, deren Schiffe in der Danziger Bucht vor Anker lagen, wurde von hier aus geleitet.

Draußen herrschte während der Nacht eine verdächtige Stille. Wir versuchten abwechselnd, für kurze Zeit zu schlafen, um am kommenden Tag »voll« da zu sein. Ein guter Entschluß, wie sich später herausstellen sollte. Es war die Ruhe vor dem Sturm. Um 6.30 Uhr, ich hatte gerade meinen Kameraden Willi Scholz, einen altgedienten Obergefreiten abgelöst, hörte ich in meinem Kopfhörer eine alarmierende Meldung über starke Panzerbewegungen des Feindes im Süden. Der Sprecher gehörte zu einer anderen deutschen Einheit. Seine Beobachtungen waren für unseren Major von großer Bedeutung. Alle folgenden Durchsagen schrieb ich deshalb auf. Plötzlich, es mochte wohl etwa 8.00 Uhr geworden sein, begann der Russe ein mörderisches Trommelfeuer. Der Feind schoß aus allen Rohren und unser kleiner Dohnasberg zitterte. Auch unser Haus schwankte in seinen Grundmauern, wie bei einem Erdbeben. Eine Stunde später verstummte mit einem Schlag das Krachen und Heulen um uns herum. Wir wußten genau, daß nun die Panzer und Sturmbrigaden der Sowjets antreten würden. Sie waren fest entschlossen, uns zu vernichten. Plötzlich tauchten überall die braunen Gestalten der russischen Infanterie vor unseren Gräben auf. In Ihre lauten »Urrä«-Schreie mischten sich die klirrenden Geräusche der Panzerketten. Aber unsere Grenadiere wußten, worauf es in solchen Momenten ankam. Todbringende Salven aus ihren Maschinengewehren brachten den Angriff zum Erliegen. Auch unsere Pak bellte immer wieder dazwischen. Der ganze Kampf dauerte nur wenige Minuten. Dann zog sich der Feind erst einmal wieder zurück. Auf dem Schlachtfeld lagen 17 brennende T 34 und zahllose Gefallene und Verwundete.

Aber der Tag war noch lange nicht zu Ende. Eine Stunde später ging der Rabbatz wieder los. Diesmal wurden vom Feind noch mehr Panzer und Soldaten in den Angriff geworfen. Es gelang ihnen, die ersten beiden Gräben zu besetzen.

Unser Bataillon blieb bislang noch verschont. Doch kurz vor Mittag war plötzlich »der Bär los«. Ganze Panzerrudel und starke sowjetische Eliteverbände überrollen den dritten, vierten und fünften deutschen Schützengraben. Dann aber wurden sie durch unser schweres Abwehrfeuer zunächst einmal aufgehalten. In unserem Gefechtsstand herrschte ziemliche Aufregung. Etliche Verwundete wurden hereingetragen. Major Barall ließ Feldwebel Hartmann, den Führer der Jägerkompanie, zu sich rufen. Er kam sofort und baute sich in seiner gewaltigen Größe vor dem Major auf. Der fragte ganz ruhig: »Hartmann, wie stark ist ihre Jägerkompanie?« »42 Mann, Herr Major!« »Gut, dann machen Sie mit Ihren Männern sofort einen Gegenangriff! Und halten Sie mich dann auf dem Laufenden!« »Jawohl, Herr Major!« Dann eilte der wackere Haudegen hinaus zu seinen Kameraden. Nach 20 Minuten stand er wieder vor seinem Chef und meldete: »Beide Gräben zurückgeholt, Herr Major!« »Ich wußte es, Hartmann! Wie viele Leute haben Sie noch?« »26 Mann und drei Leichtverwundete!«

Nach einer weiteren Stunde trat der Russe erneut zum Angriff an. Diesmal war er noch stärker und gelangte sogar bis zum sechsten Graben. Feldwebel Hartmann mußte noch einen Gegenangriff starten. Eine halbe Stunde später kehrte er zurück, den rechten Arm verbunden und Blutspuren im Gesicht. Er meldete: »Vierten und fünften Graben wieder befreit. Sechsten auch!« Major Barrall war dankbar und stolz zugleich. Er fragte: »Wie viele Männer haben Sie noch, Hartmann?« »16, Herr Major!«

Am Frühen Nachmittag war es dann aber soweit. Der Feind hatte wiederum frische Kräfte in großer Zahl bereitgestellt. Wir konnten uns nur wundern, wo er die ganzen Reserven noch hernahm. Was wir alle befüchtet hatten, trat nun ein. Der Feind erstürmte, wenn auch unter großen Verlusten, den Berg. Auf dem Gipfel angekommen, begann ein ohrenbetäubender Lärm. »Urrä«-Rufe, Freudentänze, Salven aus Maschinenpistolen und der Gesang der »Internationale« waren aus unserem Keller deutlich zu vernehmen. Auch die rote Fahne sahen wir flattern.

Der Major rief noch einmal seinen alten Kämpfer, den Feldwebel Hartmann, zu sich: »Hartmann, legen Sie alle noch verfügbaren Männer um unser Haus herum! Ich versuche, Verstärkung zu bekommen!« Aus der Verstärkung wurde allerdings nichts. Wir waren eingekesselt. Um uns ein wenig Luft zu verschaffen, bat der Major alle Artillerifunker zu sich. Sie sollten bei ihren Einheiten Feuerunterstützung anfordern. Leider kam einer nach dem anderen zurück und meldete: »Ich kann keine Verbindung bekommen!« Der Major war verzeifelt. Er wollte liebend gern die Siegesfeuer über unseren Häuptern mit ein paar Granaten stören. Ich bot ihm an, den Versuch zu machen, mit unserem eigenen Art.Rgt. Verbindung aufzunehmen. Obwohl diese Querverbindung nicht vorgesehen war, erhielt ich auf Anhieb von der Gegenstelle Antwort. Ich rief: »Herr Major, ich habe Kontakt, was soll ich durchgeben?« Er antwortete: »Funken Sie im Klartext: Erbitte sofort konzentriertes Feuer auf Dohnasberg-Spitze!« Ich gab den Spruch unverzüglich durch und erhielt prompt eine entsprechende Bestätigung. Aber nach etwa drei Minuten kam die Rückfrage, ob das kein Irrtum sei, da wir selbst doch in unmittelbarer Nähe des Zielgebietes seien. Der Major bat mich zu antworten: »Kein Irrtum. Bitte sofort feuern!« Indessen hielten die »Siegesfeierlichkeiten« auf dem Berg unvermindert an. Der Wodka floß wohl in Strömen und der Gesang wurde immer lauter. Gespannt kauerten wir zwischen den vielen schreienden verwundeten Kameraden an den Fenstern, um zu sehen, was über uns geschah. Nach fünf langen Minuten war es dann endlich soweit. Zuerst hörten wir das Heranrauschen der Geschosse über uns hinweg, dann ertönten die Detonationen. Es krachte und donnerte als wär die Hölle los. Wir sahen abwechselnd Arme, Beine, Gewehre und Fetzen von der roten Fahne durch die Luft wirbeln. Der Feuerschlag dauerte nur einige Sekunden. Aber die Wirkung war so groß, daß plötzlich absolute Stille auf dem Berg eintrat. Der Feind war überrascht und zugleich ratlos. Das war unser Glück. Wir nutzten das allgemeine Durcheinander beim Gegner, um uns möglichst unauffällig abzusetzen. Es gelang uns, die Umklammerung zu durchbrechen.

Der Dohnasberg war verloren. Jetzt konzentrierten wir uns auf die Verteidigung der Stadt Gotenhafen. Die Straßenkämpfe waren äußerst hart und verlustreich. Wir verloren in Gotenhafen auch unser gesamtes schweres Kriegsgerät. Schließlich mussten wir den Kampf aufgeben. Boote setzten uns zur Halbinsel Hela über. Unsere 227. Infanteriedivision war fast völlig aufgerieben worden. Die Reste wurden von der 183. Infanteriedivision übernommen.

Zu den Verteidigern des Höhenzuges des Dohnasbergs gehörte auch das 366. Grenadierregiment. Udo Rittgen, damals Major im Generalstab, schreibt darüber:

Den beherrschenden Höhenzug der Dohnasberge verteidigte der Regimentskommandeur des Grenadierregiments 366, der 29jährige Oberstleutnant Schewe, Ritterkreuzträger und zwölfmal im Osten verwundet. Immer wieder gelingt es diesem tapferen Mann die Sowjets aus den Einbruchsstellen herauszuwerfen und seine Hauptkampflinie zu schließen. Am 22./23. März, nach stundenlangem Trommelfeuer, dem ein massierter Panzerangriff unzähliger T 34 folgten, geht der Höhenkomplex der Dohnasberge verloren. Oberstleutnant Schewe wird zum 13. und 14. Male verwundet und fällt aus. Damit bricht der Widerstand des Regiments zusammen. Noch einmal rafft die Division alle verfügbaren Kräfte zusammen. Da kein anderer Offizier zur Hand ist, übernimmt der Divisionsadjutant, Major Windschügel, die aus den Trümmern des Grenadierregiments 366 und anderen Teilen der Division zusammengesetzte Kampfgruppe. Mit großer Umsicht und ohne Rücksicht auf seine Person greift er in der Dämmerung den Feind auf den Dohnasbergen an. Es gelingt ihm tatsächlich, die beherrschenden Höhenzüge zurückzugewinnen. Um 21 Uhr funkt er zur Dvision: »Dohnasberg im Sturm genommen!« Um 22.00 Uhr funkt das Armeeoberkommando: »Major Windschügel wurde für seine hervorragende Tat das Ritterkreuz verliehen!« Um 24.00 Uhr funkt die Kampfgruppe vom Dohnasberg: »Major Windschügel bei der Abwehr eines feindlichen Gegenstoßes gefallen!«

Am nächsten Tag greift der Feind erneut an. Die Dohnasberge gehen wieder verloren. Der Gegner setzt stolz auf der höchsten Kuppe die rote Fahne. Damit ist der Kampf um die entscheidende Bastion an dieser Stelle der Brückenfront beendet, über Groß Katz-Adlershorst bricht der Feind zum Meer durch. Diesem Durchbruch ging ein Höllenzauber aller Waffen voraus, der jede Bewegung und Heranführung von Reserven sowie Eingreiftruppen verhinderte. Die Führungsstäbe der Division, die in den Häusern südlich des Steinberges bei Gotenhafen ihre Gefechtsstände aufgeschlagen hatten, wurden völlig gelähmt und mußten schwerste Artillerie- und Salven-Geschützfeuer über sich ergehen lassen. Die ganze Luft war von Dreck und Qualm erfüllt. Die Straße von Gotenhafen nach Zoppot lag unter pausenlosen Feuer und war in Dunst und Qualm kaum zu erkennen. Daß in diesem Feuerhagel noch immer das Rasseln der eigenen Maschinengewehre zu hören war, zeugte davon, daß die deutschen Landser bis zum letzten Augenblick kämpften.

Es war nur noch eine Frage der Zeit, wie lange Konteradmiral Sorge, Kommandeur der *Festung Gotenhafen*, diesen wichtigen Brückenkopf noch halten konnte. Noch blieben die Verteidiger dem massierten Feuerangriffen des Gegners nichts schuldig. Die deutschen Batterien, die rings um Gotenhafen standen, beschossen die sowjetischen Panzer, die zu einem großen Teil brennend liegenblieben.

Auch die schweren deutschen Küstenbatterien, griffen, soweit sie ihre Geschütze drehen konnten, in die Landkämpfe ein. Mitentscheidend für die erfolgreiche Verteidigung Gotenhafens war das konzentrierte Feuer des Linienschiffes *Schlesien*, der schweren Kreuzer *Prinz Eugen* und *Lützow*, mehrerer Zerstörer und Torpedoboote, sowie des Kreu-

Als Mitte März 1945 der Endkampf begann, griff der Kreuzer *Leipzig* von seinem Liegeplatz in Gotenhafen in die Bodenkämpfe ein und nahm sowjetische Bereitstellungen wirkungsvoll unter Feuer.

zers *Leipzig*, der von seinem Liegeplatz in Gotenhafen seine Salven abschoß.

Doch auf Dauer konnten die massiert angreifenden sowjetischen Truppen nicht aufgehalten werden. Mit ihrer zahlenmäßigen Überlegenheit erstürmten sie die deutschen Flak-Stellungen des äußeren Verteidigungsgürtels, nachdem zuvor die Stellungen von russischer Artillerie beschossen worden waren. Danach hatten Schlachtflieger und Bomber den Rest besorgt. Die letzten tapferen Flaksoldaten lieferten sich mit den Gegnern Nahkämpfe Mann gegen Mann. Hart bedrängt mußten die Verteidiger weichen und ihre Divisionen immer weiter zurückziehen, bis sich die Verteidigungsfront an die Vororte von Gotenhafen, Zoppot und Danzig anlehnte. 14 Tage nach Beginn der Großoffensive gegen Gotenhafen und Danzig gelang es sowjetischen Verbänden am 23. März 1945, westlich Zoppot die deutsche Front aufzureißen und weiter vorzustoßen.

Der Zerstörer *Z 34*, der nach seinem Einsatz in Kolberg als Begleitschutz den schweren Kreuzer *Lützow* in die Danziger Bucht begleitet hatte, erhielt den Befehl, Zoppot anzulaufen und die durchgebrochenen Panzer im Direktbeschuß zu erledigen. In den Mittagstunden des 23. März stieß *Z 34* aus dem Nebel heraus vierkant auf Zoppot und nahm die Feindpanzer mit dem vorderen 15-cm-Doppelturm unter Beschuß. Der Zerstörer schoß, was die Rohre hergaben, die sowjetischen Panzer suchten ihr Heil in der Flucht. Die Verteidigung von Gotenhafen hatte jetzt nur noch einen Sinn: Zeit zu gewinnen – für den Abtransport der letzten Flüchtlinge, der Einwohner und der Soldaten.

Zu den großen Einheiten, die in den letzten Tagen Gotenhafen verlassen hatten, bis in die letzte Ecke mit Verwundeten und Flüchtlingen belegt, gehörte auch das Lazarettschiff *Pretoria*. Schon bei der Übernahme von Verwundeten und Flüchtlingen wurde das Schiff von russischer Artillerie und von Tieffliegern beschossen. Beim Auslaufen wurde die *Pretoria* erneut unter Feuer genommen und zweimal getroffen. Es gab Tote und Verwundete. Doch das Schiff konnte seine Fahrt fortsetzen.

Die in Gotenhafen Zurückgebliebenen hatten mit dem Auslaufen der *Pretoria* die Hoffnung verloren, daß noch einmal ein Großschiff den stark gefährdeten Hafen anlief. Doch sie irrten.

Walter Rau – letztes Schiff aus Gotenhafen

Während ein sowjetischer Bomberverband Stadt und Hafen angriff, lief völlig unerwartet das Walfangmutterschiff *Walter Rau* in Gotenhafen ein. Den Kapitän des 13 700 BRT großen Schiffes schienen weder die Bomben noch das starke Artilleriefeuer zu stören. Gekonnt war es ihm gelungen, sein Schiff im Hafenbecken IV anzulegen, wo Tausende warteten. Die *Walter Rau*, ein Spezialschiff, hatte aber nur 300 Kojen und konnte im Höchstfalle 5000 Menschen aufnehmen, einschließlich der »Stehplätze« des Oberdecks. Am »Kai der Hoffnung«

Als letztes Flüchtlingsschiff verließ das Walfangmutterschiff *Walter Rau* Gotenhafen.

aber standen 10 000 oder mehr; dazu viele Sankas mit Verwundeten, die zuerst an Bord genommen wurden.

Kein Wunder, daß man das Schiff zu stürmen versuchte. Schiffsarzt Dr. Jesse berichtet:

Anfang März 1945 trat ich mein letztes Kommando im Kriege an: »Schiffsarzt *Walter Rau*« – zugegeben mit gemischten Empfindungen. Das Schiff, früher das modernste Walfangmutterschiff (13 750 BRT, 22 000 Ladetonnen), lag in Kiel in der Werft zum Umbau: Vor allem Bestückung mit starker Flak (Vierling, 2 cm) und Platz für 300 Flaksoldaten. Auf meinen Wunsch an Oberdeck einfache Latrinen mit Abfluß in die Speigatten(!). Das Schiff war für seine neu Aufgabe im Grunde ungeeignet: Schwerfällig im Manövrieren mit 167 m Länge, die großen Hohlräume voller Maschinen und Tanks für die Walverarbeitung, Eisendecks oder Greetings. Immerhin an Oberdeck ein komfortables Schiffslazarett mit Operationsraum und einem Raum mit Schlingerkojen. Das Schiffslazarett auf der Walter Rau lag – unüblich – auf dem Oberdeck, weil dort beim »Abspecken« der Wale viele schwere Unfälle möglich waren. Auf den Fangfahrten in der Antarktis war immer ein Chirug an Bord, zumeist Schüler von Prof. Sauerbruch, Berlin.

Meine Information durch den Sanitätschef hießen: Es kommen Zvilisten an Bord; wenn Verwundete, nur voll Versorgte. Mein Personal: 1 Krankenschwester (hervorragend), 1 Sanitätsgefreiter (Trottel). Sanitätsmaterial entsprechend, d.h. viel zu wenig.

Der Umbau war schwierig und zeitraubend: Alles Material war knapp, man war auf Improvisation angewiesen, keine zentrale Führung in Funktion (die freilich auch nicht bremsen konnte).

Das beste am Schiff war sein Kapitän, Willy Hoffmann, dessen seemännischen Qualitäten alle »Fahrgäste« der letzten Fahrten ihr Leben zu verdanken haben.

Irgendwann im März ging es dann los. Wir fuhren im Geleit (ein paar Minensuchboote) zusammen mit dem HAPAG-Luxusschif *New York* (22 337 BRT). Die *New York* fing sich bald nach dem Auslaufen im Vorschiff eine Mine und mußte zurücklaufen. Sie ist kurze Zeit danach von Fliegerbomben im Kieler Hafen versenkt worden. So fuhren wir alleine weiter Richtung Gotenhafen. Einige angreifende englische Flieger verjagte unsere Flak.

Am 24.3.45 sind wir im Morgengrauen in Gotenhafen eingelaufen. Der Hafen wurde erbitttert verteidigt, um den letzten Brückenkopf für Großschiffe noch zu halten. Jeder Tag konnte für Tausende Rettung bedeuten. Granatfeuer war aus den Vorstädten deutlich zu hören. Gotenhafen wäre früher gefallen, wenn nicht einige schwere Einheiten der Kriegsmarine (*Prinz Eugen, Lützow* u.a.) durch Beschuß von See her den russischen Vormarsch wirksam gestört hätten.

Unserem wackeren Kapitän gelang es – ohne Schlepperhilfe – in dem engen Hafenbecken IV das Schiff rückwärts an die Pier zu legen, um abends schnell auslaufen zu können. Ein seemännisches Meisterstück! Auf der Pier Zehntausende Flüchtlinge. Die Beladung des Schiffes erfolgte nach Öffnung der Pforten in Höhe der Pier und über eine Gangway zunächst verhältnismäßig geordnet, freilich mit Soldaten als Ordnern. Verwundete wurden durch die Seitenpforten an Bord gebracht. Meinen »Sani« hatte ich an der Gangway postiert mit einem Schild *Ärzte bitte melden*. Es meldete sich ein Sanitätsoffizier, trotz seiner Augenverwundung, der mir als Chirug sehr geholfen hat. Gegen Abend wurde es dann chaotisch, als Überfüllung drohte. schließlich waren über 6000 Menschen an Bord gekommen, auf den Eisendecks unter den Ölkochern unbeschreiblich zusammengepfercht. Es wurde höchste Zeit abzulegen. Die Pforten mußten schließen, die Gangway gewaltsam gehievt werden. Auf der Pier verzweifeltes Schreien der Zurückgebliebenen! Bei einbrechender Dunkelheit verließ die *Walter Rau* als letztes Großschiff, schon unter Beschuß, Gotenhafen. Für den Schiffsarzt und sein viel zu kleines Team begann Schwerstarbeit im kleinen Operationsraum, den wir drei Tage und Nächte kaum verlassen konnten. Auf dem Blechdach des Schiffslazaretts stand eine Vierlingsflak, die immer wieder schießen mußte, was einen ohrenbetäubenden Krach machte (und natürlich Gefährdung signalisierte). Erstaunlich eigentlich, daß alle – freilich nur äußerlich – die Ruhe bewahrten. Meine brave Schiffsschwester versorgte seelenruhig auch die in Schlingerkojen nebenan liegenden Hochschwangeren. Es kamen einige Babys zur Welt. Wenn es Jungens waren, bekamen sie den Vornamen des Kapitäns.

Natürlich waren hier nicht nur »Helden« am Werk. Ich würde mich selbst – ebenso wie die anderen – weder für tapfer noch furchtlos halten. Ich stelle mir vor, daß es in dem komplizierten System der menschlichen Psyche eine Art Regelmechanismus gibt, der in Fatalitäten, aus denen kein Ausweichen möglich ist, auf eine Art Kühlung schaltet, die Emotionen festzurrt! Die Zustände im Schiff waren kaum zu beschreiben: Frauen, Kinder, Verwundete, Sterbende aneinander gepackt, furchtbarer Gestank. Eine Versorgung unter Deck war unmöglich, mangels Sanitätspersonal. Es waren auch viel zu wenig Verbandsmittel, Narkotika etc. an Bord gekommen. Es fehlte an ausreichender Verpflegung für Tausende. Dabei war am schlimmsten das Fehlen von Milch für die Kleinsten. Erwachsene überleben schon ein paar Tage ohne feste Nahrung.

Wer die Ausrüstung der Schiffe kritisiert (in Einzelfällen zu Recht), darf nicht vergessen, daß die Riesenaktion mit Tausenden von Schiffen mitten im totalen Zusammenbruch ohne zentrale Führung von mittleren und unteren Stäben, vor allem auch von Einzelpersonen bewältigt wurde!

In Gotenhafen waren ca. 2000 unversorgte und z.T. Schwerstverwundete geladen worden. Letztere ohne Chance, da es keine Aufzüge zum Oberdeck gab. Natürlich wäre ein Chirugen-Team besser gewesen als ein einzelner Internist. Aber der war gerade greifbar (da gerade vom Balkan-Rückzug hier gelandet) und wohl besser als gar keiner. Und einiges an Kriegschirugie hatte mich der Krieg gelehrt.

Die *Walter Rau* lief bei ruhiger See weiter gen Westen. Nur noch selten Fliegerangriffe, ohne Folgen. Nach drei oder vier Tagen liefen wir in Kopenhagen ein. Die Ausschiffung dauerte einen ganzen Tag. Es mußten auch Tote an Land gebracht werden. Auch einige Babys, zu denen sich keine Eltern meldeten.

Elli Kruppa, 19 Jahre alt, hatte am 21. Januar Allenstein verlassen. Fast zwei Monate, mit vielen Zwischenaufenthalten, war sie unterwegs, bis sie am 20. März 1945 Gotenhafen erreichte. Sie hatte Glück, als allerletzter Passagier auf die *Walter Rau* zu gelangen – auf einer Strickleiter, die vom Bug des Schiffes herabhing, da die Gangway bereits eingezogen war. Elli Kruppa:

Nachdem ich in Danzig kein Schiff gefunden hatte, begab ich mich nach Gotenhafen. Dort sollten mehr und größere Schiffe im Hafen liegen. Ich fand auch eine Unterkunft in einem Haus am Ende der Stadt. Es war wohl der 22. März, als das Gerücht aufkam, alle Zivilisten müß-ten sofort Gotenhafen verlassen, da der Russe Gotenhafen dem Erdboden gleichmachen wollte. Und ich glaubte diesem Gerücht, weil noch am gleichen Tage nicht nur die Artillerie in die Stadt schoß, sondern die Stadt auch von Flugzeugen bombardiert und beschossen wurde. Als ich mit anderen Hausbewohnern nach draußen floh, regnete es förmlich Granat- und Bombensplitter, und wir mußten sofort in einem Keller Schutz suchen. Bei diesem Angriff sind viele Menschen umgekommen und noch mehr verwundet worden. Ich hatte vor einer Verwundung Angst; lieber hätte ich gleich tot sein wollen.

Einen Tag später, am 23. März, begannen die Fliegerangriffe und der Artilleriebeschuß noch früher, sofort nach dem Hellwerden. Von Stunde zu Stunde wurde es schlimmer. Wenn ich jetzt nicht mehr aus Gotenhafen herauskomme, dachte ich, dann falle ich doch noch den Russen in die Hände. Denn lange konnte es nicht mehr dauern, bis sie zum letzten Sturm auf die Stadt ansetzten.

Durch Zufall hörte ich, daß im Hafen ein großes Schiff eingelaufen wäre, ein riesengroßer Fischdampfer. Sofort erwachte in mir neuer Lebensmut. Mit diesem Schiff muß ich raus aus dieser Stadt. Ich hatte das Glück, daß in unserem Haus ein alter Mann wohnte, der im Hafen arbeitete. Er bot mir an, mich mit in den Hafen zu nehmen. Darüber war ich sehr froh, denn ich war noch nie dort gewesen und wußte auch nicht, in welchem Hafenbecken das Schiff angelegt hatte.

Der Weg zum Hafen war lang und nicht ungefährlich. In den Straßen, in die dauernd Granaten einschlugen, brannten viele Häuser, die zusammenstürzten, und man mußte sich vorsehen, auf der Straße nicht von Häusertrümmern getroffen oder sogar erschlagen zu werden. Endlich kamen wir im Hafen an und ich sah plötzlich das große Schiff vor mir. Es war kein Fischdampfer wie mir mein Begleiter erklärte, sondern das Walfangmutterschiff *Walter Rau*. Das Schiff schien bereits beladen zu sein. Auf dem Oberdeck standen viele Menschen und sahen auf dem Kai herab, auf dem noch Tausende standen und noch auf das Schiff wollten. Aber keiner wurde mehr aufgenommen. Der Kai vor dem Schiff war durch Wachposten abgeschirmt, keiner kam mehr durch.

Doch meinem Begleiter gelang das. Er hatte einen Sonderausweis, da er zum Hafenpersonal gehörte. Er zeigte ihn vor und erklärte: »Ich muß noch meine Tochter auf den Dampfer bringen!« Das war meine Rettung. Als ich an den Menschen vorbeiging, die hinter der Absperrung standen, sah ich, wie Frauen mit Kindern auf den Armen auf den Knien liegend die Wachposten anflehten, noch durchgelassen zu werden, um auf das Schiff zu kommen. Das aber war nicht mehr möglich, denn die Gangway war bereits eingezogen. Es gab keine Möglichkeit mehr, an Bord zu gehen, auch für mich nicht.

Mein Begleiter sprach den wachhabenden Offizier an, der am Kai stand: »Meine Tochter muß unbedingt noch mit!« »So«, sagte dieser, »kann sie klettern?« Ich sagte: »Ja«, ohne zu wissen, was mir bevorstand. Wir gingen zum Vorschiff, dort hing eine Strickleiter herab. Ein Matrose stand an der Leiter, die frei schwebte. Er hielt sie fest und sagte zu mir: »Dann klettere mal Mädchen, sieh aber nur nach oben und nicht nach unten!« Ich bekam Angst. Die Schiffswand war so hoch wie ein mehrstöckiges Haus. Aber ich faßte Mut, denn das hier war mit Sicherheit meine letzte Rettung. Ich begann zu klettern, Sprosse für Sprosse. Der Anfang war am schwersten, denn die Leiter schwebte frei in der Luft, nur von dem Matrosen festgehalten, über dem Wasser zwischen der Kaimauer und dem Schiffsbug. Ich befolgte den Rat, nicht nach unten zu sehen. Erst als ich oben am Ende der Leiter war und mich ein Matrose auf das Deck hob, blickte ich nach unten und sah die gewaltige Höhe und meinen Begleiter, der mir vom Kai aus zuwinkte.

Kurze Zeit später setzte sich das Schiff in Bewegung. Der Abstand von der Kaimauer und dem Schiff wurde immer größer. Plötzlich entsetzliche Schreie. Mitten in die Menschen auf dem Kai schlugen Granaten ein. Alles, was noch lebte, stob auseinander. Die Russen hatten mit einem neuen Artillerieüberfall begonnen und beschossen den Hafen und die Stadt. Überall brannte es.

Inzwischen war es dunkler geworden; ich begab mich unter Deck, um ein Bleibe zu suchen. Ich besaß ja nur noch das, was ich am Leibe trug. Gepäck hatte ich nicht mehr. Die letzte Tasche hatte ich am Kai vor der Strickleiter stehen lassen.

Jetzt erst sah ich, wie voll das Schiff war, auch alle Gänge. Es handelte sich zumeist um verwundete Soldaten, zum Teil mit blutdurchtränkten oder vereiterten Verbänden. Überall lagen sie herum und stöhnten. Es war ein Bild des Elends, und man konnte nicht helfen.

Da erfolgte plötzlich eine Lautsprecherdurchsage. Es wurden junge Frauen gesucht, die bei der Verwundeten-

betreuung helfen konnten. Ich meldete mich sofort. Mir wurde ein Quartier in einer Kabine zugewiesen und mehrere Kabinen in denen Verwundete lagen. Jede Kabine war doppelt und dreifach belegt. Man drückte mir eine große Molkereikanne mit Haferschleim in die Hand und einige Scheiben geschnittenes trockenes Brot – die Abendmahlzeit für die Verwundeten. Viele, auch ich, hatten im Augenblick keinen Hunger. Wir waren froh, dem Inferno in Gotenhafen in letzter Minute entkommen zu sein. Als ich die Soldaten mit ihren Verwundungen sah, spürte ich erst eine innere Dankbarkeit, noch gesund und unverletzt zu sein.

Verwundete zu betreuen – ich hatte das noch nie gemacht; es war doch viel schwerer, als ich mir vorgestellt hatte. Aber ich schaffte es. Viele lagen apathisch in ihren Kojen. Da einige Urin lassen mußten, aber nicht aufstehen konnten, suchte ich im Schiff nach Blechdosen, Eimern und Gefäßen. Dann fing ein Soldat plötzlich fürchterlich an zu schreien. Er schrie nach einem Arzt. Doch wo sollte ich unter diesen vielen Menschen auf dem Schiff einen Arzt oder eine Krankenschwester finden? Auf meiner Suche begegnete ich einem Schiffsoffizier, der mir den Weg bis zum obersten Deck wies. Es gab tatsächlich einen Arzt auf dem Schiff; einen einzigen Arzt für zwei oder dreitausend Verwundete. Später soll man noch einen Arzt unter den leichter Verwundeten gefunden haben.

Der Arzt kam. Als er dem noch immer schreienden Verwundeten die Decke wegzog, wurde mir fast übel. Ein Granatsplitter hatte dem Soldaten den halben Hintern und einen Teil des Hodens weggerissen. Alles war feuerrot entzündet, der arme Mann, nicht älter als ich, mußte fürchterliche Schmerzen haben. Er war wohl seit seiner Verwundung nicht ärztlich versorgt worden. Der Arzt schickte mich in die Schiffsküche, um heißes Wasser zu holen. Dann holte ich aus dem Schiffslazarett Verbandszeug. Da der Verwundete nicht transportfähig war, mußte er in der Kabine behandelt werden. nachdem der Mann eine Spritze erhalten hatte, wurde er ruhiger; er blieb am Leben.

Viele starben aber sang und klanglos. Auch in meiner Kabine starb noch in dieser Nacht ein Verwundeter mit Lungensteckschuß.

Im Schiffsinneren herrschte ein fürchterlicher Gestank, es roch nach vereiterten Verbänden, Urin, ungewaschenen Menschen, es war kaum noch auszuhalten. Da ich wußte, hier würde ich keinen Schlaf finden, bemühte ich mich, auf das freie Oberdeck zu gelangen. An der Tür zum freien Deck stand ein Matrose, der offensichtlich Wache halten sollte. Er hatte sich aber hingesetzt und schlief. Deshalb konnte ich ungehindert nach draußen. Endlich frische Luft. Ich atmete durch und spürte, daß die Märznacht überhaupt nicht kalt war, der Himmel war bedeckt und es war dunkel. Auf dem Deck sah ich einen großen Haufen Decken. Als ich merkte, daß ich müde wurde, zog ich eine Decke über mich und schlief ein.

Erst im Morgengrauen wachte ich auf und sah um mich. Ich hatte auf dem Haufen Decken gut und weich geschlafen. Allerdings wunderte ich mich, daß hier an Oberdeck so viele Decken herumlagen. Ich beschloß mir eine dieser Decken mit in meine Kabine zu nehmen. Als ich eine der Decken aufhob, erschrak ich fast zu Tode. Ein Arm kam zum Vorschein. Als ich die zweite hochnahm, erkannte ich, worauf ich geschlafen hatte – auf einem Haufen Leichen. Mir wurde für einen Augenblick schwindelig, ich war nicht fähig einen klaren Gedanken zu fassen. Dann lief ich unter Deck, so schnell ich konnte, in meine Kabine.

Den ganzen Tag über bewegte mich der Leichenberg auf dem Achterdeck des Schiffes. Gegen Mitternacht schlich ich mich noch einmal nach oben auf das Deck. Ich wunderte mich schon, das an der Tür kein Posten mehr stand. Ungehindert betrat ich das Deck. Es war leer. Ich sah weder Decken noch Leichen. Man hatte die Leichen der See übergeben.

Als die *Walter Rau* nach einigen Tagen in Kopenhagen einlief und ich meine Fahrt in ein Flüchtlingslager in Dänemark antrat, dachte ich immer noch an die Nacht auf dem Leichenberg.

Das Inferno der letzten vier Tage

Als sich die *Walter Rau* auf dem Weg nach Kopenhagen befand, trat der Endkampf um Gotenhafen in seine letzte entscheidende Phase. Sie begann am Palmsonntag, dem 23. März, und dauerte vier Tage.

Bereits am frühen Morgen dieses Tages steigerten die sowjetischen Angreifer das Artilleriefeuer mit schweren Kalibern zu einem wahren Feuersturm, der den ganzen Tag über fast pausenlos anhielt. Während von der Landseite aus die Granaten im Zentrum der Stadt und im Hafen einschlugen, belegten die auf See liegenden deutschen Zerstörer die sowjetischen Stellungen am westlichen Stadtrand mit ihren 15-cm-Salven.

In der Nacht zuvor hatten mehrere Munitionsdampfer noch einmal Munition in Gotenhafen-Oxhöft ausgeladen und Verwundete und Flüchtlinge mitgenommen.

Nachdem es dem Gegner gelungen war, erneut tiefe Einbrüche bei Hochredlau und Wittomin zu erzielen, war eine weitere Verteidigung von Gotenhafen nahezu sinnlos geworden. Deshalb befahl das

Das Postamt war in den letzten Tagen hart umkämpft.

VII. Panzerkorps, das im Brückenkopf Gotenhafen führte, die Aufgabe der Stadt und den Abzug aller Kräfte. Da sich in den Häusern und Kellern noch immer Zivilisten versteckt hatten, wurde gegen Mittag des 26. März befohlen, sie zusammenzusuchen und, wenn nötig mit Gewalt, zu den Anlegestellen der Marine am Fuße des Steinbergs zu bringen. Die Ausführung dieses Befehls gestaltete sich sehr schwierig, da fast alle Straßen und Häuser von der Artillerie beschossen wurden. Obwohl die Parteidienststellen tagelang zuvor alle Zivilisten aufgefordert hatten, sich im Hafen einzufinden, waren einige hundert in den Häusern, zumeist in Kellern, aus Lethargie, Resignation oder Furcht vor der Flucht über See, verblieben. Die meisten von ihnen konnten noch im letzten Augenblick von der Marine nach Oxhöft oder Hela gebracht werden.

Unterdessen war der Großangriff auf den Stadtkern voll entbrannt. Am Stadtrand im Süden und Westen lieferten sich Angreifer und Verteidiger in den sandigen Kiefernwäldern und in den Wohnbezirken zwischen Steinberg und dem Forst heftige Gefechte. Kompanien der 215. Infanteriedivision und der 32. Infanteriedivision kämpften in den Wäldern südlich der Steuermannschule an der Straße nach Wittomin und der Fehrberliner Straße Mann gegen Mann gegen einen übermächtigen Gegner. Der Gefechtsstand der 215. Infanteriedivision in der Steuermannschule geriet rasch in die Hauptkampflinie; die Division verblutete in wenigen Stunden. Unweit der Schule in der Albert-Forster-Straße, verteidigten Reste der 215. I.D. jedes Haus, die 32. I.D. verteidigte den Baltenberg, der den Russen ein freies Schußfeld auf den Hafen und die Stadt geboten hätte. Diese verzweifelte Gegenwehr war notwendig, um den Abtransport der noch in Gotenhafen befindlichen Soldaten zur Oxhöfter Kämpe sicherzustellen.

Am Abend des 26. März mußte sich die 215. I.D. auf den westlichen Teil des Hafens zurückziehen und das Stadtzentrum aufgeben. Am späten Abend räumten die letzten Kampfgruppen den Steinberg. Die Verteidiger gaben aber noch immer nicht auf, sie richteten ihren Gefechtsstand in einem Hochbunker auf der Hafenmole am Hafenbecken IV ein. Udo Rittgen, Major im Generalstab, befand sich in der Nacht vom 26. zum 27. März im Befehlsstand im Hochbunker im Hafenbecken IV:

Uns brachte die Nacht vom 26. zum 27. März noch gewaltige Anstrengungen. Die Loslösung der Truppen vom Feind war zunächst unmöglich, da der Gegner scharf angriff und alle Wege und Straßen mit Feuer überschüttete. Auch nach Gotenhafen hinein schlägt pausenlos Artilleriefeuer. Die Stadt brennt an vielen Stellen, die Leitungen der Straßenbahnen hängen kreuz und quer herab. Überall sind Trichter, und nur in höchster Fahrt kann man das Zentrum der Stadt passieren, um den Feuerüberfällen der Artillerie und der Salvengeschütze zu entgehen. Die Division hat ihren Gefechtsstand in einem Hochbunker im Hafenbecken IV eingerichtet. Hunderte von Menschen haben hier Zuflucht und Schutz vor Bomben und Granaten gefunden. Da sich niemand weiter weg wagt, verrichten die Menschen ihre Notdurft unmittelbar vor oder neben den Eingängen. Es herrscht ein bestialischer Gestank. Dazu immer neu auflodernde Brände durch das Artilleriefeuer des Feindes, aber auch durch eigene Zerstörungstrupps, die dafür sorgen, daß den Sowjets keine wertvollen Anlagen in die Hände fallen. Gotenhafen ist ein Inferno, kaum vorstellbar für den, der den Untergang einer Stadt und Festung nicht miterlebt hat. In den einzelnen Abteilungen und Stockwerken des Bunkers arbeiten die Führungsorgane der Truppen, sie fertigen Befehle aus, nehmen Meldungen entgegen. Da kommen Leute an, die wissen wollen, wohin Bestände verlagert werden sollen. Was wann und wo gesprengt und vernichtet werden soll. Da arbeiten Ärzte fieberhaft, verbinden Wunden, lassen Tote heraustragen, helfen Frauen, Kinder zur Welt zu bringen. Als ich einen Arzt unserer Sanitätsabteilung suche, trete ich am Eingang eines Raumes auf etwas Hartes. Als ich hinschaue, ist es ein Finger, an dem noch ein Ring steckt. Mich schaudert.

Über Gotenhafen weht die rote Fahne

In der Nacht vom 25. zum 27. März war es den deutschen Kommandostellen gelungen, alle rückwärtigen Einheiten und Trosse und die gesamte Divisionsartillerie nach Oxhöft zu überführen. Zu hoffen blieb, daß es auch den abgekämpften

Das Café Berlin in der Hermann-Göring-Straße gehörte einst zu den beliebtesten Treffpunkten der in Gotenhafen stationierten Marinesoldaten.

Infanterieeinheiten noch gelingen würde, sich unbemerkt vom Feinde zu lösen und die Oxhöfter Kämpe zu erreichen.

Im Laufe des 27. März setzte die Marine alle noch fahrbaren Wasserfahrzeuge ein, darunter auch einige Schnellboote, um die letzten Verwundeten, danach Frauen und Kinder herauszuholen. Die Beladung erfolgte unter dem Feuerschutz der deutschen Kriegsschiffe. Erst am nächsten Tag, dem 28. März, setzte der Feind zum letzten Angriff an

Das Café Berlin
Ende März 1945.

und setzte nochmals alles ein, was schießen konnte. Gotenhafen war ein Hexenkessel. Dazu trugen auch die deutschen Sprengkommandos bei, die alles in die Luft jagten, was den Sowjets von Nutzen sein könnte. An vielen Orten der Innenstadt und im Hafen wirbelten Steine, Metall, Betonbrocken und Munitionslager in die Luft. Im Artilleriefeuer ging das MG- und Gewehrfeuer der sowjetischen Soldaten unter, die Haus um Haus und Straße um Straße besetzten.

Im Gefechtsstand im Hochbunker auf der Hafenmole IV wartete man auf die Meldung, daß die Absetzbewegung gelungen ist. Major i.G. Rittgen berichtet:

Gegen 22.00 Uhr trifft die Meldung ein, daß die Loslösung vom Feind gelungen ist. Uns fällt ein Stein vom Herzen. Wenn einer es verdient hat, der russischen Gefangenschaft zu entgehen, dann sind es die Landser unserer Grenadierregimenter.

Die Division entschließt sich, den Gefechtsstand im Hochbunker auf der Hafenmole IV bis 24.00 Uhr besetzt zu halten und dann mit einem Boot nach der Oxhöfter Spitze überzusetzen. Kurz vor 24.00 Uhr gibt es noch einen Zwischenfall. Ein Schlepper zieht das Schlachtschiff *Gneisenau* vor die Hafeneinfahrt. Es soll dort auf Grund gesetzt werden und den Hafen sperren. Ich versuche von

der Molenspitze eine Verständigung mit dem Offizier auf der Brücke und mache darauf aufmerksam, daß vor 1.00 Uhr die Hafenausfahrt nicht versperrt werden darf, da wir sonst in der Falle säßen. Der Mann – ich kann ihn im Dunkeln nicht erkennen – beruft sich auf einen Führerbefehl. Da packt mich die Wut und ich drohe ihm, wir würden mit unseren MGs und Panzerfäusten den Schlepper unter Feuer nehmen, wenn mit der Aktion nicht gewartet wird. Ich setze mich durch und es gelingt, bis 0.30 Uhr noch 70 bis 100 Personen, darunter viele Verwundete, nach der Oxhöfter Spitze zu überführen.

Gegen 0.15 Uhr verlasse ich mit dem Ia der Division, Major i.G. Rehfeld, und unseren Ordonnanzoffizieren, Funkern und Meldern als letzte Soldaten den Divisionsgefechtsstand Hochbunker. Hinter uns schlagen die Flammen gen Himmel, fliegen die Depots in die Luft und bersten die Mauern der unglücklichen Stadt. Wenige Minuten später gelangen wir auf einer Barkasse durch die Hafeneinfahrt ins Freie, geben der Schlepperbesatzung der *Gneisenau* das vereinbarte Zeichen, die Versenkungsaktion und Sprengung des Schlachtschiffes durchzuführen, und gelangen gegen 1.30 Uhr trotz unzähliger Bombenabwürfe russischer Störflieger an die Oxhöfter Spitze. Am nächsten Morgen weht über den rauchenden Trümmern Gotenhafens das rote Tuch mit Hammer und Sichel.

Die polnische Hafenstadt Gdingen wurde nach der Besetzung durch deutsche Truppen im September 1939 umbenannt in Gotenhafen, auch die Straßen erhielten neue Namen, zumeist von Nazigrößen. In den folgenden Kriegsjahren wurde die Stadt zum größten Kriegshafen in der östlichen Ostsee ausgebaut und als Ausbildungsstandort für den U-Boot-Nachwuchs genutzt.

Seite 134/135: Der Ostseehafen als Marinestützpunkt. *OA*

Gotenhafen: Adolf-Hitler-Platz. *OA*

Als in den letzten Januartagen die westpreußische Stadt Elbing in Gefahr geriet, von sowjetischen Truppen, die bis zur Stadtgrenze vorgestoßen waren, besetzt zu werden, flohen mehrere tausend Elbinger nach Gotenhafen. *OA*

Im Januar 1945 wurde Gotenhafen zur Flüchtlingsstadt. Ostpreußen, zumeist Frauen mit Kindern, kamen über das zugefrorene Frische Haff und über die Frische Nehrung nach Gotenhafen oder wurden mit kleineren Schiffen aus Pillau angelandet. *OA*

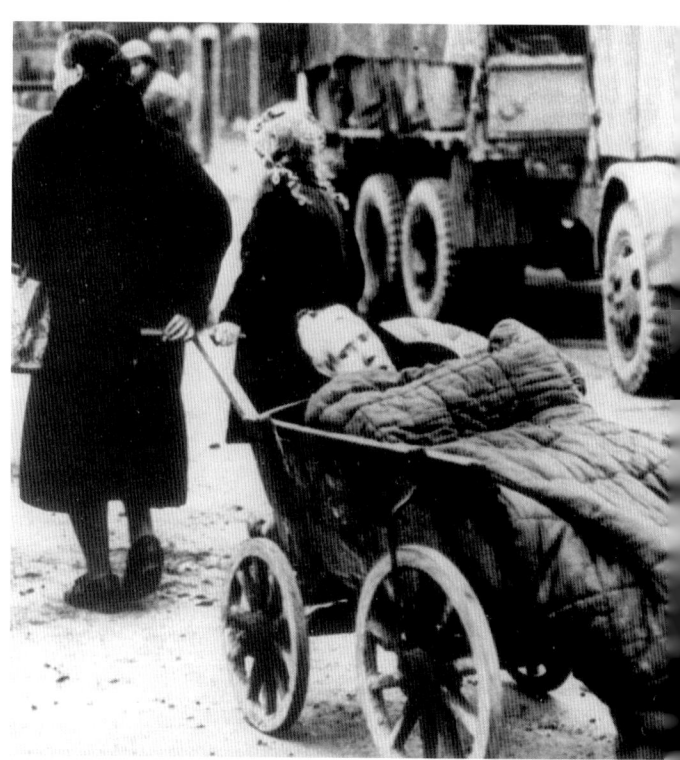

Beim Näherkommen der Front wollten sich auch die Bewohner von Gotenhafen rechtzeitig in Sicherheit bringen und marschierten zum Hafen. Ein Bild der Flucht: Mutter und Tochter, die Oma im Handwagen hinter sich herziehend. *OA*

In Gotenhafen begannen am 25. Januar 1945 die großen Passagierschiffe, die hier seit mehreren Jahren von der Kriegsmarine als »Wohnschiffe« – schwimmende Kasernen – genutzt wurden und in wenigen Tagen zu »Massentransportschiffen« umgerüstet wurden, mit der Einschiffung von Flüchtlingen.

Das mit 27 571 Bruttoregistertonnen größte Schiff der Flotte der Flüchtlingsschiffe, die »Cap Arcona«, nahm über 10 000 Menschen an Bord. *HSDG*

Das ehemalige KdF-Schiff »Wilhelm Gustloff« (25 484 BRT), das für etwa 1500 Passagiere als Kreuzfahrtschiff gebaut worden war, nahm bis zum Mittag des 30. Januar 1945 in Gotenhafen-Oxhöft 10 582 Menschen, davon 8 956 Flüchtlinge auf. Nach sieben Stunden Fahrt wurde das Schiff um 21 Uhr 16 von drei russischen Torpedos getroffen und sank

um 22 Uhr 18. 9 343 Menschen fanden bei dieser größten Schiffskatastrophe der Geschichte den Tod.

Zu den großen Passagierschiffen, von denen jedes einige tausend Flüchtlinge über die Ostsee retten konnten, gehörten:

Dampfer »Hansa«.
HAL

Dampfer »Antonio Delfino«.
HSDG

Dampfer »Oceana«.
HAL

Dampfer »Potsdam«. *NDL*

Dampfer »Monte Rosa«.
HSDG

Zur Beförderung von Flüchtlingen aus Gotenhafen wurden auch viele kleinere Schiffe eingesetzt, hierzu gehörten u.a.:

»Hektor«.
DAL

»Osnabrück«.
NDL

»Rügen«.
Griebel

»Regina«.
Griebel

Auch Kriegsschiffe, die von Gotenhafen nach Westen liefen, nahmen Flüchtlinge mit. Der Schwere Kreuzer »Admiral Hipper«, der am frühen Abend des 30. Januar 1945 von Gotenhafen nach Kiel lief, nahm zuvor 1 200 Flüchtlinge aus

einem Kinderheim und einem Säuglingsheim an Bord. Mit voller Fahrt erreichte er schon nach wenigen Stunden seinen Zielhafen.
OA

Zurück ließen die Deutschen, als sie Gotenhafen geräumt hatten, fast nur noch Trümmer, wie diese beiden polnischen Aufnahmen zeigen. *PPA*

Vor der Räumung Gotenhafens hatten deutsche Pioniere den Kai des Hafenbeckens I gesprengt. *PPA*

6 Danzig
Die Festung fällt im Feuersturm

ie alte Hansestadt Danzig, die zu Beginn des Zweiten Weltkriegs wieder dem Deutschen Reich angegliedert wurde, gehörte bis zum Jahresende 1944 zu den letzten »Oasen der Ruhe« in Deutschland. Luftangriffe mit größeren Schäden hatte es bisher nicht gegeben.

Doch Mitte Januar 1945 war es auch in Danzig mit der Ruhe vorbei. Die Rote Armee überschritt die Grenzen Ost- und Westpreußens. Vor der 2. Weißrussischen Front des Marschalls Rokossowski wälzte sich ein ständig wachsender Flüchtlinsstrom nach Westen, der in der letzten Januarwoche auch

Danzig, die alte und freie Reichs- und Hansestadt, blieb bis Ende 1944 vom Krieg so gut wie verschont.

**Ein Wahrzeichen der Stadt:
Das Krantor an der Mottlau.**

die Danziger Bucht erreichte. In Danzig und Gotenhafen liefen viele Eisenbahnzüge ein, bis auf den letzten Platz mit Flüchtlingen vollgepropft; dazu spülten viele kleinere Schiffe, von Pillau kommend, ihre Menschenfracht in die Häfen. Die Flüchtlinge hofften nach tagelanger Bahnfahrt in ungeheizten Zügen, oft in Güterwagen; nach strapaziöser Flucht über die Frische Nehrung und das Frische Haff bei klirrender Kälte, in Danzig und Gotenhafen Schiffe zu finden, die sie über die Ostsee nach Westen bringen würden.

In Gotenhafen und in Danzig-Neufahrwasser lagen die großen Passagierschiffe der Hamburg-Süd, der Hapag, des Norddeutschen Lloyd und anderer Reedereien. Die Kriegsmarine hatte sie bei Kriegsbeginn zu *Hilfsbeischiffen* umfunktioniert, die als Wohnschiffe und »schwimmende Kasernen« dienten. Die großen Pötte versprachen etwas Wärme und vor allem Sicherheit.

Daß auch die Flucht über die Ostsee tödlich enden konnte, wurde schon am 31. Januar 1945 klar: die am Vortag ausgelaufene *Wilhelm Gustloff* mit 6600 Menschen an Bord wurde von einem sowjetischen U-Boot torpediert. »Nur wenige« seien gerettet worden, erzählte man sich voll Entsetzen. Genaues wußte niemand. Doch das Risiko einer Flucht über die See war auch dem Letzten klar geworden. Trotzdem: Den meisten, vor allem Müttern mit Kindern und alten Leuten, blieb kaum eine andere Wahl; zumal von Tag zu Tag weniger Eisenbahnzüge nach Westen fuhren – und wenn, dann total überfüllt und auf der Fahrt sowjetischen Tieffliegerangriffen ausgesetzt.

Das Speicherviertel wie es war.

Die »Flüchtlingsschuppen«
in Neufahrwasser

Konteradmiral Konrad Engelhardt, der *Seetransportchef Ostsee*, war über die Situation in Danzig voll informiert. Er ahnte, daß der Hafen von Danzig-Neufahrwasser in den nächsten Wochen das Fluchtziel Hunderttausender werden würde. Der Abtransport mußte in die Hand eines erfahrenen Kapitäns gelegt werden. Engelhardt, ein ehemaliger Handelsschiffskapitän, kannte eine Reihe bewährter Leute. Seine Wahl fiel auf den 38jährigen Heinrich Schuldt, Kapitän bei der Reederei Laeisz. Schuldt war auf vielen Handelsschiffen gefahren und 1940 zum Kapitän befördert worden. Admiral Engelhardt fand ihn auf einem Offizierslehrgang für *Sonderführer* der Kriegsmarine in Stralsund. Als *Sonderführer* im Range eines Leutnants, übernahm die Kriegsmarine in den letzten Kriegsjahren Handelsschiffskapitäne und Decksoffiziere, sofern sie noch nicht der Kriegsmarine als Reserveoffiziere angehörten.

In einem Blitzgespräch informierte Engelhardt Käptn Schuldt: »Schuldt, Sie übernehmen ab sofort die Aufgabe eines Einschiffungsoffiziers der Kriegsmarinedienststelle Danzig. Setzen Sie sich sofort in Marsch. Ich schicke Ihnen ein Schnellboot, das sie hinbringt. Melden Sie sich dort bei dem Chef der KMD, Fregattenkapitän Bartels. Er gibt Ihnen weitere Instruktionen!« Das wars.

Schuldt traf am 1. Februar 1945 gegen 16.00 Uhr in Danzig -Neufahrwasser ein. Das Bild, das sich ihm bei der Ankunft bot, war erschreckend. Der mehrere hundert Meter lange Südkai des Freihafens stand voller Fahrzeuge und Fährprähme. Aus Booten und Prähmen, Landungsbooten und kleinen Küstenfahrzeugen stiegen Flüchtlinge aus, Verwundete humpelten über den leicht verschneiten Kai. Es mochten 10 000 oder noch mehr Menschen sein.

Der Kapitän sah die Masse der Verwundeten, der Frauen und der Kinder, denen eine eiskalte Nacht unter freiem Himmel bevorstand. Schuldt ging an den großen Hafenschuppen entlang. Einer davon konnte von seiner Dienststelle, der KMD Danzig,

belegt werden. Darin würde er aber nur einen Teil der Verwundeten unterbringen können, für die Leichtverwundeten sowie für Frauen und Kinder war hier kein Platz. Schuldt ging von Schuppen zu Schuppen, rüttelte an den Türen, alle waren verschlossen und leer, wie er vermutete. Schuldt spürte den für die Hafengebäude verantwortlichen Offizier auf. Doch der Oberstleutnant rückte die Schlüssel nicht heraus, selbst der Hinweis auf die Verwundeten, die Frauen und die Kinder fruchtete nichts. Schuldt, ein Mann der sich in der christlichen Seefahrt vom Schiffsjungen bis zum Kapitän hochgearbeitet hatte, gab nicht auf. Er stellte kurzerhand ein Ultimatum: »Entweder Sie geben mir innerhalb der nächsten zehn Minuten den Schlüssel, oder ich lasse die Schuppentüren aufbrechen!« Die Antwort: »Dann stelle ich Sie vor ein Kriegsgericht!«.

Schuldt wartete den Ablauf des Ultimatums nicht mehr ab. Er griff sich in der nächstbesten Gerätekammer einen Vorschlaghammer und schlug die Schlösser von den Toren. Die meisten Schuppen waren leer, in einigen Ecken lag Wehrmachtsgut, in anderen Lebensmittel, die rasch Abnehmer fanden. Zu Tausenden strömten die Flüchtlinge und Verwundeten in die Schuppen. Sie waren froh, endlich ein Dach über dem Kopf zu haben. Nur das zählte.

Als Schuldt am nächsten Vormittag Besuch angekündigt wurde, schwante ihm Schlimmes. Doch als er sah, wer die Besuchsgruppe anführte kamen ihm Zweifel an seiner Verhaftung – es war Generaloberst Weiß, Oberbefehlshaber der 2. Armee. In seiner Begleitung befanden sich der *Admiral Östliche Ostsee*, Admiral Burchardi; Vizeadmiral Rogge; der Festungskommandant von Danzig, General Specht; der Generalarzt der 2. Armee, Dr. Oehlmann; weitere Offiziere und – der Oberstleutnant, der die Herausgabe der Schlüssel verweigert hatte.

Kurz und knapp berichtete Schuldt, wie er sich die Lösung seines Auftrages vorstellte. Generaloberst Weiß klopfte ihm auf die Schulter: »Gut gemacht Leutnant – weiter so«. Fregattenkapitän Bartels machte Generaloberst Weiß darauf aufmerksam, das Schuldt Kapitän der Handelsmarine sei. Weiß verbesserte: »Gut gemacht, Herr Kapitän!«

Von nun an erhielt Kapitän Schuldt jede Unterstützung der Marine-und Militärdienststellen. Generalarzt Dr. Oehlmann befal: »Den Anweisungen des Einschiffungsoffiziers Schuldt ist unbedingt Folge zu leisten!« Jetzt stimmten die Voraussetzungen zur Erfüllung des Auftrags. Schuldt bildete einen Mitarbeiterstab von zehn Mann. Er ließ sämtliche Vorratsschuppen durchstöbern, wobei Kohle, Zucker, Dosenmilch und Reis entdeckt wurden, und er ließ zwischen den Schuppen eine Großküche mit »Gulaschkanonen« bauen. Aus den gefüllten Lagern und Beständen des Danziger Werders ließ er zentnerweise Kartoffeln, Rüben und Fleisch von notgeschlachteten Tieren herbeischaffen. Eine Feldbäckerei wurde verpflichtet, jeden Morgen einen Lastwagen voll Brote anzuliefern. Für die Verwundeten und Kranken organisierte Schuldt Ärzte, Schwestern und einen Pfarrer, denn jeden Tag starben Kinder, Greise und Verwundete. Das alles spielte sich in wenigen Tagen ab. Schuldt wußte, daß in den nächsten Tagen weitere 10 000 Menschen hinzukommen würden – oder noch mehr.

Bereits am nächsten Tag trafen neue Transporte ein, kleine Küsten- und Motorschiffe, Fähren, Minensucher, Landungsboote, Artillerieträger und andere Kleinfahrzeuge. Sie hatten in Pillau oder an der Nehrung bei Kahlberg Flüchtlinge und Verwundete aufgenommen. Mit dem Wenigen, was sie noch hatten, stauten sie sich vor den Hallentoren und waren froh, daß ihr Leidensweg hier erst einmal ein Ende gefunden hatte. Die Schwerverwundeten wurden auf Plattformen, die an Kränen hingen, von Bord gehoben und mit Sankas in Lazarette gebracht. Im größten Schuppen begrüßte der Kapitän die Neuangekommenen: »Ich heiße sie hier in Danzig-Neufahrwasser ganz herzlich willkommen. Sie befinden sich hier auf Veranlassung der Kriegsmarinedienststelle Danzig. Unsere Aufgabe ist es, für Ihren Weitertransport nach Westen zu sorgen. Wir tun alles, was wir können, damit Sie so schnell und so sicher wie möglich weiterkommen. Aber wir erwarten auch Ihre Hilfe. Folgen Sie den Anweisungen der Ordner und Offiziere. Halten Sie Disziplin. Unsere Schuppen sind keine komfortablen Hotels, aber sie bieten Platz für alle und Schutz vor der Kälte. Bitte drängeln Sie nicht. Jeder von Ihnen erhält eine Matratze oder ein Strohlager«.

Danach wurden die Flüchtlinge in die Quartiere eingewiesen, es wurde bekanntgegeben, wann und wo warmes Essen, eine Mahlzeit am Tag, ausgegeben wurde. Noch einmal bestieg der Kapitän die Galerie der Halle und hob die Flüstertüte: »Achtung, Achtung, eine ganz wichtige Durchsage: Wir brauchen dringend 200 Mädchen oder junge Frauen ohne Anhang zur Pflege und Betreuung der Verwundeten und Kranken. Bitte gleich hier unten melden«. Es meldeten sich über 200.

Am nächsten Tag hatte Schuldt hinter den Schuppen von Neufahrwasser 8000 Flüchtlinge in einen Flüchtlingszug verladen und auf den Weg nach Westen gebracht. Das gab Luft. Doch am nächsten Tag füllte sich ein weiterer Schuppen. Schuldt ließ eine grobe Zählung vornehmen und erschrak: In seiner Obhut befanden sich Mitte Februar bereits über 20 000 Menschen, und der Zustrom hielt an.

Schuldt rief Fregattenkapitän Bartels, Leiter der Kriegsmarinedienststelle Danzig, an: »Herr Kapitän, wir brauchen Züge, mehrere, dringend, die Leute müssen weg. So schnell als möglich!«

Danach rief er Konteradmiral Engelhardt an, dem er ja seinen Posten zu »verdanken« hatte: »Herr Admiral, ich habe Ihnen geholfen und diesen Posten hier übernommen. Jetzt müssen Sie mir helfen. Ich habe 20 000 Leute hier, die über See weg müssen, ich habe keine Züge mehr. Schicken Sie Schiffe, möglichst große Schiffe, die mehrere tausend an Bord nehmen können«.

Engelhardt setzte sich mit dem *Admiral Östliche Ostsee* in Verbindung und erklärte die Lage. Daraufhin erfolgte die Anordnung, die großen Seeschiffe nicht mehr nach Pillau laufen zu lassen, sondern nach Danzig-Neufahrwasser.

Und Schiffe kamen; große und kleine. Kapitän Schuldt packte sie alle voll bis an den Rand. Der Dampfer *Deutschland* schluckte 10 000. Einige tausend fanden auf dem Lazarettschiff *Pretoria* Platz;

ebensoviele auf der *Potsdam*. Die *Ubena, Urundi, Askari* und *Wangoni*, Schiffe der deutschen Afrika-Linien, konnten nicht ganz so viele aufnehmen. Aber auch die kleineren Frachter und Passagierschiffe, die *Moltkefels*, die *Vale*, die *Ida Blumenthal*, die *Karin K. Bornhofen*, die *Duisburg, Otterberg, Södenhamm*, die kleinen Lazarettschiffe *Posen, Glückauf* und *Pieta* wurden bis an die Grenze ihres Fassungsvermögens beladen. Als dann noch die *Goya*, die *Mathias Stinnes*, die *Wartheland, Eberhard Eßberger*, der Walfänger *Walter Rau* und der Hilfskreuzer *Hansa* in Neufahrwasser einliefen und geladen hatten, war Kapitän Schuldt zufrieden. Innerhalb weniger Tage hatte er mehr als 20 000 Menschen evakuiert.

Doch ausruhen konnte er sich nicht. In den letzten Tagen waren schon wieder 20 000 angekommen. Bevor die Schiffe wieder zurückkamen, würde das einige Tage dauern. Es mußte also mit 30 000 oder 40 000 »Schuppenbewohnern« gerechnet werden. Der Zustrom riß nicht ab, weil die Front näher und näher rückte.

Der Ring um Danzig schließt sich

Während Marschall Schukows Truppen Hinterpommern zu überrollen suchten, marschierten fünf Stoßarmeen unter Marschall Rokossowski auf die großen Häfen der Danziger Bucht. Fielen Gotenhafen und Danzig, würde dies das Rückgrat der deutschen Verteidigung brechen und die Massenflucht über die Ostsee zum Erliegen bringen. Beide Häfen würden als Nachschubbasen für die Kurlandhäfen und Pillau ausfallen. Diese Operationsziele vor Augen, drangen die Stoßarmeen Rokossowskis Tag für Tag weiter vor.

Danzig, Gotenhafen und auch Hela waren auf *Führerbefehl* rechtzeitig zu *Festungen* erklärt worden, obwohl hierfür wichtige Voraussetzungen fehlten. Die Halbinsel Hela verteidigungsbereit zu machen, war durchaus möglich. Stellungen in den *Seebrückenköpfen* Danzig und Gotenhafen anzulegen, erwies sich als wesentlich schwieriger. Beide Städte lagen an der Küste, umgeben von Höhen

mit dichter Bewaldung, die sich nach Süden und Westen in stark durchschnittenes Gelände fortsetzte. Würde es dem Feind gelingen, die Randhöhen zu besetzen, würde Gotenhafen und Danzig für die russische Artillerie wie auf dem Präsentierteller liegen.

Deshalb versuchten deutsche Truppenverbände den Höhenzug um Danzig- und Gotenhafen mit aller Kraft zu verteidigen. Die *Festung Danzig* hatte aber noch andere Mängel. Zwar reichten die Lebensmittelvorräte für eine längere Belagerungszeit, es fehlte aber an Flakgeschützen, Artillerie und Munition, außerdem an Betriebsstoff für Fahrzeuge. Für einige »Festungsgeschütze« tschechischen und französischen Ursprungs war kaum noch Munition vorhanden. Auch der Bestand an Handwaffen wie Maschinengewehre reichte bei weitem für eine längere Verteidigung nicht aus.

Das Leben von Hunderttausenden hing entscheidend davon ab, ob es den deutschen Truppen gelang, auf den westlichen Höhen eine Abwehrfront zu bilden und damit die Danziger Bucht zu schützen.

Mit fünf Armeen, einer Stoßarmee und einer Gardepanzerarmee, unterstützt von starken selbständigen Panzer- und Luftwaffenverbänden, setzten die Sowjets zum konzentrierten Angriff an. Dieser gigantischen Übermacht standen, völlig auf sich allein gestellt, die arg zusammengeschmolzenen Divisionen der 2. deutschen Armee gegenüber: Soldaten, die sich seit Januar in fast pausenlosen Einsatz befanden und schwerste Kämpfe hinter sich hatten. Ihrem Verteidigungswillen, ihrem restlosen Einsatz und tapferen Widerstand ist es zu verdanken, daß genug Zeit blieb, um Hunderttausende in Sicherheit zu bringen. Doch sie konnten nicht verhindern, daß sich der Ring um Danzig schloß.

Hexenkessel Danzig

Anfang März wurde die Lage immer bedrohlicher. Nachdem am 3. März sowjetische Verbände die Odermündung bei Stettin und am 5. März die pommersche Ostseeküste erreicht hatten, war die in Westpreußen kämpfende 2. deutsche Armee eingeschlossen. Da nach Mitteldeutschland keinerlei Landverbindung mehr bestand, strömte weit über eine Million Menschen, Flüchtlinge aus Ostpreußen, Westpreußen und Pommern nun nach Danzig.

Es kam noch schlimmer. Am 5. März mußte die Festung Graudenz aufgegeben werden, am 12. März räumten deutsche Verbände Karthaus, und am 13. März erreichten sowjetische Truppen bei Putzig die Danziger Bucht. Damit war die Landverbindung zur Halbinsel Hela unterbrochen. Danzig wurde damit zu einem Kessel und in den folgenden Tagen zu einem »Hexenkessel«.

Auf jeden Mann zwischen 15 und 60 Jahren, ob Hitlerjunge, Soldat oder Volkssturmmann, kam es jetzt an. Wer kniff oder sich »absetzen« wollte, wurde ohne Rücksicht auf Alter oder Dienstgrad öffentlich gehängt oder erschossen.

Die *Kettenhunde* der Feldgendarmerie; eine mit allen Vollmachten ausgestattete Sondereinheit, Sonderkommandos der SS, rasch eingerichtete Stand- und Schnellgerichte begannen in diesen Tagen mit furchterregenden Maßnahmen, auf die selbst Gauleiter Forster und der Befehlshaber der 2. Armee keinen Einfluß hatten. Die Sonderkommandos handelten auf eigene Faust, eine Verbindung zu ihrer Kommandozentrale bestand nicht mehr. Trotzdem erfüllten sie mit einer Härte ohnegleichen ihren Auftrag, gegen Deserteure vorzugehen. Gnadenlos fällten die Standgerichte in wenigen Augenblicken ihre Urteile. Immer wieder sah man in diesen Tagen Verurteilte an Bäumen hängen, die meisten mit dem Schild um den Hals »Ich bin ein Deserteur« oder »Ich war zu feige zu kämpfen«. Selbst blutjunge Luftwaffenhelfer, fast noch Kinder, hängte man öffentlich, nur weil sie sich »von der Truppe enfernt hatten«, um ihre noch in Danzig lebenden Mütter zu besuchen.

Was hatte dieses sinnlose Morden für einen Sinn? Mit solchen Verurteilungen konnte kein Soldat zum »Kampf bis zur letzten Patrone« motiviert oder der Widerstandswillen der Danziger gestärkt werden. Im Gegenteil – die Bürger Danzigs verabscheuten diese Maßnahmen »zur Aufrechterhaltung der Verteidigungsbereitschaft«.

Am Schicksal von Danzig, das seinem Untergang entgegenging, war nichts mehr zu ändern. Der einzige Grund zur weiteren Verteidigung der Stadt bestand darin, Zeit zu gewinnen für den Abtransport der Flüchtlinge, der Verwundeten und zuletzt der Verteidiger.

Der 13. März brachte eine Entlastung für die Verteidiger. Deutsche Schiffsartillerie griff erneut in die Landkämpfe ein. Das Feuer aus den Rohren des Schweren Kreuzers *Prinz Eugen*, des Kreuzers *Leipzig* und des Linienschiffes *Schlesien* zeigte Wirkung.

Obwohl es den deutschen Einheiten gelungen war, die von ihnen auf dem Höhengelände von Gotenhafen-Danzig aufgebaute Verteidigunglinie gegen die feindliche Übermacht zu halten, mußte am 18. März Kahlbude aufgegeben werden; nach erbitterten Kämpfen am 19. und 20. März auch der Dohnasberg. Nach dem Einbruch der Russen bei Groß-Katz waren Zoppot und Gotenhafen bedroht; die Besetzung Zoppots durch die Rote Armee konnte nur durch den Einsatz der deutschen Schiffsartillerie verhindert werden.

Am 21. März gelang den russischen Truppen der Durchbruch bei Koliebken und Adlershorst zur Ostsee; Klein-Katz und Luckau fielen ebenfalls in die Hände der Sowjets. Der Ring um Gotenhafen und Danzig war jetzt fest geschlossen. Einen Ausbruch aus diesem Kessel gab es jetzt nur noch über die Ostsee. Beide Häfen hatten keine Landverbindung mehr.

Am 22. März wurden auch die Bewohner von Danzig-Oliva zum Verlassen ihrer Wohnungen aufgefordert. Sammelplatz war der Markt in Danzig-Langfuhr, da am Ortsrand von Oliva bereits gekämpft wurde. Trotz heftigen Widerstandes besetzten die Sowjets am Abend auch noch Zoppot.

Ein Meer von Rauch und Flammen

Seit Tagen bahnte sich in Danzig ein Chaos an. Der Flüchtlingsansturm in die Stadt und den Hafen von

Im März 1945, als die Sowjets unmittelbar vor den Toren standen, zogen viele Danziger in den Hafen von Neufahrwasser, um dort ein Schiff über die Ostsee zu erreichen.

Neufahrwasser hatte eine nie erwartete Dimension erreicht. 100 000 und mehr zogen zum Hafen. Mit Booten, Fähren, Kuttern und Kleinfahrzeugen hatte man bereits einige 10 000 unter sowjetischem Artilleriefeuer auf die Halbinsel Hela gebracht, die noch sicher vor dem russischen Zugriff war. Stadt und Hafen lagen unter ständigem Beschuß; auch die Bombenangriffe waren verstärkt worden. Zu den sowjetischen kamen nun auch amerikanische Bomber. In den Hafenanlagen, der Schichau-Werft, der Speicherinsel waren Brände ausgebrochen. Und immer wieder feuerten die russischen Batterien. Ihr Einsatz wurde von einem Beobachter in einem Fesselballon geleitet. Man konnte ihn mit bloßem Augen über den Danziger Höhen deutlich erkennen, wenn sich die Rauchschwaden über der Stadt etwas verzogen hatten. Die Hoffnung der Verteidiger, deutsche Flugzeuge würden den Ballon abschießen, erfüllte sich nicht. Gab es in diesem wichtigen Kampfabschnitt denn keine deutsche Luftwaffe mehr?!

Mehrfach hatten die Sowjets die Verteidiger zur Übergabe aufgefordert. Ein Flugblatt, gerichtet an die deutschen Offiziere in Danzig und Gotenhafen und zu Tausenden abgeworfen, hatte folgenden Wortlaut:

Sie alle wissen nur zu gut, daß über Danzig und Gdingen das Siegerbanner der Roten Armee wehen wird. Die Gewähr dafür sind die erdrückende Überlegenheit der Roten Armee, ihre ungeheure Kampferfahrung sowie ihre vorbildliche Führung. Keine Hartnäckigkeit und kein Opfer können Ihnen helfen. Schon immer hat die Hartnäckigkeit der eingeschlossenen deutschen Garnisonen zum sinnlosen Untergang von Tausenden und Abertausenden deutscher Soldaten und zur Zerstörung der Städte geführt. Dagegen hat die Rote Armee immer ihr Ziel erreicht: Die eingeschlossenen Garnisonen wurden zerschlagen und ihre Reste streckten die Waffen. So war es in Posen, Budapest, Elbing und Graudenz. So wird es auch in Danzig und Gdingen sein.

Offiziere!

In Danzig und Gdingen befinden sich Hunderttausende Zivilisten – Flüchtlinge aus Ostpreußen und Pommern. Sie wurden gezwungen, ihre Heimstätten zu verlassen. Viele von Ihnen ließen sich durch Greuelmärchen über die Rote Armee verängstigen. Zu Hunderttausenden sind sie nun in Danzig und Gdingen zusammengepfercht. Was soll aus ihnen werden, wenn die Rote Armee zum Sturm auf diese Städte schreitet? Was soll mit den Frauen und Kindern geschehen, wenn die Bomben und schweren Granaten in dichtem Hagel auf diese Städte herabprasseln? Sie erwartet Hunger, Kälte, Seuchen und Untergang. Die Verantwortung dafür trägt die deutsche Führung, die wider den gesunden Menschenverstand bloß aus Prestigegründen handelt und dafür ihre Soldaten, Städte und Zivilbevölkerung dem Untergang preisgibt.

Offiziere!

Auch sie können sich der Verantwortung für das Los der Zivilbevölkerung nicht entziehen. Noch ist es nicht zu spät, den Untergang von Tausenden und Abertausenden Frauen und Kindern zu verhüten. Das kann jeder von Ihnen bewerkstelligen. Die Ereignisse in Graudenz, wo der Festungskommandant, Generalmajor Fricke, auf Drängen seiner Offiziere und Mannschaften, den Widerstand einzustellen befahl, zeigten, daß die Offiziere in der Lage sind, ihre Soldaten und die Zivilbevölkerung vor dem sinnlosen Untergang zu retten.

Offiziere!

Die Frauen und Kinder von Danzig und Gdingen können und werden Sie als Beschützer betrachten, wenn Sie es nicht zulassen werden, daß sie dem sinn- und aussichtslosen, selbstmörderischen Widerstand zum Opfer fallen.

Die Propaganda zeigte keinerlei Wirkung. Weder Offiziere noch Unteroffiziere, Mannschaften, Volkssturmmänner, Danziger oder Flüchtlinge wollten von der Roten Armee »befreit« werden. Die Soldaten wußten, was sie in sowjetischer Gefangenschaft erwartete. Die Frauen wußten, was mit ihnen geschah, sollten sie in russische Hände fallen.

Danzig wird nicht aufgegeben

Für alle, die sich in Danzig aufhielten, kam eine Aufgabe der Stadt nicht in Frage. Als dies den Sowjets bewußt wurde, folgte prompt ihre Reaktion. Sie wollten die Stadt dem Erdboden gleichmachen; kein Stein sollte auf dem anderen bleiben.

Am 23. März erschien die Danziger Tageszeitung *Der Vorposten* zum letzten Male. Die Überschrift des Leitartikels lautete *Nun heißt es stark sein*. Die Danziger, die Flüchtlinge, wie auch die Soldaten zeigten diese Stärke, obwohl die Stadt immer mehr in Schutt und Asche sank. Unaufhörlich detonierten Granaten, sie übertönten das Brummen der angreifenden Flugzeuge, dann krachten Bomben. Danzigs historische Bauten, der Arthushof, das Krantor,

Trümmerstadt Danzig: Lange Brücke, St. Martin und Krantor.

Das blieb von
der Königlichen Kapelle.

die Patrizierhäuser, das Rathaus, der Lange Markt, die Marienkirche erhielten Treffer auf Treffer. Das Rathaus war nur noch ein qualmender Trümmerhaufen, die Fenster zerborsten; einige Außenwände hielten sich noch und ragten anklagend in die Höhe. Das Gebäude der Hauptpost hatte mehrere Volltreffer erhalten, ebenso das Zeughaus. In den schmalen Gassen und Straßen loderten Tag und Nacht Brände, Menschen suchten nach Schutz und Deckung oder liefen in Richtung Hafen.

Noch immer hausten Tausende in den Kellern der brennenden oder zerstörten Häuser. Sie hatten weder Wasser noch Strom, weder Licht noch frische Luft. Und wenn sie die Nahrungsmittel verbraucht hatten, die sie aus ihren Wohnungen mitgenommen hatten, herrschten Hunger und Durst.

Viele wagten sich nicht mehr nach oben auf die Straßen. Wozu auch. Es gab keine offenen Geschäfte mehr, keine Apotheken oder Ärzte – nichts mehr. Danzig war eine sterbende Stadt.

Der Panzeroffizier Hans Schäufler berichtet:

Unsere Truppen sind von den von allen Seiten angreifenden Sowjets allmählich in den Hexenkessel von Danzig zurückgedrängt worden. Alles, was hier noch am Leben war und sich nicht kampflos den Sowjets ausliefern wollte, lag hinter Barrikaden, Mauerresten, Randsteinen und auch Grabsteinen. Wir hörten die Zurufe der Zermürbten und Müden aus den Kellern. Der Asphaltbelag auf Straßen und Brücken brannte. Rauchschwaden verdunkelten den Himmel, machten das Atmen, vor allem in den Kellern, schwer. Viele Menschen kamen in den Schutzräumen um. Dazu heulten die Sirenen immer wieder schauerlich auf. Es gab kein Jagdflugzeug auf unserer Seite. Kaum ein Flakschuß fiel. Ein paar Flugzeuge schmierten ab, die von Maschinengewehren getroffen worden waren. Doch das verstärkte die Weltuntergangsstimmung in der sterbenden Stadt an Weichsel und Mottlau noch mehr. Als die allgemeine Verwirrung ihren Höhepunkt erreicht hatte, kamen die Bomber wieder.

Ubena – Letztes Schiff aus Danzig

In diesem Inferno hielt Kapitän Heinrich Schuldt noch immer seinen Posten in Neufahrwasser, obwohl sich der Russe inzwischen bis auf 1500 Meter dem Flüchtlingsschuppen im Freihafen genähert hatte. Der Einschiffsleiter der KMD Danzig sah seine Aufgabe an diesem 25. März, dem Palmsonntag des Jahres 1945, noch nicht erfüllt. Seit den frühen Mogenstunden war er »führungslos«. Die Kriegsmarinedienststelle Danzig unter Fregattenkapitän Bartels war ausgebombt, das Dienstgebäude zerstört; die KMD hatte sich nach Hela abgesetzt. Doch Schuldt wollte sich erst abzusetzen, wenn er seine Schuppen so vorfände, wie er sie am 1. Februar in Besitz genommen hatte: Leer!

In den letzten Tagen hatten immer weniger und immer kleinere Schiffe angelegt. Gestern noch hatte er ein größeres Schiff mit 4500 Flüchtlingen und Verwundeten beladen können, die *Urundi* (5791 BRT).

Mit einigem Stolz hatte Schuldt in den frühen Morgenstunden seinem *Seetransportchef Ostsee*, Konteradmiral Engelhardt, auf der *Malaga* in Flensburg funken können: »Vom 1. Februar bis heute wurden durch die Hafenschuppen in Neufahrwasser 500 000 Menschen geschleust, eine halbe Million.«

Darauf konnte Schuldt in der Tat stolz sein. Die Spitzenleistung an einem Tag lag bei 30 000.

Von Engelhardt hatte Schuldt auch erfahren, daß noch ein großes Schiff an diesem Tag Neufahrwasser anlaufen sollte – die *Ubena*.

Schuldt zweifelte, ob es die *Ubena* noch schaffen würde. Am frühen Morgen hatten der Dampfer *Otterberg* (123 BRT) und der über 6000 BRT große Frachter *Fangturm* versucht, Neufahrwasser anzulaufen. Schon bei der Hafeneinfahrt hatte ein deutsches Schnellboot die Schiffe gestoppt und zur Rückkehr veranlaßt, da sowjetische Verbände bereits den Stadtrand von Neufahrwasser erreicht hatten und nur noch 1000 Meter vom Hafen entfernt waren.

Doch die *Ubena* war nicht zu stoppen. Kapitän Lankau sah weder ein Leuchtfeuer noch die Ansteuerungstonne. Seine Gedanken waren bei den Menschen, die in Neufahrwasser auf ein Schiff warteten – auf sein Schiff. In dem nicht besonders breiten Weichselarm lief die *Ubena* mit dem Heck auf

**Die *Ubena* –
das letzte Schiff aus Danzig.**

Grund, machte sich mit eigener Kraft aber wieder frei. Wer hätte auch helfen können.

In aller Herrgottsfrühe lief die *Ubena* im Freihafen ein. Nur wenige Menschen standen auf dem Kai. Das änderte sich aber schlagartig: Wie die Ameisen strömten die Menschen aus den Schuppen. Wie ein Lauffeuer verbreitete sich die Nachricht: »Ein Schiff – ein Schiff ist da!«

Kapitän Schuldt ging als erfahrener Nautiker und Seemann auf Nummer sicher. Er ließ die *Ubena* nicht im Freihafen anlegen, sondern im Hafenkanal. Immerhin würde die Beladung einige Stunden in Anspruch nehmen. Diese Zeit konnten die russischen Geschütze nutzen, sich einzuschießen. Diese Gefahr war im Freihafen groß; im Hafenkanal gering. Hier deckten die Schuppen das Schiff vor (direktem) Beschuß.

Während sich die Menschen vor der *Ubena* zusammendrängten, während die Trossen noch an Land gegeben und die Ladebäume zur Aufnahme der Schwerverwundeten ausgeschwenkt wurden, besprach sich Schuldt bereits mit Kapitän Lankau. Schuldt wollte wissen, wieviel Personen auf der *Ubena* Platz finden konnten. Lankau antwortete: »Viertausend«. Mit den Worten: »Vielleicht werden es einige mehr sein« ging Schuldt von Bord.

Unten am Kai drängte sich Kopf an Kopf. Doch alles lief diszipliniert ab. Schuldt hatte seine Ordner abgestellt, wie immer. Nachdem die Verwundeten an Bord waren, kam ein Entbindungsheim an die Reihe; Wöchnerinnen mit Säuglingen und Schwangere. Das erforderte Zeit und auf dem Oberdeck türmten sich die Kinderwagen. Noch bewahrten die Wartenden die Ruhe. Man hörte zwar Einschläge der russischen Artillerie, man sah auch einen großen Rauchpilz über der brennenden Stadt, aber eine direkte Gefahr am Liegeplatz des Schiffes bestand nicht.

Doch schon im nächsten Augenblick war die Hölle los. Eine sowjetische Werferbatterie hatte sich auf den Liegeplatz des Schiffes eingeschossen. Bevor die Wartenden überhaupt so recht begreifen konnten, was geschah, detonierten Granaten mitten unter ihnen. Alles lief auseinander, Verwundete und Tote blieben liegen. Schwerverletzte schrien. Sanitäter stürmten herbei, Sankawagen preschten heran. Doch die Panik war nicht aufzuhalten: Die Menge stürmte das Schiff. Ordnungsrufe und Kommandos wurden überhört, Absperrungen durchbrochen, Gepäck stehen- und liegengelassen. Jetzt ging es nur noch ums nackte Leben.

Keiner blieb zurück – außer Kapitän Heinrich

Schuldt. Ihm fiel ein Stein vom Herzen, als das Schiff unbeschadet Kurs auf die Ausfahrt nahm. Lediglich einige Granatsplitter hatten das Promenadendeck durchlöchert.

Kaum war der Kai menschenleer und von Toten und Verwundeten geräumt, setzte ein neuer Feuerschlag ein. Die Treffer saßen genau auf der Stelle, wo vor wenigen Minuten noch die *Ubena* gelegen hatte. Die Sowjets begannen, den Hafen sturmreif zu schießen.

Ringsum schlugen schwere Granaten ein, die Erde zitterte. Dann folgte ein alles übertönender Donnerschlag, dem kurz darauf ein zweiter folgte. Es hagelte Betonplatten, Erdbrocken, Eisenstücke. Die kleinen Munitionsdampfer *Weser* und *Bille* hatten Volltreffer erhalten und waren in die Luft geflogen.

Neufahrwasser lag am frühen Abend des 25. März wie ausgestorben da. Schuldt streifte noch einmal durch den Hafen. Er beobachtete, wie ein alter italienischer Dampfer in die Hafeneinfahrt geschleppt und gesprengt wurde. Jetzt konnte kein großes Schiff mehr einlaufen.

Nun fiel die ganze Last der Verantwortung wie ein Betonklotz von ihm ab. Kapitän Schuldt war jetzt nur noch für sich selbst verantwortlich.

Mitten in der Nacht weckte ihn ein kleiner, elternloser Polenjunge. Seit Wochen war dieser nicht von seiner Seite gewichen, als wäre der Kapitän sein Vater. Der Junge redete im polnisch-deutschen Kauderwelsch auf Schuldt ein: »Die Russen kommen…ich habe ein Boot besorgt…mit ihm können wir wegfahren..«.

Schuldt vertraute dem Jungen. Sie fanden das Boot und stiegen ein. Der Kapitän pullte das Boot über den Hafenkanal an das östliche Ufer. Gemeinsam machten Sie sich auf den Weg durch die Nacht. Sie hofften, daß es der Weg war, der zur deutschen Front führte.

Das Schiff mit dem Gauleiter

Am gleichen Tag an dem die *Ubena* den Hafen verlassen hatte, übermittelte General der Panzertruppen von Saucken dem Festungskommandanten folgendes Fernschreiben:

Der Führer hat am 24. 3. 1945 befohlen:

Wichtige Verpflichtung für die 2. Armee bleibt das unbedingte Halten der Festungen Hela, Gotenhafen und Danzig. Hierzu sind alle Kräfte aufzubieten, jeder Meter Boden ist entscheidend zu verteidigen. Jede Zurücknahme unterliegt meiner Genehmigung. Ich bin davon überzeugt, daß meine tapfere 2. Armee diese ihr vom Führer gestellte Aufgabe erfüllen wird.

Albert Forster, der Gauleiter von Danzig-Westpreußen und zugleich Reichsverteidigungskommissar dieses Bereichs, hatte den *Führerbefehl* gar nicht erst abgewartet; er hatte sich bereits einen Tag vorher mit seinem Stab »abgesetzt«. Die Verteidigung überließ er anderen, den Soldaten. Er hatte sich rechtzeitig in der Weichselmündung ein Schiff bereitlegen lassen. Mit seinem engeren Stab war er an Bord gegangen und glaubte, unbehelligt nach Hela zu kommen. Doch die Fahrt verlief anders. Der ehemalige Kommandant des Torpedobootes *T 35* berichtet über die Begegnung mit dem »Gauleiter-Schiff«:

Danzig, Ende März 1945. Die alte deutsche Hansestadt brannte und färbte den Frühlingshimmel glutrot. Die russischen Armeen hatten bei Gotenhafen das Meer erreicht. Ihre Luftüberlegenheit war ungeheuer, das Heer ruhte etwas aus, um dann zum letzten Schlage auszuholen. Nur noch wenige Fahrzeuge standen für die Evakuierung der »Letzten« zur Verfügung, kleine Kohlendampfer, Schlepper, Yachten, Leichter. Längst waren die großen Schiffe mit Soldaten, Flüchtlingen, Verwundeten ausgelaufen. Mit meinem Freund Werner Weinlig, der Kommandant von *T 23* war, stand ich mit meinem Flottentorpedoboot *T 35* draußen in der Danziger Bucht vor Zoppot, um der Flotte des Jammers einigen Flakschutz zu geben. Die *IL 2*-Jabos der Sowjets waren mehrfach in der Nacht zu Besuch da gewesen, wenn es mal etwas ruhig war, langten wir auch mal mit den 10,5-cm-Kanonen in Richtung Kurhaus Zoppot hin. Es befriedigte ungeheuer, sowjetische Stabsoffiziere mit der Hose in der Hand in die Büsche laufen zu sehen.

In diesen letzten Monaten des Krieges waren wir Tag und Nacht im Dauereinsatz, hatten manchen Geleitzug nach deutschen oder dänischen Häfen gefahren und die Nerven, nicht nur der Kommandanten, waren zum Zerreißen gespannt. Denn der Feind war über und unter Wasser, in der Luft und an Land. So standen wir an der Küste auf und ab, fuhren immer im Abstand von 300 m in Ziellinie, um beim Luftangriff die geballte Feuerkraft der Artillerie am besten zum Einsatz bringen zu können. Trotz unserer großen Dauermüdigkeit brauchte die junge Besatzung unseres Bootes nicht zur Aufmerksamkeit ermahnt zu werden. Jeder wußte in jener Nacht, daß es um Kopf und Kragen ging.

Längst hatte Admiral Thiele in einer denkwürdigen Offiziersbesprechung das unvergeßliche Wort *Finis Germaniae* gesprochen, eine Äußerung, auf der damals die Todesstrafe stand, man hatte an den Endsieg zu glauben... aber die Marine hielt absolut dicht.

Übrigens, in solchen Nächten denkt man nicht an Konsequenzen, an Zukunft: Man denkt nur an das »Jetzt« – denkt an seine Männer an Deck und in der Maschine, wie kriegt man sie heil aus dem Dreck heraus. Und wenn dann der Angriff kommt, dann wird der Mensch zur Maschine, denkt nicht an den Tod durch Granatsplitter, sondern der Kommandant hat Kurse, Ausweichsmanöver, die das Schiff retten müssen, im Kopf; je mieser die Situation, desto mehr Ruhe muß sein. Mein Rekord war 72 Stunden Brücke, nur Schokolade, Zigaretten, heißer Kaffee. Und wenn dann endlich eine Ruhenacht kommt, das Kriegstagebuch geschrieben ist...

Langsam graute der Morgen, die Armada der Angst und des Schreckens wurde kleiner, nur noch wenig Boote kamen in unsere Nähe; da – ein völlig überfülltes Feuerlöschboot tief im Wasser, gestoppt, Maschinenschaden oder Treffer? Wir wußten es nicht, sahen nur die vielen Menschen, einige winkten aufgeregt. Wenn nun die *IL 2* kamen, die russischen Schlachtflieger, waren sie verloren. Da passierte die Mole von Danzig-Neufahrwasser ein großer moderner Schlepper in hoher Fahrt, man sah es an dem Schnauzbart am Bug, mit Kurs auf Hela. Der mußte an uns vorbei und er würde sicher das flügellahme Feuerlöschboot in Schlepp nehmen, wie's Seemannspflicht ist. Doch nichts geschah, der Kerl stürmte vorbei. *T 23* fuhr mit Höchstgeschwindigkeit hinterher. *T 35* übernahm den Flakschutz, und schon hörten wir die laute

Stimme des Kommandanten Weinlig durch die Flüstertüte: »Nehmen Sie sofort das Feuerlöschboot in Schlepp und bringen Sie es nach Hela...« das einmal, zweimal. Es geschah nichts. Wir kochten und mit uns die Marinemänner, das war eins starkes Stück. Darauf öffnete sich in der fortgeschrittenen Morgendämmerung nun die Luke vom Niedergang auf dem Schlepper und es erschien ein vornehmer, schlanker Herr in Parteiuniform an Oberdeck: »Sie haben mir keinerlei Befehle zu erteilen, ich bin der Reichsverteidigungskommissar Gauleiter Forster...« Darauf die Antwort von meinem Crewkameraden Weinlig: »An alle Stellen...Geschütze auf den Schlepper richten...auf den Schlepper richten...« Dies geschah prompt. »Sie schleppen sofort ab, oder ich eröffne das Feuer...« Der vornehme Herr verschwand in der Luke, der Schlepperkapitän drehte und nahm das Löschboot auf den Haken. Man hörte was von »beschweren« und dann zottelten sie los. Wir beobachteten sie im Ablaufen und gingen wieder auf Station, wie es unsere Pflicht war. Als wir am Abend in Hela-Reede ankerten, war »Schweigen im Walde«. Admiräle pflegen sich in solchen Situationen vor ihre Kommandanten zu stellen.

»Der Tod war mein ständiger Begleiter«

Die 25jährige Else Guttmacher hatte sich, als Ende Januar 1945 immer mehr Lazarettzüge in Danzig einliefen, beim Deutschen Roten Kreuz als Schwesternhelferin gemeldet. Ihren Arbeitsplatz fand sie zunächst in der DRK-Baracke am Danziger Hauptbahnhof. Sie erinnert sich an die letzten Tage in Danzig:

Ich werde die letzten Tage und Wochen in meiner Heimatstadt Danzig nicht vergessen, solange ich lebe. Es war ein Leben und Schaffen zwischen Verwundeten, Sterbenden und Toten, ein Leben zwischen Granaten, Bomben und Feuer. Jeden Augenblick konnte für jeden das Leben zu Ende sein. Der Tod war mein ständiger Begleiter. Im Februar 1945 war alles noch relativ ruhig. Die Soldaten und auch die Flüchtlinge, die zu uns kamen, hatten zumeist Frostschäden oder Erfrierungen und wurden entsprechend behandelt. Vielen Menschen konnten wir helfen, auch fünf Kindern, die wir elternlos auf dem Bahnsteig fanden, darunter ein Baby im Kinderwagen. Wir brachten sie in ein Kinderheim.

Ich erinnere mich an eine Frau, eine Kaukasus-Deutsche aus Litzmannstadt. Sie war mit ihrem 8 Monate alten Baby und einem 9jährigen Jungen zu uns gekommen. Zu Fuß und gelegentlich auf LKWs mitgenommen, war sie wochenlang unterwegs gewesen. Viele Nächte hatte sie draußen verbracht und das Kleine vor Kälte geschützt durch das Überdecken mit dem eigenen Körper. Sie strahlte mit den Augen als wir ihr und den Kindern ein Nachtquartier anboten, obwohl es nur zwei Matratzen auf dem Fußboden waren.

Was ich am 11. März 1945 erlebte und wie ich noch aus der brennenden Stadt herausgekommen bin, habe ich in Stichworten festgehalten:

11. März: Auf dem Weg zum Nachtdienst Fliegerangriff der Russen. Abwurf von »Christbäumen«. Der Zug Oliva nach Danzig hält. Wir müssen alle raus. Volle Deckung außerhalb des Zuges. Ich liege neben dem Wagenrad. Es rauscht und kracht einige Minuten. Dann scheint alles vorbei. In Langfuhr ist Endstation. Neuer Luftangriff. Er dauert die ganze Nacht. Sitze 9 Stunden im Bunker.

13. März: 20 Uhr. Betreuung von Verwundeten im Bahnhofswartesaal II. Klasse. 70 Schwerverwundete liegen hier. Wieder ein Luftangriff. Er gilt den Bahnhofsanlagen. Es dröhnt und kracht. Scheiben gehen zu Bruch. Doch der Bahnhof bleibt verschont. Keiner konnte beim Angriff den Saal verlassen. Es war ein eigenartiges Gefühl für mich, als einzige Frau neben verwundeten Soldaten zu liegen, mit ihnen die gleiche Gefahr und Not zu teilen. Es roch nach verkrustetem Blut und Schweiß. Keiner stöhnte, jeder nahm Rücksicht auf den anderen. Zwischen den Bombenabwürfen Augenblicke einer heiligen Stille, eine Andacht, unheimlich – in der Angst des Todes, auf den nächsten Augenblick, die nächste Bombe wartend. Ich glaube, jeder von uns fühlte sich Gott so nahe wie nie zuvor in seinem Leben. Ich beobachtete das Deckengewölbe über mir. Würde es beim nächsten Angriff mit einem berstenden Krach herabstürzen und uns alle begraben? Gott war uns noch einmal gnädig.

15. März: Ich bin auf dem Weg zum Dienst. Plötzlich einsetzendes Artilleriefeuer. Vor mir stürzt ein Haus ein. Schuttmasse kracht auf die Straße. Wie gehetztes Wild suche ich Schutz in dem nahen Bunker. Dann raus. Wir bringen unsere Verwundeten in den Bahnsteigbunker, der unter den Schienen liegt. Eisige Kälte überfällt uns hier. Kein Licht. Der Strom ist gesperrt. Nur die weißen Säulen leuchten. Es ist wie ein lebendiges Totsein. In dem überfüllten Gewölbe Blutgeruch, Stöhnen, Jammern, Vorwürfe des Vergessenseins, Angst befällt mich. Ich bin dem Weinen nahe.

18. März: Nachtdienst. Straßenbahn fährt nicht mehr. Gehe zu Fuß zum Dienst, trotz Artilleriebeschuß der Stadt. Am Olivaer Tor fliegt eine Baracke in die Luft. Ich trete in einen Hauseingang, um von dem herumfliegenden Holz nicht getroffen zu werden. Dann gehe ich weiter. An einem Baum baumelt ein Soldat. Aufgehängt. »Ich war zu feige zu kämpfen« steht auf einem Schild, das man ihm umgehängt hat. Wenige Schritte weiter sehe ich weitere vier Soldaten an Bäumen aufgehängt. Ich bekomme eine Gänsehaut.

23. März: Meine Eltern entscheiden sich für ein Bleiben in Danzig. Sie wollen aus unserem Haus Stralsunder Straße 35 nicht weg. Ich aber will in den nächsten Tagen fort. Der Abschied naht.

24. März: Um Mitternacht knallt es wieder. Die Artillerie schießt. Granaten krepieren, Flugzeuge werfen Bomben. Danzig brennt, das Schloß in Oliva brennt. Die Soldaten erwarten einen Panzerangriff der Russen. Kommt das Ende? Ich fahre noch einmal zu meinen Eltern, kann sie nicht umstimmen und nehme Abschied. Die letzten Worte meines Vaters: »Sieh zu Kind, daß du durchkommst!« Nachmittags wieder Artilleriebeschuß. Hotel *Continental* in Bahnhofnähe zum drittenmal getroffen. Kaum ist es dunkel, Leuchtschirme am Himmel. Sie künden das nächste Bombardement an. Wir laufen in den Bunker. Als wir herauskommen, steht unsere DRK-Baracke nicht mehr. Am nächsten Morgen richten wir in einem leerstehenden Haus am Stadtgraben 16 einen neuen Verbandsraum ein.

25. und 26. März: Wieder Alarm. Wieder Artilleriebeschuß. Wieder Keller. Plötzlich furchtbarer Krach, unser Haus wackelt. Wir kommen nach oben. Unser Verbandszimmer ist von einer Granate verwüstet. Nur noch wenig zu retten. Wir richten uns im Keller ein. Gegen Mittag furchtbarer Knall. Gottseidank wir sind im Keller. Als es ruhiger wird sehen wir die Verwüstung. Ein in unserer Nähe auf den Bahngleisen abgestellter Munitionszug ist in die Luft geflogen. Tote Menschen und Pferde liegen auf der Straße. Wir erleben die nächste Nacht wieder im Kel-

ler. Erneut Alarm. Bomber kommen, es kracht unaufhörlich. Ein Donnerschlag, das Haus bricht über uns zusammen. Gottseidank ist der Kellerausgang noch frei. Nur raus hier, bevor auch der Keller einstürzt. Dann stehen wir draußen. Schwester Toni und ich. Wir beschließen zusammenzubleiben und zu versuchen, aus Danzig herauszukommen bevor die Russen kommen. Neben uns hält ein Wehrmachtsfahrzeug. Ein Flakoberleutnant spricht uns an, bietet uns an, mitzufahren Richtung Bohnsack. Wir fahren mit durch die brennende Stadt. Ich denke an meine Eltern. Sie sind in dieser Feuerhölle.

27. März: Mitternacht ist längst vorbei. Wir fahren immer noch. Manchmal nur im Schrittempo. Oft müssen wir raus, wenn die Tiefflieger kommen. Bei der Einfahrt in die Bohnsacker Straße künstlicher Nebel. Tiefflieger kommen. Wir raus, Deckung suchen. Vor uns in der Wagenkolonne fliegt ein LKW in die Luft. Sein Platz ist frei. Auf der Straße Tote und Verwundete. Sie schreien nach Hilfe. Schwester Toni und ich hin. Wir haben noch einen kleinen Verbandskoffer bei uns. Wir helfen soweit wir können. Neben mir ein Verwundeter mit schwerer Kopfwunde. Er stirbt in meinen Armen. Ich drücke ihm die Augen zu. Neuer Tieffliegerangriff. Die ganze Fahrzeugkolonne wird unter Beschuß genommen. Wir springen in den bohlengeschützten Graben neben der Straße.

Endlich geht es am Nachmittag weiter. Unser Ziel ist Nickelswalde. Trotz Dauerbeschuß kommen wir heil dort an. Wir erreichen auch noch eine Fähre. In Nickelswalde verbringen wir die Nacht in der Schule.

28. März. Wir bleiben zunächst in Nickelswalde. Hier sind wir raltiv sicher. Im nahen Waldgebiet liegen Soldaten. Wir kochen für sie und arbeiten auf der Verwundetenumschlagstelle bei Dr. Münch.

2. April: Nun ist auch Nickelswalde in Gefahr. Wir müssen uns entscheiden; entweder versuchen, nach Hela zu kommen, um dort auf ein Schiff zu gelangen, oder in Richtung Pillau zu fahren. Ich entscheide mich für Hela, Schwester Toni für Pillau. Der Abschied fällt uns schwer. Noch in der Nacht erreichen wir Hela. Doch im Hafen liegt kein Schiff. Das Schiff liegt draußen auf der Reede. Man sagt uns, daß wir am nächsten Vormittag mit einem Fährprahm auf die Reede gebracht würden. Dafür brauchen wir trübes Wetter. Aber Petrus schickt uns Sonnenschein.

3. April: Der Fährprahm liegt bereit. Als erstes werden die Schwerverwundeten auf den mit Stroh ausgelegten Prahm gebracht. Die leichter Verwundeten bevölkern dicht an dicht das Oberdeck. Ich stehe zwischen einem Stabsarzt und einem Hauptmann. Umfallen kann ich nicht. So eng ist das. Dann geht es los. Kaum auf See, weg von der beschützenden Flak, stürzen aus dem blauen Himmel die Flugzeuge. Bordwaffenbschuß. Danach Bombentreffer. Mörderische Schreie. Hilferufe. Es stinkt nach Pulver. Mir läuft es kalt und heiß über den Rücken. Was ich sehe, ist grauenhaft. Der Stabsarzt neben mir hat zwei Lungendurchschüsse und das linke Bein ist durchschossen. Wie ein Wunder bin ich unverletzt. Den kleinen Splitter in meiner linken Schulter bemerke ich erst später. An der Reling kleben verschmorte Soldatenleiber. An den Beinteilen stecken noch die Schuhe. Mit Verbandspäckchen versuche ich noch dem einen oder anderen zu helfen, soweit ich dazu noch Kraft habe. Ich bin am Ende. Der Angriff hat auch meine letzten Kraftreserven vernichtet. Ich merke gar nicht, daß der Prahm zu sinken beginnt. Er ist leck. Doch wir sind unmittelbar vor einem großen Schiff. Holzplatten werden herabgelassen. Wir legen die Schwerverwundeten darauf. Darunter auch Tote. Die Plattformen werden hochgehievt, kommen leer wieder herunter. Ich gehöre zu den letzten, die an Bord genommen wurden. Als ich an Deck war, den Schiffsboden unter mir fühlte, brach ich zusammen. Ich kniete auf den hölzernen Planken des Schiffes, legte beide Hände vor mein Gesicht und weinte. Ich war gerettet, ich war der Hölle von Danzig entkommen.

Im Fegefeuer des Krieges

Die letzten fünf Tage der hart umkämpften *Festungstadt Danzig* begannen am 26. März 1945. Es waren Tage, in denen das Fegefeuer des Krieges noch einmal unerbittlich und mit seiner ganzen Wucht über die Menschen hinwegging. Am Montag, dem 26. März, wurde Danzig-Oliva zu einem Brennpunkt des Kampfgeschehens. Hartnäckig leistete die 4. Panzerdivision Widerstand. Ihr Kommandeur, General Betzel, fiel am Olivaer Tor im Straßenkampf. Oliva ging verloren. Der Rest der Truppe zog sich bei Heubude über die Weichsel zurück.

Hierzu Panzeroffizier Schäufler:

Wir versuchten, uns nach Heubude abzusetzen. Ich

stellte fest, daß bis zur Weichselbrücke (Breitenbach-brücke) nur noch eine Entfernung von etwa 300 Metern zurückzulegen war. Beim zweiten Hinsehen erst erkannte ich, daß das 300 Meter unvorstellbaren Grauens waren. Aufgedunsene Pferdekadaver, ausgeglühte Lastwagenwracks, metertiefe Bombentrichter, Tote, Tote, Tote – Verbrannte, Zerfetzte. Und zwischen den qualmenden Fahrzeugen saßen einige verstörte Geduldige am Lenkrad, starrten mit irrem Blick auf den Vorderwagen, warteten, daß er anfuhr: Aber da vorne saß ein Toter am Steuer. Und drüben am anderen Ufer wieder brennende Fahrzeuge, Pferdeleichen, zerstörtes Kriegsmaterial, Kriegsschutt hoch aufgetürmt, soweit das Auge reichte. Doch die Verwundeten und Toten waren hier geborgen worden.

Am Dienstag, dem 27. März, lag Heubude im Fegefeuer des Krieges. Russische Flugzeuge versuchten mit einem massierten Bombenangriff jedes Leben auszulöschen. In den Sandlöchern lagen Frauen und Kinder in stummer Hoffnungslosigkeit aber auch in panischer Angst. Sie waren hilflos den Bomben, den Splittern und dem Bordwaffenbeschuß der Angreifer ausgesetzt.

Sprengungen zerrissen an diesem Tage die Weichseldämme. Die Weichsel ergoß sich über weite Strecken des Tiefs und legte sich als Hindernis zwischen die Russen und den schmalen Küstenstreifen, auf dem sich noch deutsche Truppen hielten. Vom Weichseldurchstich bei Nickelswalde und dem Weichseldurchbruch bei Neufähr konnte nach dem Verlust von Neufahrwasser der Abtransport von Verwundeten, Flüchtlingen und Soldaten über die Bucht nach Hela erfolgen.

Sowjetischen Verbänden gelang es am gleichen Tage, bei Schellmühl nach Holm überzusetzen und am Abend, von Emaus ausgehend, einen tiefen Einbruch bis in das Stadtinnere zu erzielen. Durch andauernde Bombenangriffe von über 500 Flugzeugen war der Nordteil der Stadt nur noch ein brennender Trümmerhaufen.

Am Mittwoch, dem 28. März, wurde bereits in den Westteilen Danzigs gekämpft. Viele Einwohner und Flüchtlinge, die zurückgeblieben waren, entschlossen sich fünf Minuten vor zwölf doch noch zur Flucht. Sie verließen die Stadt in Richtung Bohnsack in der Hoffnung, von hier aus noch eine

Übersetzmöglichkeit nach Hela zu finden. Die Bürgerwiesen wurden von russischen Truppen eingenommen, doch alle Stadtbezirke östlich der Mottlau wurden noch von deutschen Truppen verteidigt.

Kriegsmarine-Fischkutter brachten am 28. März Munition und Verpflegung für die Verbände, die den Kampf in der Niederung fortsetzen wollten, in die Weichselmündung bei Schievenhorst. Auf der Rückfahrt nach Hela nahmen sie Verwundete und Flüchtlinge mit. An der Küste zwischen Schievenhorst und Kahlberg bauten Pioniere Landungsbrücken in die See hinein, an denen auch bei Niedrigwasser Schiffe anlegen konnten, um Flüchtlinge und Verwundete abzuholen und nach Hela zu bringen.

Am 29. März – Gründonnerstag – gelang es den sowjetischen Truppen, den letzten deutschen Widerstand zu brechen und die restlichen Teile Danzigs zu besetzen.

Der letzte schwere Kampf

Danzig hat nicht kapituliert. Danzig wurde nicht kampflos aufgegeben. Danzig wurde solange verteidigt, bis alle, die die Stadt verlassen wollten, heraus waren. Zuletzt setzten sich die Verteidiger ab. Sie zogen sich erst zurück, als sie keine Munition oder keine Waffen mehr hatten. Wie der letzte schwere Kampf zur Verteidigung der Stadt Danzig verlief, dokumentiert der nachstehende Gefechtsbericht des Grenadierregiments 62 *Feldherrnhalle* (Landshuter Regiment):

Am 23. April wurden wir im LKW über Langfuhr nach Brösen verlegt. Die Lage westlich Danzig hatte sich durch den Verlust von Oliva sehr zugespitzt. In der Nacht vom 24./25. März wurde das I. Bataillon und der Regimentsstab westlich Langfuhr beiderseits der Straße und der Bahnlinie nach Oliva am Panzergraben eingesetzt, während das II. Bataillon in der Pestalozzischule als Reserve verblieb. Am Morgen des 25. März schoß der Feind Störfeuer, dann Trommelfeuer. Dreimal traten die Sowjets aus einer Siedlung heraus zum Angriff an. Sie wurden aber abgeschlagen. Nach einer Stunde weiteren Trommelfeuers erfolgte ein erneuter Angriff mit acht Panzern

entlang der Straße. Da die benachbarten Wehrmachtsteile dem starken Feinddruck weichen mußten, setzte sich das I. Bataillon auf die Riegelstellung am Bahndamm ab. Die 2. Kompanie verblieb aber in der Spinnerei als vorgeschobener Stützpunkt und wies dort den Feind weiter ab.

Abend des 25. März: Die Brückensprengung klappte nicht, weil die Zündleitungen zerschossen waren. Drei Pioniere – die Obergefreiten Wittig, Karbun und Reisinger – brachten unter stärkstem Feindbeschuß schließlich mit Hilfe von Panzerfäusten die Brücke zum Einsturz.

Am 26. März, morgens, wurde das II. Bataillon eingesetzt, um den Anschluß zum rechten Nachbarn herzustellen und die eigene Stellung westlich des Flugplatzes wieder vorzubringen. Um 4.30 Uhr griff es an und kam trotz hoher Ausfälle gut vorwärts. Um 10.00 Uhr griff der Feind nach einstündigem Trommelfeuer mit starker Infanterie und 28 Panzern das Regiment an. Fünf Panzer wurden abgeschossen. Heftiger Kampf in der Spinnerei. Die Panzer drehten schließlich ab und versuchten nunmehr, einen Kilometer weiter westlich, beim linken Nachbarn einzubrechen. Nachdem ihm dies hier gelungen war, mußte das Regiment an der Straße Oliva – Langfuhr eine neue Stellung beziehen. Auch am Flugplatz mußte schließlich die 6. Kompanie sich zu den ersten Häusern von Langfuhr zurückziehen, da sie von rechts schweres Flankenfeuer erhielt. Der Regimentsgefechtsstand befand sich in der Pestalozzischule. Verbissen wurde der Stadtrand von Langfuhr verteidigt, bis sich das Regiment um Mitternacht befehlsgemäß absetzte. Vor dem Regimentsge-

fechtsstand waren bereits Stalinpanzer aufgefahren. Schwerer Häuserkampf mit feindlicher Infanterie.

27. und 28. März. Kampf um die Schichauwerft, Holm und Kaiserhafen. Zwischen schmucken Siedlungshäusern und den Werkhallen der Schichauwerft wurde nun eine neue Linie bezogen. Im Morgengrauen begann der Feind wieder zu trommeln und Stalin-Panzer vorauszuschicken. Ein feindlicher Einbruch wurde abgeriegelt. Beim rechten Nachbarn hatte der Feind aber einen tiefen Einbruch erzielt und war sogar über die tote Weichsel bei Holm übergesetzt. Das befehlsgemäße Absetzen des Regiments auf die Kaiserhafen-Stellung war dadurch in Frage gestellt, da der Feind flankierend die Übersetzstelle unter Feuer nahm. Das Regiment bezog eine Sicherungsstellung um die Fährstelle. Darüber hinaus wurde aus untätig herumstehenden Soldaten der Insel Holm ein Bataillon zusammengestellt und eingesetzt. Nur dank des dichten Nebels in den Morgenstunden gelang es, sämtliche Kompanien überzusetzen und in den Raum Rieselfeld zu führen. Teile des neuen Regiments erreichten den neuen Raum im Marsch durch die brennende Stadt Danzig.

Wer dabei war, als die letzten deutschen Soldaten diese einst so herrliche Stadt verließen, der wird diesen Eindruck mit allen Einzelheiten nicht mehr vergessen. Die Stadt war ein einziges Meer von Rauch und Flammen. Häuserblocks stürzten in sich zusammen und machten die Straßen unpassierbar. Artilleriefeuerschläge krachten in die Trümmer, hilflos irrten Zivilisten zwischen den brennenden Häusern umher. Leuchtspurgeschosse zogen

Der Stockturm
mit Peinkammer.

Die Innenstadt mit
Mottlau und
Speicherinsel.

Sternwarte
und Krantor.

Die zerstörte
Frauengasse.

ihre Bahn die Straßen entlang und das Rollen der Panzer und das Prasseln der Flammen übertönten Musikfetzen aus den Progagandalautsprechern der Sowjets, mit denen sie zur Übergabe aufforderten.

Dem Feind war es gelungen, auf dem Ostufer des Kaiserhafens einen Brückenkopf zu bilden. Das Regiment erhielt den Auftrag, hinter den zur Bereinigung des Brückenkopfes angreifenden Teilen der 4. Panzerdivision zur Verstärkung der Stellungstruppen in die Hauptkampflinie einzusickern. Um 18.00 Uhr kam der eigene Angriff in dem völlig ebenen, von verschlammten Entwässerungsgräben durchzogenen Gelände ins Rollen. Auf eine Meldung hin, daß die ehemalige Fabrik am Kaiserhafen bereits feindfrei sei, gab Hauptmann Sachs, Kommandeur des II/62 für sein Bataillon den Angriffsbefehl, um den Feind endgültig aus seiner Brückenkopfstellung zu werfen. Die Kompanie Pöhnert stieß auch bis zum Wasserturm durch. In dem unübersichtlichen Gelände hatte sich jedoch der Feind stark festgesetzt, so daß der Angriff unter hohen Ausfällen ins Stocken kam. Das I. Bataillon führte ebenfalls heftige Kämpfe hinter der 4. Panzerdivision, die 2. Kompanie nächtlichen Nahkampf von 22.00 Uhr bis 5.00 Uhr. In dem gesäuberten Geländestreifen von 300 m wurden 45 tote Russen gezählt und 42 Gefangene gemacht. Der Unteroffizier Klein schlug hier nach Verschuß der letzten Munition acht Bolschewisten mit dem Gewehrkolben nieder. Die Kompanie erbeutete hierbei noch ein russisches Verpflegungsfahrzeug, nachdem sie zwei Tage lang nicht mehr verpflegt werden konnte.

29. März. Der Regimentsgefechtsstand befand sich an dem Bahnübergang hinter der Hauptkampflinie. Hier wurde der Regimentskommandeur, Oberst Brassert, in den Mittagsstunden des 29. März verwundet. Zur selben Zeit funkte das Regiment: »Die unerschütterlichen Kämpfer des Grenadierregiments 62 grüßen ihre Division zum Osterfest«. Das feindliche Trommelfeuer prasselte fast ununterbrochen auf die eigenen Stellungen. Aus den höher gelegenen Fabrikhallen und Kränen der Werft beobachtete der Feind auch die kleinste Bewegung und erstickte sie mit seinen schweren Waffen. Infolge Munitionsmangels war die Unterstützung durch die eigenen schweren Waffen nur beschränkt. Fast alle Maschinengewehre waren im Feindfeuer ausgefallen.

Gegen Mittag versuchte der Feind im Abschnitt der 2. Kompanie seine Brückenkopfbesatzung durch Übersetzen mit Motorbooten zu verstärken. Leutnant Guth und Unteroffizier Klein schossen die beiden ersten Boote mit B-Patronen ab und fügten den schwimmenden Russen schwere Verluste zu. Munitionsmangel trat ein. Leutnant Guth sprang selbst zurück und holte gegurtete MG-Munition, die noch im letzten Augenblick, als schon der Feind auf Sturmentfernung heran war, eintraf. Schuß auf Schuß wurde aus den Gurten gezogen und der Angriff durch gezielte Einzelschüsse abgewehrt. Am Nachmittag versuchte der Feind, eine zusammengekoppelte Pontonbrücke in den Kaiserhafen einzufahren. Im letzten Augenblick gelang es, die Besatzung des schleppenden Motorbootes abzuschießen, so daß die bereits zu dreiviertel eingefahrene Brücke führerlos in dem Hafengewässer dahintrieb.

30. März. Um 22.30 Uhr griff der Feind überraschend mit 30 Mann das II. Bataillon an und konnte in die Stellung eindringen. Hauptmann Sachs warf ihn wieder heraus.

31. März. Die Bataillone waren durch das andauernde schwere Feuer so zusammengeschmolzen, die Männer so erschöpft, daß ein weiteres Halten unmöglich schien. Nach einem tiefen Einbruch beim linken Nachbarn wurde ein Absetzen unvermeidlich. Der Regimentsgefechtsstand blieb noch bis zur Dunkelheit auf der Sanddüne nordwestlich des Gutes Rieselfeld und ging dann zur Strandhalle zurück.

1. April. Die Reste des Regiments (nach Zusammenlegen verfügte jedes Bataillon nur noch über eine schwache Schützenkompanie) bezogen eine zweite Linie am Postberg. Nach Einbrüchen an beiden Flanken gelang es dem Feind nach seinem dritten Anlauf mit weit überlegenen Kräften, den Postberg aufzurollen, da kein Maschinengewehr mehr feuerbereit war. Am Strand entlang griff der Feind mit starken Panzerkräften an. Im unübersichtlichen Waldgelände ging jeder Zusammenhang verloren.

Entlang des Schleppweges wurde eine neue Linie aufgebaut. In der Nacht zum 2. April bezogen die Reste des Regiments eine Brückenkopfstellung um die Fähre Neufähr, um diese bis zum nächsten Abend zu halten. Um 9.00 Uhr setzte wieder der Feuerschlag der feindlichen Artillerie ein. Unmittelbar darauf erfolgte der erste Infanterieangriff, der abgewehrt wurde. Nun kam der Feind mit Panzern. Ohne jegliche Unterstützung durch schwere

Waffen konnte die Stellung nicht mehr gehalten werden, da die Feindpanzer bereits im Rücken standen und keine Panzerfaust mehr vorhanden war. Nach Absetzen auf den Quellberg wurde hier unter starkem Artillerie- und Panzerbeschuß bis in die Nacht gehalten. Gegen 1.00 Uhr wurde festgestellt, daß jegliche Verbindung nach rechts und links fehlte. Leutnant Ulrich als letzter Offizier schlug sich mit den restlichen zwölf Mann zur Fähre durch, nachdem er noch einen russischen Spähtrupp vernichtet und sich durch zwei russische Riegelstellungen durchgekämpft hatte. Ein kleines Häuflein kehrte zurück, aber ihr Geist war ungebrochen.

Der Danziger Karfreitag 1945

Am 30. März, dem Karfreitag des Jahres 1945, ging der Kampf um Danzig zu Ende. Nur noch Trümmer blieben als Zeugen zurück. Die polnischen Soldaten, die die Westerplatte in den letzten Märztagen 1945 zurückerobert hatten, wurden von eingeschleusten Landsleuten als Helden gefeiert.

Die alte deutsche Hansestadt Danzig, die Stadt der Kaufleute, Schiffbauer und Seefahrer gab es nicht mehr. Noch am 30. März 1945 erfolgte die Schaffung einer polnischen »Wojewodschaft Gdansk«. Die »Eroberung« der *Festung Danzig* wurde der 2. sowjetischen Stoßarmee unter Führung von Generaloberst Fedjuminski zugeschrieben.

Am 31. März wurde die Stadt zur Plünderung freigegeben. In den Kellern der Ruinenstadt hockten an diesem Ostersamstag noch Tausende Danziger und Flüchtlinge aus Ostpreußen, Westpreußen und Pommern, die in der Hoffnung *Es wird schon nicht so schlimm werden, die Russen sind ja auch Menschen* dageblieben waren. Für die Zurückgebliebenen begann jedoch ein Leidensweg voller Grauen, Demütigungen und Entbehrungen. Sie bekamen die Rache und Vergeltung der Sieger in unvorstellbarer Grausamkeit zu spüren. Ganze Familien wurden erschossen oder erschlagen. Raub, Plünderung und Vergewaltigung waren an der Tagesordnung. Viele suchten im Freitod die Rettung aus diesem menschenunwürdigen Leben.

Es grenzt fast an ein Wunder, daß viele überlebten. Doch vergessen können sie diese Tage in Danzig, der Stadt über der am 30. März 1945 die polnische Flagge aufzog, nicht. Viele Frauen wollten sich später an den Danziger Karfreitag 1945 und die folgenden Tage nicht mehr erinnern. Andere haben ihre Erlebnisse niedergeschrieben, damit nicht vergessen wird, was Gewaltherrschaft und Krieg über

Im besetzten Danzig: Polnische Soldaten flanieren durch die »Trümmerstadt«.

unschuldige und wehrlose Frauen, Kinder und Greise bringen:

...die darauffolgenden Tage und Nächte waren die Hölle. Es wurde geplündert, Frauen, Greisinnen und beinahe noch Kinder wurden vergewaltigt und verschleppt. Jeden Tag mußten wir uns auf der russischen Kommandantur melden. LKWs standen immer bereit, um die Anstehenden zur Arbeit oder sonstwohin abzutransportieren. Lebensmittelkarten gab es keine. Wer noch irgendeinen Vorrat hatte, war gut dran. Mein Jüngster starb am 11. April an Blutruhr. In einem Koffer, den ich irgendwo gefunden hatte, brachte ich ihn zum Krematorium und verscharrte ihn neben dem Grab meiner Schwester...

Mit den ersten Schüssen des deutschen Linienschiffes »Schleswig-Holstein« am 1. September 1939 um 5 Uhr 45 auf die Danziger Westerplatte begann der Zweite Weltkrieg. Fünf Jahre später, im Dezember 1944, der erste Schnee war bereits gefallen, kam der Krieg nach Danzig zurück; die Stadt wurde in den folgenden Monaten zunächst eine »Flüchtlingsstadt«, danach eine »Frontstadt« und Ende März 1945 eine »Trümmerstadt«.

Die ersten »Kriegsboten« waren ostpreußische Frauen, die mit ihren
Kindern ihre Heimat, die im Herbst
1944 zum »Frontgebiet« geworden
war, verlassen hatten. Sie waren mit
Trecks über die Frische Nehrung in
die Danziger Bucht gelangt oder mit
der Bahn angekommen. Man bemühte
sich, sie in Notquartieren, Turnhallen,
Schulen, Gaststätten und durch eine
»Einquartierungs-Aktion« in Familien-
wohnungen unterzubringen. Doch es
wurden jeden Woche mehr. *OA*

Mitte Januar 1945, nach Beginn der
sowjetischen Winteroffensive gegen
Ostpreußen, Westpreußen und Pommern, fürchteten auch die Danziger
das Vordringen sowjetischer Panzer
und Truppen. Sie packten das Nötigste zusammen und gingen nach Hafen
Neufahrwasser, wo große und kleine
Schiffe lagen, die sie über die Ostsee
in Sicherheit bringen würden. *OA*

Das größte Schiff war der
Dampfer »Deutschland«,
der in aller Eile vom »Wohnschiff« der Kriegsmarine
zum »Flüchtlingsschiff«
umgerüstet worden war
und über 10 000 Menschen
an Bord nehmen konnte.
HAL

Die Ersten, die das Schiff aufnahm, waren alte und kranke Flüchtlinge, die sich zunächst auf dem freien Oberdeck ausruhten; sie hatten lange nicht mehr gesessen...

Bald stand das Untere Promenadendeck voller Kinderwagen. Zuletzt kamen alle anderen auf das Schiff. *OA*

Dann kamen die Mütter mit Säuglingen und Kleinstkindern...

Ab Mitte Januar 1945 waren viele tausend Ostpreußen-Flüchtlinge mit großen und kleinen Schiffen von Pillau nach Danzig befördert worden. Als die Hafeneinfahrt von Danzig-Neufahrwasser sichtbar wurde, fühlten sich die meisten von ihnen bereits gerettet. *AO*

Doch auch in Danzig war in der letzten Januarwoche die Rettungsaktion über die Ostsee bereits angelaufen. Mehrere zehntausend Flüchtlinge wurden aus dem Hafen Danzig-Neufahrwasser mit Schiffen abtransportiert. Zu diesen Schiffen gehörten:

»Hamburg«.
HAL

»Urundi«.
DAL

»Wangoni«.
DAL

»Hansestadt Danzig«.
HAL

»Moltkefels«.
DDG Hansa

»Pollux«.
KM

Am 25. März 1945 brannte Danzig an vielen
Stellen, so auch die Speicherinsel und die
Altstadt. *PA*

Da die Besatzung der Festungsstadt Danzig sich nicht ergeben hatte, ließ Sowjetmarschall Rokkosowskij die Stadt durch die Artillerie zusammenschießen und in Schutt und Asche legen. Danzig war danach nur noch eine Trümmerstadt.

St. Marien und Rathausturm.
PO

Langer Markt.
PO

Giebel der großen Mühle.
PO

Grünes Tor.
PO

Fassade des Zeughauses.
PO

**Mit der Besetzung der Stadt durch sowje-
tische Truppen endete das Schicksal der
Freien Stadt Danzig,
sie wurde Polen zugeordnet.**
Russisches Originalfoto

Am 2. April 1945 wehte über Danzig, einer fast völlig zerstörten Stadt, die polnische Fahne.

Danzig nach der Besetzung.
Die Langgasse bleibt lange Zeit
eine Trümmergasse.

Sowjetische Soldaten vor dem Rathaus am Langen Markt in Danzig, nach der Besetzung der Stadt durch Truppen der 2. Belorussischen Front.

Königsberg

Eine Festung muß kapitulieren

Königsberg in Preußen, zu beiden Seiten des Pregel gelegen, zählte zu Beginn des Zweiten Weltkrieges etwa 375 000 Einwohner. Bis zum Sommer 1944 war der Krieg an der Hauptstadt der Provinz Ostpreußen fast spurlos vorübergegangen. Viele Berliner, aber auch Bewohner anderer von Bombenangriffen bedrohten Städte, waren nach Königsberg und sein Umland »geflohen«, da sie sich hier vor Luftangriffen sicher fühlten.

Den Königsbergern und den Ostpreußen blieb aber im Sommer 1944 nicht verborgen, daß die deutsche Front im Osten immer weiter zurückwich,

Königsberg wie es war: Die Altstadt.

Das Ordensschloß
vor der Zerstörung.

Der Fischmarkt.
Die alte Universität.

Das Speicherviertel.

Der Hafen – Blick von
der Bollwerkgasse
auf das Vorstädtische Ufer

daß die baltischen Ostseehäfen nach und nach verlorengingen und daß Memel bedroht wurde.

Viele vertrauten noch immer den Dienststellen der Partei, die immer wieder erklärten, Ostpreußen sei nicht bedroht. Gauleiter Erich Koch versicherte immer wieder: »Kein Russe wird jemals ostpreußischen Boden betreten.« Landräte mit Weitsicht rieten jedoch rechtzeitig, über Evakuierungspläne für die Zivilbevölkerung nachzudenken. Hierüber konnte man jedoch nur hinter verschlossenen

Türen sprechen. Erst als Erich Koch im Spätsommer den *Ostwall* bauen ließ, wurden viele Ostpreußen hellhörig, denn der *Ostwall* wurde ja auf ostpreußischem Boden zur Verteidigung des Landes errichtet. Die Gefahr konnte also doch nicht so gering sein, wie der Gauleiter behauptete.

Bomben auf die Hauptstadt Ostpreußens

Der Untergang Königsbergs nahm bereits in der letzten Augustwoche des Jahres 1944 seinen Anfang. Es waren nicht die Russen, sondern Briten und Amerikaner, die die Königsberger mit der grausamen Wirklichkeit des Krieges bekanntmachten. Nicht Truppenansammlungen und militärische Objekte, sondern Frauen und Kinder waren das Ziel eines Terrorangriffs ohnegleichen: Am 26./27. August

1944 warfen Bomber der RAF und der USAF 460 Tonnen Bomben auf Königsberg; wenige Tage später, am 29./30. August, weitere 492 Tonnen. Beide Angriffe führten zu einer weitgehenden Zerstörung der Königsberger Innenstadt und zum Tod vieler Königsberger.

Über den ersten Angriff berichtete die Londoner Zeitung *The Manchester Guardian* am Montag, dem 28. August 1944, unter der Schlagzeile:

1000-Meilen-Flug von Lancaster-Bombern nach Königsberg – vernichtender Angriff mit neuartigen Brandbomben

Lancaster-Bomber der Royal Air Force (R.A.F.) machten Samstagnacht einen Rundflug von 2000 Meilen, um ihren ersten Angriff auf Königsberg, die Hauptstadt Ostpreußens und zur Zeit wichtigster Versorgungshafen der Deutschen, die 100 Meilen östlich gegen die Rote Armee kämpften, durchzuführen. Die Bomber waren zehn Stunden lang in der Luft. Ihre Ladung schloß eine Anzahl der

Königsberg nach den Terrorangriffen der letzten Augusttage 1944.

neuen flammenwerfenden Brandbomben ein. Ihr Angriff war auf neuneinhalb Minuten begrenzt. Nach dieser Zeit zeigte sich dort das, was einer der Piloten als das größte Feuer, das er je gesehen habe, beschrieben hat – Feuerbrünste, die 250 Meilen weit zu sehen waren. Der Hafen wurde von vielen Luftabwehrbatterien verteidigt, aber nachdem der Angriff halb vorüber war, wurden diese Abwehrmaßnahmen unregelmäßig und wirkungslos. Nur fünf der Bomber kehrten nicht zurück.

Der Angriff der 200 britischen Bomber am 26./27. August 1944 traf zum großen Teil nicht die Innenstadt, sondern mehr das Gebiet vom Maraunenhof zwischen der Cranzer Allee und der Herzog-Albrecht-Allee. Da sich in der Cranzer Allee Kasernen und militärische Verwaltungsgebäude; in Rothenstein Depots und militärische Werkstätten befanden, die Innenstadt aber nur vereinzelt von Streubomben getroffen wurde, konnte man bei diesem ersten Angriff vermuten, daß er vorrangig militärischen Zielen gelten sollte. Trotzdem wurden bei diesem Angriff mehr als 10 000 Königsberger obdachlos, es waren über 1000 Tote zu beklagen, die Zahl der Verletzten lag weit höher.

Ein erschütterndes Bild bot die Ruine des Hauptpostamtes.

Der Nachrichtendienst des Britischen Luftwaffenministeriums erklärte zu dem Angriff am 27./28. August:

Es war eine bemerkenswerte Leistung, eine große Ladung Bomben so nahe an die russische Front zu bringen, ohne auftanken zu müssen. Die Lancaster griffen weit unter ihrer gewöhnlichen Wirkungshöhe an. Der Angriff ging so schnell vonstatten, daß der Widerstand schnell gebrochen war. Das Wetter war klar, und alle Besatzungsmitglieder waren sich darüber einig, daß es eine sehr massive Bombardierung war.

Königsberg, eine große Hafen- und Industriestadt von 370 000 Einwohnern, ist bisher im Vergleich zu anderen Städten von Luftangriffen relativ verschont geblieben. Mit seinen hervorragenden Zugverbindungen und großen Dockanlagen könnte kein anderer Ort für die Deutschen in der gegenwärtigen Lage der Vorgänge in Osteuropa von größerer Bedeutung sein als Königsberg. Auch in ruhigen Zeiten ist Königsberg für den Feind fast genau so wichtig wie es Bristol für uns ist. Die Docks sind mit der Ostsee durch einen 20 Meilen langen Kanal verbunden, der kürzlich durch die R.A.F. vermint wurde. Außerdem bestehen gute Zugverbindungen nach Berlin, Polen und nach Nordosten an die russische Front.

Der 2. Luftangriff, den 600 britische Bomber am 29./30. August flogen, galt fast ausschließlich der Innenstadt. Die ersten Bomben fielen gegen 1.00 Uhr. Den Angriffsraum hatten die britischen Bomber genau durch »Christbäume« abgesteckt, demnach handelte es sich zweifelsfrei um einen geplanten Terrorangriff auf eine dicht besiedelte Innenstadt. Um das Chaos zu vergrößern – und damit die Zahl der Opfer – erprobte die RAF neue Brandstrahlbomben – mit verheerender Wirkung. Es entstanden Feuerstürme, die durch das gesamte Innenstadtgebiet rasten. Rund 150 000 Menschen wurden obdachlos, 5000 kamen um, die Zahl der Verletzten wurde nie ermittelt. 48 Prozent aller Gebäude wurden zerstört oder schwer beschädigt, betroffen waren fast ausschließlich Wohn- und Geschäftsgebäude.

Die Königsbergerin Helene Preuß, die als wissenschaftliche Hilfsassistentin am Mineralogischen Institut der Albertus-Universität am Steindamm 6 arbeitete, erlebte beide Luftangriffe mit:

Den Alarm zum Luftangriff hatte ich ebenso überhört wie das Klopfen des Pedells an meiner Zimmertür. Als ich plötzlich wach wurde und das Verdunkelungsrollo beiseite schob, sah ich zu meinem Entsetzen die »Weihnachtsbäume« am Himmel und stürzte mit Mantel, einigen Kleidungsstücken und den Papieren in den Keller, um mich anzuziehen und bei der Bekämpfung der verschiedenen Brandherde in unmittelbarer Nähe, vor allem im Hygienischen Institut, mitzuhelfen. Der erste Schrecken löste sich bald; es blieb auch keine Zeit, weil alle Hände dringend beim Löschen benötigt wurden. Ich fühlte mich in dieser Nacht stark, schonte mich nicht, hielt an einem Brandherd solange aus, bis das Atmen beschwerlich wurde und mein Standort bedrohlich unsicher; ermunterte die Helfer in der langen Eimerkette zum Durchhalten und glaubte durch eigenen Einsatz nicht nur ein gutes Beispiel zu geben, sondern auch stark genug zu sein, um alle Schäden zu verkraften.

Als die Sirenen zum zweiten Angriff heulten, überhörte ich sie erneut, wurde durch einen unruhigen Traum wach und konnte nur in den Keller hasten, wo ich mit anderen abwartete, wie es diesmal abgehen würde. Stumm verfolgten wir die Erschütterungen. Als wir den Keller verlassen konnten, stellten wir zwar in den Institutsräumen und Wohnräumen ein heilloses Durcheinander fest; es gab sehr viel aufzuräumen. Aber wir hatten überlebt. Und wie sah es um uns herum aus? Auf dem Weg zur Sternwarte, in der ich als Dienstverpflichtete einige Messungen machen wollte, kam ich in den frühen Morgenstunden an vielen Trümmern vorbei. Bisweilen sah ich auch einige Menschen mit einigen Habseligkeiten hocken. Es war alles so unwirklich. Ich eilte vorbei zum Botanischen Garten und Sterngarten. Und auch hier war alles zerstört. Es war wie in einer Geisterstadt. Über mich war ich entsetzt, weil ich keinerlei Reaktionen feststellte. Dann suchte ich eine Straße auf, in der eine Freundin, die sich bei ihren Eltern auf dem Lande aufhielt, ihr Zimmer hatte. Hier, im Hintertragheim, gab es einen Ruinenberg neben dem anderen. Eine Überlebende zeigte mir, wo Menschen unter den Trümmern begraben waren. Als ich umkehrte und heimschlich, löste sich endlich der Schock und ich ließ meinen Tränen freien lauf. Diesmal waren die Eindrücke zu übermächtig. Als mir der Kurator der Universität einige Zeit später für meinen Einsatz beim 1. Luftangriff das Kriegsverdienstkreuz überreichte, konnte ich mich nicht einmal freuen.

Zwei Wochen nach dem Beginn der Großoffensive gegen Ostpreußen, am 26. Januar 1945, hatten sowjetische Truppen in Eilmärschen bereits die Vororte von Königsberg erreicht. Jetzt stellte sich die 3. Weißrussische Front unter General Tschernjakowski zum Angriff auf die Festung Königsberg bereit. Für die Sowjets war Königsberg etwas Besonderes.

Der Deutsche Orden hatte die Stadt im Jahre 1252 gegründet und sie zu Ehren des königlichen Kreuzfahrers Ottokar von Böhmen »Königsberg« getauft. Sie wurde im 15. Jahrhundert Sitz der Hochmeister, danach Residenz der Herzöge von Preußen, sie wurde Krönungsstadt der Preußenkönige und war seit 1843 umgeben von einem gewaltigen Festungswerk, den Forts. Vor einer Festung mit derartigen Traditionen und Ausmaßen hatte die sowjetische Heerführung allen Respekt.

Sie hatte bereits vor der Großoffensive Sandkastenspiele veranstaltet und ihre Sturmtruppen den Angriff proben lassen.

General der Infanterie Otto Lasch, den Adolf Hit-

Volkssturmmänner in den Gräben der Festung Königsberg. Mit Panzerfäusten, Beutegewehren und improvisierten Handgranaten erwarten sie den sowjetischen Angriff.

Dampfer *General San Martin*.

ler am 27. Januar 1945 zum Festungskommandanten von Königsberg ernannte, hatte vor der Festung – so wie er sie am Tage seiner Übernahme vorfand – weitaus weniger Respekt:

Der Mangel der alten Befestigungen lag daran, daß die Beobachtungs- und Wirkungsmöglichkeit von innen heraus sehr beschränkt war, nur mit einem hinteren Eingang versehen, waren sie richtige Mausefallen.

Am 28. Januar 1945 lag die Stadt bereits im Feuer sowjetischer Artillerie, Aufklärungsflugzeuge kreisten über der Stadt. Die Bewohner – und mit ihnen die Flüchtlinge – wurden von Stunde zu Stunde unruhiger. Die Stadt war seit einer Woche überfüllt. Aus Insterberg, Allenstein und anderen ostpreußischen Städten waren sie vor den rasch vordringenden Russen nach Königsberg geflohen. Rund 100 000 Flüchtlinge hatte die Königsberger Parteileitung in den letzten Tagen in öffentlichen Gebäuden und in Privatwohnungen untergebracht. Auf Plätzen und Straßen stauten sich die Pferdewagen, vollbepackt mit Fluchtgepäck. Viele hatten sich in Königsberg zunächst sicher gefühlt. Doch jetzt, als Granaten einschlugen, wollten sie weiter. Noch war die alte Ordensstadt nicht eingeschlossen, noch

Auch *Der Deutsche* half bei der Evakuierung der Frauen- und Kinderklinik.

waren die Straßen, die nach Westen führten, frei; noch fuhr die Eisenbahn nach Pillau, und noch lagen im Königsberger Hafen Schiffe, die über die Ostsee fuhren.

Zu diesen gehörte auch die 11 352 BRT große *General San Martin* der Reederei Hamburg-Süd, von der Kriegsmarine als »Wohnschiff« verpflichtet. Der 23 Jahre alte Pott hatte an diesem Tag einige tausend Verwundete an Bord genommen, außerdem die Königsberger Kinderklinik mit Teilen ihres Personals. Das Schiff sollte Swinemünde anlaufen und dann wieder zurückkommen. Als zweites großes Schiff lag der ehemalige Kdf-Dampfer *Der Deutsche* bereit, er nahm am nächsten Tag Verwundete, Kranke, Frauen und Kinder an Bord.

Doch noch war die Flucht illegal, denn es gab noch keinen Räumungsbefehl, die Partei sah noch keine Gefahr für die Stadt, die doch erklärtes Angriffsziel der Sowjets war. Eine wesentliche Verschlechterung der Lage trat in der Nacht zum 31. Januar ein: Sowjetischen Truppen gelang es, die Straße nach Pillau zwischen Metgethen und Groß-Heydekrug zu überschreiten und am Morgen das Kurische Haff zu erreichen. Damit wurde nicht nur der Fluchtweg nach Pillau unterbrochen – Königsberg war jetzt nahezu eingeschlossen. Im Samland hatte sich eine deutsche Abwehrfront gebildet, bei Heiligenbeil blieb noch ein schmaler Korridor zum Haff. Soldaten der 5. Panzerdivision und der Division *Großdeutschland* versuchten, ihn offenzuhalten.

Gauleiter Koch und sein Regiment

Erich Koch, Gauleiter von Ostpreußen, hielt sich in diesen Tagen nicht in Königsberg auf. Er hatte einen Bunker auf der Kurischen Nehrung bezogen. Dort schlugen noch keine russischen Granaten ein, dort war er auch vor Bomben sicher. Seine Funktionäre hatte er in Königsberg zurückgelassen; sie mußten ihm laufend Bericht erstatten. Zu seinem Vertreter in Königsberg hatte er den NSDAP-Kreisleiter Ernst Wagner ernannt, der als *Bevollmächtigter Kommissar des Gauleiters für Partei, Staat und*

Wirtschaft der Festung Königsberg firmierte. Im Auftrag Kochs wandte sich Wagner am 1. Februar mit einem Aufruf an den Königsberger Volkssturm:

Die bolschewistischen Bestien sind unter gewaltigem Einsatz ihrer großen Überlegenheit trotz schwerster Verluste bis an unsere Gauhauptstadt Königsberg vorgedrungen. Wir sind nun auf Gedeih und Verderb mit dem Schicksal der Stadt Königsberg verbunden. Entweder wir lassen uns in der Festung wie tolle Hunde erschlagen, oder wir erschlagen die Bolschewisten vor den Toren unserer Stadt. Der bolschewistische Soldat ist viel schlechter als der deutsche. Vor ihm zurückzugehen oder sich zu ergeben ist sinnlos und ein Verbrechen. Gegen Deserteure, Feiglinge und Schädlinge wird schärfstens vorgegangen. Wer sich hinten herumdrückt und nicht kämpfen will, muß sterben. Seid mißtrauisch gegen jedes Gerücht. Wahr ist nur, was gut für uns ist. Unser Gauleiter grüßt die Volkssturmmänner und wünscht ihnen Hals- und Beinbruch.

Der Königsberger Volkssturm bestand aus Hitlerjungen und alten Männern, völlig ungenügend an der Waffe ausgebildet und oft in einem seelischem Zustand, der sie nicht gerade zum »heldenhaften Kampf für Führer, Volk und Vaterland« ermutigte. Während der Gauleiter sicher im Nehrungsbunker saß, erwartete er von »seinen« Volkssturmmännern den restlosen Einsatz gegen die »bolschewistischen Bestien«.

Am 9. Februar 1945 wandte sich Kreisleiter Wagner mit einem weiteren Aufruf an »Königsberger! Männer, Frauen und Kinder«:

Der Bolschewist steht vor den Toren der Stadt. Wir werden Schulter an Schulter mit den Soldaten der Wehrmacht und den Volkssturmmännern unsere Stadt verteidigen. Wir wollen Königsberg zu einer uneinnehmbaren Festung ausbauen....Aus den Trümmern unserer Stadt wollen wir Barrikaden und Stützpunkte bauen, vor denen jeder bolschewistische Ansturm im Blut erstickt wird. Ich rufe alle Königsberger auf! Jetzt ist unserer Stunde gekommen! Wir leben nur noch der Verteidigung der Stadt und unserem Sieg. Heil Hitler!

Nach diesem Aufruf wußte jeder Königsberger, daß die Partei nur noch eine einzige Aufgabe für alle sah: »Kämpfen und siegen – oder sterben!«

Daß solche Aufrufe die Stimmung der Königsberger noch tiefer sinken ließ und eher Angst und Schrecken verbreiteten, als den Durchhaltewillen zu stärken, erkannte der Festungskommandant sehr rasch. In seinen Erinnerungen schrieb er:

Zur Hebung der stark abgesunkenen Stimmung der Zivilbevölkerung hatte ich bekanntmachen lasen, daß Postkarten zur Beförderung nach dem übrigen Deutschland geschrieben werden könnten. Sie wurden auf dem Hauptpostamt gesammelt, um gegebenenfalls nach Öffnung der Festung weiterbefördert zu werden. Ein alter Justizrat hatte eine solche Postkarte an eine Verwandte in Westdeutschland gerichtet. Auf ihr stand zu lesen, daß es in Königsberg schlimm aussähe, daß die Partei völlig versagt hätte und daß der Gauleiter geflohen sei. Das zur Aburteilung strafbarer Handlungen von Zivilisten eingesetzte Standgericht der Festung, das zum Teil aus Parteileuten bestand, verurteilte den Mann wegen Zersetzung der Wehrkraft und wegen Verunglimpfung von Partei- und Staatsbehörden zum Tode, obgleich seine Behauptungen doch völlig der Wahrheit entsprachen. Ein erschütterndes Beispiel dafür, bis zu welchem Grade das Empfinden für Recht und Unrecht in manchen Köpfen damals ausgelöscht war. Zum Glück hatte ich mir die Bestätigung von Todesurteilen bei allen Standgerichten der Festung vorbehalten und konnte somit die Vollstreckung des wahnsinnigen Urteils verhindern.

Der erfolgreiche Ausbruch

Bis zum 19. Februar blieb es in Königsberg ruhig. Der Grund: Die belagernde Sowjetarmee war ohne Führung. Ihr Befehlshaber, General Tschernjakowski, war am 16. Februar vor Königsberg gefallen. Diese Lage nutzten die Verteidiger aus.

General der Infanterie Gollnick, der mit seinen restlichen Verbänden Memel geräumt und am 17. Februar den Befehl über die Armee-Abteilung Samland übernommen hatte, traf eine wichtige Entscheidung: Er wollte am 19. Februar den Weg nach Königsberg durch einen Angriff öffnen. Er erwartete, daß die Festungsbesatzung ebenfalls einen Ausbruchsversuch unternahm und den Samland-Divisionen entgegenkam. Als Operationsziel sollte die Straße nach Pillau freigekämpft und damit die

General der Infanterie Gollnick.

Straßenverbindung Königsberg-Pillau wiederhergestellt werden.

General Lasch stellte die 1. Infanteriedivision, die 5. Panzerdivision und – gegen den Befehl der Heeresgruppe Nord – auch die 561. Volksgrenadierdivision bereit.

Das Unternehmen wurde zum letzten deutschen Großangriff in Ostpreußen – und ein voller und außerordentlich wichtiger Erfolg. Der Infanterie gelang es, die sowjetische Front bei Metgethen aufzubrechen, die 5. Panzerdivision trieb, an den Grenadieren und Füsilieren vorbeirollend, einen tiefen Angriffskeil vor.

General Gollnick ließ die 58. und 93. Infanteriedivision sowie die 548. Volksgrenadierdivision weiter angreifen. Die russische Abwehr im Raum Metgethen war außerordentlich stark; hier standen die 39. Armee unter Generalleutnant Dadikow sowie die 192., 292. und 338. Schützendivision. Die russischen Militärs hatten seit einiger Zeit an dieser Stelle mit einem deutschen Angriff gerechnet. Ein Befehl vom 15. Februar 1945 verlautbarte,..... *daß ein deutscher Angriff im Raum Klein-Holstein – Metgethen – Amalienhof – Kragau – Kobbelbude wahrscheinlich und die Abwehr zu verstärken sei.*

So stießen die deutschen Truppen bei ihrem Ausbruch auf eine massive Gegenwehr. Der Kampf war außerordentlich hart und beide Seiten verzeichneten erhebliche Verluste. An der Schule Metgethen nahmen die deutschen Grenadiere eine Stellung von 25 sowjetischen Pak-Geschützen im Sturmangriff.

Das Massaker von Metgethen

Mit welchem Haß und welcher Brutalität sowjetische Soldaten gegen die Zivilbevölkerung vorgingen, wurde nach der Befreiung von Metgethen sichtbar. Was die Soldaten dort vorfanden, fand seinen Ursprung unter anderem in den Haßparolen des Sowjetgenerals Tschernjakowski, der vor der Einnahme Metgethens seiner Armee folgenden Tagesbefehl mit auf den Weg gegeben hatte:

2000 Kilometer sind wir marschiert und haben die Vernichtung aller Errungenschaften gesehen, die wir in 20 Jahren aufgebaut haben. Nun stehen wir vor der Höhle, aus der heraus die faschistischen Angreifer uns überfallen haben. Wir bleiben erst stehen, wenn wir sie ausgeräuchert haben. Gnade gibt es nicht – für niemanden, wie es auch für uns keine Gnade gegeben hat. Das Land der Faschisten muß Wüste werden, wie unser Land, das sie zur Wüste gemacht haben. Die Faschisten müssen sterben, wie auch unsere Soldaten gestorben sind.

»Faschisten« waren für die Sowjets alle – egal ob Soldat, Frau oder Kind. Der sowjetische Schriftsteller Ilja Ehrenburg hatte vor Beginn des Angriffs auf Ostpreußen einen Aufruf an alle Sowjetsoldaten gerichtet:

Tötet ihr tapferen Rotarmisten. Tötet. Es gibt nichts, was an den Deutschen unschuldig ist, an den Lebenden nicht und nicht an den Ungeborenen! Folgt den Weisungen des Genossen Stalin und zerstampft für immer das faschistische Tier in seiner Höhle. Brecht mit Gewalt den Rassenhochmut der deutschen Frauen. Nehmt sie als rechtmäßige Beute. Tötet, ihr tapferen, vorwärtsstürmenden Rotarmisten!

In Metgethen und den umliegenden Ortschaften hatten die Rotarmisten an der Bevölkerung unbeschreibliche Greueltaten verübt. Auf einem Tennisplatz fand man 32 zerstückelte menschliche Körper, die russische Soldaten durch eine elektrisch gezündete Mine in die Luft gesprengt hatten.

Der Kommandeur eines deutschen Grenadierregiments schildert seine Eindrücke:

Die Bilder, die sich uns in dem wiedergewonnenen Raum boten, waren schrecklich. In den Ortschaften hatte der Russe die Deutschen in Massen hingemordet. Ich habe Frauen gesehen, die noch den Strick um den Hals hatten, mit dem sie zu Tode geschleift worden waren. Oft waren mehrere aneinandergebunden. Ich habe Frauen gesehen, die mit dem Kopf im Morast eines Grabens oder in Dunggruben steckten und deren Unterleiber deutliche Spuren bestialischer Mißhandlungen trugen.

Vergewaltigt waren alle Frauen und Mädchen im Alter von 14 bis 65 Jahren. Häufig auch noch jüngere und noch ältere. Getreu Stalins Befehl: »Nehmt Euch die blonden deutschen Frauen, sie sind Euer!« stürzten sich die Russen auf die deutschen Frauen wie die wilden Tiere – nein; viel, viel schlimmer. Ein kaum 16jähriges Mädchen wurde in einer Nacht 18mal vergewaltigt.

Die Toten hatte der Russe nicht beerdigt, auch seine eigenen nicht. Dazu hatte er augenscheinlich keine Zeit gefunden. Wohin man ging, überall lagen Leichen und Kadaver, einen widerlichen Geruch verbreitend. Die Wohnungen waren ausgeplündert, Möbel aller Art lagen auf den Straßen und Höfen, zertrümmert, verschmutzt, unbrauchbar. An der Eisenbahn waren Radiogeräte, Nähmaschinen, Staubsauger, Fahrräder, ärztliche Geräte, Betten, Polstermöbel, Geschirr usw. zusammengetragen worden und verladebereit. Das meiste war durch die Behandlung und den Transport bereits unbrauchbar geworden. Die Witterung, Frost, Schnee und Regen haben das ihre dazugetan. Auf einem Gutshof in Seerappen lagen Hunderte Stück Rindvieh, unzählige Schweine, Schafe und viele Pferde aufgedunsen, in Verwesung übergegangen. Und zwischen all diesem hauste der Russe! Waren das noch Menschen?

Metgethen hatte die Meinung vieler widerlegt, daß die Sowjets »doch auch Menschen seien und alles halb so schlimm wäre, man ruhig bleiben könne und nicht flüchten müsse«.

Durch die Freikämpfung der Straße nach Pillau und der Bahnlinie Königsberg-Pillau, die wieder eingerichtet wurde, war der Fluchtweg nach Pillau wieder offen.

General Lasch äußerte später:

Es war die einzige und letzte Möglichkeit, Königsberg wieder mit der Außenwelt zu verbinden und damit noch einmal Gelegenheit zu schaffen, große Teile der in der Stadt zusammengeballten Zivilbevölkerung nach Pillau abzubefördern.

Der Fluchtweg nach Pillau ist wieder frei

Angesichts der Greueltaten in Metgethen und den umliegenden Dörfern strebte der Festungskommandant an, möglichst alle noch in der Stadt befindlichen Frauen und Kinder nach Pillau zu bringen. Pillau war das *Tor zur Freiheit*. Im Pillauer Hafen liefen fast täglich Schiffe ein, die Flüchtlinge an Bord nahmen und über die Ostsee nach Schleswig-Holstein und Dänemark brachten. Den neuen/alten Fluchtweg nutzend, machten sich in der letzten Februarwoche Zehntausende auf den Weg nach Pillau. In wenigen Tagen war die kleine Seestadt total übervölkert. Deshalb mußte für die aus Königsberg Kommenden in Peyse am Königsberger Seekanal ein Zwischenlager eingerichtet werden. Vorrang bei der Seerettung hatten zunächst die Flüchtlinge, die aus dem Kessel von Heiligenbeil auf die Nehrung gebracht worden waren. Auch hier waren es Zehntausende, die Platz auf Flüchtlingsschiffen suchten.

Im Zwischenlager Peyse hatte sich rasch herumgesprochen, daß nach der *Wilhelm Gustloff* auch die am 9. Februar von Pillau ausgelaufene *Steuben* Opfer eines sowjetischen U-Bootes geworden war und über 3000 Menschen den Tod in der Ostsee gefunden hatten. Hinzu kam, daß in Peyse die Verpflegung einer so großen Anzahl von Menschen Schwierigkeiten bereitete und auch die ärztliche Versorgung erhebliche Schwächen aufwies. Hungersnot entstand und Seuchen brachen aus. Aufgrund dieser Situation gingen viele Königsberger wieder in ihre Heimatstadt zurück, um dort das weitere Geschehen abzuwarten.

Auch Gauleiter Koch war eines Morgens wieder in Königsberg erschienen. Er belegte mit seinem engeren Stab das »Haus der Gauleitung«, das er zu einem Bunker ausbauen ließ. Um einen Fluchtweg aus der bedrohten Festung zu schaffen, ließ er am Paradeplatz einige Häuser abreißen und eine Startbahn für Flugzeuge zu errichten.

Die Festung wird »entwaffnet«

Im März spitzte sich die Lage in und um Königsberg immer mehr zu. Die Angriffe russicher Bomber, zumeist in der Nacht, mehrten sich. Täglich gingen weitere Häuser der durch das anglo-amerikanische Bombardement ohnehin schon stark zerstörten Stadt verloren. Die meisten Königsberger hausten bereits seit Wochen in Kellern. Und der Platz in den

Königsberg ist zur *Festung* erklärt worden. Einreisekontrollen sorgen dafür, daß niemand ohne besondere Genehmigung ein- oder ausreist.

182

Kellern wurde immer enger, je mehr Häuser einstürzten und Wohnungen verlorengingen.

Der Festungskommandant sah voll Sorge, wie auf höheren Befehl die Festung Königsberg langsam aber sicher militärisch geschwächt und praktisch »entwaffnet« wurde. Er konnte nicht verhindern, daß seine kampfkräftigsten Einheiten, über die er bisher noch verfügt hatte, die 1. Infanteriedivision und die 5. Panzerdivision, abgezogen und an die Samlandfront verlegt wurden. Als Ersatz wurde ihm die schwache und abgekämpfte 548. Volksgrenadierdivision zugewiesen. Außerdem wurden 70 Flakgeschütze sowie Artilleriemunition für den Einsatz im Heiligenbeiler Kessel abgezogen. Diese Maßnahmen schwächten die Verteidigungskräfte der Festung Königsberg stark.

Die letzten Divisionen der 4. Armee drängten sich, von Königsberg abgeschnitten, auf einem Zipfel der Halbinsel Balga. Mitte März schlug General Lasch vor, durch einen Ausbruch die Verbindung herzustellen und sie nach Königsberg zu schleusen. Doch Hitler hatte dies abgelehnt.

So blieb den Resten der 4. Armee nichts anderes übrig, als in den Tagen vom 25. bis 29. März mit Artillerie-Fährprähmen, Booten und Flößen auf die Nehrung überzusetzen. Von Divisionen konnte keine Rede mehr sein – es handelte sich um zusammengeschmolzene Kampfgruppen von je um die 400 Mann. 2830 Verwundete und 2530 Soldaten erreichten so die Nehrung. Wochenlang waren sie Kälte und Frost und russischem Trommelfeuer ausgeliefert gewesen, sie hatten fast ihre sämtliche Munition verschossen. Den Rückzug deckte eine Gruppe Landser unter Führung des General Hufenbach, einem ostpreußischen Bauernsohn, der im Nahkampf mit dem größten Teil seiner Leute fiel. Die letzten Überlebenden dieses letzten verzweifelten Kampfes der 4. Armee waren angeklammert an Balken, Brettern und Tore, über das Wasser des angestauten Haffs bis zur Möveninsel des Königsberger Seekanals angetrieben worden.

Nachdem der Stab der Heeresgruppe Nord über den Pillauer Hafen nach Westen abtransportiert worden war, wurde die Festung Königsberg General Friedrich-Wilhelm Müller unterstellt. Seine 4.

»Wir halten Königsberg« verspricht diese Panzerabwehrstellung in den Außenbezirken.

Armee war im Kessel von Heiligenbeil bis auf Resteinheiten vernichtet worden. Zu diesen »Resten« gehörten 10 000 Leichtverwundete, die man nicht hatte über See abtransportieren können. Sie wurden in die überfüllten Lazarette der Festung Königsberg gebracht. Einen Tag vor der erneuten Einschließung konnte der Festungskommandant die Verwundeten auf die Straße nach Pillau schicken; so entkamen sie dem Untergang der Stadt.

»Volkssturmmänner, geht nach Hause!«

In den letzten Märztagen änderten die Russen ihre Taktik. Abend für Abend strichen Flugzeuge mit abgestellten Motoren im Gleitflug über die Stadt. Schlagermusik erklang und dann kam der Aufruf: »Volkssturmmänner – geht nach Hause. Euch alten Opas tun wir nichts. Legt die Waffen fort!« Nach einer Weile rief dann die gleiche Stimme: »Achtung – wir werfen Bomben!«

Von Abend zu Abend tauchten mehr Flugzeuge auf, es ertönte keine Stimme mehr, dafür fielen Bomben und Bordwaffen beharkten die menschen-

in Pommern. Kolberg war gefallen, Danzig und Gotenhafen war besetzt worden, nur noch die Halbinsel Hela konnte sich halten.

Und die Königsberger flanierten an diesem Ostersonntag in den Außenbezirken, sonnten sich auf den noch heilen Bänken in den Parks und gaben sich der Illusion hin, daß sich die Russen vielleicht von Königsberg zurückziehen würden.

Doch es war nur die Ruhe vor dem Sturm.

General Lasch und sein Stab waren sich sicher: Alle Anzeichen sprachen für einen Großangriff in den nächsten Tagen. Die Russen hatten rings um die Stadt mehrere hundert schwere Geschütze und Raketenwerfer aufgestellt. Immer mehr Panzer vom Typ T 34, aber auch amerikanische Shermans, US-Leihgaben an die sowjetischen Waffenbrüder, wurden gemeldet. Der Sturm stand unmittelbar bevor.

250 000 Angreifer gegen 35 000 Verteidiger

Die Sowjets hatten sich für den Endkampf um Königsberg gründlich vorbereitet. Sie wußten nicht, welch schwache Kräfte ihnen gegenüberstanden. Sie hielten Königsberg mit seinen zwölf Forts und Bastionen für eine der stärksten Festungen in Deutschland. Was sie nicht wußten: Die Befestigungen waren gut 60 Jahre alt und gegen Waffen gebaut worden, wie sie im Deutsch-französischen Krieg von 1870/71 zum Einsatz gekommen waren. So gesehen verdiente Königsberg Ostern 1945 keinesfalls die Bezeichnung »Festung« mehr.

Am Abend des 5. April kündigten die Russen den bevorstehenden Sturm auf Königsberg an. Aus Lautsprechern dröhnte zunächst laute Musik, dann folgten Aufforderungen zur Übergabe der Stadt und Niederlegung der Waffen; verbunden mit massiven Drohungen alles zu töten, was noch lebte:

Heute Nacht habt ihr die letzte Chance, zu uns zu kommen. Morgen um acht Uhr beginnt die Offensive. Wer das Trommelfeuer überlebt, wird von den Panzern niedergewalzt. Denkt an Stalingrad. Werft die Knarren weg und kommt rüber. Morgen früh beginnt das große Sterben.

Doch die Verteidiger ließen sich keinen Sand in

leeren Straßen. Gleichzeitig nahm der Artilleriebeschuß zu, die russischen Batterien rings um die Stadt wurden täglich vermehrt, neue schwere Artillerie wurde aufgestellt und Stalinorgeln schossen sich ein.

Jetzt mußten die Königsberger auch die immer noch laufenden Schanzarbeiten einstellen, da nur noch Keller Schutz vor den Granaten und Bomben boten.

Der russischen Propaganda versuchte Gauleiter Koch entgegenzuwirken, vor allem über den Königsberger Rundfunk, doch die meisten Königsberger hörten ihn nicht mehr.

Der 1. April, der Ostersonntag des Jahres 1945, brachte Königsberg ein strahlendes Frühlingswetter. Es war ungewöhnlich milde, Veilchen und Schneeglöckchen blühten. Da an diesem Tag die russischen Waffen schwiegen und auch keine Flugzeuge auftauchten, wagten sich viele Königsberger aus den Kellern, ja sie strömten über die Ausfallstraßen in die Außenbezirke. Man sah Frauen mit Kinderwagen und man hätte fast vergessen können, daß man sich in der Endphase des Krieges befand. Die Amerikaner hatten bereits den Ruhrkessel geschlossen und Paderborn erreicht. Die Russen standen bereits in Brandenburg, Schlesien und weit

die Augen streuen und legten die Waffen nicht nieder, obwohl sich General Lasch keinerlei Illusionen hingab, Königsberg noch längere Zeit halten zu können. Dafür war der Gegner viel zu stark.

Lasch hatte vier neu aufgefüllte Divisionen und den Volkssturm mit insgesamt etwa 35 000 Mann aufzubieten. Dazu eine einzige Sturmgeschützbatterie. Nach Abzug der 5. Panzerdivision waren nur noch wenige Panzer in Königsberg verblieben. Dazu kam eine stark dezimierte Flak und Artillerie. Eine Luftwaffe gab es nicht.

Die Sowjets verfügten über 30 Schützendvisionen mit über 250 000 Mann, 500 Panzer, schwere Artillerie, Stalinorgeln und zwei Luftflotten. Besonders katastrophal war die Überlegenheit an Panzern: Auf 500 russische kam ein deutscher Panzer.

Am Morgen des 6. April bebte die Erde. Hunderte sowjetischer Batterien und eine unübersehbare Zahl von Stalinorgeln entfachten einen Feuerorkan, der 30 Stunden anhielt. Gleichzeitig warfen Kampfflugzeuge Hunderte von Bomben ab. Königsberg war eine Hölle.

Marschall Wassilewski, Nachfolger des gefallenen Generals Tschernjakowski, unternahm von Nordwesten her einen neuen Verstoß über Judithen-Metgethen bis zum Haff. Seine zahlenmäßig überlegenen Truppen überrannten die schwachen deutschen Sicherungen. Damit war Königsberg endgültig vom westlichen Samland abgeschnitten.

Am Abend des ersten Angriffstages hatten die Sowjets fast alle Stellungen um die Stadt zerschlagen. In den Gräben und Erdlöchern waren in wenigen Stunden ganze Kompanien des Volkssturms von Panzern niedergewalzt und begraben worden. Die Reste des Volkssturms zogen sich unter schweren Verlusten aus den Außenbezirken hinter den alten Wallring zurück. Es gab keine Nachrichtenverbindungen mehr. Munitionslager waren in die Luft geflogen, der Paradeplatz war nur noch ein wüstes Trümmerfeld, auf den Straßen lagen zerschossene Fahrzeuge, Pferdekadaver und Tote.

Das große Sterben hat begonnen

Vom 6. April an regierte in Königsberg der Tod, das große Sterben hatte begonnen. Die noch in der Stadt verbliebenen Frauen, Kinder und Greise flohen aus den brennenden und zusammenfallenden Häusern und Kellern. Auf den Straßen gerieten sie in den Granatbeschuß. In panischer Angst stürzten sie sich in die Gefechtsstände der Verteidiger, aus denen auf die Angreifer geschossen wurde. Durch die Schießscharten zischten die Flammenwerfer der Russen, verbrannten die Verteidiger zusammen mit den Frauen und Kindern. Dann flogen Handgranaten hinter die Deckungenen und töteten die Restlichen.

Russische Panzer und Sturmgeschütze rollen in die Innenstadt und greifen in die Straßenkämpfe ein.

Ein deutscher Offizier berichtet aus jenen Tagen:

Man sah Greise, Frauen und Kinder Möbel oder Hausrat aus brennenden Häusern heraustragen und Brände mit unzureichenden Mitteln löschen. Die Gefechtsstände, Verwundeten-Sammelstellen, Hauptverbandsplätze und Lazarette füllten sich mit verwundeten Soldaten und Zivilisten. Königsberg bot überall ein Bild des Schreckens. Die Luft war rauch- und dunstverhüllt und in der Nacht war der Himmel durch die ausgedehnten Großbrände hell erleuchtet. Am 7. April drangen russische Panzer und Infanterie weiter in die Stadt vor. Die Russen setzten dabei erprobte Häuserkämpfer von Stalingrad ein. Den russischen Verbänden gelang es, von Süden her über Ponath einen Keil bis zum Hauptbahnhof voranzutreiben. Sturmtruppen drangen bis zum Haberberg vor und bis an den Hafen, andere Einheiten erreichten den Tiergarten und die Friedhöfe am Veilchenberg.

Die Deutschen hatten dieser Übermacht kaum noch etwas entgegenzusetzen. Ihre Stellungen und Widerstandsnester wurden von russischen Flammenwerfertrupps ausgeräuchert.

Der 7. April wurde zu einem Schicksalstag für Königsberg. In den Mittagstunden wurde sich General Lasch klar darüber, daß das Ende kurz bevorstand, die Festung war nur noch einige wenige Tage zu halten.

Lasch nahm Kontakt zu General Müller in Pillau auf. Er schlug Müller vor, mit der gesamten Besatzung einen letzten Ausbruchsversuch nach Westen ins Samland zu unternehmen. Die Zivilbevölkerung sollte dabei zwischen den Truppen mitgeführt werden. General Müller stimmte zunächst dem Vorschlag zu. Er wollte die 5. Panzerdivision von Westen her einzusetzen.

Doch noch am Spätnachmittag erhielt der Festungskommandant die enttäuschende Nachricht: Hitler hatte den Ausbruch abgelehnt, er wünschte einen »herorischen Untergang« der Festung Königsberg.

Die Tragödie des letzten Ausbruchsversuchs

Am 8. April wurde Königsberg von den frühen Morgenstunden an sturmreif geschossen. Zwischen Juditten und Ratshof-Amalienau schlossen die Sowjets den Einschließungsring. Auch die Linie der 561. Volksgrenadierdivision wurde durchbrochen. Der Divisionsstab erhielt die Genehmigung, seinen Gefechtsstand ins Samland zu verlegen. Dort wurde zwischen Moditten und Fort Holstein eine neue Front nach Osten aufgebaut. Nordwest-, Nord- und Südfront in Königsberg waren jetzt auf den Stadtrand zurückgedrängt.

Im Osten wurde in Herzogs-Acker gekämpft, im Westen gelang es dem Feind bis zu den Höfen an den Zwillingsteichen vorzudringen. Die von Süden vordrängenden Truppen besetzten den Kneiphof, andere Verbände schoben sich an den nördlichen Pregelarm heran. Im Norden wurde in Mauranenhof und in der Schleicherkaserne gekämpft. Gegen den übermächtigen Gegner hatten die deutschen Verteidiger kaum eine Chance. Es konnten weder Tote geborgen noch Brände gelöscht werden.

General Lasch sah sich vor die Entscheidung gestellt, noch einmal einen Ausbruchsversuch zu unternehmen, um die Einwohner und die Festungsbesatzung aus der Stadt zu bringen. In seinen Erinnerungen berichtet er darüber:

Jetzt ist auch dem stellvertretenden Gauleiter und seinen Getreuen der Schreck in die Glieder gefahren. Es dämmert ihnen die Erkenntnis, daß Königsberg verloren ist. Sie erscheinen auf meinem Gefechtsstand und bitten von hier aus den Gauleiter fernmündlich um die Erlaubnis zum Ausbruch aus der Festung mit den dazu erforderlichen militärischen Kräften. Sie führen zur Begründung an, daß damit auch die Masse der Zivilbevölkerung herausgeschleust werden könnte. Der Gauleiter setzt diesen Befehl bei der Armee durch. Aber mein Antrag, diesen Durchbruch mit allen verfügbaren Kräften unter Vernichtung der russischen Kräfte zwischen Königsberg und Juditten zu erzwingen, wird von der Armee abgelehnt. »Die Festung ist weiterhin zu halten, für den Durchbruch der Parteileute und der Zivilbevölkerung sind nur schwache Kräfte zu verwenden«, lautet der Befehl.

Ein Ausbruchsversuch mit schwachen Kräften gegen den übermächtigen Feind ist selbstverständlich zum Scheitern verurteilt, und so bringe ich erneut in einem persönlichen Ferngespräch mit General Müller zum Ausdruck, daß nur ein massierter Ausbruchsversuch mit der gesamten Festungsbesatzung gewisse Aussicht auf Erfolg haben könnte. Es wird mir erklärt, daß es Pflicht sei, die Festung bis zum letzten Mann zu halten.

Der entsprechende Befehl geht gegen 20.00 Uhr ein: »1. Festung Königsberg hält. 2. Schwache Kräfte in Form von Stoßtrupps (der Hauptauftrag darf darunter nicht leiden) stellen die Verbindung zur 561. Volksgrenadierdivision her. 561. Volksgrenadierdivision greift von Westen mit Teilen 5. Panzerdivision an. Diese Teile dürfen Ostrand Juditten nicht überschreiten. Zwischen den Relaisketten der Stoßtrupps ist die Zivilbevölkerung durchzuschleusen«.

Um diesem Ausbruchsversuch wenigstens noch eine geringe Chance zu geben, werden dafür eingesetzt:

Divisions-Stab 61. Infanteriedivision (General Sperl) mit allen an der Ostfront entbehrlichen Bataillonen, Teile der 548. Volksgrenadierdivision, Teile der Artillerie der 367. Infanteriedivision, die Masse der Festungsartillerie mit der noch verfügbaren Munition.

Die Partei soll die Zivilbevölkerung sammeln und leiten. Der Ansatz der Angriffsgruppe ist inzwischen außerordentlich schwierig geworden, der Armeebefehl zu spät eingetroffen. Das Herausziehen der Einheiten in den Bereitstellungsraum wird durch starkes Artilleriefeuer, durch nächtliche Luftangriffe und durch die Trümmerhindernisse empfindlich gestört und verlangsamt. Die Partei hatte zudem ohne Rücksprache mit der Festung das Sammeln der Bevölkerung um 0.30 Uhr auf der Ausfallstraße nach Westen befohlen. Die Weitergabe des Sammelns erfolgte von Mund zu Mund. Infolgedessen marschierte die Zivilbevölkerung in der gesamten Breite der Ausfallstraße Arm in Arm zusammen mit Fahrzeugen unter großem Lärm. Der Russe, sofort aufmerksam geworden, belegte den gesamten Abschnitt mit starkem Artilleriefeuer. Nach Anfangserfolgen bleibt das Stoßtruppbataillon liegen, der Kommandeur der 548. Volksgrenadierdivision, Generalmajor Sudau, fällt, Generalleutnant Sperl wird verwundet. Auch Großherr, der stellvertretende Gauleiter, kommt bei dem von ihm angeregten Ausbruchsversuch ums Leben.

Zivilbevölkerung und Soldaten, nun ohne Führung, fluten in die Stadt zurück. Die ganze Westfront der Festung ist offen, und nur mit letzter Mühe gelingt es, den Zusammenhang der Front notdürftig zu wahren.

9. April: Königsberg kapituliert

Der »heroische Untergang der Festung Königsberg« fand nicht statt. General Lasch war nach dem letzten gescheiterten Ausbruchsversuch zu der Überzeugung gelangt, das Königsberg nicht mehr länger zu halten war. Bei ihm häuften sich Meldungen über erlahmenden Widerstandswillen der Soldaten, von denen ein großer Teil mit der Zivilbevölkerung zusammengedrängt sich in Kellern befand. Verzweifelt hatten bereits Frauen versucht, den Soldaten die Gewehre zu entreißen, um sie mit einem weißen Tuchlappen aus den Kellerfenstern zu hängen. Sie wollten damit ihrem trostlosen Kellerdasein ein Ende setzen ohne zu ahnen, welchem Grauen sie nach der Kapitulation entgegengingen.

Zum Stab des Festungskommandanten General Lasch gehörte auch der Kommandant des Stabsquartiers. Er befand sich seit Anfang März dauernd in unmittelbarer Nähe des Generals. Hier sein Bericht:

Anfang März 1945 kam ich zum Stab des Festungskommandanten und wurde Kommandant des Stabsquartiers. Der Stab war gerade von der Oberpostdirektion nach der Universität umgezogen und lag mit dem Führungsstab in dem Luftschutzbunker und mit anderen Teilen und Unterstäben in den Kellern der Universität. Von Bombensicherheit war dort keine Rede. Auch war man sich dessen bewußt, daß die heile Fassade der Universität, besonders wenn von der Sonne angestrahlt, ein gutes Fliegerziel bietet. Da durch ein gut angelegtes Unternehmen Ende Februar 1945 ein Teil des Samlandes geräumt und die Straßen nach Pillau wieder freigemacht worden waren, hoffte man sich auch weiterhin Luft machen zu können.

Alle Vorschläge, die dafür jedoch von General Lasch gemacht worden waren, wurden abgelehnt. Und als die 5. Panzerdivision aus Königsberg ins Samland abgezogen war, konnte es nicht verhindert werden, daß der Ring um Königsberg enger wurde, wieder zum Verlust der Straße nach Pillau führte, und ein – wenn auch schlecht vorbereiteter - Ausbruch späterhin am 7. April nicht gelang. Wie im Dämmerzustand lebte die Bevölkerung, zum Teil nicht gewillt, die Stadt in unsichere Verhältnisse außerhalb zu verlassen, zumal reichliche Vorräte in den Kellern die Ernährung sicherstellten. So sind etwa 90 000 Einwohner dort geblieben.

Der Russe verhielt sich, von einigen Fliegerangriffen abgesehen, ziemlich ruhig. Es gab noch Wasser und Licht; die Partei war rege. Der Kreisleiter der Partei, Wagner, hatte in Vertretung von Gauleiter Erich Koch das Ruder fest in der Hand. Es wurde zum Teil ohne Verbindung mit Wehrmacht fieberhaft an Verteidigungsanlagen und Straßensperren gearbeitet. Hauptquartier der Partei war die Schloßruine. Wohl nicht zuletzt durch die Restbestände des Blutgerichts [Weinlager] angezogen, wurde hier ohne Sinn und Verstand gebaut und eingerichtet, so ein Gefechtsstand für den Kreisleiter, wie eine Besichtigung durch den Chef des Stabes, den ich begleitete, ergab. Vom Schloß führte auch ein unterirdischer Gang über den Münzplatz durch die Keller der Junkerstraße, Theaterstraße, Paradeplatz und am Haus der Deutschen Bank hinüber zum Hauptzollamt, durch die Giesbrechtstraße nach dem Haus Nr. 7, der Klinik. Hier war der Befehlsstand des Reichsverteidigungskommissars. Während das Haus Nr. 7 gut hergerichtet wurde mit einer 1 $\frac{1}{2}$ Meter dicken Betondecke, waren die dort hinführenden Gänge unbrauchbar. An diesen waren Tag und Nacht Hunderte von Arbeitern tätig, sie sind aber nicht richtig fertig geworden. Vom 4. April an verstärkte sich der Druck auf die Truppe und die Fliegerangriffe häuften sich. Auch die *fliegenden Festungen* der Amerikaner waren dabei.

Obwohl nicht die Absicht bestand, Königsberg bis ins Endlose zu verteidigen, wurden alle Vorkehrungen für eine Belagerung getroffen. Verpflegung wurde bereitgestellt; für den Stab für ca. 6 Wochen. Unsere Unterkünfte waren recht wohnlich eingerichtet, am schlechtesten wohnte General Lasch im Führungsbunker, weil die einzelnen Kabinen nur etwa 6 qm groß und sehr niedrig waren und ohne Tageslicht. Viel Sorge hatte ich mit der elektrischen Anlage, als der Stadtstrom ausfiel und mit Aggregaten ersetzt werden mußte. Als dann in den letzten Tagen der Paradeplatz zum Trichterfeld wurde und die

Lichtmaschinen, weil im Freien stehend, versagten, verbreiteten Kerzen in den Kabinen des Führungsbunkers ein gespenstisches Licht; die Entlüftung und die Wasserpumpen konnten nicht mehr betrieben werden. Es wurde geschöpft, aber doch watete man zum Schluß ziemlich tief im Wasser.

Am Donnerstag, dem 4. April, wurde uns klar, daß der Russe zum großen Schlag ansetzen würde und die Truppe einem übermächtigem Angreifer gegenüberstand. Mit Infanteriewaffen konnte man gegen die Panzer kaum gewinnen. Verpflegung und Schnaps waren reichlich vorhanden, aber mit Munition war die Festung nicht ausreichend ausgerüstet. Als die Truppe immer weiter zurückgedrängt wurde, und fast gleichzeitig aus allen Richtungen der Russe bereits in einige Vororte eingedrungen war, war für jeden Einsichtigen das Schicksal der Festung bereits am Freitag besiegelt. Da mich meine Aufgaben als Kommandant des Stabsquartiers total ausfüllten, war ich bezüglich der militärische Lage auf Informationen anderer angewiesen. Als mich der Chef des Stabes darüber informierte, daß nicht beabsichtigt sei, das Stabsquartier zu verteidigen und ich ihn in dieser Absicht bestätigte, beauftragte er mich, eine weiße Fahne vorzubereiten. Dies blieb natürlich geheim, ebenso wie Major Karow das gleiche unauffällig tat. Karow, der gewissermaßen in Königsberg auf der Durchreise hängengeblieben war, gehörte seit kurzem zum Stab und befand sich in der nächsten Umgebung des Generals. In der letzten Zeit gehörten Oberst i.G. Süsskind-Schwendi, der Adjutant und Ritterkreuzträger Major Hoeht, Major Karow und ich zum »kleinen Kreis« von General Lasch. In diesem Kreis wurde vieles besprochen und erwogen.

Ich kann deshalb bezeugen, daß erst nachdem alle Möglichkeiten erschöpft und eine längere Verteidigung der Festung als Wahnsinn erkannt waren, die Übergabe vorgesehen war.

Die Verantwortung dafür lag allein bei General Lasch. Nur dadurch daß er den Mut aufbrachte, gegen die Partei, vor allem den Reichsverteidungskommissar, die Kapitulation zu befehlen, rettete er vielen tausend Soldaten und Zivilisten Gesundheit und Leben. Mit Ausnahme einiger jüngerer Offiziere, die anfangs dagegen waren, teilten zuletzt alle die Ansicht des Generals, als dieser am 9. April morgens bekanntgab, daß er die Kapitulation der Festung Königsberg beabsichtige. Nachdem am Sonnabend, dem

7. April, ein Ausbruch in Richtung der alten Pillauer Landstraße mißlang, war das Ende der Festung deutlich erkennbar. Die 5. Panzerdivision, die von außen her den Weg nach der Stadt frei kämpfen sollte, scheiterte am Widerstand des Gegners.

Von Stunde zu Stunde steigerten sich in diesen letzten Tagen der Artilleriebeschuß und die Fliegerangriffe. An allen Stellen brannte die Stadt, und die in den Kellern Schutzsuchenden flohen von einem Haus zum anderen, von einer Straße zur anderen, wobei viele ihr Leben verloren. Als das Artilleriefeuer mehr auf die Stadtmitte verlegt wurde, fingen die Häuser in der Giesbrechtstraße und auch der noch stehende Universitätsneubau Feuer. Eingesetzte Löschzüge waren machtlos, zumal bei dem dauernd sich steigernden Bomben- und Granathagel die Löscharbeiten fast unmöglich wurden, Feuerwehrleute durch Verwundung ausfielen, Schläuche platzten und Fahrzeuge getroffen wurden.

Der Paradeplatz wurde buchstäblich durch Bomben und Granaten umgepflügt, die Fassade und der Säuleneingang der Universität waren zerfetzt, auch der Führungsbunker erhielt einige Treffer.

Als dann am Montag, dem 9. April, der Russe den Stadtkern erreicht hatte und eine Verbindung mit der Truppe nur noch durch Melder bestand, wurde am Vormittag der Befehl zur Einstellung des Kampfes gegeben und die weiße Flagge herausgestreckt. Da Parteiverbände, deren Mitglieder zum Teil betrunken waren, weiterschossen, verzögerte sich der Kontakt zwischen dem Führungsstab und den Parlamentären der Russen. Etwa gegen 24 Uhr kam dann ein russischer Oberst mit zwei Offizieren und zwei Soldaten zu den Übergabeverhandlungen in den Führungsbunker. In der Kabine des Generals erfolgten dann die Verhandlungen mit der abschließenden Unterschrift.

Während der Verhandlung und auch schon einige Stunden vorher wurde mir gesagt, das die Partei die Absicht habe, den Bunker zu sprengen, um die Kapitulation zu verhindern. Ich verstärkte daraufhin die Wache an den Eingängen. Der Anschlag fand nicht statt, wäre er gelungen, als sich die russischen Offiziere noch im Bunker beim General befanden, wären die Folgen unabsehbar gewesen.

Nach Abschluß der Verhandlungen gingen General Lasch mit seinem Adjutanten sowie dem Chef des Stabes mit den russischen Offizieren in die Gefangenschaft. Die Angehörigen des Stabes sollten um etwa 2 Uhr, die etwa 140 Unteroffiziere und Mannschaften unter meiner

10. April 1945: Die Festung hat kapituliert. Die Verteidiger – hier noch »ungefilzt« – werden vorbei am Königstor in die Gefangenschaft abgeführt.

Führung antreten und in Gefangenschaft geführt werden. Im Bunker des Hauses Giesbrechtstraße 7 sollen sich zu diesem Zeitpunkt 80 Parteiführer durch das Abziehen von Panzerfäusten das Leben genommen haben, der Parteikreisleiter Wagner war bereits beim Ausbruchsversuch am Freitag gefallen.

Die *Stunde Null* und danach

Die *Stunde Null* – die Kapitulation der Festung Königsberg – hatte viele Gesichter:

Erich Koch, Gauleiter und Reichsverteidigungskommissar für Ostpreußen und Kommandant des Volkssturms, war in den letzten Tagen nach Berlin geflogen, um seinem Führer angeblich über die »heldenhafte Verteidigung« der Festung Königsberg Bericht zu erstatten. Dazu wurde ihm am Nachmittag des 9. April in der Reichskanzlei Gelegenheit gegeben.

Wenige Augenblicke, nachdem der Funkspruch General Laschs über die Kapitulation eingetroffen war, wurde Koch von Hitler empfangen. Der Führer tobte »Feiger Verrat an der heldenhaften Stadt...«. Koch pflichtete ihm bei und erklärte, General Lasch hätte den Augenblick seiner Abwesenheit genutzt, um feige zu kapitulieren. »Ich kämpfe im Samland und auf der Nehrung weiter«, versprach Koch dem Führer. Der *Wehrmachtsbericht*, den der Großdeutsche Rundfunk jeden Tag ausstrahlte, meldete am 12. April 1945:

Die Festung Königsberg wurde nach mehrtägigen starken Angriffen durch den Festungskommandanten, General der Infanterie Lasch, den Bolschewisten übergeben. Trotzdem leisteten Teile der pflichttreuen Besatzung, in mehrere Kampfgruppen aufgeteilt, den Bolschewisten noch erbitterten Widerstand. General der Infanterie Lasch wurde wegen feiger Übergabe an den Feind durch das Kriegsgericht zum Tode durch den Strang verurteilt. Seine Sippe wird haftbar gemacht.

Die Frau und die älteste Tochter des Generals, die nach Dänemark evakuiert worden waren, wurden auf Befehl des deutschen Befehlshabers in Dänemark verhaftet. Die zweite Tochter des Generals, die im Oberkommando des Heeres beschäftigt war, wurde zunächst in einem Potsdamer Gefängnis festgesetzt und dann in das Hauptquartier der *Geheimen Staatspolizei* nach Berlin transportiert. Selbst der Schwiegersohn des Generals, der als Bataillonskommandeur an der Front stand, wurde verhaftet und in ein Gefängnis eingeliefert. Doch alle Angehörigen von General Lasch überlebten.

Gauleiter Koch hatte sich nach seinem Führerbesuch nach Neutief abgesetzt, nicht etwa um im Samland zu kämpfen, wie er Hitler versprochen hatte, sondern um auf ein Wunder zu warten. Getreu seiner Devise, die er immer wieder ausgegeben hatte, »ein Hundsfott, wer jetzt als Ostpreuße sich nur eine Sekunde dem Gedanken hingibt, sich selbst in Sicherheit zu bringen. Unsere stärkste Sicherheit liegt im Glauben an den Führer«, wartete er das weitere Geschehen ab. Nicht nur eine Sekunde, sondern mehrere Tage dachte er darüber nach, wie er sich persönlich in Sicherheit bringen konnte. Die Vorkehrungen dafür hatte er schon lange getroffen. Als das von ihm erwartete »Wunder« nicht eintraf und der *Endsieg* nicht mehr in Aussicht stand, führte er seinen vorbereiteten Fluchtplan aus. Mit dem für ihn bereitliegenden Eisbrecher *Ostpreußen* ließ er sich über Hela nach Kopenhagen bringen. Während andere Schiffe in diesen Tagen bis an den Rand gefüllt, mit Flüchtlingen und Verwundeten nach Kopenhagen liefen, befand sich auf der *Ostpreußen* nur ein einziger Flüchtling - Gauleiter Erich Koch.

In Kopenhagen wechselte Koch seine Bekleidung, später auch sein Aussehen. Unerkannt verschwand er im Millionenheer der Kriegsgefangenen und wurde später als »Major Berger« entlassen. Er verschwand in einem kleinen Ort in Schleswig-Holstein und konnte – mit Brille, ohne Bart und abgemagert – vier Jahre seine wahre Identität verbergen. Mit ihm, unter demselben Dach, lebten vier ostpreußische Flüchtlingsfamilien, die in der ganzen Zeit ihren Gauleiter nicht erkannten. Im Sommer 1949 kam auch für Koch die Stunde Null. Er wurde verhaftet. Die Giftampullen, die er noch immer bei sich trug, benutzte er nicht. Er wollte weiterleben. Und das gelang ihm auch, obwohl er, an die Polen ausgeliefert, zum Tode verurteilt wurde. Das Todesurteil wurde nicht vollstreckt, Erich Koch starb erst vor wenigen Jahren in einem polnischen Gefängnis eines natürlichen Todes.

Dem Tod entging auch General Lasch, der im Spätherbst 1955 aus russischer Gefangenschaft entlassen wurde. Doch zwischen seiner Gefangennahme am 9. April 1945 und seiner Heimkehr lagen mehr als zehn schwere Jahre. Von seiner Verurteilung und der seiner Familie hatte der General erst in der Gefangenschaft erfahren, die er mit vielen seiner Männer, die Königsberg verteidigt hatten, teilte.

Sein Schicksal teilte auch der Kommandant des Stabsquartiers, den der lange Weg in die Gefangenschaft bis nach Jelanbuga an der Kama führte. Er berichtet:

Nachdem wir uns vor der Universität, die Offiziere vorn, gesammelt hatten, kam bald das erste russische Kommando und forderte als erstes die Uhren ab. Als es dann hieß: »Offiziere vortreten und rechts heraus«, und ein Kommissar mit der Taschenlampe Signale gab, rechneten wir damit, daß jeden Augenblick die Maschinengewehre aus dem Dunkel losgehen würden, um uns umzulegen. Es geschah aber nichts und der Marsch begann, die weiße Flagge voraus. Es ging bis an den Pregel über die Poststraße, Kaiser-Wilhelm-Platz, am Jaschkin vorbei bis etwa zur Bollwerkgasse. Es war noch dunkel, aber wir bekamen bereits einen Vorgeschmack von dem, was folgen würde. Wir wurden gestoßen, aus der Kolonne gerissen und ausgeplündert. Unser Kasino-Unteroffizier wurde auf dem Kaiser-Wilhelm Platz, als er ein Mädchen des Stabes schützen wollte, erschossen. Beim ersten Halt wurden Offiziere und Mannschaften getrennt. Der Weg führte dann über den Holländerbau, hinter der Reichsbahnbrücke über eine Notbrücke auf Umwegen bis zur Eisenbahn-Hauptwerkstatt Ponarth. Hier wurde einer nach dem anderen herausgerissen, der Stiefel beraubt, des Mantels des Rucksacks, der Tasche. Zweimal hatte man mich vor: Ohne zu wissen was ich tat, wehrte ich mich. Einmal rettete mich, schon in dem Torweg an der alten Eisenbahnbrücke gezerrt, ein russischer Offizier; das zweite Mal kaufte ich mich mit einer goldenen Armbanduhr frei. Mädchen, Wehrmachtshelferinnen, die mit der Kolonne gingen, wurden auf diesem Weg bis zu zehn Mal vergewaltigt. Unvorstellbar, wer den Weg über Trümmer, gesprengte Eisenbahnschienen barfuß machen mußte. In der Eisenbahn-Hauptwerkstatt wurden wir in einem Büroraum untergebracht. 24 Stunden blieben wir dort, ohne Verpflegung. Am nächsten Morgen – 15 Stabshelferinnen mußten dort bleiben – ging es über die Brauerei Ponarth auf Umwegen über Rosenau auf die Eylauer Chaussee und dann in das Lager Stablak, wo wir um 2 Uhr nachts eintrafen. Viele mußten diesen Marsch mit um den Füßen gewickelten Lappen machen, immerhin waren wir 56 km gelaufen.

Doch das war erst der Anfang. Wir mußten noch viele viele Kilometer zu Fuß zurücklegen, bevor wir in einen Zug verfrachtet wurden wie Vieh. Dann begann die Bahnreise Minsk – Moskau und immer weiter nach Osten, zehn Tage und zehn Nächte. Unerträglich der Durst und der Hunger. Schließlich erreichten wir die Endstation Kasan. Doch das war noch lange nicht das Ende. Mit 2000 Offizieren wurden wir auf einen Dampfer verfrachtet. Es war darauf so eng, daß wir nur hocken konnten. Wir fuhren die Wolga abwärts, weiter und weiter bis wir das Endziel erreicht hatten: Jelanbuga an der Kama in der Tartarenrepublik. Hier waren zwei Lager eingerichtet für 7000 deutsche Offiziere, von denen viele ihre Heimat nicht wiedersahen.

Ein anderes Gesicht der *Stunde Null* in Königsberg: Kurt Frankowski aus Labiau, Jahrgang 1916, diente im April 1945 als Volkssturmmann in Königsberg. Er hatte das Glück, bei der Kapitulation nicht erschossen zu werden wie andere Volkssturmmänner, die man völkerrechtswidrig als Partisanen behandelte. Kurt Frankowski erinnert sich an seinen Leidensweg:

Ich wurde am 10. April auf dem Platz vor dem Königsberger Nordbahnhof gefangengenommen, kam in das Lager Kaymen bei Labiau, dann nach Sanditten bei Wehlau. Arbeitseinsatz in der Landwirtschaft. Auf Umwegen erfuhr ich, daß meinen Eltern die Flucht nicht geglückt war und daß meine Ehefrau in Königsberg zurückgeblieben war. Arbeitsunfähig wurde ich in das Lager Georgenburg bei Insterburg abgeschoben, danach nach Frankfurt/ Oder, später nach Elbing. Sieben Tage Fußmarsch auf der Autobahn Elbing-Königsberg. Weiter zu Fuß nach Motorau. Hier erfuhr ich vom Tod meiner Eltern. Weiter über Tapiau nach Wehlau. Hier erfuhr ich, daß meine Frau in Königsberg sein sollte. Im September 1945 war ich endlich wieder in Königsberg bei meiner Frau; sie starb wenige Monate später im Februar 1946. Ich war froh, daß ich bei meiner Frau war, als sie die letzte schwere Zeit erlebte. Kurze Zeit später wurde ich wieder als Kriegsgefangener zur Arbeit in Königsberg eingesetzt, im Dezember 1946 wurde ich endlich zu meiner Schwester nach Schleswig-Holstein entlassen. Die Hölle in Ostpreußen wird mir unvergeßlich bleiben.

Viele, die damals als Kinder, junge Mädchen und alte Frauen die *Stunde Null* in Königsberg erlebten, konnten und können die Erinnerung daran nicht auslöschen. Viele können darüber nicht reden. Deutsche Soldaten, die in die Gefangenschaft marschierten, mußten hilflos und ohnmächtig mit ansehen, was am 10. April 1945 und danach mit ihnen geschah. Hier ein Augenzeugenbericht:

Die Häuser brannten und qualmten. Die Eroberer warfen alles heraus: Musikinstrumente, Polstermöbel, Küchengeräte, Geschirr, Bilder. Auf den Straßen zerschossene Autos, brennende Panzer, dazwischen betrunkene Russen, die wild um sich schossen. Weinende, sich wehrende Mädchen und Frauen wurden in die Hausruinen geschleppt. Kinder riefen nach ihren Müttern. Und weiter draußen: Straßengräben voller Leichen, tote Kinder lagen massenweise umher, an den Bäumen Erhängte, Ohren abgeschnitten, Augen ausgestochen. Betrunkene Russen prügelten sich um eine Krankenschwester, eine Greisin saß am Chausseebaum, ihr waren beide Beine von Fahrzeugen abgequetscht worden, aber sie lebte noch. Frauen kamen aus den Häusern gerannt, die Hände zum Gebet erhoben, doch sie wurden zurückgejagt oder erschossen....

Schrecklichere Bilder als sie Königsberg damals bot, kann es nicht geben. Sowjetmarschall Tschernjakowski hatte vor dem Angriff seinen Soldaten folgenden Tagesbefehl gegeben:

»Gnade gibt es nicht – für Niemanden!«

Die Königsberger Innenstadt aus der Luft gesehen, im Mittelpunkt das Ordensschloss, das Wahrzeichen der Hauptstadt Ostpreußens. 1939 bei Kriegsbeginn hatte Königsberg ca. 375 000 Einwohner. *KA*

Blick über Kohlmarkt und Schmiedebrücke auf den Dom. *KA*

Stadtansicht beiderseits des Pregels. *KA*

Holzbrücke mit Fischmarkt. *KA*

Bomben auf Königsberg. In den Nächten vom 26. zum 27. und vom 29. zum 30. August 1945 warfen mehrere hundert britische Flugzeuge 952 Tonnen Bomben ab und verwandelten die Stadt in ein Flammenmeer. *KA*

»Reichsverteidigungskommissar Ostpreußen« ist der Gauleiter Ostpreußens Erich Koch, ein besonderer Aktivist als Hitlers Helfer.

Im September 1944 ruft Adolf Hitler zum Volkssturm auf. Alle Männer zwischen 16 und 60 Jahren müssen sich zur Heimatverteidigung melden. Mehr als 100 000 melden sich sofort in Ostpreußen; sie werden dem »Reichsverteidigungskommissar Ostpreußen« unterstellt. *KA*

Mit Hochdruck lässt Koch im September 1944 die »Ostpreußen-Verteidigungsstellung« im Grenzgebiet von Soldaten, Arbeitsdienstmännern, Volkssturmleuten und Zivilisten bauen und überzeugt sich selbst vom Fortschritt der Arbeiten. *KA*

In der im Oktober begonnenen Herbstoffensive überrennen die Sowjets mit Panzern, Sturmgeschützen, Pionieren und Infanterieeinheiten den »Ostpreußenwall« und besetzen Teile des ostpreussßischen Grenzgebietes.
Russische Originalfotos

Mit einer Übermacht an
Menschen und Material
eröffneten die Sowjets am
13. Januar 1945 ihre
Winteroffensive gegen
Ostpreußen, das erste
Angriffsziel ist Königsberg.
Den Gewaltmarsch der
Roten Armee durch Ost-
preußen können die deut-
schen Verteidiger noch ver-
zögern aber nicht aufhal-
ten. Ein Dorf nach dem
anderen geht an die
Sowjets verloren.
Russische Originalfotos

In panischer Angst vor den Soldaten der Roten Armee begann bei winterlicher Kälte, Schnee und Sturm die Flucht der Zivilbevölkerung nach Westen und Norden. Übereilt werden Trecks zusammengestellt. Die besonders Leidtragenden sind Kinder und alte Menschen. *KA*

NUMMER 5   2. FEBRUAR 1945

FESTUNG
KÖNIGSBERG

KAMPFZEITUNG FÜR ARBEITER, SOLDATEN UND VOLKSSTURMMÄNNER

54 Sowjetpanzer in Ostpreußen vernichtet

Schwere Kämpfe bei Wormditt, Heilsberg, Friedland und Königsberg. In Ungarn und im Westen starke Feindangriffe aufgefangen. Sturmwikinge versenkten einen Tanker. Fernfeuer auf Groß-London dauert an.

Führerhauptquartier, den 1. Februar.

Das Oberkommando der Wehrmacht gibt bekannt:

In Ungarn wurden zwischen Sarviz-Kanal und Donau sowie nordöstlich Stuhlweißenburg starke sowjetische Angriffe nach harten Kämpfen aufgefangen. An der Oder-Front scheiterten die Versuche des Gegners, seine Brückenköpfe zu erweitern, unter Verlust zahlreicher Panzer. Im Oder-Warthe-Bogen be-

In Holland wurde die schwache, aus Fallschirmjägern bestehende Besatzung, die seit Wochen einen kleinen Brückenkopf südlich der Maas bei Gertruidenberg gegen weit überlegene feindliche Kräfte tapfer hielt, auf das Nordufer des Flusses zurückgenommen.

Die zahlreichen Angriffe, die die erste amerikanische und Teile der dritten amerikanischen Armee an der gesamten Front zwischen Monschau und

Unsere Verpflichtung!

Die Gauhauptstadt Ostpreußens, Königsberg am Pregel, ist Frontgebiet geworden. Ein hartes Kriegsschicksal hat das Gesicht unserer Heimat gewandelt. Vor den Toren der Stadt steht der Feind, der bolschewistische Gegner, der mit gierigem Zugriff in den Besitz der Festung zu gelangen versucht.

So ist Königsberg in den letzten Tagen durch das unabänderliche Geschehen dieser weltweiten Auseinandersetzung zwischen Nationalsozialismus und Bolschewismus in das unmittelbare politisch-militärische Blickfeld Deutschlands und darüber hinaus der gesamten Welt gerückt.

Als Frontsoldaten liegen wir in den Vororten

Am 27. Januar 1945 ist Königsberg von sowjetischen Truppen eingeschlossen, die Stadt zur Festung erklärt, die Belagerung beginnt. Transparente rufen die Festungsbesatzung zur Verteidigung auf. Am Stadtrand werden neue Verteidigungsstellungen gebaut. *KA*

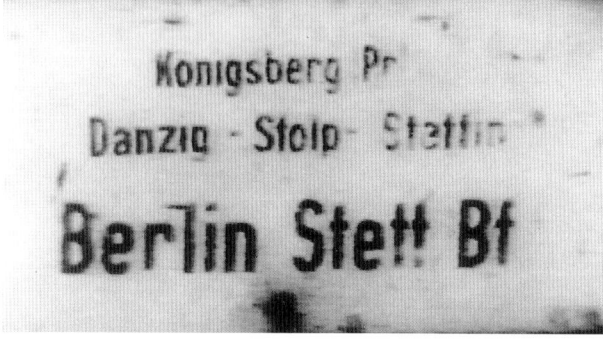

Nachdem der letzte Eisenbahnzug den Königsberger Hauptbahnhof verlassen hat, und die Zivilbevölkerung über Lautsprecher aufgerufen wurde, die Festung sofort zu verlassen, setzt eine Massenflucht nach Pillau ein. Auf dem Weg dorthin trennt sich mancher Flüchtling von seinem Gepäck. *KA*

Nach 70 Tagen Belagerung
beginnen die Sowjets in
den frühen Morgenstunden
des 6. April mit einem
Aufgebot von 250 000 Mann
Infanteristen, Sturm-
geschützen und Panzern
die Erstürmung der
»Festung Königsberg«.
Russische Originalfotos

30 000 deutsche Verteidiger, darunter mehrere tausend schlecht ausgebildete und unzureichend bewaffnete Volkssturmmänner und »Kindersoldaten«, kämpfen auf verlorenem Posten, viele fallen, werden verwundet oder marschieren nach dem Fall der Festung in russische Gefangenschaft. *KA*

Am 9. April 1945 muss
Königsberg kapitulieren. *KA*

Die »Stunde Null« in Königsberg, einen Tag nach der
Kapitulation, von einem russischen Kriegsberichterstatter fotografiert:

Ruheause für sowjetische Soldaten nach der
Eroberung Königsbergs.

Mit erhobenen Händen kommen deutsche Soldaten aus Kellern und Erdlöchern.

Königsberger, die die Flucht nicht mehr geschafft haben, kehren in ihre Wohnungen zurück.

Über eine Behelfsbrücke ziehen sowjetische Soldaten in die Stadt.

Deutsche Kriegsgefangene in Königsberg auf dem Marsch in sowjetische Gefangenschaft.

Trügerische Ruhe am Ufer des Pregels. Königsberg ist für drei Tage zur Plünderung und Brandschatzung freigegeben.

Russische Panzer sind vor der Schloßruine aufgefahren.

206

8 Pillau

Kampf auf verlorenem Posten

illau zählte im September 1939 ganze 12 400 Einwohner. Wie Königsberg war auch diese Seestadt Ende 1944 zur *Festung* erklärt worden.

Nicht allein für die Königsberger war sie das »Tor zur Ostsee«. Das Pillauer Seetief, ein etwa 500 Meter breiter Durchbruch durch die Frische Nehrung, verband als Fortsetzung des Königsberger Seekanals das Frische Haff mit der See.

Pillau, wichtiger Stützpunkt für den *Seebäderdienst Ostpreußen*, bot in seinem relativ geräumigen Hafen nicht nur Platz für Bäderschiffe und Ausflugsdampfer, Zollboote und Fischkutter, sondern

Ein Wahrzeichen Pillaus – der Hafen mit seinem Leuchtturm.

auch für große Überseeschiffe. Es gab einen »zivilen Hafen«, Pillau I genannt, und einen militärischen Hafen, dem man die Bezeichnung Pillau II gegeben hatte. In Pillau II lagen verschiedene Einheiten der Kriegsmarine, U-Boote, Torpedoboote, Minenleger und Minenräumboote. Nachdem kurz nach Kriegsbeginn der Seebäderdienst eingestellt worden war, verlegte die Kriegsmarine die 1. Unterseeboots-Lehrdivision von Kiel nach Pillau, da Kiel durch alliierte Luftangriffe besonders gefährdet erschien. In Pillau konnte die Marine jedoch in aller Ruhe ihre U-Bootfahrer ausbilden.

Die Verlegung der 1. ULD nach Pillau hatte zur Folge, daß auch die zur 1. ULD gehörenden *Wohnschiffe* als »schwimmende Kasernen« nach Pillau verlegt wurden. Dazu gehörte auch das ehemalige Flaggschiff der *Kraft-durch-Freude*-Flotte, die *Robert Ley*. Das Elektromotor-Schiff war erst im Mai 1939 in Dienst gestellt worden und zählte mit 27 288 BRT zu den größten deutschen Passagierschiffen. Ebenso der 16 662 BRT große Überseedampfer *Pretoria* sowie das Passagierschiff *Ubena* der Reederei *Deutsche Afrika-Linien*. Bei Kriegsbeginn hatte die Kriegsmarine diese Handelsschiffe als *Hilfsbeischiffe* übernommen, sie waren aber auch weiterhin mit einem Handelsschiffskapitän und einer Handelsschiffsbesatzung besetzt, die als *Wehrmachtsgefolge* den Kriegsmarinedienststellen unterstellt waren. Mit zum »fahrenden Inventar« der 1. ULD gehörte auch das U-Boot-Zielschiff *Venus* und 20 ältere Ausbildungs-U-Boote im Pillauer Hinterhafen.

Januar 1945: Pillau wird Flüchtlingsstadt

Anfang Januar 1945 war die Lage in Pillau noch verhältnismäßig ruhig. Niemand ahnte etwas von dem Sturm, der in wenigen Tagen über die Seestadt hereinbrechen sollte.

Bis zum 15. Januar 1945 unterstand Kapitän z.S. Dr. Chappuzeua der Abschnitt Pillau sowie die gleichnamige Festungskommandantur. Am 16. Januar wurde Generalleutnant Ansat zum Festungskommandanten von Pillau ernannt; Kapitän z.S.

Jerchel wurde als Chef der *Seeverteidigung Ostpreußen* eingesetzt. Kommandeur der in Pillau stationierten 1. Unterseeboot-Lehrdivision war Kapitän z.S. Fritz Proske, die Stabskompanie unterstand Korvettenkapitän Dr. Arnold Schön.

Am 19. Januar 1945 veränderte sich die Lage in Pillau schlagartig, mit der »Kriegs-Ruhe« war es jetzt endgültig vorbei. Man hatte auch in Pillau von der russischen Großoffensive erfahren, die am 13. Januar über die Grenzen Ostpreußens drang. Aber kaum jemand ahnte, welche Auswirkungen diese Offensive mit sich bringen würde. Mit Lastwagen, Pferdefuhrwerken und Privatwagen drängten die Flüchtlinge in Scharen aus dem Samland und aus Königsberg nach Pillau. Lange Reihen von Trecks aus dem Samland wollten am Seetief über das Haff gesetzt werden. Die sonst wenig besetzten Züge aus Fischhausen waren überfüllt, selbst auf den Plattformen, Puffern und Trittbrettern saßen die Menschen (und das ohne Fahrkarte). Die Reichsbahn war auf diesen Ansturm überhaupt nicht vorbereitet; sie mußte die Züge verlängern, Wagen anhängen und Schublokomotiven einsetzten.

Auf den Bahnhöfen wurden die Züge nach Pillau gestürmt. Auf den Bahnsteigen stapelte sich zurückgelassenes Gepäck zuhauf, Kinder suchten nach ihren Müttern. In den total überfüllten Wartesälen saßen die Alten und Hilflosen, sie baten Rotkreuzschwestern um Hilfe.

War ein Zug voll, kam das Abfahrtsignal, ohne Rücksicht auf den Fahrplan. Und für alle Züge hieß das Reiseziel Pillau.

So ging es einige Tage. Danach befanden sich in Pillau mehr Flüchtlinge als die Stadt an Einwohnern zählte. Die Stadtverwaltung, die Partei, die NSV und das DRK waren in den letzten Tagen nicht mehr zur Ruhe gekommen. Tag und Nacht hatten sie versucht, die Leute unterzubringen und zu verpflegen - in Schulen, Turnhallen, Hotels, Gasthäusern, Restaurants, öffentlichen Gebäuden und Privatwohnungen. Endlos war die Schlange der Flüchtlinge, die beim Wirtschaftsamt nach Lebensmittelkarten anstand. Die deutsche Ordnung war vorübergehend ins Wanken geraten. Doch die Pil-

Korvettenkapitän Dr. Arnold Schön.

lauer schafften es. Die NSV organisierte Gemeinschaftsverpflegung, die Gauleitung einen Güterzug mit Grundnahrungsmitteln, und sogar eine Kahnladung aus Beständen der *Kriegsgemeinschaft des Lebensmittelhandels* traf in Pillau ein. Die SA richtete in ihrem Heim in der Hindenburgallee eine Volksküche ein, die NSV in der Gastwirtschaft *Goldener Anker* an der Pier des Vorderhafens eine Gemeinschaftsküche.

Korvettenkapitän Dr. Schön, Chef der Kriegsmarinekommandantur, bot dem Bürgermeister die fast leerstehende alte Fußartilleriekaserne in der Hindenburgallee als Notunterkunft für Flüchtlinge an. Große Baracken im Lager Himmelreich und im Lager Schwalenberg wurden für Flüchtlinge geräumt, Angehörige der Marineflak und der Marineartillerie mußten ausziehen. Die Marine sorgte auch für Decken und Eßgeschirr. Die Zusammenarbeit zwischen dem Bürgermeister, der Stadtverwaltung und der Marine funktionierte mustergültig. Man tat für die Flüchtlinge, was man nur konnte.

Da der Flüchtlingsstrom nicht abriß, sondern täglich zunahm, standen die Verantwortlichen in Pillau schon in den nächsten Tagen vor der Frage: Wohin mit den Menschen? Bürgermeister Scholz rief den Gauleiter in Königsberg an, doch Koch war nicht da. Sein Adjutant antwortete: »Der Gauleiter verlangt, das die Schiffe der 1. ULD. sofort Pillau verlassen. Flüchtlinge dürfen in keinem Fall mitgenommen werden. Dies ist mit Großadmiral Dönitz so abgesprochen«. Damit gab sich Bürgermeister Scholz nicht zufrieden, er meldete Kapitän z.S. Proske, was ihm die Gauleitung mitgeteilt hatte. Kapitän Proske: »Totaler Quatsch. Der Gauleiter kann mir keinen Auslaufbefehl für die Schiffe erteilen und auch nicht bestimmen, wen ich mitnehme«. Proske rief über Seekabel Admiral Friedeburg an, seinen Vorgesetzten in Kiel. Dieser setzte sich mit Großadmiral Dönitz in Verbindung. Am Dienstag, dem 23. kam der Auslaufbefehl für die zur 1. ULD gehörenden *Wohnschiffe*. Der wichtigste Inhalt des Befehls lautete: »Der nicht für den Transport von Soldaten benötigte Schiffsraum ist für den Transport von Flüchtlingen zu nutzen«.

Die Gauleitung schob sofort einen Befehl hinterher, der regeln sollte, welche Flüchtlinge auf die Schiffe durften:

Sämtliche aus Königsberg kommenden Flüchtlinge, die mit *Sonderzügen* nach Pillau gekommen waren; bevorrechtigt abzutransportieren sind werdende Mütter, Mütter mit Kleinkindern und Mütter mit drei und mehr Kindern unter zwölf.

22 000 fliehen mit Schiffen

Die großen Wohnschiffe der 1. ULD hatten sich bereits vor einigen Tagen auf das Auslaufen vorbereitet. Auf der *Robert Ley*, der *Pretoria* und der *Ubena* liefen bereits die Motoren. Die großen Säle hatten die Besatzungen zu Massenquartieren umfunktioniert und ausreichend Verpflegung für mehrere tausend Menschen an Bord genommen. Die Schiffe wurden zwar von Handelsschiffskapitänen gefahren, aber durch erfahrene Offiziere der Kriegsmarine, Navigationsoffiziere, aber auch Funker, Rudergänger und vor allem Ingenieur-Offiziere und Maschinenpersonal verstärkt. Außerdem war Geleitschutz angefordert worden.

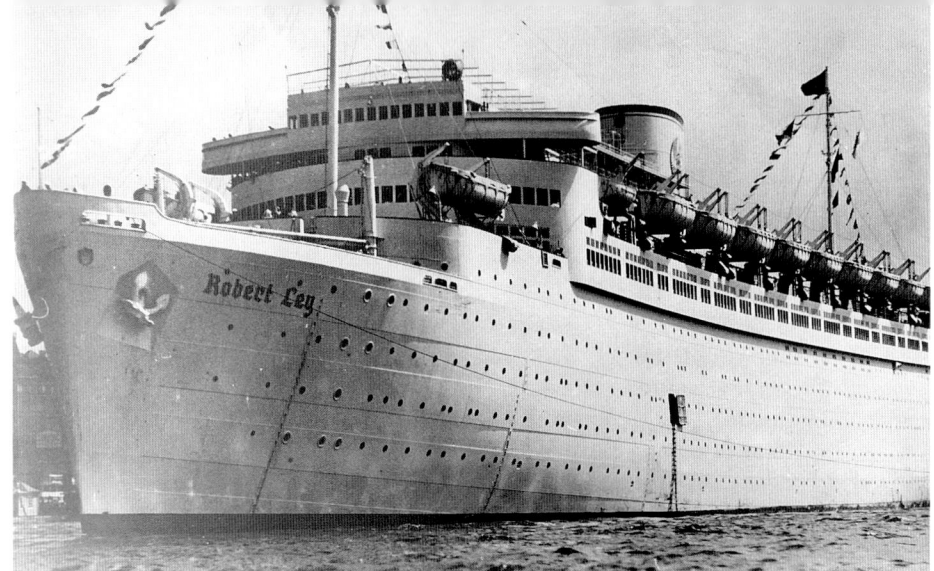

Am 25. Januar 1945 verließ das erste Flüchtlingsgeleit, bestehend aus den Schiffen *Robert Ley* (im Bild), *Pretoria, Ubena* und *Duala*, den Hafen von Pillau.

Passagierschiff *Pretoria*.

Die *Ubena* Ende Januar in Pillau.

Am Dienstag, dem 23. Januar, schickte Kapitän z.S. Proske 300 Fähnriche und frischgebackene Leutnants in die Flüchtlingsunterkünfte, ließ sie die Flüchtlinge auf Listen erfassen, in Gruppen aufteilen und Schiffskarten ausgeben. Ein Einschiffungstermin wurde nicht mitgeteilt; ebensowenig ein Auslauftermin - er sollte geheimgehalten werden.

Im Seekanal herrschte Hochbetrieb. Zunächst passierte der beschädigte Kreuzer *Emden* den Kanal. Er hatte in Königsberg 1300 Wehrmachtsangehörige und Flüchtlinge an Bord genommen, außerdem die Särge des ehemaligen Reichspräsidenten Paul von Hindenburg und seiner Frau. Wenig später folgten, ebenfalls aus Königsberg kommend, die U-Boot-Wohnschiffe *General San Martin* (11 250 BRT), *Der Deutsche* (11 435 BRT) und das Flugsicherungsschiff *Greif* (1200 BRT). *Der Deutsche* und *General San Martin* hatten neben Schwestern und Patienten der Königsberger Kliniken eine Vielzahl von Flüchtlingen an Bord.

Am Dienstagnachmittag legte der kleine Lotsendampfer *Delphin* mit 185 Familienangehörigen von Beamten des Wasserstraßenbauamtes aus dem Pillauer Bauhafen ab; Kurs Stolpmünde.

Am Mittwoch, dem 24. Januar, wurden fünf Lazarettzüge, die am Vortag eingelaufen waren, auf den Verwundetentransporter *General Steuben* (14 360 BRT) verladen; außerdem konnten noch mehrere hundert Flüchtlinge an Bord gehen. Die *Steuben* lief noch am gleichen Tage nach Swinemünde aus.

In Pillau II waren die Frachter *Duala* (1133 BRT) und *Haussa* (2819 BRT) eingelaufen. Nach dem Löschen der Fracht nahmen sie Flüchtlinge an Bord. Beide Schiffe liefen am Donnerstag den 25. Januar um 8.00 Uhr morgens aus.

Am 24. Januar hatte das Warten der Flüchtlinge, die Schiffskarten hatten, endlich ein Ende. Die Einschiffung auf die *Robert Ley*, die *Pretoria*, und die *Ubena* verlief ohne große Schwierigkeiten, obwohl man Alte und Kranke die steilen Gangways hinauftragen mußte; auch der Transport von Kinderwagen war nicht einfach. Schwer fiel es auch, Einwohnern von Pillau und Flüchtlingen, die in einem Privathaus Unterkunft gefunden hatten, klarzumachen, daß sie nicht an Bord konnten.

Am Donnerstag, dem 25. Januar, konnte die Beladung der Schiffe nachmittags abgeschlossen werden. Gegen 18.00 Uhr zogen zwei Schlepper zunächst das größte Schiff, die *Robert Ley*, in das Seetief. Etwa zwei Stunden später folgte die *Pretoria* und die *Duala*, gegen Mitternacht die *Ubena*. Dem Geleit schlossen sich auch noch einige kleinere Schiffe an. Gesichert wurde das Geleit von Einheiten der 9. Sicherungsdivision. Fahrtziel war Hamburg.

Bei einem plötzlich eingesetzten Schneesturm verlor die *Ubena* den Anschluß an das Geleit und fuhr allein weiter. Während dieser Reise wurden auf ihr zwei Kinder geboren, Karin Kühn und Herbert Seck, Kapitän Förster bestätigte die Geburt mit Urkunden, das Mädchen und der Junge erhielten mit Einverständnis der Mütter zu ihrem Vornamen den Beinamen *Ubena*, Karin-Ubena und Herbert-Ubena.

Kapitän z.S. Fritz Proske war in Pillau zurückgeblieben. Auf seinem »Flaggschiff«, dem Hochsee-

Dampfer *Duala*.

schlepper *Wolgram*, wollte er am nächsten Tag das Geleit überholen, er hatte bereits seine Familie, seine Frau und seine drei Kinder sowie die Familien einiger Freunde auf den Schlepper gebracht. Er war dann spät abends noch einmal in die Zitadelle gegangen um einen Bericht zu schreiben, dann war er todmüde auf das Feldbett gesunken. Kaum eingeschlafen, weckte ihn eine gewaltige Detonantion. Ein Melder riß die Tür auf: »Herr Kapitän, Fort Stiehle ist in die Luft geflogen«. Der Schaden war beträchtlich: 300 tote Zivilisten, 600 Verwundete, über 2000 Obdachlose, Zerstörung der elektrischen Freileitungen, Wasserrohrbrüche, schwere Beschädigungen in der Altstadt, Dächer abgedeckt, Fensterscheiben zerstört.

Doch ein Trost blieb dem Kapitän: Seine Soldaten und 22 000 Flüchtlinge waren auf der Fahrt in die Freiheit und Sicherheit.

Irene Schumacher.

Stationen der Flucht:
Königsberg – Pillau – Lappland

Die ersten Flüchtlingsschiffe aus Pillau waren bereits unbeschädigt in ihrem Zielhafen eingelaufen, als sich die 17jährige Irene Schumacher entschloß, aus Königsberg zu fliehen. Ihre dramatische Flucht hat sie niedergeschrieben:

Wir standen am Fenster unserer Wohnung in Königsberg und blickten auf die verschneite Straße. Hin und wieder sahen wir Leute mit Schlitten und Gepäck die Straße hinuntergehen in Richtung Stadt. Ob sie wohl einen Ausweg wußten, fragten wir uns, einen Ausweg aus dieser zerbombten Stadt, vor der die russischen Truppen standen? In der Ferne war Kanonendonner zu hören, feindliche Flugzeuge kreisten über der Stadt und warfen vereinzelt Bomben. Es war der 27. Januar 1945. Bei all dieser Aussichtslosigkeit herrschte eine grimmige Kälte, die uns die Trennung von Zuhause noch schwerer machte. Das Thermometer zeigte 28 Grad minus. Vor kurzem war die Mutter meiner Freundin Helga bei uns gewesen. Sie hatte uns gesagt, daß es für die Zivilbevölkerung keine organisierten Transporte aus der Stadt geben würde. Jeder müsse versuchen, auf eigene Faust herauszukommen. Nun wußten wir es mit Bestimmtheit, daß wir von Gauleiter Koch, der uns erst am Tag zuvor über Drahtfunk versprochen hatte, daß keine deutsche Frau dem Feind in die Hände fallen würde, im Stich gelassen worden waren.

Plötzlich läutete das Telefon. Eine gute Bekannte meiner Eltern fragte an, was wir unternehmen wollten. Als sie unseren Plan hörte, war sie entsetzt. Wir würden bei der großen Kälte unterwegs umkommen, meinte sie. Sie hielt es für angebracht, sich während der zu erwartenden Beschießung und dem Einmarsch der Russen im Keller aufzuhalten. Nach Übergabe der Stadt würde uns nichts mehr passieren. Es wäre nur wichtig, dem Beschuß zu entgehen. Meine Mutter griff diesen Gedanken auf und er leuchtete ihr ein. Was sollte uns auch schon geschehen? Mein Vater war nie in der Partei gewesen. Durch Schriftstücke war belegt, daß er 1934 als Lehrer entlassen worden war, weil er sich gegen das Hitlerregime gestellt hatte. Das würden auch die Russen anerkennen. Warum sollten wir also auf die Flucht gehen, von der wir nicht wußten, ob sie uns gelingen würde? Meine Schwester, damals 19 Jahre alt und ich, 17 Jahre alt, waren entsetzt. Nur zu gut waren uns die Greueltaten der Russen in Erinnerung, von denen uns deutsche Soldaten, die auf dem Rückmarsch durch unsere Stadt gekommen waren, erzählt hatten. Sie hatten uns immer wieder vor den Russen gewarnt und uns den dringenden Rat gegeben, die Stadt zu verlassen.

Seit ein paar Tagen war unsere jüngere Tante mit ihrem 14 Monate alten Sohn von Heilsberg zu uns geflüchtet. Auch von dort fuhren keine Transporte mehr. Die Russen hatten den Weg ins Reich abgeschnitten. Es blieb der dortigen Bevölkerung nur noch der gefährliche Weg zu Fuß über das zugefrorene Frische Haff. Als meine Tante das Zögern meiner Mutter sah, legte sie kurz entschlossen ihren Kleinen in den Kinderwagen, deckte ihn warm zu, nahm eine Tasche mit Kinderwäsche und stellte uns vor die Tatsache, daß sie nun zum Hafen gehen würde, um zu sehen, ob es nicht doch noch eine Möglichkeit geben würde, Königsberg zu verlassen. Wir wollten sie nicht allein gehen lassen, wir wollten uns in dieser schweren Zeit nicht trennen. So nahmen meine Mutter, meine Schwester und ich unsere Rucksäcke, die schon als Notgepäck seit den beiden großen Terrorangriffen auf die Stadt am 25.08. und 30.08.1944 bereit standen, holten den Schlitten aus dem Keller und verließen unsere Wohnung. Daß wir niemals wieder zurückkehren würden, auf diesen Gedanken sind wir damals gar nicht gekommen. Es war dies für uns die Stunde Null.

Draußen schlugen uns grimmige Kälte und ein eisiger Wind entgegen. Beide konnten uns aber nicht von unserem Vorhaben abhalten. Wir gingen in Richtung Hafenbecken. Je näher wir dem Hafen kamen, umso mehr Leute sahen wir, viele bis obenhin bepackt, andere nur mit kleinem Handgepäck, alle von dem Gedanken getrieben, im Hafen ein Schiff zu finden. Zu meiner großen Freude tauchte auf einmal meine Freundin Helga auf, die mit ihrer Mutter, ihrem Vater und ihrem Bruder auch auf dem Weg zum Hafen war. Endlich kam der Hafen in Sicht. Zu unserem Entsetzen versperrte uns ein Mann den Weg mit dem Hinweis, daß er niemand durchlassen dürfe, und daß auch keine Schiffe von hier aus nach Pillau fahren würden. Er war sehr erbost und frech, und schloß mit den Worten: »Bedanken Sie sich bei der Partei dafür!«

Der Vater meiner Freundin war bei der Polizei und in Uniform. Er hätte die Stadt sowieso nicht verlassen dürfen, er war nur mitgekommen, um seine Frau und seine Tochter zu einem Schiff zu bringen. Während er den Mann ablenkte, schob meine Tante ihren Kinderwagen durch die Sperre. Sie sah nicht links und nicht rechts, blickte nicht zurück, sondern nur geradeaus auf die nächste La-

gerhalle, in der sie sich verstecken wollte. Der Mann achtete nicht mehr auf uns, zu groß wurde der Ansturm der Leute. Da nahmen auch wir die Gelegenheit wahr und krochen unter einem Zug durch, der wenige Schritte neben uns stand, liefen an ihm entlang und waren endlich am Ziel, ohne daß man uns gesehen hatte. Der Vater meiner Freundin ging zurück, ebenso der Bruder. Er war erst 16 Jahre alt und durfte die Stadt ebenfalls nicht verlassen. Sollten diese jungen Menschen, die fast noch Kinder waren, die anrollenden Russen aufhalten?

Auch wir liefen, so schnell wir konnten, in die nächstgelegene Lagerhalle. Meine Tante und meine Freundin mit ihrer Mutter hatten wir aus den Augen verloren. Nur meine Mutter, meine Schwester und ich waren noch zusammen. Wie waren wir aber erstaunt, als wir in die Lagerhalle kamen und sie voller Menschen fanden? Wie war es ihnen allen möglich gewesen, trotz der Sperre durchzukommen? Wir fanden einen Platz, wo wir unseren Schlitten hinstellen konnten und setzten uns darauf. Von Zeit zu Zeit wurde die Halle, in der nur ein ganz schwaches Licht brannte, von Detonationen erschüttert. Niemand sprach ein Wort. Es war kalt, wir waren hungrig, die Ungewißheit, wie es weitergehen sollte, quälte uns. Meine Schwester war inzwischen auf die Suche nach meiner Tante gegangen, die sie trotz der großen Menschenmenge und dem Gedränge in einem anderen Raum fand. Wir waren darüber sehr froh. Die Stunden zogen sich hin. Plötzlich hieß es, es würden mehrere Prähme im Hafen liegen, die uns nach Pillau bringen würden, sobald ein Eisbrecher sie vom Eis frei gemacht hätte. Das Gedränge war unbeschreiblich. Jeder hatte Angst, zurückzubleiben. Wir ließen unsere Schlitten stehen und wurden mit der Menge nach draußen geschoben. Es war noch kälter geworden. Der Himmel über uns war sternenklar, der Horizont blutrot. Die Artillerie schoß, und wie wir später erfuhren, war an diesem Abend der Russe nur noch 7 km von der Stadt entfernt. Es lagen fünf Prähme am Kai, zu deren Einstiegsluken Bretter gelegt waren. Meine Tante und ich waren die Letzten, die mit dem Kinderwagen über die schmalen, vereisten Bretter balancierten und dann die Leiter hinab in den stockdunklen Prahm kletterten. Wie wir das geschafft haben, ohne abzurutschen, ist uns heute noch unfaßbar. Jedenfalls haben wir es geschafft. Der Prahm war mit Stroh ausgelegt, auf dem dicht an dicht die Menschen lagen. Die Klappe des

Prahms wurde geschlossen, wir lagen im Dunkeln, die Kälte kroch in unsere Kleider und die Angst ließ uns nicht los. Wir lagen wie die Maus in der Falle.

Die Artillerie schoß, Bomben fielen, die Flak feuerte und wir lagen in dem finsteren Prahm Stunde um Stunde. Ein lautes Krachen ließ unser Herz fast stehen bleiben. Wir glaubten, die Artillerie hätte uns getroffen. Aber es war nur der Eisbrecher, der unseren Prahm losmachte. Dann wurden wir langsam aus dem Hafen gezogen. Von Königsberg bis Pillau sind es ca 30 km. Für diese Strecke brauchten wir die ganze Nacht. Am nächsten Morgen waren wir im Hafen von Pillau und froh, daß wir aussteigen durften. Da nun mehrere Prähme nebeneinander lagen, mußten wir diesmal mit unserem Kinderwagen über die vereisten Prähme klettern. Und wir haben auch das geschafft. Wie es unserem kleinen Kinderwagen-Insassen ging, konnten wir nicht feststellen. Meine Tante hatte es nicht gewagt, den kleinen Mann in der Nacht bei der eisigen Kälte im Prahm aufzudecken und trocken zu legen. Auch hatte er die ganze Nacht nichts zu essen bekommen. Wir hofften so sehr, hier in Pillau eine Stelle zu finden, wo wir ihn versorgen konnten.

Das Bild, das sich uns in Pillau am Hafen bot, entsprach nicht den Vorstellungen, die wir uns gemacht hatten. Was hatten wir eigentlich erwartet? Große Schiffe mit geheizten Kabinen? Eine warme Mahlzeit? Ich weiß es nicht. Am Hafen stand eine unübersehbare Menschenmenge. Ein großes Schiff hatte gerade abgelegt. Frauen und Kinder schrien entsetzlich. Das Schiff hatte viele Kinder mitgenommen, deren Mütter am Hafen zurückgeblieben waren. Mütter waren auf dem Schiff und von ihren Kindern getrennt worden, die nun am Hafen standen und nach ihren Müttern schrien. Vor einem anderen Schiff stand eine Menschentraube. Auf dieses Schiff steuerten wir zu. Die Menschen in ihrer Todesangst waren nur von dem Gedanken beseelt, auf das Schiff zu gelangen. Sie kannten keine Rücksicht. Es wurde gedrängelt und geschoben. Männer versuchten an der Bordwand hochzuklettern. Leute fielen hin, andere trampelten darauf. Man versuchte sogar, auf unseren Kinderwagen zu steigen. Dies sahen ein Matrose und ein Landser. Sie hoben den Kinderwagen über die Köpfe der Menschen hinweg, bahnten sich einen Weg durch die Menge, meine Tante ging hinterher und so gelangten wir auf das Schiff. Ich war glücklich, daß ich meine Tante auf dem Schiff wußte und

kehrte zu meiner Mutter zurück. Sie hatte Unterschlupf in einer Baracke gefunden. Es war sehr kalt darin, da die Fenster alle entzwei waren. Aber wir glaubten, hier sicher vor den russischen Tieffliegern zu sein, die über dem Hafen kreisten und auf die Menschen schossen. Es war auch an diesem 28. Januar 1945 ein richtiger ostpreußischer Wintertag, klirrende Kälte und Sonnenschein. Aber wir hatten keinen Blick dafür. Wir froren entsetzlich, hatten auch seit dem Verlassen unserer Wohnung in Königsberg nichts gegessen. Ein Zeitgefühl hatten wir überhaupt nicht mehr.

Mir taten entsetzlich die Füße weh und wie sich später herausstellte, hatten meine Fersen und Zehen dicke Frostbeulen, die mich noch viele Jahre im Winter durch Jucken und Schmerzen quälten. Meine Schwester und meine Freundin Helga, die zusammen mit ihrer Mutter auf demselben Prahm gewesen war wie wir, liefen im Hafen herum, um vielleicht ein Schiff ausfindig zu machen, das uns aufnehmen würde. Nach langer Zeit kamen sie mit einer frohen Nachricht zurück. Sie hatten wirklich ein Schfif gefunden! Wir konnten es gar nicht fassen. Wie die beiden Mädchen erzählten, hätten Besatzungsmitglieder ihnen gesagt, daß wir alle bei Anbruch der Dunkelheit zum Schiff kommen sollten. Dann könnten sie uns aufnehmen, und das Schiff würde in der Nacht über die Ostsee fahren und uns in Sicherheit bringen. Als wir bei Anbruch der Dunkelheit an das Schiff kamen, fanden wir auch hier eine große Menschenmenge vor. Es hatte sich wahrscheinlich herumgesprochen, daß dieses Schiff abends Flüchtlinge aufnehmen würde. Das Schiff war ganz dunkel, nur vom Mond beschienen. Die Menschenmenge schob sich langsam und schweigend dem Aufgang zu. Nur selten hörte man jemand flüstern. Matrosen ließen uns nur einzeln die schwankende Treppe betreten, um Gedränge zu vermeiden. Oben angekommen, wurden wir in Frachträumen, die mit Stroh belegt waren, untergebracht. Wir mußten immer dichter zusammenrücken, bis wir schließlich dicht an dicht saßen und kaum noch Platz zum Bewegen hatten. Doch das spielte keine Rolle, denn auch wir wollten, daß viele Menschen mitgenommen werden konnten. Ich kann nicht sagen, wann sich dieses Schiff, die *Lappland*, in Bewegung setzte. Unser Zeitgefühl hatte uns schon lange im Stich gelassen.

Es muß nach Mitternacht gewesen sein, das Schiff

hatte schon abgelegt, als uns eine warme Erbsensuppe gereicht wurde, die wir mit Heißhunger verschlungen haben. Diese Suppe hatte bei vielen verheerende Folgen, da es bei der Enge unmöglich war, schnell die Leiter und somit die Toiletten auf dem Deck zu erreichen. Dazu kam noch, daß wir inzwischen auf See waren und viele Passagiere den Wellengang nicht vertrugen. So drängelten sich diese Leute an den Leitern und vieles, was nach oben gebracht werden sollte, blieb im Laderaum, in dem die Luft immer stickiger wurde.

Von Passagieren erfuhren wir, daß die *Lappland* ein Frachtschiff sei, das wegen eines geringen Bombenschadens die Schichau-Werft in Königsberg anlaufen wollte. Weil dies nicht mehr möglich war, nahm sie in Pillau Flüchtlinge an Bord.

So fuhren wir nun im Geleitzug von Pillau nach Swinemünde. Am Tage gingen meine Freundin Helga und ich oft an Deck, um frische Luft zu schnappen. Unseren Durst löschten wir mit aufgetautem Schnee. Bei so einem Gang auf Deck erfuhren wir, daß unser Schiff außer den Flüchtlingen noch sehr viele Schwerverwundete an Bord hatte. Oft hörten wir in der Ferne Detonationen und hatten auch öfter einmal Fliegeralarm. Dann mußten wir alle das Deck verlassen. Aber wir kamen sicher nach Swinemünde.

Es muß der 1. oder 2. Februar 1945 gewesen sein. Dreckig und hungrig kletterten wir in die Viehwagen der Reichsbahn. Wir waren alle immer noch zusammen: Meine Mutter, meine Schwester, meine Freundin Helga, ihre Mutter und ich.

Letzter Fluchtweg: Ostsee

Die mit den Schiffen der 1. ULD abtransportierten 22 000 Flüchtlinge hatten die Lage in der »Flüchtlingsstadt Pillau« nur kurzfristig entspannt. Ende Januar waren bereits wieder alle Baracken und Kasernen voller Neuangekommener. Die von der Gauleitung angeordnete Räumung der ostpreußischen Kreise Osterode, Ortelsburg, Johannisburg, Allenstein, Lyck, Lötzen, Angerburg, Gerdauen und Insterburg hatten den Flüchtlingsstrom nach Pillau weiter anschwellen lassen. Da es der 39. und der 43. sowjetischen Armee gelungen war, zwischen

Königsberg und Cranz durchzustoßen und bis Fischhausen vorzugehen, wurde die Landverbindung Königsberg-Pillau durchbrochen.

Für den letzten Januarsonntag hatte man 8000 Flüchtlinge aus Königsberg angekündigt, es kamen aber 28 000. Die in diesen Tagen nach Pillau einlaufenden Schiffe wurden zum Teil gestürmt, eine Einschiffsordnung, wie sie beim ersten Transport am 24. und 25. Januar praktiziert worden war, ließ sich nicht mehr durchführen.

Korvettenkapitän Dr. Schön, vor seiner Übernahme durch die Kriegsmarine Oberfischmeister, gelang es am 31. Januar, seine Familie auf die *Preußen* zu bringen. Er erinnert sich:

Im Hafen drängte sich alles zu den Schiffen. Fürchterliche Szenen spielten sich ab. Der Mensch wurde zum Tier. Die meisten Flüchtlinge waren sich nicht über die Gefahren der Fahrt über See bewußt. Noch war kein aus Pillau ausgelaufenes Flüchtlingsschiff durch Minen- oder Torpedotreffer oder durch Fliegerangriffe versenkt worden, alle Schiffe waren durchgekommen und die Passagiere gerettet.

Doch am 1. Februar erlitten einige Flüchtlinge und Pillauer einen Schock, Gott-sei-Dank waren es nur wenige, vielleicht Tausend oder ein paar mehr.

In der Nacht waren im Hafen zwei Minensuchboote eingelaufen und hatten festgemacht, was sich natürlich schnell herumsprach. Sofort wurde es in Wohnungen, Hallen und Kasernen lebendig. Man rannte zum Hafen, nur um noch mitzukommen.

Die Schiffe nahmen keine Flüchtlinge auf. Posten waren aufgestellt, die die Flüchtlinge zurückdrängten. Dann fuhren Lastwagen vor. Nun wurden die Boote entladen. Das Erstaunen der zuschauenden Flüchtlinge wandelte sich in Entsetzen: Aus den Minensuchbooten wurden Bahren herausgetragen, eine nach der anderen. Und auf den Bahren lagen Tote. Die Bahren werden zu den Lastwagen getragen abgeladen, kamen zurück, kamen wieder und wieder. So ging das auf beiden Booten und es dauerte und dauerte.

Einer der Bahrenträger lüftete dann das Geheimnis: Es waren 123 Leichen, die die Minensuchboote in der Ostsee am Vortage aufgefischt hatten. Tote der *Wilhelm Gustloff*.

Die Toten wurden auf dem Pillauer Friedhof beigesetzt. Der Gefreite Paul Fürstenberg war Schreiber beim Gräber-Offizier der Seestadt Pillau: »41 der 123 Leichen konnten wir nicht identifizieren, sie hatten keinerlei Papiere bei sich, manche waren kaum bekleidet, wir mußten sie als »Unbekannt« beisetzen«.

Obwohl die Pillauer Behörden den Untergang der *Wilhelm Gustloff* geheimhalten wollten, um die Flüchtlinge nicht zu sehr zu beunruhigen, sprach sich die Beerdigung der Gustloff-Toten rasch herum. Viele Flüchtlinge fürchteten sich jetzt, auf ein Schiff zu gehen, aber es gab keine Alternative. Von Pillau war nur noch ein Fluchtweg nach Westen offen: Der Weg über die Ostsee.

Bomben und Torpedos – eine Stadt und ein Schiff

Am 5. Februar wurden im Pillauer Hafen wieder Schiffe erwartet Bis um 14 Uhr hatte sich der »Kai der Hoffnung« in Pillau I mit einer großen Menschenmenge gefüllt. Der Dampfer *Delphin* sollte anlegen und zwei Minensuchboote. Doch dazu kam es nicht mehr. Zunächst hörte man den schwachen Ton einer Sirene. Fliegeralarm gab es in Pillau nicht mehr, seitdem der Strom ausgefallen war. Wenige Minuten später griffen sowjetische Bomber erstmals Pillau an. Als die ersten Bomben im Hafen einschlugen, liefen die Menschen durcheinander, suchten Deckung, die am Kai nicht vorhanden war. Die Schreie der Hilfesuchenden ging im Lärm der Flugzeuge, der Detonantion der Bomben und dem gewaltigen Flakfeuer unter. So schnell die 60 Flugzeuge erschienen waren, so schnell waren sie auch wieder verschwunden. Zum Glück waren die meisten der 120 Bomben ins Wasser gefallen. Trotzdem, der Schaden war groß: 54 Tote, darunter 41 Soldaten, acht Frauen, zwei Kinder und 82 Verletzte. Nur noch Trümmerhaufen waren vom Pump- und Klärwerk, 28 Lastwagen und zahlreichen Gebäuden in der Nähe des Hinterhafens übriggeblieben. Das Sägewerk ging in Flammen auf. Und – der Dampfer *Delphin*, die zwei Minensuchboote und ein Eisfahrer waren gesunken.

Dafür lief aber einer der ganz großen Pötte in Pillau ein: Der Verwundetentransporter *General Steuben*, einst Luxusliner des Norddeutschen Lloyd. Die 13 325 BRT große *Steuben* hatte bereits vor einigen Tagen eine Menschenfracht in Pillau an Bord genommen. Nun nahm sie zum zweiten Mal Verwundete und Flüchtlinge an Bord. Am 9. Februar um 11.30 Uhr war die Beladung abgeschlossen. An Bord befanden sich 1600 liegende Verwundete, 1200 sitzende Verwundete, 800 Flüchtlinge, 100 Ärzte, Sanitäter und Schwestern, zwölf DRK-Schwestern, 125 Angehörige der Bord-Flak, des seemännischen Personals, Funker und Signalgasten, sowie 160 Besatzungsmitglieder der Handelsmarine. Insgesamt 4267 Personen.

Schlepper zogen die *Steuben* um 12.30 Uhr aus dem Hafen. Am Abend des nächsten Tages verbreiteten sich in Pillau Gerüchte, der *Steuben* sei ein Unglück zugestoßen.

Erst am nächsten Vormittag erfuhr man Näheres: In der Nacht vom 9. zum 10. Februar hatte ein sowjetisches U-Boot die *Steuben* mit zwei Torpedotreffern versenkt. Auf der Höhe von Stolpmünde, unweit der Stelle, an der die *Gustloff* versenkt worden war. Die *Steuben* hätte sich nur wenige Stunden noch über Wasser halten können. Die Begleitschiffe und andere zur Unglücksstelle gerufenen Schiffe hätten nur einige hundert Überlebende bergen können. Wieder einen Tag später wurde dann die Zahl der Opfer bekannt: 3608 hatten den Tod in der Ostsee gefunden.

Jetzt setzte sich die Meinung durch, kleinere Schiffe wären sicherer, sie zu torpedieren, wäre für russische U-Boot-Kommandanten weniger lohnenswert. Und trotzdem: Jeden Tag wartete man im Pillauer Hafen auf Schiffe. Die Zahl derjenigen, die noch über die Ostsee nach Westen wollten, war weit größer als die Anzahl von Plätzen auf den nur noch spärlich einlaufenden Schiffen.

Kriegsschiffe greifen in die Landkämpfe ein

Um feindliche Truppenansammlungen sowie Artilleriestellungen zu zerschlagen und das weitere Vor-

dringen sowjetischer Infanterie zu verhindern, hatte der *Admiral Östliche Ostsee* am 6. Februar den Schweren Kreuzer *Admiral Hipper* vor das Südwestende der Frischen Nehrung beordert.

Admiral Hipper richtete sein Feuer auf sowjetische Bereitstellungen vor dem Brückenkopf Elbing, dessen Räumung am Abend des 9. Februar einsetzte. Auch am 7. Februar setzte der Schwere Kreuzer die Beschießung fort. Am 8. Februar löste ihn der Schwere Kreuzer *Lützow* ab. Die als Sicherung eingesetzten größeren Flottentorpedoboote *T 23, T 28* und *T 33* beteiligten sich mit ihren (je vier) 10,5-cm Geschützen zeitweilig an der Kanonade und nahmen am 9. Februar vor Kahlberg Flüchtlinge an Bord. Den Raum von Tolkemit beschoß am 10. Februar der Zerstörer *Z 34*, gesichert von den Torpedobooten *T 8* und *T 23*.

Am 9. Februar 1945 lag *Admiral Hipper* vor Pillau, um sowjetische Batterien zu beiden Seiten des Seekanals zum Schweigen zu bringen. Sein Feuer sollte den Versuch deutscher Verbände unterstützen, die Straßen- und Eisenbahnverbindung zwischen Königsberg und Pillau wiederherzustellen.

Admiral Hipper war südöstlich im Pillauer Vorhafen in der erweiterten Kanaleinfahrt vor Anker gegangen. Ein Schlepper hielt das Schiff achtern in Position. Aus allen Rohren feuerte der Schwere Kreuzer über eine Stunde ununterbrochen in Richtung Metgethen. Danach legte sich das Kriegsschiff weiter draußen vor Anker. Am nächsten Morgen verholte es zum Pillauer »Friedensanleger« und nahm das andere Ufer des Seekanals unter Beschuß. Für die deutschen Truppen im Samland war das Eingreifen der Schiffsartillerie von entscheidender Bedeutung; der Widerstand der Russen wurde gebrochen, die Verbindung wiederhergestellt.

Am 14. Februar erhielt Pillau einen neuen Festungskommandanten: Generalleutnant Horn löste Generalleutnant Ansatz ab. Bereits am 9. Februar war der Leiter der *Seeverteidigung Ostpreußen*, Kapitän z.S. Jerchel, abgelöst worden. General Gollnick beorderte den schon als Festungskommandanten von Memel bewährten Kapitän z.S. Möller nach Pillau.

Der neue Festungskommandant sah sich vor erhebliche Probleme gestellt. Die Front rückte immer näher, eine Verstärkung der Festungsbesatzung war – wenn überhaupt – nur begrenzt möglich. Man mußte also andere Kräfte mobilisieren. Dies besorgte der Kreisleiter der Partei mit seinen Mitarbeitern. Er aktivierte den *Volkssturm*. Die Jungen zu *erfassen* war über die Hitlerjugend einfach. Die »Alten« zu bewegen, sich beim Vertrauensarzt auf *Felddiensttauglichkeit* untersuchen zu lassen, stellte sich als weit schwieriger heraus. Aber auch das gelang, manchmal mit Druck.

An eine militärische Grundausbildung dieser Volkssturmeinheit war jedoch überhaupt nicht mehr zu denken. Sollte es ernst werden, hätte dieses »letzte Aufgebot« kaum Überlebenschancen.

Schiffe als Retter

Der Festungskommandant und die für die Verteidigung der Festung Verantwortlichen gaben sich keinen Illusionen hin. Sie sahen schon Mitte Februar den Tag kommen, an dem Pillau fallen mußte. Bis dahin mußten alle Einwohner und alle Flüchtlinge abtransportiert sein. In den letzten Tagen waren noch einmal große Schiffe nach Pillau gekommen, so der Hilfskreuzer *Hektor* (ex *Orion*), und am 10. Februar das Motorschiff *Monte Rosa* mit seinem Geleitschiff *M 204*. Beide Großschiffe hatten fast 10 000 Flüchtlinge und Verwundete an Bord genommen. *Hektor* erreichte ohne Schwierigkeiten Gotenhafen. Die *Monte Rosa* lief mit *M 204* nach Swinemünde aus.

Zu jenen Schiffen, die noch im Februar Pillau verließen, gehörte auch das Flugsicherungsboot *Greif*. Seine vorrangige Aufgabe bestand darin, den Fliegerhorst Neutief und das dortige Jagdgeschwader mit Nachschub zu versorgen. Nach zwei Flüchtlingstransporten aus Königsberg machte *Greif* an der Nehrungsspitze Neutief fest, nahm 2000 Flüchtlinge an Bord und brachte sie »eben mal« nach Danzig-Neufahrwasser. 24 Stunden später lag *Greif* schon wieder im Pillauer Vorhafen, um nochmals 1800 Flüchtlinge an Bord zu nehmen. In Danzig-Neufahrwasser nahm das Schiff wieder Munition für den Fliegerhorst Neutief an Bord. Ging es nach Westen, nahm *Greif* Menschen mit. Die Besatzung leistete in dieser Zeit Unvorstellbares.

Eine ganze Armada von Schiffen lief in diesen Tagen und Wochen Pillau an; neben den »Großen«

Pretoria und *General San Martin* auch viele »Kleine« wie *Nautik*, *Herkules*, *Oktant*, *Ostmark*, *Venus*, *Lothringen*, *Licentia*, *Fangturm*, *Hestia*; die kleinen Lazarettschiffe *Glückauf*, *Meteor*, *Regina*, *Rügen*, *Oberhausen* und nicht zuletzt die schnellen Flugsicherungsschiffe *Greif*, *Boelcke* und *Hans-Albrecht Wedel*.

Stadtbürodirektor Kaftan hielt die Transportleistungen fest:

Bis Mitte Februar hatten 204 000 Menschen Pillau auf dem Seeweg verlassen, 50 000 waren zu Fuß oder mit Treck über die Nehrung übergesetzt worden und dort zu Fuß in Richtung Danzig geflohen.

Auch der Seetransportchef Ostsee in Flensburg, Konteradmiral Engelhardt, führte eine Statistik. Nach seinen Unterlagen wurden bis Ende Februar 482 000 Flüchtlinge und 170 000 Verwundete über See abtransportiert.

Keine Schiffe mehr nach Pillau?!

Da in der Nacht zum 2. März ein starker Frühjahrssturm eingesetzt hatte, mußte der weitere Flüchtlingstransport von Pillau aus verschoben werden. Erst am 4. März verließen wieder einige Schiffe den Hafen; vorerst die letzten.

Am 6. März übernahm der Kommandeur des rückwärtigen Dienstes der 4. Armee die Funktion des *Versorgungsstabes Haff*, der am nächsten Tag zur Umgliederung in eine Feldwirtschaftsabteilung nach Pillau verlegte. Am 7. März befahl Reichsverteidigungskommissar Koch, aus den noch in deutscher Hand befindlichen Teilen des Samlandes einen neuen Bezirk Samland zu bilden, mit dessen Leitung der Gauinspekteur und Festungsbeauftragte der Partei, Kreisleiter Matthes, beauftragt wurde. Am folgenden Tag wurde der Abtransport der Flüchtlinge über See von Pillau aus auf Drängen der Parteiführung eingestellt. Es erschien dringlicher, zunächst die nach dem Durchbruch der Russen an die Küste Pommerns und die Danziger Bucht gelangten Flüchtlinge und Verwundeten abzuholen. Auch war eine Anladung von Flüchtlingen aus Pillau in Danzig-Neufahrwasser und Gotenhafen – aber auch in Swinemünde – nicht mehr möglich, da diese Häfen total überfüllt waren. Neuer Zielhafen für Flüchtlingsschiffe aus allen Ostseehäfen sollte künftig Kopenhagen sein. Das war von Pillau aus ein sehr weiter Weg. Doch wie sollten überhaupt die Flüchtlinge und Einwohner ohne Schiffe in den Westen gebracht werden, und was sollte aus den Soldaten werden, die sich noch in Pillau befanden? Um keine depressive Stimmung aufkommen zu lassen, hielten die Führungsstäbe die Nachricht, daß keine Schiffe mehr kommen würden, zurück.

Viele Flüchtlinge, vor allem alte Leute, die – den Unbilden des Wetters ausgesetzt – tagelang über das zugefrorene Haff und über die Nehrung geflohen waren, hatten inzwischen ihr Leben in Pillau beendet. Auch viele Kleinkinder hatten die Strapazen der Flucht nicht überstanden. Ganz abgesehen von den 16 und den über 50jährigen, die sich vor dem Volkssturm »gedrückt« hatten oder die Truppe *ohne Erlaubnis* verlassen hatten. Sie waren zum Tode verurteilt und an Laternenpfählen aufgehängt worden.

Alle Toten mußten beerdigt werden – ohne Rücksicht auf die Todesursache. Stadtbürodirektor Kaftan hatte Platz für einen neuen Friedhof geschaffen, der von der Nordmole bis fast an die Strandhalle reichte und mehr als einen halben Kilometer lang war. Er bot Platz für 8000 Gräber – eine Zahl, die auch bald erreicht war. Der Friedhof war als eine Art *Heldenhain* zwischen einer lockeren Kiefernwaldung angelegt worden. Ein Holzkreuz wurde in der Mitte aufgestellt, doch die Namen der Toten wurden nicht auf Tafeln festgehalten. Dazu blieb keine Zeit mehr.

Die Front rückt immer näher

Am 12. März übernahm Generaloberst Rendulic den Oberbefehl über die Heeresgruppe Kurland. Als Oberbefehlshaber der Heeresgruppe Nord wurde Generaloberst Weiß eingesetzt, der zuvor die 2. Armee befehligt hatte. Seine Nachfolge trat General der Panzertruppen von Saucken an.

Am 12. März erhielt Pillau einen neuen Festungskommandanten: Generalleutnant Kurt Chill. Am gleichen Tage wurde der *Meldekopf Admiral Östliche Ostsee* in Neuhäuser bei Pillau eingerichtet und dem Chef der 24. Landungsflottille, Fregattenkapitän Erich Brauneis, übertragen.

General Weiß fand kaum Zeit, sich mit seiner neuen Aufgabe vertraut zu machen, denn am 13. März trat die 3. Weißrussische Front unter Marschall Wassilewski zum erwarteten Großangriff an. Die Angriffsschwerpunkte lagen südlich und ostwärts von Heiligenbeil. Zunächst gelangen den Sowjets nur unerhebliche Einbrüche am Südabschnitt, die zunächst abgeriegelt werden konnten; später konnten sie jedoch einen tiefen Keil vorantreiben. Am 14. März konnte die 4. Armee den Zusammenhalt ihres Südabschnitts nur durch dessen Zurücknahme wahren. Am östlichen Abschnitt gelang es nicht, den gegnerischen Einbruch zu bereinigen; der Ort Kobbelbude mußte aufgegeben werden. An den folgenden Tagen erzielte der Gegner weitere Geländegewinne. Am 16. März griffen die Sowjets das südwestliche Vorfeld von Königsberg an, am 17. März mußte Brandenburg aufgegeben werden und ein Ausweichen nach Nordwesten bis zur Autobahn war geboten. Das gesamte Gebiet, das die 4. Armee noch beherrschte, lag ständig unter russischem Artilleriefeuer. Die Sowjets waren jetzt an keiner Stelle weiter als 12 km vom Haff entfernt. Damit zeichnete sich das Ende ab. Von Rosenberg aus organisierte der *Verladestab AOK 4* den sofortigen Abzug leichter und schwerer Feldhaubitzen nach Pillau. Pillau wurde damit nicht zuletzt auch ein Hauptziel für die sowjetische Luftwaffe.

Reste der Eliteverbände der 4. Armee, Trümmer der Panzergrenadierdivision *Großdeutschland*, der Fallschirm-Panzergrenadierdivision 2 *Hermann Göring* und der 28. Jägerdivision kämpften sich auf die Halbinsel Balga zurück, um nicht von russischen Panzerspitzen abgeschnitten zu werden. Bis zum 18. März wurden die Reste der 4. Armee auf die Linie Pottlitten – Königsdorf – Rehfeld – Waltersdorf – Wermten zurückgedrängt. Der Chef des Generalstabes des Heeres setzte sich für den Abtransport der Reste der Armee über das Haff ein.

Soldaten an der Steilküste bei Kahlholz.

Das OKW lehnte die Räumung des Brückenkopfes ab, es befahl, ihn »bis zum äußersten« zu halten. Die einzige Kampfunterstützung, die den Resten der 4. Armee noch geleistet werden konnte, war der Flakschutz des Zerstörers *Z 38*, des Torpedobootes *T 28* und eines schweren Artillerieträgers.

Am 23. März drangen die Russen tief in das Stadtgebiet von Heiligenbeil ein, nachdem sie vorher große Teile der Innenstadt mit Phosphorbomben in Brand geworfen hatten. Am Tage darauf besetzten sie die restlichen Teile der Stadt. Am Nachmittag des 25. März gelang sowjetischen Verbänden ein Durchbruch bis an das Frische Haff bei Rosenberg. Damit war die 61. deutsche Infanteriedivision und alle rechts von ihr eingesetzten Kampfgruppen abgeschnitten. Generalleutnant Sperl, Kommandeur der 61. I.D., stellte die Reste seiner Division und andere Kampfgruppen entlang der Küste nach Nordosten bereit und erzwang in den Morgenstunden die Wiedervereinigung mit der Masse der 4. Armee im Raume südlich von Balga. Das XXXXI. Panzerkorps meldete am Abend des 25. März tiefe Einbrüche ostwärts und nordostwärts von Groß Hoppenbruch und forderte die Evakuierung:

Munitionsmangel, Zustand der Truppe und die überwältigende Materialüberlegenheit des Feindes stellen das Halten der derzeitigen Stellungen für den 26.3. in Frage. Wenn eine Katastrophe vermieden werden soll, muß in den zwei folgenden Nächten Transportraum für 30 000 Mann an die Anlandestellen Balga und Kahlholz geführt werden.

Ein Kompanieführer der Division »Großdeutschland« erstattet Meldung an General Lorenz. Die Möglichkeiten des Übersetzens von Balga und Kahlholz über das Haff an der Steilküste werden überprüft.

In den Morgenstunden des 28. März ging der Kampf im Raum Balga, an dem zuletzt noch Reste der 61. und 170. Infanteriedivision sowie etwa 100 Kämpfer der 24. Panzerdivsion teilgenommen hatten, zu Ende. Nebel deckte den Abtransport, so daß keine nennenswerte Behinderung durch den Gegner eintrat. Am 28. März unterstellte die Heeresgruppe alle Truppen, die noch auf der Nordspitze der Balga-Halbinsel kämpften, der Panzergrenadierdivison *Großdeutschland*. Divisionskommandeur General Lorenz meldete, daß der Rest des Kampfraumes längstens bis zum nächsten Morgen gegen 5.00 Uhr gehalten werden könnte. Daraufhin gab die Heeresgruppe abends den Befehl zur Räumung. Ein Nebelschleier deckte auch hier die Einschiffung der letzten Kämpfer. Nach Sprengung der letzten schweren Waffen bestiegen sie am 29. März gegen 2.00 Uhr, geführt von Generalmajor Lorenz, die *Seeschlange*. Unbehelligt vom Gegner erreichten sie bei Tagesanbruch Pillau. Generaloberst Weiß übermittelte dem Oberkommando des Heeres folgende Meldung:

Dem Gegner fielen beim Endkampf der 4. Armee große Mengen an Waffen und anderem Kriegsgerät in die Hand. Auch konnte er nach eigener Zählung im Verlaufe der seit dem 13. März begonnenen Offensive 50 000 Mann der 4. Armee gefangen nehmen. Demgegenüber stehen die positiven Ergebnisse, die der Endkampf der 4. Armee im Heiligenbeiler Brückenkopf zeigte. Die gesamte treckwillige und reisefähige Zivilbevölkerung, die sich im Bereich der 4. Armee hatte retten können, war vor dem Ende der Kämpfe abtransportiert worden. Unter schmerzlichen,

Pioniere improvisierten bei Kahlholz Flöße zum Übersetzen.

Letzte Lagebesprechung mit Generalmajor Lorenz an der Steilküste bei Balga-Kahlholz am 28. März 1945.

Generalmajor Lorenz, Kommandeur der Division »Großdeutschland«, und sein Begleitoffizier an der *Seeschlange*; 28./29. März 1945.

Die *Seeschlange* war bis auf den letzten Platz von Landsern besetzt.

In den Schützengräben bei Kahlholz warten die letzten Soldaten auf ihre Einschiffung. Die bespannten Einheiten haben ihren Pferden »freien Lauf« gelassen, sie müssen zurückbleiben.

Nach dem Übersetzen über das Haff wurde in Pillau ein *Meldekopf* eingerichtet, um alle Soldaten wieder zu sammeln.

griffe konzentrierten sich auf Danzig und Gotenhafen, Königsberg und Pillau; Kolberg war besetzt und im Bereich Stettin-Swinemünde mußte ebenfalls mit einem Großangriff sowjetischer Truppen gerechnet werden.

Die Heeresgruppe Nord versuchte am 28. März nochmals, das Oberkommando des Heeres auf die veränderte Lage hinzuweisen und einen dieser Lage angepaßten Auftrag zu erhalten. Am nächsten Tag traf die von Generaloberst Guderian unterzeichnete Antwort ein:

Die entscheidende Aufgabe der Heeresgruppe Nord bleibt, die Benutzung der deutschen Häfen an der Danziger Bucht dem Feinde unmöglich zu machen und die sowjetische Armee der 2. und 3. Weißrussischen Front sowie der 1. Baltischen Front so zu binden, daß nicht starke Feindverbände an die Oder vorgeführt werden können. Der Erfolg der bisherigen schweren Kämpfe besteht darin, daß zehn Wochen hindurch diese Kräfteverschiebung verhindert werden konnte.

Es kommt nach der ungünstigen Entwicklung der Lage bei der 2. und 4. Armee jetzt darauf an, unter Behauptung der Halbinsel Hela alle freiwerdenden Kräfte zusammenzufassen, um die Verteidigung der Frischen Nehrung und der Festung Königsberg zu verstärken. Der Führer erwartet, daß unter rücksichtslosem Ausschöpfen aller Möglichkeiten, und in vertrauensvoller Zusammenarbeit mit dem Reichsverteidungskommissar, die Verteidigung des Bollwerkes Königsberg solange gesichert wird, bis eine Wende im Osten eintritt.

Dieser Befehl ging an der Wirklichkeit vorbei. Die *Wende im Osten* gestaltete sich im März folgendermaßen: Die Festungen Gotenhafen und Danzig mußten aufgegeben werden. Im Samland führten die letzten Kämpfe zu einer Massenflucht der in Pillau und auf der Halbinsel Peyse untergebrachten Flüchtlinge nach Königsberg zurück oder in den Westteil des Samlandes, weil in Pillau keine Schiffe mehr zum Abtransport zur Verfügung standen. Der Gauinspekteur Matthes hatte deshalb am 27. März befohlen, die Fluchtbewegungen aus Peyse und Pillau mit allen Mittel zu unterbinden. Er verband diese Forderung mit dem Hinweis, daß an diesem Tage der Abtransport von Flüchtlingen über See mit der Verschiffung von 3000 Personen in Pillau wie-

aber doch verhältnismäßig geringen Opfern konnten Tausende von Verwundeten und Nichtkämpfern nach Westen weitergeleitet werden. Darüber hinaus hatte erst das Ausharren der 4. Armee die Möglichkeit geschaffen, im Samland die Landverbindung zwischen Königsberg und Pillau wieder herzustellen.

Die *Wende im Osten* und die Realität

In der letzten Märzwoche 1945 hatte der Endkampf um Ostpreußen, Westpreußen und die pommersche Ostseeküste begonnen. Die sowjetischen An-

Auf den Kais im Hafen von Pillau türmte sich das Gepäck, das die Flüchtlinge vor dem Anbordgehen abgeben mußten.

der aufgenommen worden sei. Gauleiter Koch hatte zuvor Hitler auf die »militärische Notwendigkeit« des Abtransports weiterer 50 000 Flüchtlinge aus Pillau mit der Begründung hingewiesen, daß »bei überraschender Lageveränderung Flüchtlingsmassen zwischen den Verteidigern Pillaus und den feindlichen Kräften stehen und damit die Widerstandskraft der Besatzung Pillaus lähmen würden«.

Dort entwickelte sich indessen die Flüchtlingslage zu einer Katastrophe, da etwa 1000 Flüchtlinge aus dem bedrohten Danziger Raum über die Frische Nehrung nach Pillau geflohen und von der Halbinsel Peyse weitere 1200 Flüchtlinge nach Pillau verlegt worden waren. Erst am 31. März wurde der Abtransport von Verwundeten und Flüchtlingen von Pillau über See wieder in größerem Umfange aufgenommen. Zu diesem Zeitpunkt konnten die Häfen der Danziger Bucht nicht mehr angelaufen werden, da sie bereits von den Sowjets kontrolliert wurden. Nach Lage der Dinge am 31. März mußte auch mit dem Fall der *Festung Königsberg* in den nächsten Tagen gerechnet werden.

Die Bemühungen von Parteidienststellen im Samland, den Glauben an eine *Wende im Osten* und an den *Endsieg* trotz besseren Wissens aufrecht zu halten, entbehrte jeder realistischen Grundlage.

»Wir haben gekämpft – und doch verloren«

Heinrich Lukas, damals Offiziersanwärter bei der Flak, gehörte zu den Verteidigern der *Festung Memel*. Er kam nach dem Fall der Stadt mit den Resten seiner Einheit nach Cranz und dann in das Samland. Er erlebte den Kampf im Samland bis zuletzt mit, wurde verwundet und kam später nach Pillau. Über seine dortigen Erlebnisse berichtet er:

Mit 18 Kameraden wurde ich in einer Baracke am Stadtrand von Pillau untergebracht. Wir waren froh, endlich wieder ein Dach über dem Kopf zu haben. Endlich konnten wir wieder einmal die Wäsche wechseln. Kaum hatten wir unsere Seesäcke ausgepackt, als ein Oberleutnant in unsere Behausung trat. Er erklärte uns, daß wir nicht in Pillau bleiben würden, sondern bereits in den nächsten Tagen zum Einsatz kämen. Da wir noch keine neuen Geschütze hatten, wurden wir zunächst als Infanteristen eingesetzt. Am nächsten Morgen erhielten wir

Heinrich Lukas.

Gewehre, MPs und Handgranaten. Auf LKWs gings in Richtung Lochstädt, einige Kilometer hinter Fischhausen. Vor einem riesigen Rittergut machten wir Halt. Ein großes Wohngebäude, ringsherum Stallungen und Scheunen. Im Rinderstall, der vorher 200 Kühen Platz geboten hatte, ließen wir uns nieder.

Am nächsten Tag inspizierte ich erst einmal die Lage. Auf dem Hof standen fünf oder sechs Gulaschkanonen, was mich wunderte. Soviele Soldaten hatte ich hier nicht vermutet. Doch ich war mehr als überrascht. Es war ein ganzes Heerlager der verschiedensten Einheiten, die ich in dem großen Schafstall antraf. Es war für mich ein ungewöhnlicher Anblick, als ich, in deutscher Uniform, Russen, Tartaren und Mongolen sah, die auf unserer Seite gegen ihre eigenen Landsleute kämpften – aber es gab ja auch deutsche Soldaten, die auf der russischen Seite gegen uns kämpften. Ein verrückter Krieg!

Am Abend hörten wir in einiger Entfernung wieder Geschützfeuer. Wie weit wir von der Front entfernt waren, konnten wir nur schätzen, etwa 8–10 Kilometer. Unser Stab war in einem Wohngebäude des Guts untergebracht. Am nächsten Morgen erhielt er Besuch. Ein General mit seinem Stab war gekommen. Wahrscheinlich wurde die Frontlage besprochen und der Einsatzbefehl für unseren

bunt zusammengewürfelten Haufen. So war es auch.

Am Nachmittag wurde nochmals unsere Ausrüstung überprüft und wir wurden in Gruppen aufgeteilt. Ich wurde zum Zugführer bestimmt. Zur Orientierung erhielt ich noch eine Karte vom Samland, damit wir überhaupt wußten, wo wir uns genau befanden. Wie erhielten den Auftrag zu erkunden, wie weit der Feind vorgerückt war. Mir erschien dies als eine Art »Himmelfahrtskommando«. Aber Befehl war Befehl. Nachts ging es los über Felder und durch Wälder. Im Morgengrauen machten wir uns ein Feuerchen, um uns etwas aufzuwärmen, dann ging es weiter.

Als wir einen Bahndamm erreicht hatten, mußten wir Stellung beziehen und uns eingraben. Dabei hatten wir die ersten Verluste. Zunächst unsichtbare Scharfschützen nahmen uns unter gezieltes Feuer, das wir erwiderten. An Hand der Lagekarte stellte ich fest, daß wir zwischen Powagen und Heydekrug liegen mußten.

Diese Stellung belegten wir vier Tage, ohne daß der Russe über den Bahndamm kam und uns angriff. Am Tage war das Wetter recht gut, abends und des Nachts aber sehr kalt. An Schlaf war nicht zu denken. Am fünften Tag wurden wir abgelöst, gingen etwa 2 km zurück und fanden eine Unterkunft in einem unbewohnten Haus. Nach drei Tagen ging es wieder nach vorn. Wir sollten in einem anderen Abschnitt, nicht weit von uns entfernt, eine neue Stellung beziehen. Stark einsetzendes Granatwerferfeuer hinderte uns aber daran. Vorübergehend mußten wir uns zurückziehen. Völlig unerwartet wurde es immer ruhiger. Der erwartete Zusammenstoß mit den Russen blieb aus. Wir hatten sogar den Eindruck, sie hätten sich zurückgezogen. Auch das Geschützfeuer entfernte sich immer weiter.

Nach einigen Tagen ging es zurück zu unserer Ausgangsstellung. Hier wurde ein neues Bataillon zusammengestellt aus versprengten Einheiten, man sah verschiedene Uniformen und Soldaten verschiedenen Alters, junge und alte. Von meiner Funktion befreit übernahm ich ein MG, es war ein französisches Modell mit Tellermagazin, das immer wieder Störungen hatte.

Vor uns, vielleicht einen Kilometer entfernt aber gut sichtbar, lag ein großes Gut. Dort saßen die Russen. Ich erhielt mit meiner Gruppe den Befehl, das Gut seitlich zu umgehen und einzunehmen. Zunächst gingen wir, dann krochen wir und zuletzt robbten wir uns an unser Angriffsziel heran. Auf ein Kommando eröffneten wir mit unseren MGs das Feuer, warfen Handgranaten und schossen was das Zeug hielt. Die Russen waren so überrascht, daß sie mit erhobenen Händen herauskamen und sich gefangennehmen ließen. Jetzt trat ein, wovor ich immer einen großen Schrecken gehabt hatte: Wir durften keine Gefangenen mehr machen, der Befehl lautete, sie an Ort und Stelle zu erschießen. Wer sich weigerte, diesen Befehl auszuführen, wurde selbst erschossen. Der Zufall half mir, mein MG versagte total wie vorher auch schon mehrfach. Das nutzten die Russen, sie flohen in einen nahegelegenen Wald, der auf einer Anhöhe lag; sie ließen Pferde, Gespann und Geschütze zurück. Wir feuerten den Fliehenden hinterher, doch sie liefen im Zick-zack um ihr Leben.

Wir machten uns dann daran, die Russen zu verfolgen. Als wir an den Hang vor dem Wald kamen, sahen wir vor uns einige Russen. Wir eröffneten das Feuer, doch nichts rührte sich. Bei unserem Näherkommen stellten wir fest. Die Russen waren tot. Doch wir sahen keinerlei Verwundungen, was uns sehr wunderte. Erst später hörten wir, daß hier eine deutsche Sondereinheit eine neue Waffe ausprobiert hatte: Preßluftgranaten, die hatten das Platzen der Lunge zur Folge.

Der nächste Auftrag für uns lautete, einen etwa 200 Meter vor uns liegenden Hochwald zu stürmen. Doch diesem Versuch begegneten die Russen mit einem fürchterlichen Abwehrfeuer, sie setzten neben Maschinengewehren auch Pak ein. Danach erhielten sie auch noch Verstärkung durch zwei Panzer und ein Sturmgeschütz. Diese gaben gezielte Schüsse auf uns ab. Noch einmal versuchten wir den Angriff. Wieder blieben wir im Feuer stecken. Wer die Nase von der Erde oder aus den Erdlöchern hob, war erledigt.

Mein Kamerad, der unmittelbar neben mir lag, erhielt beim Aufspringen einen Kopfschuß, direkt in den Mund. Ich konnte ihm nur noch die Augen zudrücken.

Als es weiter nach vorn ging und mein MG wieder streikte, nahm ich meinem Kameraden die Waffe ab, ein 10-Schuß-Gewehr. Wieder abgewehrt, zogen wir uns an einen Waldrand zurück, ohne zu ahnen, daß hier Baumschützen Stellung bezogen hatten. Wir machten sie aus und holten sie mit MGs und gezieltem Feuer nacheinander von den Bäumen. Gegen Mittag, als wir Verstärkung erhalten hatten, schwärmten wir breit aus und griffen

nochmals an. Nach dem Angriff stellten wir fest, daß wir unsere Offiziere verloren hatten. Wir waren jetzt auf uns allein gestellt. Mit Karte und Kompaß versuchten wir, wieder in unsere Ausgangsstellung zu gelangen. Dabei sahen wir rechts von uns Pferdegespanne mit russischen Soldaten. Sie hatten uns nicht gesehen. Wir erhielten den Befehl, uns an die haltende Kolonne durch den Wald heranzuschleichen und dann anzugreifen. Die Russen hatten ihre Gewehre zum Teil an der Weste hängen, die MGs befanden sich auf den Wagen. Wir überraschten sie bei einer Zigarettenpause mit unserem Feuer. Einige russische Soldaten flohen, sechs Mann ergaben sich. Wir erbeuteten die Pferde und die Geschütze.

Dann legten wir eine Zigarettenpause ein und boten auch den Russen Zigaretten an, die sie zögernd annahmen. Es waren junge Burschen, so alt wie wir. Sie sahen uns mit großen Augen an. Was machen – sie erschießen? Als sie die Zigarette zu Ende geraucht hatten, eine Verständigung zwischen uns war nicht möglich, gaben wir ihnen ein Zeichen. In Sekundenschnelle verschwanden sie im nahen Dickicht.

Kaum waren sie verschwunden, tauchte ein deutscher Hauptmann mit einigen Soldaten bei uns auf. Er gab uns den Befehl, einen vor uns liegenden Stützpunkt der Russen anzugreifen, einen großen Bauernhof. Wir sollten ihn einkreisen und die Russen liquidieren. Da auch hinter uns Russen Stellung bezogen hatten merkten wir, daß wir zwischen die Fronten geraten waren. Wir mußten den Bauernhof nehmen, um wieder zu unserer eigenen Front zu gelangen.

Der Angriff sollte am nächsten Morgen kurz vor dem Hellwerden durchgeführt werden. Er gelang. Wir erbeuteten 26 Pakgeschütze und viele Pferde. Von den Russen blieb keiner am Leben. Auch wir hatten Verluste.

Für den Fußmarsch zurück zur deutschen Front brauchten wir eineinhalb Tage. Unsere Truppen hatten sich weiter zurückgezogen. In der Nähe von Heydekrug machten wir Pause. Es regnete und goß in allen Strömen. Völlig durchnäßt stand ich an einer Friedhofsmauer. Trotz der Dunkelheit erblickte ich ganz in meiner Nähe einen Strohhaufen. Ich bemühte mich, ihn auseinanderzureißen und darin Platz zu finden. Kameraden hatten Schutz in der Friedhofskapelle gesucht, kamen aber wieder zurück, da das Dach abgedeckt war und es in die Kapelle hereinregnete.

Wir wurden wieder neu aufgestellt und kamen zu einer Flak-Batterie bei Peyse. Die Batterie lag direkt am Seekanal Königsberg-Pillau. Wir fanden Unterkunft in einer Baracke. Endlich konnten wir uns wieder einmal waschen und die Kleidung wechseln, und endlich konnten wir wieder einmal in einem Feldbett schlafen. Der Russe gönnte uns wohl die Ruhe, denn die Artillerie schwieg. Wir freuten uns, daß wir jetzt wieder da waren, wo wir eigentlich aufgrund unserer Ausbildung hingehörten: bei der Flak.

Doch die Freude war nur von kurzer Dauer. Der Russe begann wieder zu stören. Dauernd lagen wir unter Beschuß. Ganz plötzlich erhielten wir den Befehl, die Stellung aufzugeben und die Geschütze der Batterie zu sprengen. Ich war nicht mehr dabei. Am 29. März traf es auch mich. Ich erhielt einen Granatsplitter in die rechte Hand, er wurde notdürftig entfernt. Mit verbundener Hand bestieg ich mit anderen Verwundeten einen LKW. Wir fuhren die Haffbrücke entlang. Unterwegs, vor Fischhausen, mußten wir abspringen und Deckung suchen. Schlachtflieger griffen mit Bombem und Bordwaffen die Fahrzeugkolonne an. Nach dem gut überstandenen Angriff ging es weiter. In Lochstädt wurden wir abgesetzt und marschierten zu Fuß weiter nach Pillau. In Pillau war das Hafengelände voller Flüchtlinge und Verwundeter, die auf Schiffe verladen wurden. Nach langem Warten wurden wir von Pillau mit einer Fähre übergesetzt und zogen durch Neutief. In einer Flak-Batterie bekamen wir ein Quartier zugewiesen, in einem Betonbunker auf einem nackten kalten Fußboden.

Die Lage in Pillau:
»Ernst und hoffnungslos«

Die militärische Lage der *Festung Pillau* verdiente am 1. April die Beurteilung: »Ernst und hoffnungslos«. Es schien nur noch eine Frage der Zeit, daß Pillau aufgegeben werden mußte.

Stadtbürodirektor Kaftan hatte am 29. März registriert: »Von der ortsansässigen Bevölkerung befinden sich noch 2007 Männer, 670 Frauen und 361 Kinder, zusammen 3038 Personen in der Stadt, zugleich halten sich in Pillau und Neuhäuser insgesamt 33 600 Flüchtlinge auf«.

Außer der Besatzung der Festung wären also noch fast 37 000 Personen abzutransportieren. Das dies eines Tages geschehen würde, daran zweifelte der Stadtbürodirektor, der schon lange nicht mehr an die *Wende im Osten* glaubte, nicht. Er hoffte aber, daß in den ersten Apriltagen, nach dem Fall von Gotenhafen und Danzig, jetzt mehr Schiffe Pillau anliefen.

Eine weitere Veränderung der Lage trat am 9. April mit der Kapitulation von Königsberg ein. Am 11. April forderte Sowjetmarschall Wassilewski, der Königsberg »erobert« hatte, die deutschen Truppen im Samland zur Kapitulation auf. In einem Flugblatt hieß es:

Jetzt, nach dem Fall von Königsberg, ist Eure Lage hoffnungslos. Niemand wird Euch Hilfe erweisen. 450 km trennen Euch von der Frontlinie, die bei Stettin verläuft. Die Seewege nach Westen sind durch russische U-Boote durchschnitten. Ihr seid bald im tiefen Hinterland der russischen Truppen. Euch gegenüber stehen um ein Vielfaches überlegene Kräfte der Roten Armee. Die Kraft ist auf unserer Seite, und Euer Widerstand hat gar keinen Sinn.

Der Oberbefehlshaber der *Armee Ostpreußen*, General der Panzertruppen von Saucken (geboren in Fischausen im Samland), ignorierte die Aufforderung des russischen Armeeführers. Er dachte nicht daran, aufzugeben und seine Landsleute im Stich zu lassen. Er wußte, daß die Seewege noch offen waren. Er war sich sicher, daß Kriegs- und Handelsmarine die restlichen Flüchtlinge noch abtransportieren konnten. Und er wollte seinen Soldaten, den Verteidigern Ostpreußens, den Weg in die russische Gefangenschaft ersparen.

Die Russen kannten, nachdem auch ihre letzte Aufforderung zur Kapitulation kein Gehör gefunden hatte, keine Gnade mehr. In Pillau flackerte neue Hoffnung auf, als am 10. April noch einmal Schiffe einliefen – die Dampfer *Herkules*, *Santander*, *Adela Traber* und *Nautik*. Sowjetbomber hatten zwar auf Pillau-Reede die Schiffe angegriffen und mit Bordwaffen beschossen, aber nur der *Herkules* einen Schaden beigebracht, der während der Nachtstunden behoben werden konnte. Die Schiffe nahmen nachts 2350 Verwundete, 6500 Flüchtlinge und 400 Soldaten an Bord und liefen aus.

Nach dem Fall Königsbergs soll Pillau so lange als möglich gehalten werden. Infanteristen in ihren Stellungen am Lochstädter Wald.

Doch dies war nur ein Tropfen auf den heißen Stein. Die Lage hatte sich erheblich zugespitzt: aus dem Samland strömten weiter Flüchtlinge nach Pillau, dazu von allen Seiten Soldaten und Verwundete, klägliche Reste aufgeriebener Einheiten, Versprengte und Deserteure. Von Hela setzten zudem noch frische Truppen nach Pillau über; der Hafen war schwarz vor Menschen.

Korvettenkapitän Arnold Schön, verantwortlich für die Ordnung im Hafen, sah sich einem Chaos gegenüber. Er hatte große Mühe, mit seiner Kompanie Marinesoldaten Herr der Lage zu bleiben, er mußte sich auf die Sicherung der Hafenanlagen beschränken. Er konnte nur zusehen, wie Säuglinge vom Deck der Schiffe wieder in die Arme von Schwestern, Schwiegermüttern und Tanten geworfen wurden, um diesen ebenfalls den Zugang zum Schiff zu ermöglichen; er sah Soldaten, die man in Frauenkleidern auf den Gangways festgenommen hatte. Sie wurden standrechtlich erschossen – die Feldgendarmerie fand keine Zeit mehr, sie zur Abschreckung aufzuhängen. Andere Soldaten hatten versucht, die Absperrung am Hafen dadurch zu überwinden, indem sie Müttern die Kinder wegnahmen und gegenüber den Posten behaupteten, sie

wollten nur die eigene Familie an Bord bringen. In diesem Chaos achtete kaum noch jemand darauf, daß Menschen in dem Gedränge vom Kai gestoßen wurden und ertranken. Nur wenige wurden herausgefischt.

Die russische Artillerie hatte sich in den ersten Apriltagen auf den Pillauer Hafen eingeschossen. Sie wollte den möglichen Nachschub an Truppen, Verpflegung, Waffen und Munition verhindern und den Abtransport von Zivilisten und Verwundeten stören. Das Feuer auf den Hafen wurde von einem Fesselballon aus geleitet, der ungestört am blauen Himmel in der Arpilsonne glänzte, man konnte ihn mit bloßem Auge gut erkennen.

Doch die Beschießung des Hafen vermochte nicht zu verhindern, daß weiterhin Schiffe einliefen. So hatte am 12. April der Dampfer *Weserstein* festgemacht. In aller Eile lud man Verwundete ein. 60 befanden sich bereits an Bord, als russische Flugzeuge das Schiff durch einen Bombenvolltreffer versenkten. Es sank unweit der Stelle, an der im März die *Meteor* von der russischen Artillerie so schwer getroffen wurde, daß sie in Augenblicken von der Wasseroberfläche verschwunden war. Der kleine Dampfer *Wiegand* erhielt am gleichen Tag einen

Im Hafen sind Torpedo-
boote eingelaufen, um
Soldaten und Flücht-
linge abzuholen.

Bombentreffer ins Vorschiff, der sich aber als Blind-
gänger erwies. Wegen seiner Lage konnte er nicht
entschärft werden. Den Kapitän störte das nicht. Er
nahm 2800 Flüchtlinge an Bord und brachte sie,
mit der Bombe, nach Rendsburg.

In der Nacht vom 12. zum 13. lief die *Mars* aus
Bremen ein. Nach dem Löschen der Ladung nahm
sie am frühen Morgen 2000 Verwundete an Bord.
Das war nicht ganz einfach, denn sowjetische Flugzeuge versuchten die Einschiffung zu verhindern,
sie wurden jedoch von der Flak vertrieben. Als sie
wiederkamen, war die *Mars* schon draußen auf
See. Auf dem minenfreien Zwangsweg 58 brachte
der Kapitän die Verwundeten sicher nach Kopenhagen.

Der Großangriff auf die letzten Verteidiger des
Samlandes begann am Freitag, dem 13. April
1945, mit einem Feuerhagel schwerer Artillerie und
Werferbatterien. Dann kamen die Bomber und
pflügten den Boden um, auf dem die Sowjets noch
Zehntausende deutscher Soldaten vermuteten.
Doch sie hatten sich getäuscht.

Die russischen Infanteristen und Panzer trafen
kaum noch auf deutschen Widerstand.

Vor der russischen »Dampfwalze« aber floh eine
Heerschar von Flüchtlingen, vor allem ältere Leute,
die immer noch auf ein Wunder gehofft hatten. Erst
in den letzten Tagen, als sich die deutschen Verbände mehr und mehr absetzten und der Bevölkerung rieten, ebenfalls nach Westen zu marschieren,
hatten sie sich schweren Herzens auf den Weg gemacht. Doch für viele war es zu spät. Sie wurden
von russischen Truppen überrollt oder abgeschnitten, so daß sie in ihr Zuhause zurückkehrten.

Die sowjetischen Panzer kamen rasch vorwärts,
am 17. April nahmen sie bereits Peyse ein; auch
Fischhausen wurde von den deutschen Verteidigern aufgegeben. Nun war nur noch die schmale
Landzunge von Pillau in deutscher Hand. Die Tage
der *Festung Pillau* waren nun endgültig gezählt. Vor
dem Tenkittener Riegel hatten sich bereits starke
sowjetische Truppenverbände zum Angriff formiert.

Doch dieser Angriff mußte noch einige Tage aufgehalten werden, denn in Pillau befanden sich an
diesem 17. April noch mehrere zehntausend
Flüchtlinge, Verwundete und auch einige tausend
Pillauer, die sich bisher noch nicht entschließen
konnten, ihre Heimatstadt zu verlassen.

Bürgermeister Scholz war verschwunden, er
hatte sich angeblich auf einem Kriegsschiff »abge-

Die *Vale* ging am 10. April 1945 unter.

setzt«. Der Kreisleiter der NSDAP bemühte sich darum, für den Bürgermeister nachträglich einen Einberufungsbefehl zum Volkssturm zu erwirken. Scholz würde damit als *fahnenflüchtig* gelten, worauf die Todesstrafe stand. Doch der Todeskandidat tauchte nicht mehr auf.

Die meisten Menschen aber hatten andere Sorgen. Sie warteten auf Schiffe. Jeder wußte, daß nicht mehr viel Zeit blieb.

Wie im tiefsten Frieden lief der kleine Frachter *Adele Traber* in Pillau ein. Er brachte Rauhfutter für die Zugpferde der bespannten Einheiten. Kaum war die Hälfte der Ladung in einem Lagerschuppen verstaut, erhielt dieser einen Treffer und brannte lichterloh. Damit gaben sich die Russen wohl zufrieden. Kapitän Richter behielt den Rest der Futterladung an Bord und ließ Verwundete darauf betten. Als Flüchtlinge das letzte Plätzchen an Bord belegt hatten, lief die *Adele Traber* aus. Der Kapitän hielt für seine 2000 Passagiere die Kombüse Tag und Nacht offen und brachte sie wohlbehalten über die Ostsee.

Weniger Glück hatte der Frachter *Vale*, der mit einer Ladung Munition Pillau angelaufen hatte. Der 6000-Tonner hatte kaum festgemacht, als eine Granate direkt vor dem Schiff auf der Pier einschlug. Glück im Unglück – hätte die Granate getroffen, wäre die *Vale* pulverisiert worden. Nachts wurde die Ladung gelöscht. Das Schiff verholte am frühen Morgen an einen anderen Liegeplatz. Gerade als die ersten Menschen an Bord gingen erhielt die *Vale* drei Bombentreffer. Zwei davon in Luke 4, in der 250 Verwundete lagen. Das Schiff riß von den Leinen los, trieb mit dem Wind durch den Hafen und setzte sich langsam auf Grund.

Auch die kleine *Erna* war dabei

Zu den »Kleinsten«, die noch einliefen, gehörte der 1904 gebaute 757 BRT-Frachter *Erna*. Kapitän Gütschow hatte eine »schwarze Fracht« an Bord, auf die man in Pillau sehnlichst wartete: Briketts für die Feldküchen, die ohne Feuer kalt blieben. Doch das Schiff wurde seine Kohlen nicht los, weil die Anlegestelle immer wieder unter Feindbeschuß lag. Und wenn das Geschützfeuer einmal verstummte, kamen die Bomber. Es war zum Verzweifeln. Und dann jagten zu allem Unglück auch noch Tiefflieger heran. Geschosse trafen Bordwand, Brücke und die Dampfleitung der Rudermaschine. Nun konnte der Kapitän nur noch die Handruderanlage benutzen. Dies tat er auch und verholte an den Seedienstkai. In wenigen Stunden hatte er 1000 Leute an Bord; die meisten mußten stehen, weil 1000

Menschen auf diesem kleinen Schiff nicht sitzen konnten.

Noch am gleichen Abend verließ die *Erna* den Pillauer Hafen. Doch sie hatte einige Passagiere vergessen.

Waltraud Grote aus Wormditt, die im März 1945 vom Großen Gut in Neuhäuser nach Pillau geflüchtet war, berichtet:

Ich befand mich im März 1945 in Neuhäuser bei einer bekannten Gutsfamilie. Uns wurde, als die Front näher rückte, an einem Aprilmorgen erklärt: Neuhäuser ist zu räumen, der Russe ist bereits vor Fischhausen. Es ist höchste Gefahr. Kein Zivilist darf morgen noch hier sein. Wir packten; die Gutsherrin, eine alte Dame, ihre Enkelin und ich. Der Gutsherr und sein Bruder, ein Kapitän, zu alt um noch im Volkssturm die Heimat zu verteidigen, wollten nachkommen. Der Kapitän, der vor einigen Tagen in Pillau war, erklärte uns: »In Pillau läuft in zwei Tagen ein Frachter ein. Er heißt *Erna*. Auf diesem habe ich für uns Plätze reservieren lassen!«

Mit diesem Ziel machten wir uns auf den Weg. Der Kutscher, ein kriegsgefangener Pole, lud unser Gepäck auf einen einfachen Kastenwagen und dann ging es los. Es war ein klarer Spätnachmittag. Auf dem Birkenweg, der vom Gut zum Ort führte, bewegte sich bereits ein ununterbrochener Zug von Flüchtenden wirr durcheinander, Fußgänger und Wagen. Immer neue Gruppen schlossen sich an. Einige Gruppen kamen aus dem Wald, der hinter dem Gut bis Lochstädt reichte. Plötzlich kamen Tieffflieger. Sie beschossen uns. Unser Kutscher fuhr im Bogen über ein Ackerfeld, bis der Angriff vorüber war. Wir fuhren einige Umwege, um aus dem Zug herauszukommen und bogen dann in den Waldweg nach Pillau ein, nicht auf die Chaussee, die am Haff entlang führte, weil man dort ungeschützt war. Aber auch hier gab es keine Deckung. Dann waren wir doch wieder auf der Straße. Es war fast unmöglich, in der Menge der verzweifelt vorwärtsdrängenden Frauen, Kinder, Radfahrer, Autos und Lastkraftwagen voranzukommen. Jede Ordnung hatte sich aufgelöst. Dann kamen die Flieger wieder. Unser Kutscher erhielt einen Streifschuß am Arm. Aber es schien nicht so schlimm zu sein. Beim nächsten Angriff stiegen wir aus und suchten hinter dem Wagen Schutz. Nur die alte Dame blieb steil aufgerichtet auf ihrem vorderen Platz sitzen und blickte unentwegt nach vorn.

Waltraut Grote.

Da wir so langsam vorankamen, machten wir uns Sorgen wegen der Abfahrtszeit des Schiffes, wir wußten nur, daß es »abends« auslaufen sollte. Als wir in Pillau ankamen, verabschiedeten wir uns von dem Kutscher, der Schmerzen zu haben schien.

Mit Mühe fragten wir uns zum Hafen durch. Matrosen wiesen uns den Weg. Sie zeigten uns ein großes Gebäude in dem wir uns melden sollten, wenn wir auf ein Schiff wollten. Wir wandten ein: »Für uns sind Plätze reserviert«; die Matrosen lachten: »Totaler Quatsch. Reservierte Plätze gibt es auf keinem Schiff, auch nicht auf ihrer *Erna*!«.

Wir sahen uns tief enttäuscht an. Dann gingen wir in das bezeichnete Gebäude und wurden von Raum zu Raum geschickt. Doch niemand wußte etwas von der *Erna*.

Wir schleppten uns mit dem Gepäck zum Hafen, es war inzwischen 22 Uhr und sehr dunkel, denn nirgendwo brannte ein Licht. Da kamen uns zwei Matrosen entgegen, die wir nach *Erna* fragten. »Die *Erna*«, sagte der eine, »die ist vor einer Stunde ausgelaufen – die kommt auch nicht wieder!«

Wie versteinert standen wir da. Der Traum vom Schiff, das uns über die Ostsee bringen sollte, war ausgeträumt.

Alle Mühe war umsonst gewesen. Wir waren zu spät gekommen. Kurz entschlossen machten wir uns auf den Weg zur Fähre, mit der wir das andere Ufer des Tiefs erreichen konnten, um dann auf der Nehrung nach Kahlberg zu laufen. Von dort würden auch noch Flüchtlinge verschifft.

Mit dieser Fähre wollten aber noch mehr übersetzen. Nach stundenlangem Warten in der Nacht wurden wir am Morgen mit Frauen, Kindern, Greisen, Kinderwagen und einer Gruppe von verwundeten Soldaten auf die Fähre geschoben.

Unsere Flucht die mit der *Erna* nicht geklappt hatte, nahm für mich einen ganz anderen Verlauf. Es war ein Leidensweg ohnegleichen, der mich bis nach Westpreußen in die Hände der Russen führte und danach zurück nach Ostpreußen, nach Wormditt, wo ich über zwei Jahre zur Zwangsarbeit verpflichtet wurde.

Geglückte Rettung über See

An der Rettung von Flüchtlingen, Verwundeten und Soldaten aus der bedrohten Festung Pillau hatten

Luftwaffenhelfer Gerhard Brandtner.

die Flugsicherungsboote der Kriegsmarine wesentlichen Anteil. Auch der Luftwaffenhelfer Gerhard Brandtner aus Gumbinnen wurde von einem Flugsicherungsboot gerettet. Er hatte zunächst als Luftwaffenhelfer in Königsberg gedient; später war er als Flakkanonier einer 8,8-cm-Batterie in Goldschmiede und im Samland eingesetzt worden. Mit Erfrierungen kam er in Neukuhren ins Lazarett, wurde zwischendurch in Groß-Heydekrug im Erdkampf eingesetzt, und sollte dann wegen seiner noch nicht ausgeheilten Frostschäden nach Westen abgeschoben werden. Doch es kam anders. Sein nächstes Kommando führte ihn nach Pillau. Gerhard Brandtner erinnert sich:

Am 17. April wurde ich zusammen mit einem weiteren Luftwaffenhelfer, DRK-Schwestern und einigen Soldaten nach Pillau geführt, wo wir nach Neutief übergesetzt und in den Kasernen des Seefliegerhorstes untergebracht wurden. Die Kasernengebäude waren z.T. noch erhalten, denn ich war zunächst in einer Stube im Obergeschoß einquartiert, bis uns ein Ari-Treffer in den Keller zwang.

Am Abend des 19. April war ich in den Keller eines Nachbargebäudes gegangen, wo ich die Goebbels-Rede an einem Rundfunkempfänger hören konnte. Nach meiner Rückkehr empfing mich die Nachricht, daß meine Gruppe, der ich zur Einschiffung zugeteilt war, abgerückt sei und eingeschifft werde zum Abtransport. Mein Stimmungstief besserte sich etwas am nächsten Morgen, als die Nachricht sich verbreitete, daß von den drei Schiffen des nächtlichen Transporters eines versenkt, ein zweites beschädigt auf Grund gesetzt und nur das dritte unversehrt entkommen sei.

Am Abend des 20.04. wurde ich dann mit einer anderen Gruppe zum Hafen geführt und nach Pillau übergesetzt. Ich kam in eine Art U-Boot-Bunker, in dem gerade ein kleines deutsches Kriegsschiff festmachte. Hier erwarteten wir auch das Übersetzen. Der Kai in Pillau war menschenleer, mehrere der angrenzenden Häuser beschädigt. Wir wurden von einem kleinen Kommando unter Führung eines Heeresoffiziers empfangen und sofort in die Keller der anliegenden Häuser verteilt. Gleichzeitig wurden wir so eingeteilt, wie wir dann auf die Schiffe stiegen; auch wurde das Tragen der Tragbahren eingeteilt.

Wir sollten uns nicht im Freien sehen lassen. Der Russe

habe auf der anderen Haff-Seite einen Fesselballon stehen, von dem aus der Hafen beobachtet werde. Bei Dunkelheit werde zusätzlich mit Scheinwerfern herübergeleuchtet. Russische Geschütze waren auf den Hafen eingeschossen und belegten ihn hin und wieder mit Störfeuer. Um Mitternacht wurden wir herausgerufen. Drei kleine Schiffe liefen mit gedrosselten Motoren ein und legten an unserem Kai an – wobei die Matrosen die Taue nur lose um die Poller legten und festhielten. In den festgelegten Gruppen liefen wir zu den Schiffen und sprangen an Bord. Und sofort lösten die Matrosen die Taue und sprangen ebenfalls an Bord. Alles war auf größtmögliche Geräuschlosigkeit und Schnelligkeit getrimmt.

Mit Vollgas schossen dann die Flugsicherungsboote wieder aus dem Hafen. Einige Ari-Einschläge begleiteten uns, trafen aber nicht. Ich schätze, daß wir etwa 30 bis 40 Mann auf unserem Schiff waren, alle an Deck.

Die Überfahrt bei etwas rauher See, mehrere wurden seekrank, verlief ungestört. Um 9 Uhr legten wir in Hela an und wurden sofort ausgeladen.

Ebenfalls am 17. April legte der Transportkutter *Ostsee* unter Kapitän Alfred Kohn von Pillau ab. An Bord befanden sich 21 Zivilpersonen, darunter eine Frau; vier Polizeibeamte und zwei französische Kriegsgefangene. »Kutterkäptn« Alfred Kohn hatte alle Namen sorgsam in sein Logbuch eingetragen: Horn, Heyden, Dr. Beutler, Hoffmann, Lukas, Löffler, Schmidt, Wottascheck, Schumacher, Kibbert, Schöttke, Hagen, Steinson, Krause, Schacht, Licht, Lepies, Dr. Bowien und die Polizeibeamten Dreher, Hetzel, Michalek und Kirchstein. Auch sich und seine Frau trug Kohn ein. Ordnung mußte sein.

Über die Fahrt – die längste Reise, die er jemals mit seinem Kutter unternommen hatte – notierte er sorgfältig im Logbuch:

Nach vorangegangenem schweren Beschuß war es möglich, am 17.04. um 2.45 Uhr den für die Absetzung vorgesehenen Kutter zu besteigen. Die Ausfahrt erfolgte bei dauernder Bombardierung durch »Eulen« (Nachtflieger) und Ari durch den von großen Bränden hellerleuchteten Hafen. 3.10 Uhr Molenausfahrt. Wind 2–3, Kurs 310 Grad – 7 Uhr Kursänderung (Horn) auf 140 Grad. Nehrung kommt 10 Uhr in Sicht – Narmeln km 18,5. Landung 11 Uhr, Horn und Hayden gehen an Land. Mit langsamer Fahrt wird vor der Nehrung gekreuzt.

17.10 Uhr fdl. Flieger in Sicht, die die ca. ½ SM entfernten Fischkutter mit Bordwaffen und Bomben angreifen (10 Schlachtflieger) anscheinend wenig Schäden. Volle Fahrt Kurs 310 Grad.

18.30 Uhr Maschine gestoppt, da anscheinend außer Fliegerkurs. Wind 0–1. 21.00 Uhr wird versucht, die Landungsstelle Narmeln zu erreichen.

Bei sichtigem Wetter wird beim Anlaufen weiter landwärts liegender Kutter Grund berührt. Kutter Pallke schleppt ab, geraten trotzdem immer wieder fest auf vorgelagerte Untiefen. Kommen aus eigener Kraft frei! (3 Std.) Übernachtung vor Anker – Wetter SSW 1–2.15

18.4. Wegen dauernder Fliegergefahr wird weit vor der Nehrung gekreuzt. Um 16.30 Uhr erfolgt durch 3 feindliche Jäger ein Tiefangriff auf den Kutter, die aus allen Rohren schießen (viele Einschüsse ohne größeren Schaden. Getroffene Brennstofffässer können gedichtet und umgefüllt werden. Kein Brand, ein Wunder).

19.4. 4.30 Uhr Kurs wieder zur Nehrung, ca. 1 SM zu Land geankert. Wind von W auf NW drehend und zunehmend. Bis 13 Uhr nimmt Wind auf 6–7 NW zu. 13.20 Uhr Kurs 310 Grad bis zum 20.04. 4.00 Uhr morgens auf 270 Grad Kursänderung. Wegen zu hoher See mußte die Schlepptrosse des Beibootes gekappt werden.

Wind NW 8–9. Kutter arbeitet sehr stark in der See, so daß nur mit kleiner Fahrt gegen die See gedampft wird. Gegen 23.00 Uhr flaut der Wind etwas ab, so daß mehr Fahrt gemacht werden kann. Da keine andere Wahl bestand – entweder nach Pillau zurück zu laufen und dem Feind in die Arme, wurde schweren Herzens die Mitnahme der ausgebooteten Horn, Hayden, Dr. Bowien und Kibberts – im Interesse der gesamten Besatzung unterlassen. Der Kurs wurde auf die Insel Bornholm abgesteckt, da der Brennstoffvorrat klein geworden war. Der aufkommende Sturm mußte mit Kopf gegen Wind abgeritten werden.

21.3. 2.14 Uhr kommt auf Kurs 270 Grad Licht in Sicht und 3.30 Uhr die Küste. In der Annahme, Bornholm vor sich zu haben, wurde unter ständigem Loten näher herangegangen und ca. ½ SM vor Land vor einer kleinen Ortschaft um 6.15 Uhr geankert.

Um 8.00 Uhr kam ein Polizeiboot der schwedischen Marine längsseits und fragte nach unserem Aufenthalt. Hierdurch erfuhren wir, daß wir durch starke Versetzung

an Bornholm vorbeigefahren und in der Bucht von Ystad lagen. Nachdem die Franzosen von Bord gegangen waren, wurden wir aufgefordert, das schwedische Hoheitsgebiet zu verlassen und fuhren nach Fakse-Ladeplatz, wo wir gegen ca. 19.00 Uhr einliefen.

Daß der 20. April ein nationaler Feiertag war, an dem nicht gearbeitet wurde, und der vor dem Krieg mit großen Aufmärschen der Parteiorganisationen und der Wehrmacht gefeiert wurde, interessierte am Führergeburtstag des Jahres 1945 in Pillau niemand mehr. Viele hatten das Vertrauen zu jenem Geburtstagskind verloren.

Am 20. April 1945 wurde Kapitän z.S. Hellmuth Strobel als Kommandant der *Seeverteidigung Ostpreußen* nach Pillau beordert. Was dieser fronterfahrene Marineoffizier vorfand und wie er die Lage der *Festung Pillau* beurteilte, hielt er in einem Bericht fest:

Am 20. April 1945 übernahm ich befehlsgemäß die Dienstgeschäfte des Kommandanten der Seeverteidigung Ostpreußens als Dienstsitz Pillau. In den frühen Morgenstunden des 20. April kam ich mit einem R-Boot von Hela bei der Aussteuerungstonne Pillau an. Stadt, Hafen und Seetief lagen unter ständigem Beschuß schwerer russischer Artillerie, so daß es nicht möglich war, mit dem R-Boot in das Seetief einzulaufen. Mit Hilfe eines Schlauchbootes glückte dann die Landung.

Der Gefechtsstand des Seekommandanten lag am Südostende der Nordmole in den Unterständen einer ehemaligen Hafenschutzbatterie. Der ursprüngliche Gefechtsstand in der Zitadelle war infolge Zerstörung durch Artilleriebeschuß und Bombentreffer geräumt worden. Die verbliebenen Unterkünfte der Zitadelle standen dem Festungskommandanten zur Verfügung.

20. April: Stadt und Hafen Pillau wiesen bereits sehr starke Beschädigungen auf, viele Großbrände wüteten. Die Zivilbevölkerung befand sich noch zu geringen Teilen in der Stadt. Immer wieder müssen die Straßen entrümpelt werden, um den wegen des ständigen Beschusses nur im Höchsttempo abzuwickelnden Verkehr der Militärfahrzeuge wieder in Gang zu bringen. Den Verkehr über den Hafen abzuwickeln war nicht möglich. Einmal macht sich ein Mangel an geeigneten Fahrzeugen empfindlich bemerkbar, dann fehlt es an fachkundigem Bootspersonal und Brennstoff. Hinzu kommt noch, daß ein in der Einfahrt zum Haff liegender, abgesoffener größerer Dampfer die feindliche Luftwaffe wie ein Magnet anzieht, die dann außerdem natürlich den sonstigen Verkehr im Hafen ständig bedroht und behämmert.

Feindlage: Der Feind stand zur Zeit meines Dienstantrittes am Tenkittenriegel, nordöstlich der Waldungen von Neuhäuser, mit starken Infanterie- und Panzerkräften stark nach Südwesten auf Pillau Stadt und Hafen drückend. Ständiges schweres Artilleriefeuer bei Tag und Nacht und laufende rollende Luftangriffe bereiteten seine Angriffsabsichten vor. Die Ost- und Südostseite von Stadt und Hafen waren feindfrei, es erfolgte lediglich starker Artilleriebeschuß aus Richtung Balga und Heiligenbeil.

Eigenlage: Der Tenkittenriegel wurde gehalten von Teilen der Infanteriedivision 20 und Infanteriedivision *Großdeutschland*. Brennpunkt des Widerstandes waren die Marinebatterien Adalbertkreuz und Lochstädt. Die Munitionslage war äußerst angespannt. Nach dem Verbrauchsdurchschnitt der letzten Tage reichte bei allen Batterien der Munitionsvorrat noch für vier Tage. Nachschubanforderungen blieben unerfüllt. Äußerst unangenehm machte sich bereits im Laufe des 20. April der Mangel an Flakmunition aller Kaliber bemerkbar, sowie das völlige Fehlen der Jagdluftwaffe. Russische Flugzeuge waren vom Hellwerden bis Dunkelwerden über Stadt und Hafen, riefen unter der im Stadtgebiet sich ansammelnden Truppe hohe Verluste hervor und richteten auch große Zerstörungen im Stadtgebiet an. Bereits an diesem Tage war wohl kein einziges Gebäude in Pillau mehr unbeschädigt. Allein der Leuchtturm hat bis zuletzt allen Angriffen standgehalten.

Im Laufe des 20. April begann ich sofort mit den Vorbereitungen für den Abtransport aller noch im Stadtgebiet befindlichen Zivilpersonen einschließlich der Zivilarbeiter und Angestellten der militärischen Betriebe, soweit sie nicht noch zu Instandsetzungsarbeiten an Fahrzeugen, Waffen und Verteidigungsanlagen unbedingt benötigt wurden. Daneben liefen selbstverständlich die Vorbereitungen zum Abtransprot der in immer größerem Umfange anfallenden Verwundeten. Nach Eintritt der Dunkelheit, als die feindliche Lufttätigkeit abflaute, ging dann der Transport vor sich.

Bei Einbruch der Dunkelheit begann, wie erwartet, der sowjetische Angriff auf den Neuhäuserriegel, der letzten Sperre vor dem Stadtverteidigungsring. Es spielte sich das gleiche ab wie in der vergangenen Nacht. Wieder war die Marinebatterie das Zentrum des Widerstandes.

Im Verlaufe der Nacht gelang es den Russen, die Panzergräben ostwärts der Batterie zu durchstoßen. Die Heerestruppenteile setzten sich weiter nach Süden auf die Stadtriegelstellung ab, die Batterie Neuhäuser wurde umfaßt und von Norden und Süden her angegriffen. Sie hielt sich bis zum Hellwerden.

Wie schwierig die Lage in Pillau am 20. April 1945 war, geht auch aus den Aufzeichnungen von Walter Griebel hervor; damals Oberleutnant der Marineartillerie. Er führte einen Zug der Stabsbatterie im Auffanglager Siebenhügel, das sich zwischen den Verteidigungsringen befand:

Das ganze Lager war mit fremden Soldaten aller Truppengattungen, die aus den Kampfgebieten zurückfluteten und die Nase voll hatten, und mit Flüchtlingen überfüllt. Ein tolles Durcheinander von Frauen, Kindern, Mädchen, Soldaten – und dazu der Alkohol. Das Vieh lief wild umher und wurde geschlachtet. Es war unmöglich, die eigenen Leute im Lager überhaupt zu finden. Die Feuerwehrkompanie, die infanteristisch zur Verteidigung eingesetzt werden sollte, bestand nur aus alten Leuten.

Mit dieser Lage wurde der neue Seekommandant Hellmuth Strobel am 20. April 1945 konfrontiert.

Zuviel stürzte auf ihn ein. Bis in die Nacht führte er Besprechungen, gab Anweisungen und Befehle um die dringendsten Probleme zu lösen, bevor die Russen mit ihrem Angriff begannen.

Die größte Sorge bereitete dem Seekommandanten wie auch dem Leiter der Kriegsmarinedienststelle in Pillau, Kapitänleutnant d.R. Karl-Ernst Krüger, die Evakuierung der ständig anwachsenden Zahl von Verwundeten, der Zivilbevölkerung und der zivilen Hilfskräfte der Wehrmacht; sie würden bei den Kämpfen unweigerlich zu Grunde gehen. Kapitän Krüger hatte in den letzten drei Tagen alles versucht, um Schiffe zu beschaffen. Aber es waren nur immer Schiffe mit einem geringen Fassungsvermögen nach Pillau gekommen. Am Vortag war der Frachter *Möwe* eingelaufen, der seit Monaten unentwegt im Flüchtlingstransport eingesetzt worden war. Obwohl die Molenfeuer bereits gelöscht waren, hatte der Frachter den Weg in den Hafen gefunden. Der feindlichen Artillerie war es nicht gelungen, sich auf das fahrende Schiff einzuschießen. Ein Risiko, in Pillau einzulaufen, war es für den *Möwe*-Kapitän in jedem Fall, denn er konnte sich nicht sicher sein, ob ihn die Sowjets nicht bereits im Hafen erwarteten.

Friedrich Längle diente als Steuermannsgefreiter auf der *Möwe*:

Was wir beim Einlaufen nicht wußten: Der Russe war noch nicht in Pillau, er stand etwa fünf Kilometer vor Pillau bei Neuhäuser. Die Einfahrt in den Pillauer Seekanal war die Hölle. Pausenloser Artilleriebeschuß lag über dem Hafen. Tiefflieger warfen laufend Bomben auf die Stadt, die an vielen Stellen brannte. Trotz allem glückte das Einlaufen und das Anlegen. Um unseren Liegeplatz nicht zu verraten, schossen wir nicht zurück. Ein hinter uns liegender Eisbrecher erhielt Volltreffer und sank. Unser mitgebrachtes Mehl für die Heeresbäckerei legten wir einfach auf die Pier und überließen es seinem Schicksal. Wir hatten uns vorgenommen, spätestens um 3 Uhr morgens den Hafen wieder zu verlassen, um noch bei Dunkelheit die von den Russen bereits besetzte Danziger Bucht zu überqueren.

Die Flüchtlinge, die unser Schiff bedrängten, brauchten wir trotz des anhaltenden Artilleriefeuers nicht zum Einsteigen auffordern oder gar nötigen. Unkontrolliert strömten sie in Massen auf das Schiff oder kletterten über die Reling; sie ahnten wohl, daß nach Pillau keine Schiffe mehr kommen würden und das wir das letzte große Schiff waren. Doch wir waren nicht das einzige Schiff, das Flüchtlinge an Bord nahm. Im Hafen lagen noch viele, allerdings sehr kleine Fahrzeuge, auch sie wurden randvoll mit Flüchtlingen vollgepackt. Als unser Schiff voll war und nicht mal eine Maus noch einen Platz gefunden hätte, legten wir mit der *Möwe* ab.

Das war am 19. April geschehen. Am 20. April wartete Kapitän Krüger vergeblich auf weitere Schiffe. Der Chef der KMD in Pillau mußte die Hoffnung aufgeben.

Der Anfang vom Ende der Festung Pillau

Noch in der Nacht zum 21. April erhielt Seekommandant Kapitän Strobel während einer Besprechung die Meldung: »Die Russen greifen an«!. Daß Pillau nicht zu halten war, darüber war sich Kapitän Strobel ebenso im klaren wie Festungskommandant Kapitän Möller, der im Januar ja schon Festungskommandant von Memel gewesen war. Dort hatte es aber noch bessere Voraussetzungen für die Verteidigung der Festung und den Abtransport der Besatzung gegeben. In Pillau stellte sich die Frage: Wie lange würde sich die Stadt halten können; wie groß waren die Chancen für eine längere Verteidigung?

In jedem Fall hatten die Angreifer einige Hindernisse zu überwinden, bevor sie in das innere Stadtgebiet vordringen konnten. Die schmale Pillauer Landzunge lag – natürlich geschützt, da an drei Seiten von Wasser umgeben – zwischen Frischem Haff, Fischhausener Wiek und Ostsee. Die von Norden nahenden Sowjets würden erst einmal den Tenkittenriegel überwinden müssen. Hier waren die Marine-Flakbatterien *Adalbertkreuz* und *Lochstädt* in Stellung gegangen, die harten Widerstand leisten würden. Der nächste, innere Sperrgürtel lag südlich bei Neuhäuser. Auch die dortige Flakbatterie würde einen Angriff aufhalten können. Wie lange aber diese Stellungen zu halten waren, vermochte weder

der Seekommandant noch der Festungskommandant zu beurteilen. Sie konnten nur hoffen, daß ein Angriff zusammenbrach.

Noch während die beiden Marineoffiziere diese Überlegungen anstellten, brach der Sturm los. Die russische Artillerie trommelte, um Pillau sturmreif zu schießen. Zwischen den Granateinschlägen dröhnten Flugzeugmotoren, Bomben detonierten.

Nach einem minutenlangen Feuerwerk trat Stille ein. Dann kamen die Wellen der roten Infanterie und der Panzer – ein Heer von Angreifern, das die die Festung in wenigen Stunden überspülen wollte.

Den Sowjetpanzern gelang es bereits beim ersten Vorstoß, den Tenkittenriegel zu durchbrechen. Danach schwenkten sie auf die Marinebatterien *Lochstädt* und *Adalbertkreuz*. Obwohl die Stärken dieser Batterien in der Lurftabwehr lagen und sie nur begrenzt über Munition verfügten, schlugen sie blutige Breschen in die Wellen der Panzer und der Infanterie. Die Übermacht der Angreifer zwang die deutsche Infanterie jedoch, sich nach rückwärts abzusetzen. Dadurch konnten die Sowjets beide Batterien einschließen. Diese gingen zur Rundumverteidigung über.

Gegen 3 Uhr morgens hatte sich die Batterie *Lochstädt* »verschossen«. Nach der letzten Granate sprengte die stark dezimierte Besatzung die Geschütze. Unter Führung ihres schwerverwundeten Batteriechefs schlugen sich die Männer zur Ordensburg Lochstädt durch. Dort verschanzten sie sich. Über Funk baten sie um Entsatz. Die Heereseinheiten meldeten sich nicht mehr. Der Funkspruch erreichte jedoch den Seekommandanten: Kapitän Strobel ergriff unverzüglich die Initiative und bat die Landungspioniere des Generals Henke um Unterstützung. Ein Stroßtrupp sollte versuchen, mit Sturmbooten vor Lochstädt anzulanden und die eingeschlossene Batterie herauszuhauen. Doch als die Sturmboote auf den Lochstädter Strand glitten, stand die Burg bereits in hellen Flammen. Auf die vereinbarten Signale erhielten die Retter keine Antwort mehr. Als sowjetisches MG-Feuer einsetzte, mußten sich die Sturmboote zurückziehen.

In der Zwischenzeit schwiegen auch die Rohre der Batterie *Adalbertkreuz*. Nach Verschuß der letzten Granate wehrte sich die Besatzung mit Karabinern, Maschinenpistolen und Spaten buchstäblich bis zum letzten Mann. Alle fielen.

Mit dem Ende der beiden Flakbatterien *Lochstädt* und *Adalbertkreuz* war der Tenkittenriegel durchbrochen. Das war der Anfang vom Ende.

Die Festung gibt nicht auf

Der erste Angriff schien trotz des Verlustes des Tenkittenriegels zunächst abgeblockt. Die sowjetischen Verbände gaben sich offensichtlich mit dem bisher erreichten Geländegewinn zufrieden. Darüberhinaus hatten ihnen die deutschen Flakbatterien und die Landser größere Verluste als erwartet zugefügt. Ihre Absicht, Pillau im ersten Ansturm zu nehmen, hatten die sowjetischen Kräfte nicht verwirklichen können. Am Sonntag, dem 22. April, hielt das Artilleriefeuer auf Pillau an, aber das gehörte ja schon zur Tagesordnung und überraschte niemand. Auch an die Bomber hatte man sich schon gewöhnt. Viel zu zerstören gab es ja ohnehin nicht mehr.

Größer war die Angst, nicht mehr herauszukommen. Bald würde der nächste große Angriff der Russen folgen, und dann würde es zu spät sein. So dachten jetzt auch die Parteifunktionäre. Der Vertreter des Reichsverteidigungskommissars, Dr. Dzubba, hatte sich schon tags zuvor mit seinen »Getreuen« aus dem Lotsenturm nach Neutief abgesetzt. Auch Stabsleiter Müller hatte »seine Tätigkeit eingestellt« – zuvor aber seinen Zivilbeamten eingeschärft, bis auf weitere Befehle in Pillau zu verbleiben. Müller selbst hatte sich auf die Nehrung übersetzen lassen.

Im Rathaus packte am frühen Sonntagmorgen Stadtbürodirektor Kaftan seine sieben Sachen. Er konnte es nicht unterlassen, die wichtigsten Akten mitzunehmen, darunter das Personenregister und die Aufstellung einer Suchkartei. Dies sollte sich später als sehr wichtig erweisen.

Auch die Pillauer Stadtpolizisten zogen ab. Die Kolonne marschierte zum Seetief, unterwegs immer wieder vor Granateinschlägen Deckung nehmend. An den Marinefährprähmen warteten viele hundert Soldaten. Direktor Kaftan wurde von dem Menschenknäuel fast auf die Fähre geschoben, gehen war unmöglich. Nach etwa zehn Minuten Fahrt wurden die Passagiere beim Seefliegerhorst Neutief auf der Nehrung wieder an Land gesetzt. Über den Knüppeldamm der Nehrung zog die Kolonne weiter nach Westen.

Aber noch hielten sich Zivilisten in Pillau auf. Am Montag, dem 23. April, versah Betriebsdirektor Kewitz mit sechs Angestellten immer noch seinen Dienst im Wasserwerk. Der größte Teil der Belegschaft war am Vortage abgezogen, nachdem Kreisleiter Grau einen Marschbefehl ausgestellt hatte. Doch für Kewitz und den Rest seiner Belegschaft war bisher noch kein Marschbefehl eingetroffen. Kewitz verlor die Geduld. Er machte sich auf den Weg zu Grau im Bunker der Zitadelle, um ebenfalls einen Marschbefehl zu erwirken. Seelenruhig teilte ihm der Kreisleiter mit, er bekäme rechtzeitig Bescheid. Der Kreisleiter selbst machte sich kurz nach dem Besuch von Kewitz auf den Weg. Am nächsten Tag trafen Bomben das Wasserwerk. Wenig später begannen Pioniere, die Hafenanlagen zu sprengen. Jetzt machte sich Kewitz mit seinen Leuten auch ohne Marschbefehl zum Hafen auf. Sie erwischten noch den Schlepper *Adler* und retteten sich im letzten Augenblick.

Pillaus letzte Stunden

Die letzten 72 Stunden der Seestadt Pillau begannen am 23. April abzulaufen. Seekommandant Kapitän Strobel hielt die Ereignisse am 23. und 24. April 1945 fest:

Mit dem Fall der Batterie Neuhäuser beginnt die Endphase des Kampfes um die Seestadt Pillau. Die Munition der deutschen Truppen wird immer knapper, die Menschenverluste werden immer größer. Das Zurückfluten der deutschen Einheiten wird immer ungeordneter. Stadt und Hafen liegen pausenlos unter Beschuß. Der Gegner hat Artillerie und Granatwerfer in unmittelbarer Nähe der Stadt in Stellung gebracht. Die Stalinorgeln vollführen unentwegt ihr übles Konzert. In der Luft ist der Teufel los. In

niedrigster Höhe fliegen die Schlachtflieger den ganzen Tag über dem Stadtgelände. Die noch vorhandenen Gebäude und Gebäudereste sinken in Trümmer. Die Kasematten der Zitadelle stürzen eine nach der anderen ein. Bald ist die Zitadelle ein einziges umgepflügtes Trümmerfeld. Mein Gefechtsstand erhält mehrere schwere Treffer und stürzt zum größten Teil zusammen. Aber noch wird die Stadt gehalten. Die Batterie auf der Nordmole jagt Schuß um Schuß aus den Rohren, auf den längst des Strandes mit Panzern und Infanterie vorrückenden Feind.

Gegen Abend steht der Feind in der Plantage, stößt aber dort noch auf Marineeinheiten. Bei Einbruch der Dunkelheit wird mit der Sprengung militärisch wichtiger Anlagen begonnen. Die Molen des Vorhafens, des Hinterhafens und des Fischereihafens gehen hoch. Die Nordmole wird von Pionieren zur Sprengung vorbereitet. Mit allen nicht mehr fahrbereiten Fahrzeugen, mit Kränen und Ladevorrichtungen werden die Einfahrten durch Versenkung blockiert. Das Seetief und der Eingang des Königsberger Seekanals werden durch Minen verseucht. Unter dem ständigen Beschuß ist die Durchführung dieser Arbeiten sehr schwierig und verlustreich. Fernzündungen können nicht mehr durchgeführt werden, weil die Kabel zerstört sind. Sprengstelle um Sprengstelle muß einzeln gezündet werden. Immer wieder stören zurückflutende und die Feindangriffe abwehrende Truppen die Sprengarbeiten. Aber es wird geschafft. Nur einzelne vorher festgelegte Anlegestellen bleiben vor der Vernichtung verschont. Von ihnen geht in laufendem Pendelverkehr der Abtransport vor sich.

Gegen 19 Uhr verläßt der Festungskommandant die Stadt und verlegt seinen Gefechtsstand nach Neutief. Seiner Aufforderung, sich ihm anzuschließen, folge ich nicht, denn noch kämpfen im Stadtgebiet Marinesoldaten von mir, noch halten die Marinebatterien Nordmole und Camstigall dem Druck des Gegners stand. Aber stetig schiebt sich der Gegner an das Stadtzentrum heran. Den Stadtteil Camstigall umgehend und gleichzeitig von der Westseite der Stadt, vom Strande her, schieben sich Feindpanzer heran. Die Batterie Camstigall meldet mir durch Funkspruch, daß die Munition verschossen ist und die Geschütze zerstört sind. Daß die Batterie Nordmole in schwerem Abwehrkampf steht, erlebe ich selbst aus nächster Nähe.

In der Stadt und Hafen, die ich selbst noch aufsuche,

um mich von dem Erfolg der Sprengungen zu überzeugen, wird bereits im Nahkampf gegen feindliche Infanterie gekämpft. Von einem geordneten Widerstand kann keine Rede mehr sein. Der Kampf aller gegen alle hat begonnen. Auch die am späten Abend zusätzlich – meiner Auffassung nach völlig überflüssig – herübergebrachte 21. Infanteriedivision unter Führung des Schwerterträgers Generalmajor Wengler kann das Schicksal Pillaus nicht mehr wenden. Er selbst hält die Lage für hoffnungslos und bezeichnet den Einsatz seiner Division als sinnlos und bewußten Mord. Inmitten seiner Soldaten findet er den Heldentod.

Bei Beginn der Dunkelheit hatte ich alle verfügbaren Marinefährprähme zum Abtransport der Truppen eingesetzt. Unentwegt wurden Truppen übernommen. Fährprähme, die bereits mit 800 Menschen überladen waren, wurden mit 1200 Menschen bepackt. In großartiger Leistung, sowohl einsatzmäßig als auch in seemännischer Hinsicht, haben diese Fahrzeuge in dieser Nacht 19 200 Soldaten abtransportiert. 7000 Soldaten davon, die zum größten Teil verwundet waren, wurden gleich nach Hela gebracht, der Rest wurde mit Waffen und Gerät, allerdings ohne Fahrzeuge und Gespanne, nach Neutief übergesetzt. Die Menschenmassen im Hafengebiet waren unübersehbar. An den Anlegestellen herrscht eine unbeschreibliche Panik. Nur unter Anwendung von Waffengewalt von Seiten der Besatzungen, ist die Einschiffung durchführbar. Viele, die auf den Prähmen keinen Platz mehr fanden, sprangen ins Wasser und versuchten, schwimmend das andere Ufer zu erreichen. In dieses Wirrwarr schoß der Feind mit allen Kalibern. Nachtschlachtflugzeuge belegten die Stadt und die Hafengegend ständig mit Bomben schweren Kalibers. Es war taghell, die Stadt war ein einziges loderndes Flammenmeer.

Als alle Prähme beladen waren und abgelegt hatten, boxte ich mich mit meinem Adjutanten zur Nordmole zurück, in der Absicht, mich zur Molenbatterie zu begeben. Aber es war zu spät. Der Feind hatte die Batterie bereits überrannt, drückte auf der Nordmole nach Südwesten vor und wurde nur noch von einem Rest der Besatzung der Molenbatterie mit Handfeuerwaffen abgestoppt. Bei dem auf der Nordmole angreifendem Feind handelte es sich nach meinen eigenen Beobachtungen um Seydlitz-Soldaten. Der Kampf mit ihnen wurde dementsprechend erbittert geführt. Als der Gegner gegen 4 Uhr in Höhe meines einstigen Gefechtsstandes einerseits und im Hafengelände bei der Ilzke-Falle andererseits angekommen war, erachtete ich meine Aufgabe in Pillau als beendet. Ich schiffte mich mit meinem Stabe auf einem Schiffskutter ein und passierte auslaufend die Molenköpfe zum letzten Male, die mir, als ehemaligem Kommandanten des Kreuzers *Köln*, eine vertraute Ansteuerung waren. Der Schlachtenlärm flaute ab und verlor sich in der Ferne. Die Feuersbrunst der Stadt beleuchtete weithin den Nachthimmel.

Am 24. April um 23.00 Uhr erhielt auch Korvettenkapitän Dr. Arnold Schön, Kommandant der Stabskompanie, den Befehl, die Zitadelle zu räumen und Pillau zu verlassen. Er berichtet:

Als die Front nun immer näher rückte und es sich zeigte, daß Pillau nicht zu halten war, setzte sich der Rest des Stabes der Kriegsmarine nach Neutief ab. Ich erhielt den Befehl, am 24.4. um 23.00 Uhr die Zitadelle zu verlassen und mit dem Rest meiner Kompanie, 80 Mann, nach dem Hinterhafen zu marschieren, wo uns vor der Marineausrüstungsstelle ein Schiff abholen sollte. Wir warteten von Stunde zu Stunde, aber es meldete sich niemand und es kam kein Schiff. So wurde es 3.00 Uhr! Das Artilleriefeuer auf das hinter uns liegende Bahngelände nahm allmählich zu und die Russen waren von Camstigall her in das Gelände des Hinterhafens eingedrungen, die Häuser auf dem Russendamm brannten lichterloh, die Werft von Sakuth, das Hafenbauamt – alles ein Flammenmeer, das die ganze Gegend erleuchtete. Es wurde 4.00 Uhr und kein Schiff kam – trotz wiederholter Zusage! Vom Russendamm her und über den Hinterhafen hinweg wurden wir bereits mit MG beschossen. Das Artilleriefeuer auf Bahnhofsanlagen und die Holzwiese nahm weiter zu. Da entschloß ich mich, mich mit meiner Kompanie zum Vorhafen durchzuschlagen, in der Hoffnung, daß dort noch ein Schiff lag. Einzeln oder in kleinen Trupps, nach jedem Einschlag weiterspringend, gelangten wir wie durch ein Wunder ohne Verluste über die Holzwiese und Hindenburgbrücke an dem gerade in hellen Flammen stehendem Haus des Konsuls Jansen vorbei, über den Schutt der Häuser in der Königsberger Straße (Sparkasse, Strahlendorf) und am Markt (Wendes Haus) durch die Lizentstraße; dort hatte jedes Gebäude vom *Deutschen Haus* bis zum Kurfürstlichen Hof Bombentreffer

bekommen; und dann durch die Lotsenstraße über die Trümmer des *Goldenen Anker* bis zum 1. Stock hinweg (nur die Vorderfront stand noch) zur Ecke am Vorhafen. Hier konnten wir gerade noch im letzten Augenblick den letzten Marinefährprahm und damit das letzte Fahrzeug, das aus Pillau ablegte, besteigen. Wenige Minuten darauf, um 4.30 Uhr am Morgen des 25. April, legten wir ab. Die Fliegertätigkeit hatte zugenommen, der Hinterhafen wurde bereits stark mit Bomben belegt, ebenso die Stadt, und dann fuhren wir am brennenden Kurfürstenbollwerk von der Post bis zu den Lotsenhäusern am Seetief entlang langsam aus dem Hafen. Kurz vorher hatte ich noch von der Ecke am *Goldenen Anker* aus einen letzten Blick auf unser Haus geworfen, das ja ebenfalls Bombentreffer erhalten hatte – öde Fensterhöhlen starrten mich an, durch die man den Feuerschein der einschlagenden Granaten und Bomben sah. Von See aus sahen wir dann, wie in der Morgendämmerung die Fliegertätigkeit weiter zunahm und die ganze Stadt wie eine brennende Fackel zum Himmel lohte. Ein schaurig-schöner, unvergeßlicher Abschied von 20jähriger Aufbauarbeit, von der Stätte reichster Erinnerung, die uns zur zweiten Heimat geworden war, von dem für immer verlorenen Ort bester Kameradschaft.

Die Festung Pillau lag zu diesem Zeitpunkt zwar in der Agonie, aber sie war noch nicht tot. Noch immer warteten am 24. und am Morgen des 25. April Menschen auf die Rettung.

Zu den Rettern dieser »Letzten von Pillau« gehörte Oberleutnant z.S. Siegfried Perband, der als Führer von 15 Landungsbooten bereits bei der Räumung von Kolberg mitgewirkt hatte. Jetzt war er mit seinen 15 Booten zur »Rettungsaktion Pillau« angetreten. Siegfried Perband:

Ich habe viele Kommandos bei den *Landefahrzeugen* gehabt und galt wohl in der Marine als Experte für Lande- und Absetzbewegungen. So war ich bis zum Fall und der Räumung von Kolberg dort eingesetzt. Anschließend erfolgte meine Kommandierung nach Hela. Hier unterstanden mir 15 Landungsboote. Wir waren mit Nachschubaufgaben betraut. Außerdem transportierten wir Verwundete und Flüchtlinge aus dem Frontgebiet nach Hela; bzw. übergaben sie an auf Reede liegende größere oder Lazarettschiffe.

Wir hatten Munition nach Pillau gebracht. Sie wurde in

einem Hafenbecken von russischen Kriegsgefangenen entladen, d.h. über Bord in das Hafenbecken geworfen, weil das Kaliber nicht mehr vorhanden war. Anschließend verholten wir in den Vorderhafen und hatten ganz in der Nähe des früheren Kurfürsten-Denkmals festgemacht. Es gab keine Flüchtlinge mehr. Wir übernahmen Resteinheiten und versprengte Soldaten. Die russischen Einheiten standen bereits einige Straßen weiter, am Marktplatz von Pillau. Ich erinnere mich noch genau; an den Bäumen in den Hafenanlagen waren Menschen aufgehängt. Sie trugen Schilder auf denen stand: »Ich bin ein Deserteur!« oder »Ich habe geplündert!«, usw.. Es war ein grausamer Anblick. Ich beobachtete einen älteren Soldaten, der nicht an Bord kam. Ich sprach ihn an und erklärte ihm, daß wir das letzte Schiff sind, nach uns kommt keiner mehr. Wenn er mit will, möge er sich an Bord begeben. Er antwortete: »Vater von sechs Kindern, von meiner Einheit bin ich versprengt. Lieber gehe ich in russische Gefangenschaft, in der Hoffnung, eines Tages meine Familie wiederzusehen, als mich als Deserteur an einem Baum aufhängen zu lassen«.

An Bord war bereits ein Leutnant mit seiner Resteinheit. Ich fragte ihn, wie stark seine Einheit noch sei. Er gab mir zur Antwort: »Genau elf Mann!« Ich erklärte ihm, daß ich Nachschub für ihn hätte. Der noch an Land stehende Landser wurde an Bord gerufen und in meinem Beisein erfolgte die Eintragung der Zukommandierung in sein Soldbuch. Er war glücklich und bedankte sich bei mir.

Es war höchste Zeit zum Ablegen, denn ich wollte nicht durch Beschuß im Pillauer-Hafen absaufen. Wir liefen durch den Seekanal nach Hela zurück. Ich stand auf der Brücke und betrachtete noch einmal Pillau. Der Lotsenturm stand, ebenfalls die Lotsenhäuser, auch der goldene Anker war noch vorhanden. Ansonsten brannte Pillau. Aus dem Dach meiner alten Schule schlugen Flammen. Diesen traurigen Anblick werde ich nie vergessen.

Es war einmal!!!.....Es fiel mir sehr schwer, von Pillau Abschied zu nehmen.

Gustav Höhn kämpfte als Festungssoldat in Pillau. Seine Flakeinheit hatte Ende März bei der Verteidigung des Dohnasberges in Gotenhafen gute Dienste geleistet und sich noch rechtzeitig nach Hela retten können. Am 23. April verlegte sie mit Prähmen nach Pillau. Gustav Höhn erinnert sich:

Nun war es soweit. Ich wurde wieder einmal in eine Festung kommandiert, die gehalten werden sollte.

Was mich allerdings in Pillau erwartete, hatte ich nicht für möglich gehalten. Der Feind war hier dermaßen stark, daß unsere Division, die 183., in der Nacht vom 23. zum 24. April in einen fast aussichtslosen Kampf geworfen wurde.

Zunächst erhielt ich mit meinem Funktrupp einen starken Betonbunker zugewiesen, in dem sich auch der Regimentsgefechtsstand mit seinem Stab eingerichtet hatte. Es war gegen sieben Uhr. Die dicken Betonwände verschafften uns das Gefühl von Sicherheit. Drei Stunden später, ich hatte gerade einen Ausflug nach draußen gemacht, geschah das Unmögliche. Ich befand mich im Bunkereingang, als eine sowjetische Bombe unseren Bunker voll traf. Die starke Betondecke hielt dem Druck nicht stand. Ich sah plötzlich ein riesiges Loch über uns, aus dem unheimliche Mengen Betonmaterial und Zementstaub nach unten polterten. Große Mengen von Staub erfüllten den Raum und behinderten die Sicht. Ein riesiger, bis zur Decke reichender Schutthaufen wurde nach einigen Minuten sichtbar. An der gleichen Stelle saßen sechs Kameraden vom Stab nebeneinander. Sie waren alle tot. Einer meiner Funker war schwer verletzt. Die anderen beiden hatten Glück. Ich auch. Wir mußten unseren Bunker räumen und kamen dann in eine tiefe Erdröhre, die in eine Böschung getrieben worden war. Den Rest des Tages und auch in der folgenden Nacht hatten wir regen Funkverkehr. An Schlaf war nicht zu denken. Nachts um Eins kam das Mittagessen, eine Blaubeersuppe. Sie schmeckte herrlich.

Am Morgen des 25. April wurde der Druck des Feindes immer stärker. Von allen Fronten wurden Einbrüche gemeldet. Etwa gegen 10 Uhr war es dann soweit. Wir mußten mal wieder flüchten. Der gesamte Regimentsstab, unter der Führung von Oberst Hesse, setzte sich nach Süden ab. Der Weg führte uns im Gänsemarsch in Richtung Güterbahnhof. Gesprochen wurde nicht. Überall lagen Gefallene umher. Ich hatte schon seit Monaten keinen Stahlhelm mehr. Meine Kameraden auch nicht. Wir hatten schon genug an wichtigeren Dingen zu schleppen. Nun aber hatte ich doch das Bedürfnis, mal wieder einen Stahlhelm zu tragen. Schnell hatte ich einen passenden gefunden. Ich glaube, er hat mich schon bald darauf vor dem Schlimmsten bewahrt.

Plötzlich bekamen wir Gewehrfeuer von vorn. Wir drehten nach rechts ab und gelangten schließlich unmittelbar an die Ostsee. Zwischen dem Deich und einem Haus gab es eine kurze Pause. Während Kommandeur und Adjutant auf der anderen Seite des Deiches Ausschau nach geeigneten Unterständen für den neuen Gefechtsstand hielten, gingen wir in Deckung. Diese bestand aus einem kleinen Splitterschutzgraben und einer flachen Erdmulde. Wir Funker kamen zuletzt dort an und mußten deshalb die schlechtesten Plätze einnehmen. Plötzlich ertönte von der anderen Seite der Ruf: »Alles rüberkommen! Wir haben einen Unterstand gefunden!« Alles, was nur wenig zu tragen hatte, rannte sofort los. Wir drei Funker aber mußten erst unsere Geräte und das eigene Gepäck aufnehmen und kamen dadurch erst etwas später fort. Als wir gerade loswetzen wollten, ertönte von drüben der Ruf: »Bleibt da, der Unterstand ist bereits besetzt!« Ein Glück für uns, daß wir noch nicht gestartet waren. Diesmal belegten wir die sichersten Plätze. Einer von uns sprang in den Graben, während mein Kamerad Adolf Tietke und ich uns dorthin legten, wo die Mulde am tiefsten war.

Wir legten uns ganz dicht aneinander und stellten an einer Seite den Sender und an der anderen den Empfänger auf. Weitere elf Kameraden legten sich im Kreis um uns herum.

Weil wir die ganze Nacht keine Ruhe gefunden hatten, schliefen wir sofort ein. Ein Glück, kann ich im Nachhinein nur sagen; denn nur kurze Zeit später bekam das Haus neben uns einen Bombenvolltreffer. Ein riesiger Berg von Trümmern senkte sich auf uns herab. Da ich schlief, habe ich davon nichts bemerkt.

Erst nach ein paar Stunden erwachte ich plötzlich, schaute in die blendende Sonne und versuchte mich zu befreien. Es gelang mir nicht, aber ich hörte jemanden sagen: »Da bewegt sich ja noch einer!« Es waren Leute vom Stab, die sich um die Erkennungsmarken der Gefallenen kümmern sollten.

Sie retteten mich und sagten, die anderen zwölf Kameraden aus der Mulde seien alle tot. Auch mein lieber Adolf Tietke war dabei. Sie trugen mich über den Deich und brachten mich in einen kleinen Unterstand. Überall lagen Verwundete und schrien nach dem Sanitäter. Ich lag auf einem kleinen Tisch, so groß wie ein Nähmaschinentisch.

Plötzlich ertönte von draußen der Ruf: »Alle raus! Der Russe kommt!« Alles rannte davon. Ich war allein. Ich konnte nicht vom Fleck, da mein 11. und 12. Brustwirbel angeknackst waren. Ich schlief stattdessen sofort wieder ein. Als ich aufwachte, war es dunkel. Ich bat einen deutschen Landser, sich um mich zu kümmern. Obwohl er mich nicht kannte, holte er sich noch einen zweiten Kameraden hinzu, um mich dann mühsam am Strand entlang in Richtung Hafen zu schleppen.

Sie brachten mich schließlich auf ein kleines Motorboot, auf dem etwa 25 Mann, alles Verwundete, Platz fanden. Zwei Matrosen steuerten das Boot dann in Richtung Frische Nehrung. Mühsam kämpfte sich das Boot durch die auf- und abwogenden Wellen der Ostsee. Ringsum nur Wasser und Dunkelheit. Der Hafen von Pillau brannte lichterloh, denn der Feind hatte längst bemerkt, daß die Deutschen in dieser Nacht die Stadt aufgaben. Ganze Rudel von Bombenflugzeugen warfen ihre todbringende Last dorthin, wo die Truppen verladen wurden. Damit aber nicht genug. Die Russen unternahmen gleichzeitig einen Landungsversuch auf der Nehrung.

Kein Wunder also, daß wir auf einmal mitten zwischen den russischen Schiffen daher schaukelten. Gottlob, daß der Feind uns nicht bemerkte. Dafür aber wurden wir plötzlich von der deutschen Artillerie beschossen. Der russische Angriffsplan war erkannt worden. Kurzum, ohne Schaden kamen wir nicht davon. Unser kleines Boot bekam einen Treffer ab. Im Heck entstand ein Loch. Drei der Verwundeten starben. Die Matrosen versuchten vergebens, das Wasser abzupumpen. Resignierend erklärte dann der eine: »Wir können uns nur noch zwei Minuten halten!« Ich gebe zu, in diesem Augenblick habe ich meinen Kameraden Adolf Tietke beneidet, der am Morgen schlafend von mir gegangen war.

Als allerletzte Rettungsmöglichkeit schoß einer der beiden Seeleute eine rote Leuchtkugel in den dunklen Nachthimmel. Mindestens 20 angsterfüllte Augenpaare verfolgen den Weg der Patrone, bis sie in den dunklen Wogen der Ostsee versank.

Trotz der aussichtslosen Lage hofften wir immer noch auf ein Wunder. Und siehe da, es wurde Wirklichkeit. Plötzlich, niemand wußte woher, tauchte an unserer Seite ein weiteres Boot auf. Es war auch schon halbvoll mit Verwundeten, aber wir schafften es, mit eigener Kraft über die schwankenden Planken hinüber zu klettern. Nachdem der Letzte sich in Sicherheit gebracht hatte, sank das beschädigte Boot vor unseren Augen. Wir waren gerettet.

Der Untergang

Nachdem Marinefährprähme, Landungsboote, Sturmboote und Kutter noch einmal 19 200 Soldaten zur anderen Seite übergesetzt und 7000 Verwundete nach Hela gebracht hatten, waren am 25. April die Möglichkeiten erschöpft. Nur mit Waffengewalt hatte man die Einschiffung durchführen können. Die Panik, die die Menschen an den Anlegestellen erfaßt hatte, war unbeschreiblich. Viele sprangen ins Wasser, um schwimmend die Nehrung zu erreichen. Und viele ertranken.

In den Straßen tobte der Häuserkampf, Matrosen und Infanteristen fielen Seite an Seite. Russische Panzer schossen, ohne Rücksicht auf die eigenen Soldaten zu nehmen, in die Nahkämpfer. Seekommandant Kapitän Strobel hatte sich zur letzten Verteidigungsanlage, der Marinebatterie Kaddig und der Marinebatterie Mövenhaken, auf die Nehrung begeben. In seinem Gefechtsbericht »Pillau« vermerkte er über die Ereignisse am 25. April 1945:

Mit dem Hellwerden begann der Kampf um Pillau-Neutief. Ein mehrstündiges starkes Trommelfeuer und intensives Luftbombardement bildeten den Auftakt. Dann erfolgte der Angriff der Sowjets über das Seetief mit gleichzeitiger Landung auf dem Flugplatz Neutief vom Haff her, mit Sturmbooten. Den ganzen Tag über tobt der Kampf. Wann Neutief überwältigt worden ist, entzieht sich meiner Kenntnis. Jedenfalls hielt bis nach diesem Zeitpunkt die Marinebatterie Mövenhaken noch stand. Etwa gegen 15.30 Uhr erreichte mich noch folgender Funkspruch der Batterie: »An Seekommandant. Munition verschossen, Geschütze gesprengt, Geheimsachen vernichtet, melde mich ab. Heil unserem Führer!« Im Laufe des Nachmittags schoben sich die ersten Feindpanzer an die Batterie Kaddig heran und wurden unter Feuer genommen. Über das Seetief hat der Russe eine Pontonbrücke geschlagen und setzt im Laufe des Tages eine ganze Panzerarmee über. Aber solange die Batterie Kaddig über Munition verfügt, hält diese Batterie den russischen Vormarsch auf. Gegen 22 Uhr ist von den vier Geschützen nur noch eines klar und gefechtsbereit. Um 24 Uhr erfolgt ein starker Frontalangriff unter gleichzeitiger Landung russischer Pak und Infanterie mit etwa 50 Schnellbooten von See und einer gleichzeitigen Landung

mit Sturmbooten von der Haffseite her. Die Batterie wird von allen Seiten umstellt und schließlich im Nahkampf Mann gegen Mann durch erdrückende Übermacht überwunden. Nur wenigen glückt es, wie mir, der Gefangennahme zu entgehen und sich weiter nach Westen in Richtung Kahlberg durchzukämpfen. Der Kampf um Pillau ist beendet. Pillau selbst ist nur noch ein rauchender Trümmerhaufen. Noch tagelang stehen dichte Rauchwolken über der einstigen Marinegarnison.

Aus der Festung ausgebrochen

Für Oberstleutnant Baron Ulrich von Behr war zu dieser Stunde der Kampf um Pillau noch nicht vorbei. Er schildert den Ausbruch mit seinen Grenadieren vom G.R. 24:

Bis 43 war ich Angehöriger der 1. I.D., ab Dezember 43 Angehöriger der 61. I.D. und ab der Räumung des Kessels von Heiligenbeil Angehöriger des noch einmal für den Endkampf in Ostpreußen wiederaufgestellten Grenadierregiments 24 gewesen. Dieses Regiment wurde mit Masse aus geretteten Teilen der 61. I.D. aufgestellt, soweit Stäbe und kleinere Einheiten nicht in die Festung Königsberg verlegt wurden und dort in Gefangenschaft gerieten.

Aufstellungsort des Grenadierregiments 24 war Groß-Blumenau im Samland. Das Regiment wurde nach dem Fall von Königsberg in einer Riegelstellung am Flugplatz Bärwalde eingesetzt und kämpfte sich unter schwersten Verlusten über Fischhausen bis Pillau zurück. Pillau wurde am 21.04.1945 erreicht und dort bezog das Regiment Stellungen im Stadtteil Castigall. Unter starkem Feinddruck setzte sich das Regiment langsam auf das Hafengelände ab. Nach dem Eindringen russischer Verbände wurde die zusammenhängende Verteidigungsstellung um und in Pillau mehrfach aufgebrochen. Es entstanden voneinander unabhängige Kampfgruppen verschiedenster Truppenteile. Pillau wurde offiziell am 25.04.1945 in den späten Abendstunden geräumt.

Auf Befehl AOK-Ostpreußen wurden aus unserem Regiment die Stäbe und alle verheirateten Soldaten zum Abtransport befohlen. Ca. 120 Mann mit einigen Offizieren, darunter auch ich, erhielten den Befehl, in Pillau zu bleiben und nach Möglichkeit den Abtransport der in der

Zitadelle noch liegenden Verwundeten (über 800) samt Pflegepersonal zu decken und sicherzustellen. Zu diesem Zweck und in Erfüllung dieses Auftrages wurden die verfügbaren Kräfte in zwei Kampfgruppen aufgeteilt, die eine unter Befehl eines Oberleutnant Winter, die zweite unter meinem Kommando.

Die abtransportierten Teile des Regiments hatten uns alle Munitions-, Verpflegungs- und Sanitätsmaterialbestände sowie einen Teil ihrer Handfeuerwaffen und alle Panzerfäuste übergeben, so daß zumindest für die Erfüllung des Auftrages die materiellen Voraussetzungen gegeben waren.

Außer uns befanden sich noch einige Panzer der 5. P.D. und ein Sturmgeschütz am Hafen; sie sollten uns unterstützen. Es wurden alle verfügbaren Teile zur Sicherung der Anlegestellen direkt am Seetief eingesetzt, da zur Verteidigung der Hafenbecken die Kräfte nicht ausreichten.

Alle Feindangriffe im Verlauf des 26.4. konnten abgewehrt werden, in der Nacht vom 26. auf den 27. kamen mehrere Fähren und Siebelfähren und holten den größten Teil der Verwundeten ab. Der Rest wurde in den frühen Morgenstunden des 28. abgeholt. Dabei stellte sich heraus, daß wir wohl noch unsere eigenen Verwundeten mitgeben konnten, für uns ca. 70 Mann war kein Platz mehr.

Bei Sonnenaufgang wurde der Kampf eingestellt, den Soldaten wurde freigestellt, in Gefangenschaft zu gehen oder an einem Ausbruchversuch über das Seetief teilzunehmen, um zu versuchen, sich auf der Frischen Nehrung nach Westen durchzuschlagen.

Die Hälfte der Soldaten entschied sich für den Ausbruchversuch. Die Wassertemperatur lag bei geschätzten 6–8 Grad. Um sich gegen die zu erwartende Unterkühlung zu schützen, wurden die eisernen Rationen zum Einfetten der Körper benutzt. Bei Dunkelheit konnte die Überquerung wegen der starken Strömung und schlechter Orientierungsmöglichkeit nicht gewagt werden, wir gingen erst bei erstem Büchsenlicht ins Wasser. Das Seetief war ca. 800 m breit, das Wasser eisig, und die Russen eröffneten sofort mit allen verfügbaren Waffen das Feuer auf uns. Oberleutnant Winter wurde neben mir im Wasser erschossen, ich bekam einen Krampf in beiden Beinen und konnte nicht mehr schwimmen. Da wir nur ca. 100 m geschafft hatten, kehrten wir ans Ufer zurück. Zum Glück fanden wir unsere Uniformen wieder. Nach Ergänzung

von letzten Resten Munition für unsere Pistolen gelang es uns, durch die Russen bis zum ostwärtigen Molenkopf durchzubrechen. Dort fanden wir einiges Material, mit dem es gelang, ein Behelfsfloß zusammenzubinden und mit jeweils fünf Mann über das Seetief zu rudern, zwei Mann mußten dann das Floß zurückbringen.

Mit dem letzten Floß verließ ich die Ostmole. Nachdem wir alle auf dem westlichen Molenkopf versammelt waren, begann unser Marsch nach Westen, der aber schon am Ende der Mole durch die Russen gestoppt wurde. Unter Einsatz der letzten Munition gelang auch hier der Durchbruch und wir konnten vom Feind unbehelligt bis kurz vor Kahlberg marschieren. Aufgrund des Gefechtslärms wurden hier noch eigene Kräfte vermutet.

Bei der Annäherung an Kahlberg wurde festgestellt, daß die Russen sich hier, mit Front nach Westen, eingegraben hatten. Ein Durchbruch hier bei Tage war unmöglich. Es wurde daher entschieden, erst bei totaler Dunkelheit entlang der Seeseite einen Versuch zu unternehmen. Gegen 23 Uhr am 28. gelang die unbemerkte Annäherung an die russischen Stellungen. Wir wurden dann aber doch erkannt und es begann eine wilde Schießerei. Trotzdem gelang es, die russischen Stellungen zu durchbrechen, ich kann allerdings aufgrund der totalen Dunkelheit nicht mehr sagen, wie viele wir noch waren. Wir waren kurz vor den ersten deutschen Stellungen, als wir noch einmal auf eine russische Gruppe stießen. Bei dem Schußwechsel bekam ich aus allernächster Nähe einen Halsschuß und verlor die Besinnung. Ich bin dann am 29. bei Tageslicht auf einem Verbandsplatz in der Nähe von Stuthof aufgewacht. Ich wurde nach Hela transportiert und dort in ein Schiff nach Westen verladen. In den Morgenstunden des 8. Mai erreichten wir Kopenhagen. Über Lautsprecher hörten wir den letzten Wehrmachtsbericht und die Ansprache des Großadmirals Dönitz. Eine Welt brach zusammen. 5$\frac{1}{2}$ Jahre Kampf waren vergebens gewesen.

Statt Freiheit Gefangenschaft

Nicht allen gelang es, Pillau zu verlassen, bevor russische Truppen die Stadt besetzten. Zu ihnen gehörte auch Flakkanonier Johann Kannenberg:

Unsere Batterie M.A.A. 533 lag nordöstlich von Pillau an der Ostsee. Der Batteriechef war Kapitänleutnant Melzer,

Maat
Johann Kannenberg.

Johann Luksch.

ein Wiener, der Spieß war ein Stabsoberfeuerwerker von Bernitzky, ein Ostpreuße.

Unsere Batterie war ohne Geschütze, die sollten nachgeliefert werden. Deswegen begrenzte sich unser Dienst hauptsächlich auf Küstenüberwachung und intensive Ausbildung an leichten Panzerabwehrwaffen wie Panzerfäusten. Ich hatte mit meiner Gruppe, als Entfernungsmesser für See- und Luftziele, so lange Dauerwachdienst auf dem E-Messstand, bis dieser durch Luftangriffe zerstört worden war. Dabei wurde ich wieder verwundet, eine Kopfverletzung. Bis ungefähr zum 20. März 1945 hatten wir eigentlich ziemlich ruhigen Wachdienst geschoben. Nach dem 10. April kamen immer mehr versprengte Infanterie-Truppenteile aus Königsberg und Samland zu uns, und die Front näherte sich. Wir wurden ab sofort den Infanterie-Kommandanten unterstellt, in die neuen Einheiten/Züge eingegliedert, und ab ging es ins Feld.

Am 24. April 1945 war für uns der letzte Abwehrangriff. Unter dem Befehl des Zugführers, einem Oberfeldwebel der Infanterie, haben wir uns in einen Sanitätsbunker zurückgezogen, wo die Verwundeten lagen, auch zwei verwundete russische Soldaten waren dabei. Der Sani-Bunker war unter der Roten-Kreuz-Flagge. Am 25. April 45, in den frühen Morgenstunden, nachdem wir die

Kampfhandlungen eingestellt hatten, hatte unser Zugführer auf die Aufforderung der Russen hin kapituliert. Mit 30 Mann haben wir den Bunker unbewaffnet verlassen. Draußen mußten wir auf Befehl eines russischen Offiziers unsere Uhren, Schmuck, Ringe und die Kampfabzeichen abgeben.

Gegen Mittag wurde auf der Straße nach Lochstädt eine Gefangenenkolonne von ca. 2–3000 Menschen gebildet, Frauen waren auch dazwischen. Wir sind in Richtung Königsberg in Marsch gesetzt worden. Etappenweise, über Fischhausen und Heydekrug, kamen wir nach zwei Tagen dort an. Zweimal haben wir ca. 200 gr. Brot und 1 ltr. Zuckerrübensuppe erhalten. Gefilzt und beraubt wurden wir bei jeder Gelegenheit, so daß uns nur die Soldbücher und Familienbilder geblieben sind. Anstatt Stiefeln hatten wir nur die russischen Wallonki oder Zeltschuhe, manche mußten barfuß laufen. Drei ukrainische Hilfswillige wurden vor unseren Augen durch die NKWD-Gendarmerie erschossen. Sehr viele verwundete und erschöpfte Soldaten, hauptsächlich aus Königsberg und dem Samland, sind unterwegs liegengeblieben.

In Königsberg wurden wir in die Infanterie-Kasernen hineingedrängt, wo wir auch das Kriegsende am 08.05.45 erlebt haben, krank und hoffnungslos.

In Pillau in den *Himmelreichsbaracken* der Kurfürst-Kaserne hat meine Soldatenzeit begonnen, und vor Pillau fand sie ihr Ende.

Auch für Hans Luksch, einst Kriegsfreiwilliger, endete der Krieg anders als erwartet. »Russische Gefangenschaft«, so hatte er in den letzten Monaten an der Front gehört, »ist schlimmer als der Tod.« Hans Luksch:

Am 25. April 1945 hörten wir, daß der Russe bereits auf der Nehrung sein sollte. Da wir keine Munition mehr für unsere Geschütze hatten, wurden wir mit Handfeuerwaffen und MGs ausgerüstet. Abends mußten wir raus, um einen Angriff der Russen von der Seeseite abzuwehren. Unsere Landungsboote mußten wegen des gezielten Feuers der Russen die Anbordnahme von Verwundeten vorübergehend unterbrechen.

Am 26. April vollzog sich mein Schicksal. Das Artilleriefeuer der Russen wurde so stark, daß wir uns aus unserem Bunker nicht mehr herauswagen konnten. Wir saßen buchstäblich fest, wie in einer Mausefalle aus Beton. Uns war jetzt auch alles egal. Wir begannen die Stunden zu zählen. Und mit jeder Stunde schwand die Hoffnung, hier noch herauszukommen. Als des Nachts die Russen das Feuer auf Pillau eingestellt hatten, wußten wir: Pillau ist

gefallen. Wir begannen unsere Gasmasken wegzulegen und unsere Waffen. Meine Uhr versteckte ich und nahm auch dem toten Leutnant neben mir Uhr und Erkennungsmarke ab. Nicht lange danach betrat der erste Russe unseren Bunker, er war noch sehr jung. Mit der Maschinenpistole im Anschlag verlangte er nicht etwa als erstes unsere Waffen, sondern unsere Uhren. Ich gab ihm beides, weil er es sonst mit Gewalt genommen hätte. Für uns war in dieser Stunde der Krieg beendet, doch Grausameres stand uns noch bevor.

Pillau bleibt unvergessen

Am 26. April 1945 war der Kampf um Pillau zu Ende gegangen. Um 4.30 Uhr hatte der letzte Marinefährprahm am Nordhafen abgelegt. Die Zurückbleibenden mußten auf weitere Prähme warten. Doch es kam keiner mehr. Plötzlich waren die Russen da. Als sie ihre Maschinengewehre in Stellung brachten, hoben die letzten deutschen Verteidiger die Arme. In einer langen Kolonne marschierten sie durch die Seestadt. Die meisten Soldaten sahen

Pillau ist verloren. Die letzten Verteidiger verlassen den brennenden Hafen der *Festung*.

Generalmajor Werner Henke.

nur geradeaus, denn links und rechts lagen nur Tote, Deutsche und Russen; Häusertrümmer, Menschentrümmer eines wahnsinnigen Krieges.

Mehr als 600 000 Menschen aus Ost- und Westpreußen sind durch Pillau geschleust worden. Rund 8000 Soldaten sind beim Kampf um Pillau gefallen. Zehn Tage brauchten die sowjetischen Truppen, trotz einer ungeheuren Übermacht an Menschen und Material, für die letzten zwölf Kilometer zum Pillauer Seetief. Pillau hatte nicht kapituliert.

8000 Soldaten, die im letzten Augenblick noch auf die Nehrung gelangt waren, hatten sich noch einmal formiert, um die nachdrängenden russischen Marineinfanteristen und Gardepioniere aufzuhalten. Erst 24 Stunden später gelang es diesen, eine Pontonbrücke über das Seetief zu schlagen.

Auch die Batterie Mövenhaken kämpfte noch am Nachmittag des 26. April. Um 15.30 Uhr setzte sie

ihren letzten Funkspruch an den Seekommandanten Pillau ab: »Munition verschossen, Geschütze gesprengt, Geheimakten vernichtet. Melde mich ab. Heil unserem Führer!«

Bei der Batterie Kaddig war gegen 22.00 Uhr nur noch eines von vier Geschützen gefechtsklar, um Mitternacht wurde auch diese Batterie überwältigt.

Der Kommandeur des Flakgruppenkommandos Pillau, Korvettenkapitän M.A. d.R. Ruthenberg, hatte sich zur Batterie Lehmberg begeben, die in der Nacht zum 26. April sowohl den Batteriechef als auch seinen Stellvertreter verloren hatte. Danach hatte Hauptmann Kurt Knebel das Kommando übernommen. Im Morgengrauen des 26. April stieß Generalmajor Henke zur Batterie und organisierte eine Kampfgruppe aus verschiedenen Truppenteilen zu ihrer Nahverteidigung. Nur dadurch konnte sie sich noch eine Weile halten. Es gelang ihr sogar noch, Funkverbindung mit einem deutschen Gefechtsstand auf der Nehrung herzustellen. Von dort wurden Boote zugesagt, die gegen 24.00 Uhr eintreffen sollten. Nachdem der General die von russischen Parlamentären überbrachte Aufforderung zur Übergabe abgelehnt hatte, zerstörte ein Volltreffer das letzte schwere Geschütz.

Der Pillauer Seekommandant fand eine SS-Einheit, die bereit war, mit Sturmbooten die Eingeschlossenen zu befreien. Das Unternehmen scheiterte. Die Sowjets hatten inzwischen die Kampfgruppe und die Batterie zerschlagen. Generalmajor Henke erschoß sich, als ihn mehrere Gegner im Handgemenge zu überwältigen suchten. Der russische Kommandeur gestattete den überlebenden Landsern, ihren General in der Erde des Lehmbergs zu bestatten.

Oberleutnant z.S. Siegfried Perband, der kurz vor dem Fall Pillaus die Stadt mit seinen vollbesetzten Landungsbooten verlassen hatte, erhielt kurz darauf von seinem Flottenchef einen *Sonderauftrag Pillau*. Perband erlebte diesen Einsatz so:

Ich sollte einige Tage später noch einmal in die Nähe der Seestadt Pillau kommen. Nachdem wir Verwundete und Soldaten an Land abgesetzt hatten, mußte ich zu meinem Flo-Chef kommen. Er erklärte mir, man hätte

vergessen, Pillau zu verminen. Da ich Pillau von meiner Schulzeit her kannte, sollte ich mit zwei Minenprähmen nach Pillau laufen und den Hafen verminen. Im Minenplan war vorgesehen, im Hafenbecken 5 bei Camstigall zu beginnen und dann die anderen Hafenbecken und den Seekanal zu verminen. Es hieß im Einsatzbefehl: »Falls Minenwurf nach Plan nicht möglich, dann Minenwurf nach eigenem Ermessen«. Ich selbst stieg auf einem Minenprahm ein, während auf dem zweiten ein Kamerad das Kommando übernahm. Nach einer traurigen Verabschiedung durch den Admiral Westliche Ostsee legten wir pünktlich um 18.00 Uhr ab. Ich befahl sofort Alkohol- und Rauchverbot. Es herrschte schlechte Stimmung an Bord, den Proviant hatte ich freigegeben, aber es wurde nichts angerührt und gegessen. Ein Oberbootsmann trat an mich heran und fragte mich, ob er jetzt selbst dran sei. Er hatte zwei Söhne bei der U-Bootwaffe verloren.

Mitten auf der Danziger Bucht sichtete der Ausguck zwei russische Schnellboote. Wir drehten auf die Frische Nehrung zu und taten so, als hätten wir sie nicht gesehen. Dann bekamen wir Feuer von der Nehrung. Die Russen waren bereits mit ihren Panzern dort und nahmen uns unter Beschuß. Wir gingen so weit auf See, daß wir aus der Reichweite der Russen kamen. Ich wollte mich jetzt entlang der Nehrung um die Südermole in den Hafen schleichen und dort die Minen legen. Aus diesem Plan wurde nichts! Als wir uns der Einfahrt näherten, konnten wir durch das Glas auf den Molen aufgefahrene Panzer sehen. Es war also unmöglich, in den Hafen zu gelangen. Ich entschied mich, eine Minensperre im Bereich der Ansteuerungstonne zu legen. Es waren Kontaktminen, die auf verschiedene Kontakte eingestellt und ohnehin erst später scharf wurden. Die Minen wurden mir *Klar zum Werfen* gemeldet, als plötzlich ein Posten »Schatten voraus!« rief. Ich sah durch das Glas und erkannte sofort eine künstliche Nebelwand. Noch bevor ich das Glas absetzen konnte, schossen aus der Wand 32 russische Schnellboote hervor. Sie hielten auf uns zu und umkreisten uns, während sie uns unter Feuer nahmen. Dann, erst sehr spät, erteilte ich den Befehl: »Alle Rohre Feuer frei!«. Ein Schnellboot erhielt Treffer in die Torpedos und flog mit einem lauten Knall in die Luft, ein zweites brannte lichterloh. Die anderen 30 Schnellboote drehten wie auf einem Teller und liefen ab. Wir waren froh! Unsere Absicht war erkannt, deshalb konnten wir mit unseren Minen unverrichteter Dinge wieder nach Hela zurücklaufen. Ich konnte Pillau von See aus liegen sehen. Es qualmte und brannte immer noch. Ein trauriger Anblick.

Pillau wird mir für immer unvergeßlich bleiben. Und sicher nicht nur mir allein.

Die Seestadt Pillau, der wichtigste Seehafen Ostpreußens, bot bis zum Kriegsbeginn am 1. September 1939 ein friedliches Bild. *OA*

Ende 1940 wurde ein Teil der deutschen U-Bootfahrer-Ausbildung nach Pillau verlegt und hier die 1. Unterseeboots-Lehrdivion mit einigen Wohnchiffen und U-Booten stationiert. *OA*

Bis Ende 1944 blieb Pillau vom Krieg fast verschont. *OA*

Mitte Januar 1945, nach Beginn der sowjetischen Winteroffensive gegen Ostpreußen, wurde Pillau zur »Flüchtlingsstadt« und der Hafen zum wichtigsten Einschiffungshafen für Flüchtlinge, ganz besonders aus dem nahegelegenen Königsberg.

Bundesarchiv Koblenz

Einzeln, in kleinen Gruppen oder in großen Scharen kamen die Königsberger nach Pillau und hofften, dass sie von hier aus mit großen Schiffen über die Ostsee in Sicherheit gebracht werden. Auch mit kleineren Schiffen wurden Königsberger Flüchtlinge über den Seekanal aus Pillau gebracht. *OA*

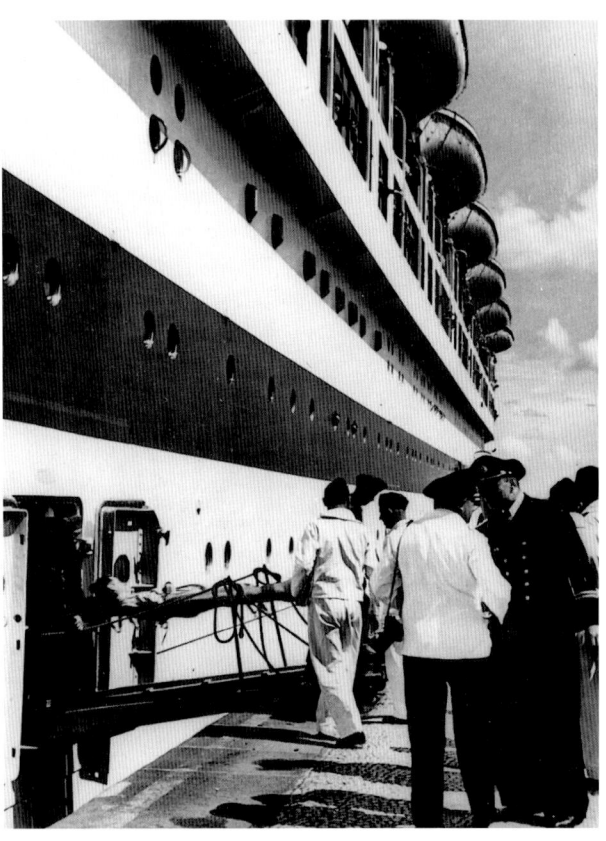

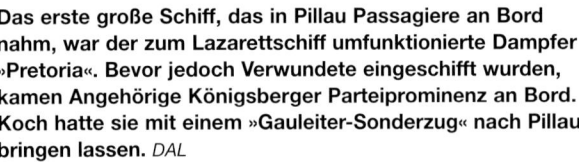

Das erste große Schiff, das in Pillau Passagiere an Bord nahm, war der zum Lazarettschiff umfunktionierte Dampfer »Pretoria«. Bevor jedoch Verwundete eingeschifft wurden, kamen Angehörige Königsberger Parteiprominenz an Bord. Koch hatte sie mit einem »Gauleiter-Sonderzug« nach Pillau bringen lassen. *DAL*

Am 9. Februar 1945 verlässt der Dampfer »Steuben« den Hafen von Pillau. Das Verwundetentransportschiff hat 4.257 Menschen an Bord, darunter ca. 900 Flüchtlinge. Um Null Uhr 50 treffen zwei Torpedos den Dampfer, der sofort zu sinken beginnt. Nur 659 Menschen überleben. *NDL*

Pillau im Februar 1945.
Noch ist die Seestadt nicht
in Gefahr.

Ende Februar 1945 warten
mehrere zehntausend Flüchtlinge im Pillauer Hafen auf
ihren Abtransport. Jeden Tag
kommen weitere Flüchtlinge.
viele mit der Fähre Neutief –
Pillau, die rund um die Uhr im
Einsatz ist. *OA*

Immer neue, meist kleine
Schiffe, laufen in den Pillauer
Hafen ein, um die dort warten-
den Flüchtlinge zu befördern:

»Hilde«.
Ippen-Linie

»Erna«.
Ivers & Arlt

»Brandenburg«.
Griebel

»Anni Ahrens«.
Ahrens

**»Koholyt«.**
Poseidon

»Königsberg«.
Ivers & Arlt

»Deike Rickmers«.
Rickmers

»Hanna Cords«.
Cords

»Lothringen«.
Minenschiff KM

Vor und auf den Schiffen drängen sich die Menschen, die Pillau verlassen wollen bevor die Seestadt von sowjetischen Soldaten besetzt wird. *OA*

Am 20. April 1945 sind sowjetische Panzer und Infanterieeinheiten nur noch wenige Kilometer von Pillau entfernt und rücken immer weiter vor. *OA*

Die Übermacht der Sowjets zwingt die Verteidiger, Pillau zu räumen. Generalmajor Carl Henke, Höherer Landungspionierführer, der mit seinen Fahrzeugen bei dem »Unternehmen Rettung« Vorbildliches geleistet hat, wählt den Freitod bevor ihn Soldaten der Roten Armee gefangen nehmen können. *OA*

Am 24. April 1945 verläss der kleine Frachter »Adler«, bis zum letzten Decksplatz mit Flüchtlingen besetzt, als letztes Schiff Pillau. Für das nur 1.494 Bruttoregistertonnen große Schiff ist es der 8. Flüchtlingstransport. Damit rettete »Adler« insgesamt 13.111 Menschen über die Ostsee. *Argo*

Die letzten beiden kleinen Kriegsschiffe verlassen am 25. April 1945 das unter russischem Granatfeuer liegende lichterloh brennende Pillau. *OA*

Am 26. April rücken sowjetische Panzer und Infanteristen in die Seestadt ein und besetzen sie, einen Tag später machte die sowjetische Luftaufklärung diese Aufnahme vom Pillauer Hafen.
Russisches Originalfoto

9 Stettin – Swinemünde

Unternehmen »Knobelbecher«

1. Februar 1945, 16.00 Uhr. Lagebesprechung im Führerhauptquartier. Großadmiral Dönitz, Oberbefehlshaber der Kriegsmarine; Generaloberst Guderian, Chef des Generalstabes; und Feldmarschall Keitel, Chef des OKW, weisen auf die strategische Bedeutung des Raumes Stettin-Swinemünde mit seinen Häfen, Werften, dem Hydrierwerk Plötz und der Verbindung Pommern-Westpreußen hin. Hitler teilt die Auffassung, daß zur Sicherung dieses Raumes alles nur Mögliche geschehen müsse. Das Lagebuch des Wehrmachtsführungsstabes hielt fest:

Von der beschleunigten Zuführung des SS-Panzerkorps Steiner aus Kurland, der 4. SS-Polizeidivision aus dem Westen, der 163. Infanteriedivision aus Norwegen und der Marine-Schützenbrigade aus dem Bereich des MOK Nordsee hängt die weitere Entwicklung dieses Raumes ab.

Zwei Tage später unterstrich Großadmiral Dönitz in einem weiteren Gespräch mit dem *Führer* nochmals die Bedeutung von Stettin. Über dieses Gespräch vermerkt das *Lagebuch* des Wehrmachtsführungsstabes:

Im Zusammenhang mit dem heutigen Luftangriff auf die Berliner Innenstadt äußert der OB.d.M. seine Sorge vor Luftangriffen auf Stettin und Swinemünde, die bei der starken Massierung an Kriegsfahrzeugen, Schiffsraum, Flüchtlingen und Verwundeten äußerst nachteilige Folgen haben müßten. Die Häfen sind entscheidend wichtig für die Truppenzuführungen des Heeres, als Ausschiffungshäfen, als Stützpunkte und Werfthäfen für die Siche-

rungsstreitkräfte der Kriegsmarine. Vom strategischen Standpunkt aus muß es als Fehler des Gegners angesehen werden, daß er Berlin statt dieser Häfen angegriffen hat. Es ist anzunehmen, daß hier politische Gründe den Ausschlag gegeben haben. Für den Schutz der Seehäfen muß alles Erdenkliche geschehen.

Der OB.d.M. meldet: *Die Verstopfung Swinemündes mit Flüchtlingen hat sich noch weiter verstärkt, z.Zt dort etwa 35 000 Flüchtlinge; 22 000 weitere sind nach Swinemünde unterwegs. Abhilfe durch Gauleiter dringend.*

Flüchtlingshafen Swinemünde

Swinemünde erhielt bereits kurz nach Beginn der Großoffensive gegen Ost- und Westpreußen eine ganz besondere Bedeutung. Als in Königsberg und Pillau, Gotenhafen und Danzig in der letzten Januarwoche 1945 die ersten großen Passagierschiffe mit Flüchtlingen beladen wurden, stellte sich der *Seetransportchef Ostsee*, Konteradmiral Konrad Engelhardt, die Frage: *Wohin mit den vollen Schiffen?*. Soweit es sich um die U-Boot-Leute der 1. Unterseeboots-Lehrdivision (ULD) Pillau und der 2. ULD Gotenhafen handelte, waren die Zielhäfen klar: Hamburg und Kiel. Aber dort konnte man die an Bord genommenen Flüchtlinge nicht ausladen. Für die Ausschiffung der Flüchtlinge kam nur ein großer Hafen in Frage, der möglichst weit westlich lag und von den Kriegshandlungen nicht so schnell eingeholt werden würde. Außerdem mußte dieser

Hafen auch weniger Gefährdungen durch Luftangriffe aufweisen. Hamburg und Kiel waren bevorzugte Ziele alliierter Bomber.

So kam Engelhardt, der im Auftrag von Großadmiral Dönitz die *Rettungsaktion Ostsee* zu organisieren hatte, auf Swinemünde. Kolberg kam als Anladehafen nicht in Frage, da die großen Schiffe nur auf Reede hätten ausgeladen werden können, zudem gehörte Kolberg neben Stolpmünde zu den pommerschen Häfen, die am ehesten zu Angriffszielen sowjetischer Verbände werden konnten. Die Frontentwicklung Anfang März bewies, das diese Einschätzung richtig war.

Auch den weiter westlich liegenden Hafen Saß-

nitz auf Rügen zog Engelhardt in seine Überlegungen ein. Er wies mehrere große Schiffe – so die Dampfer *Deutschland*, *Hamburg* und *General San Martin* – bereits im Februar 1945 an, Saßnitz anzulaufen. Dies erwies sich allerdings als sehr schwierig, da ein Einlaufen der Schiffe in den Hafen Saßnitz nicht möglich war. Die Ausschiffung mußte zeitraubend auf der Reede mit Booten erfolgen, was eine lange Liegezeit der Schiffe mit sich brachte. Dies wiederum war nicht ungefährlich, da alliierte Aufklärer die Vorgänge beobachtet hatten. und die Reede von Saßnitz damit zu einem lohnenden Angriffsziel wurde. Außerdem versuchten die Alliierten, die Reede von Saßnitz zu verminen.

Stettin, die Hauptstadt Pommerns, war neben Kolberg das wichtigste Angriffsziel sowjetischer Truppen nach Beginn der Januar-Offensive.

Die Oder bildete den Lebensnerv der Stadt.

Die Hansabrücke mit Blick auf die Hakenterrasse.

Der Schiffsanlegeplatz an der Hakenterrasse.

Alte Speicher am Hafen.

Swinemünde, der Vorhafen von Stettin, wurde bei Kriegsende für Zehntausende von Flüchtlingen und Soldaten ein »Tor zur Freiheit«.

Alle diese Überlegungen führten dazu, Swinemünde bis Ende Februar 1945 zu dem bevorzugten Anlandehafen für Flüchtlingsschiffe zu bestimmen.

Wichtig war, Stettin und Swinemünde so zu sichern, daß mögliche Angriffe sowjetischer Verbände abgewiesen werden konnten. Außerdem mußte die Flak verstärkt werden, um Luftangriffe erfolgreich abwehren zu können.

Stettin und Swinemünde bildeten außerdem das Rückgrat für die Versorgungsaufgaben der Kriegsmarine in der östlichen Ostsee. Bei ihrem Ausfall würden die Truppen- und Versorgungstransporte ausschließlich auf die Häfen der westlichen Ostsee beschränkt sein. Dies würde bei den langen Flachwasserwegen und der starken Minengefährdung

dieses Raumes etwa eine Verdoppelung der Umlaufzeit bedeuten, außerdem würden auch die Sicherungsstreitkräfte dabei erheblich stärker belastet. Hinzu kam, daß Swinemünde ein Stützpunkt von erheblicher Bedeutung für die Flottenkräfte in diesem Raum war. Sein Ausfall würde auch die Bekämpfung der Russen im Bereich der mittleren und der westlichen Ostsee wesentlich beeinträchtigen. Für die Werften von Stettin und Swinemünde würde dies eine Einschränkung der ohnehin schon stark verringerten Reparaturkapazität bedeuten. Nicht zuletzt würde eine starke Massierung der Seekriegsbasis in der westlichen Ostsee eintreten und die Luftgefährdung erhöhen.

Das Halten des Stettiner Raumes war also für die deutsche Seekriegsleitung von größter Bedeutung.

Nach einem Luftangriff: Die Menschen kommen zaghaft wieder aus Kellern und Luftschutzbunkern; Feuerwehrleute löschen Brände.

Die Festung Stettin und ihre »Macken«

Ende Februar überstürzten sich die Ereignisse. Die bereits von der Heeresgruppe Weichsel geäußerte Vermutung, der Feind würde gleichzeitig nach Westen marschieren, um über die Oder in Richtung Stettin vorstoßen zu können, bewahrheitete sich. Nicht nur in der Tucheler Heide war Boden verlorengegangen. Bereits am 22. Februar erreichten russische Verbände die Bahnlinie Konitz-Dirschau. Am 27.02. verstärkten die Sowjets ihre Angriffe gegen Hinterpommern. Aus dem Raum ostwärts Stargard drängte die 1. Weißrussische Front in Richtung Stettiner Haff und Kolberg.

In diesen Tagen wurden in Swinemünde ausgeschifft: Von Pillau kommend Dampfer *Mars* mit 2200 Flüchtlingen, Möwe mit 1000 Flüchtlingen, von Gotenhafen kommend Westpreußen mit 2000 Flüchtlingen, Feodosia mit 2500 Flüchtlingen, Hektor mit 200 Flüchtlingen, 500 RAD-Angehörigen und 500 Arbeitern; Herkules mit 600 Flüchtlingen und 900 Verwundeten. Fast 10000 Menschen wur-

den innerhalb von 24 Stunden angelandet. Und so ging es bereits seit Tagen.

Am 3. März erreichten die sowjetischen Angriffsspitzen die Odermündung bei Stettin. Dies gab Großadmiral Dönitz die Gelegenheit, Hitler bei der Lagebesprechung im Führerhauptquartier noch einmal auf die Flüchtlingslage und die Unzulänglichkeiten im Raum Stettin-Swinemünde aufmerksam zu machen. Der Lagebericht des Wehrmachtsführungsstabes vermerkte über dieses Gespräch:

Auf den erneuten Hinweis des OB.d.M. auf die Notwendigkeit, den Oderweg nach Stettin wieder freizukämpfen und die Unzulänglichkeit Swinemündes als einzigen Hafen in der mittleren Ostsee, äußerte der Führer seine Ansicht dahin, daß er diese Tatsachen voll anerkennt, aus Gründen der Landkriegführung die dafür erforderliche Operation aber erst zu einem späteren Zeitpunkt vorsehen kann.

Einen Teilerfolg konnte der Großadmiral doch erreichen: Am 6. März wurde die Panzerdivison *Schlesien* in den Raum Stettin verlegt, wobei an diesem Tage bereits die ersten Sowjetpanzer bei

Am 3. März 1945 erreichten russische Truppen Schivelbein.

Stettin auftauchten und einige sogar bis in die Gegend Wollin vorstießen. Am gleichen Tag wurde auch der Schwere Kreuzer *Lützow* mit seinen Sicherungseinheiten von Gotenhafen nach Swinemünde verlegt.

Am 7. März 1945 befahl das Oberkommando der Heeresgruppe Weichsel die Errichtung eines Verteidigungsbereiches *Untere Oder* mit unterstellter *Festung Stettin*. Der Befehl legte fest:

Zu *Festungen* werden Stettin und Kolberg. Verteidigungsbereich Swinemünde. Pölitz, Pasewalk, Greifenhagen werden zu *Ortsstützpunkten*, unterstellt dem Verteidigungsbereich *Untere Oder*; Anklam und Wolgast werden *Ortsstützpunkte*, unterstellt dem Verteidigungsbereich Swinemünde.

Der Festungsbereich der *Festung Stettin* erstreckte sich auf Stadt und Hafen sowie auf einen nach Osten vorgelagerten Brückenkopf bis an das Westufer der Großen Reglitz. Die rechte Abschnittsgrenze verlief von Sydowsaue über das Oder-Tal nach Kurow – Klein Reinkendorf – Mandelkow; die linke Abschnittsgrenze vom Westufer

Hart umkämpft war der Dievenow-Übergang bei Wollin. Am 7. März wurde die Brücke gesprengt.

des Dammschen Sees bis nach Kratzwieck an der Oder nördlich der Stadt.

Den Beginn der »Festungskampfzeit« für die *Festung Stettin* legte die Heeresgruppe Weichsel auf den 22. März 1945 mit sofortiger Wirkung fest. Schon zwei Tage später wurde der Verteidigungsbereich *Untere Oder* wieder aufgelöst, die Festungen Stettin und Swinemünde erhielten zunächst Selbständigkeit. Erst im April wurde Stettin dem Generalkommando XXXII. A.K. unter Generalleutnant Schack unterstellt.

Die vorhandene Festungsbesatzung reichte nur zur Verteidigung des Stadtkerns aus. Deshalb beließ man die 281. Infanteriedivision auch weiterhin im Brückenkopf westlich der Großen Reglitz.

Festungskommandanten waren: Generalmajor Jacobsen bis Ende Februar, Generalleutnant Hübner im März/April; ab Mitte April bis zur Aufgabe Generalmajor Brühl.

Der äußere Befestigungsring von Stettin umfaßte eine 68 km lange Front. Die Festungstruppen, insgesamt etwa 4000 Mann, setzten sich zusammen aus Volkssturm-, Infanterie-, Alarm- und Splittereinheiten; gegliedert in fünf Festungs-Infanterieregimenter zu je zwei Bataillonen. Hinzu kamen noch zwei Festungs-MG-Bataillone, eine Panzerjagdkompanie sowie Spezialeinheiten. Die Kriegsmarine unterhielt in Stettin eine besondere Hafen-Schutz-Abteilung mit Sicherungs- und Aufklärungsflottille, sie war auf drei Stützpunkte verteilt. Das Durchschnittsalter der Festungssoldaten lag bei 40 Jahren, Bewaffnung und Ausrüstung waren mangelhaft; meist handelte es sich um Beutewaffen. Ebenso mangelhaft war die Artillerie ausgestattet, sie vefügte über 63 Rohre, die meisten ebenfalls aus Beutebeständen. Völlig unbefriedigend war auch der Minitionsbestand, der für ein bis zwei Kampftage, bei einigen Kalibern für nur drei bis vier Stunden reichte. Im Falle eines massiven Angriffs würde die Festungsartillerie ihre Munition bereits am dritten Kampftag verschossen haben.

Weit besser ausgestattet war die Flak. Sie verfügte über 101 Rohre, die auch für den Beschuß von Erdzielen freigegeben waren, allerdings litt auch sie unter Munitionsmangel. Für die Bekämpfung von Panzern standen 135 auf Betonsockel ortsfest gebundene Rohre zur Verfügung, aber keine bewegliche Waffen.

Aufgrund dieser Fakten kam das Generalkommando XXXII A.K. bei seiner Meldung über die Abwehrbereitschaft der *Festung Stettin* zu folgender schonungsloser Beurteilung:

Die *Festung Stettin* erfüllt weder hinsichtlich des Ausbaues noch der Kräftelage die an eine Festung zu stellenden Forderungen. Entscheidend für das Schicksal der Festung ist nach Ablauf von 1–2 Tagen des Großkampfes die völlig unzureichende Munitionslage, die einen Kampf auf längere Sicht selbst bei infanteristischer Besetzung nicht zuläßt.

Nach dieser Beurteilung hätte man erwarten müssen, daß Stettin seinen Festungscharakter verlor. Dies geschah nicht. Stattdessen wurde mit über 8000 zivilen Arbeitskräften der Ausbau der Stellungen rund um die Stadt vorangetrieben. Geplant wurde ein Außenring, ein Sperriegel Nord, ein Stadtinnenring mit Panzergräben, ein Ring um den Stadtkern mit Panzergräben sowie eine Sehnenstellung über Stewen und Pritzlow. Dieser gigantische Ausbau sollte in Stettin insgesamt 103 km Stellungen und 32 km Panzergräben umfassen, im Raum Plitz-Jasenitz weitere 54 Stellungskilometer.

Das XXXII. Armeekorps, die 3. Panzerarmee und die Heeresgruppe Weichsel kamen überein, daß nur bei normaler Austattung mit Kampftruppen, Gerät und Waffen und ausreichender Munitionsreserven und Verpflegung die Festung Stettin die Aufgabe als Kern- und Haltepunkt der Oder-Front erfüllen würde. Doch dies war nicht der Fall.

Die Entwicklung der Frontlage ging rascher vor sich als der Ausbau der Stellungen rund um die *Festung Stettin*.

Swinemünde und seine Brückenköpfe

Im *Verteidigungsbereich Swinemünde* stießen die Interessen des Heeres und der Kriegsmarine aneinander. Hafen und Festung Swinemünde gehörten zum Kommandobereich der Kriegsmarine. Dem kommandierenden *Admiral Westliche Ostsee* in

Die Oderbrücke in Greifenhagen war die letzte und wichtigste vor Stettin.

Swinemünde unterstanden die Marinefestung Swinemünde und die Insel Rügen. Die Kräfte der Kriegsmarine reichten aber zur Verteidigung von Swinemünde nicht aus. Kommandant der Marinefestung Swinemünde war der *Seekommandant Pommern* mit Dienstsitz Swinemünde, Kapitän z.S. Rieve.

Der Verteidigungsbereich Swinemünde umfaßte die beiden Inseln Usedom und Wollin. Er war gegen das Festland abgegliedert durch die Mündungsarme der Oder in die Ostsee, die Dievenow im Osten und die Peene im Westen; die Grenze nach Süden bildete das Stettiner Haff.

Alarmeinheiten der Kriegsmarine hatten am Westufer der Dievenow mehr Stellungen ausgebaut als sie besetzen konnten. Am Ostufer entstanden drei Brückenköpfe – bei Wollin, Carmin und Berg-Dievenow.

Aus Mangel an geeigneten Kräften zu ihrer Verteidigung sprach sich der *Festungskommandant Swinemünde* grundsätzlich gegen diese drei Brückenköpfe aus, die Heeresgruppe Weichsel verweigerte jedoch deren Aufgabe.

Nachdem es sowjetischen Panzern bereits Anfang März gelungen war, sich von Südosten her Dievenow zu nähern (über Stargard), verteidigten zunächst Alarmeinheiten der Marine den Zugang zur Stadt Wollin und den dortigen Brückenkopf. Schon am 5. März gegen 15.40 Uhr hatten Vorposten der Marine die erste Gefechtsberührung mit sowjetischen Panzerspitzen. Am nächsten Tag wurde der Brückenkopf eingeengt und mußte am 8. März aufgegeben werden.

Der Brückenkopf Carmin konnte ebenfalls nur bis zum 6. März gehalten werden. Dem dort eingesetzten Kampfkommandanten der Marine, Korvettenkapitän Prinz zu Schaumburg-Lippe, war es nicht möglich, den Platz gegen die feindliche Übermacht länger zu halten, seine Truppe konnte sich rechtzeitig auf die Insel Gristow absetzen.

Der dritte Brückenkopf beim Ostseebad Dievenow, der für die Aufnahme der Korpsgruppe von Tettau verstärkt worden war, blieb bis Ende April in deutscher Hand, mußte dann aber ebenfalls aufgegeben werden.

Die Entwicklung des pommerschen Kriegsschauplatzes machte Ende März 1945 eine einheitliche Befehlsregelung für den Verteidigungsbereich Swinemünde notwendig. Am 25. März regelte die Heeresgruppe Weichsel die Befehlsbefugnisse neu:

Kommandant des Verteidigungsbereiches Swinemünde wurde Generalleutnant Ansat; er verfügte damit über alle Befugnisse eines Festungskommandanten. Der bisherige Kommandant des Verteidigungsbereiches Swinemünde, Kapitän z.S. Rieve, wurde dem Festungskommandanten als verantwortlicher Befehlshaber für die Seeverteidigung unterstellt.

Auch an der Pommernfront hatte im März 1945 ein Kommandowechsel stattgefunden. Der Oberbefehlshaber der 3. Panzerarmee, General Raus, wurde durch General der Panzertruppen Hasso von Manteuffel ersetzt; der Reichsführer-SS Himmler wurde aus Gesundheitsgründen seines Kommandos der Heeresgruppe Weichsel enthoben; auf Vorschlag von Generaloberst Guderian wurde Generaloberst Heinrici neuer Oberbefehlshaber der Heeresgruppe Weichsel.

Neben Kolberg bereitete der Kampfraum um Stettin-Swinemünde der Heeresleitung der Pommernfront die größte Sorge. Die Eintragungen, die in diesen Tagen die Tagebücher der 3. Panzerarmee und der Heeresgruppe erhielten, bewiesen deutlich, daß die Lage der Verteidiger von Tag zu Tag schwieriger geworden war:

Am Stettiner Haff keine eigenen Kräfte mehr. Rückzug der eigenen Kräfte auf die Stadt Wollin. Der Ausfall von Stettin (Hafen) ist empfindlich.... Im Osten näherte sich der Feind bis auf 9 Kilometer Altdamm..... Südlich von Stettin kam der Gegner weiter voran....Heftige Feindangriffe bei Buchholz.... Das III. Germanische Korps muß sich nach Osten und Südwesten gleichzeitig verteidigen.....Nach mehrmaligen Angriffen gelang es dem Gegner, in Klebow, Mühlenbeck und Buchholz einzudringen und in den Wald nördlich Binow vorzustoßen. Am Abend griff der Feind von Klebow mit 15 Panzern nach Norden an. Buchholz ging erst nach sechs vergeblichen Feindangriffen, je in etwa Batl. Stärke, und durch den Vorstoß von 27 Panzern von Südwesten verloren. In dem Bestreben, keinen Meter Boden in dem zusammengeschrumpften Brückenkopf mehr preiszugeben, erlitt die Truppe bei den harten Kämpfen empfindliche Verluste.

Am 11. März deuteten alle Anzeichen darauf hin, daß die Sowjets einen Großangriff vorbereiteten. Ihr Ziel: aus der Buchheide heraus den Brückenkopf Stettin aufzuspalten.

12. März:
Der Todestag der Stadt Swinemünde

Am Montag, dem 12. März 1945, drängten sich in Swinemünde etwa 100 000 Menschen; Einwohner, Flüchtlinge, Soldaten, vielleicht waren es sogar noch mehr. Die Lazarette, Notlazarette und Krankenstationen waren überfüllt. Am Bollwerk lagen Flüchtlingsschiffe, die ihre Menschenfracht ausluden, Frauen und Kinder aus Pillau, Danzig und Gotenhafen. Etwa 50 Schiffe lagen noch auf der Reede, kleine und große, Transporter und Lazarettschiffe. *General San Martin* war dabei, *Moltkefels*, *Mars*, *Masuren* und *Oberhausen*, deren Kapitäne und Manschaften seit Ende Januar keine andere Aufgabe mehr kannten, als Menschenleben zu retten. Die Flucht aus den östlichen Ostseehäfen, aus Königsberg und Pillau, Danzig und Gotenhafen, Stolpmünde und Kolberg, hatte in den ersten Märzhälfte Ausmaße angenommen, die einer Völkerwanderung gleichkamen. Für Hunderttausende war Swinemünde zum »Hafen der Hoffnung« geworden. Hier würde man sicher sein, von hier aus fuhren noch Eisenbahnzüge nach Westen. Unter den Menschen auf den Schiffen ahnte wohl niemand, wie es in Swinemünde wirklich aussah.

Und am diesem 12. März kam es noch schlimmer. Die US-Luftwaffe hatte für diesen Tag eine *Strategische Operation* mit Ziel Swinemünde geplant. Das Kriegstagebuch der 8. US-Luftflotte bezeichnete den Angriff als »Höhepunkt der strategischen Operation«, die mit folgenden Sätzen umschrieben wurde:

Eine Aufforderung der Sowjetunion in letzter Stunde zu einem Angriff auf Swinemünde, einem Ostseehafen, der nun, da die Russen in Ostdeutschland eingedrungen waren, als Zentrum des deutschen Nachschubs zur See taktische Bedeutung hatte, führte zu einem starken Einsatz der 8. Luftflotte mit 671 Bombern. Obgleich die Stadt nur 15 bis 20 Meilen von den russischen Linien entfernt lag und damit normalerweise zu nahe, wurde nach Radar geflogen. Die Angriffe lagen gut. 1609 Tonnen Bomben fielen auf Schiffe im Hafen, die Hafenanlagen, die Stapelplätze und auf eine große Anzahl von Gebäuden im Hafen und im Industrieviertel. Die Flakabwehr war schwach und ungenau, die einzige Maschine, die nicht zurückkehrte, erreichte Schweden.

Am Tag, als die 1609 Tonnen Bomben fielen, spielte sich Grauenhaftes ab. Zahlmeisterassistent Schön vom Verwundeten- und Flüchtlingstransporters *General San Martin* erlebte das Furchtbare mit:

Wir waren unsere Verwundeten und Flüchtlinge in Swinemünde losgeworden und warteten seit einigen Tagen auf der Reede von Swinemünde, um Wasser, Öl und Proviant aufzunehmen. Wasser und Öl bekamen wir. Doch uns fehlte noch Verpflegung. Wir sollten zurück nach Danzig, um dort weitere Verwundete und Flüchtlinge abzuholen und hatten es deshalb eilig.

Am 12. März schickte mich mein Oberzahlmeister mit einem Verkehrsboot nach Swinemünde, um an Ort und Stelle zu kären, wann mit der Verpflegungslieferung zu rechnen sei. Um 9 Uhr legte das Boot am *General* ab, gegen 10.00 Uhr erreichte ich den Hafen.

Am Kai lagen 14 Schiffe und Schiffchen. Sie waren in den frühen Morgenstunden aus Stolpmünde eingetroffen, die meisten hatten ihre Flüchtlinge noch nicht von Bord geben können. Nachdem ich mich zunächst erst einmal im Hafen umgesehen hatte, wollte ich mich auf den Weg zum Marineverpflegungsamt begeben. Den Weg kannte ich von vorherigen Besuchen. Doch ich kam nicht dazu.

Um 11.00 Uhr war plötzlich der Teufel los. Plötzlich hatten einige Schiffe losgemacht und verließen fluchtartig den Hafen. Ich hatte keine Ahnung davon, daß Minuten zuvor die Kommandanten und Kapitäne aller im Swinemünder Hafen liegenden Schiffe den Befehl erhalten hatten: »Verlassen Sie sofort den Hafen. Ein Verband feindlicher Bomber aus Richtung Westen befindet sich im Anflug auf Swinemünde. Mit einem Angriff muß gerechnet werden...!«

Als alle Sirenen zu heulen begannen, wußte ich, warum die Schiffe ausliefen: Fliegeralarm. Ich befand mich zu diesem Zeitpunkt gerade neben einem kleinen Frachter, der etwa 3000 Tonnen großen *Androß,* der gerade mit der Ausschiffung von Frauen und Kindern begonnen hatte. Die Leute, die noch von Bord gekommen waren, rannten planlos über den Kai. Ich hörte neben mir eine Frau schreien: »Wo bleibt denn die Oma mit der Hilde...!« Ich rief dieser Frau zu: »Kommen Sie schnell – dort drüben ist ein Bunker!«

Wir hatten gerade den Bunker erreicht und waren in Sicherheit, als die ersten Bomben fielen. Im Bunker vernahmen wir nur ein dumpfes Krachen, immer und immer wieder. Die Minuten vergingen. Was wir nicht ahnen konnten: Eine der Bomben fiel genau neben der *Androß* auf den Kai und traf die Gangway, auf der die Menschen vom Schiff stürmten. Die Menschen und die Gangway wirbelten durch die Luft. Die zweite Bombe traf das Achterschiff des kleinen Frachters. Die *Androß* brannte und sank. Nur für die an Oberdeck Stehenden, die rechtzeitig genug ins Wasser gesprungen waren, gab es noch Rettung. Das Schicksal des Schiffes war besiegelt, als eine dritte Bombe das Vorschiff traf. Diejenigen, die dieses Chaos überlebten und noch laufen konnten, schleppten sich an Land, blieben erschöpft auf dem Kai liegen, der mit Toten und Verwundeten übersät war.

Als um 12.45 Uhr Entwarnung kam, ging ich nach draußen. Neben mir war die Frau mit dem Mädchen. Sie blieb stehen, starrte auf die Stelle wo die *Androß* lag, sah das rotglühende Heck des Schiffes, das noch aus dem Wasser ragte. Dann schlug sie die Hände vor das Gesicht und schrie: »Mutter – Mutter – wo bist Du – wo ist meine Hilde!« Schluchzend klammerte sich das Mädchen an die Mutter. Ich hatte noch keinen klaren Gedanken gefaßt, als ein Lastwagen neben mir hielt und Männer von ihm sprangen, Soldaten, Sanitäter. Ein Unteroffizier packte mich am Ärmel: »Komm Kamerad, pack mal mit an!«

Es waren Tote, die weggeräumt werden mußten. Wenn ich die blutbeschmierten Leiber anfassen mußte, sah ich weg und schloß für Sekundenbruchteile die Augen. Da lag eine Frau und da noch eine mit einem kleinen Jungen, dessen Hände sich in den Kleidern der Mutter verkrampft hatten, er war auch im Tode von der Mutter nicht zu trennen. Da wieder ein Kind oder der Rest von ihm. Beide Beine waren abgerissen. Ich hob den kleinen Körper auf, legte ihn einem Sanitäter auf beide Arme und sagte zu ihm: »Vorsicht...!«. Doch er warf den kleinen Körper auf den großen Haufen Toter, die sich auf der Plattform des LKWs auftürmten: »Wieso Vorsicht – der merkt doch sowieso nichts mehr davon!« Der Mann hatte recht. Doch mir hatte es die Sprache verschlagen. Ich konnte nicht damit fertig werden, soviele Tote sehen zu müssen, vor allem Frauen und Kinder. Als der LKW mit den Toten verschwunden war, begriff ich erst langsam, was um mich herum geschehen war. Und ich hörte die Schreie von Überlebenden. Mütter, die nach ihren Kindern und Kinder die nach ihren Müttern riefen. Da, unweit von mir, hatte eine Mutter ihr Kind gefunden. Tot lag es auf den kalten Steinen. Die Mutter sank in die Knie, fiel nach vorn und bedeckte mit ihrem Körper den kleinen Leichnam. Kurze Zeit später kam der LKW zurück. Ich half nochmals beim Aufladen. Es dauerte nur Minuten, dann war der Wagen wieder voll. Ich bat, mitfahren zu dürfen, denn ich hatte ja noch einen dienstlichen Auftrag. Zumindest mußte ich, trotz allem, feststellen, ob es das Verpflegungsamt überhaupt noch gab, oder ob es nur noch eine brennende Ruine war.

Wir fuhren durch die Stadt, vorbei an schwelenden oder noch brennenden Häusern. Ganze Straßenzüge waren in Schutt und Asche gesunken. Hier und da stürzte mit lautem Krachen noch eine Hauswand ein. Und überall lagen Tote.

Am Kaiserbollwerk hatte ein ganzer Bombenteppich einen endlos langen abfahrbereiten Flüchtlingszug getroffen und ihn zu einem Leichenzug gemacht. Aus manchem Fenster des Personenzuges ragten noch tote Köpfe; viele Dächer des Zuges waren abgedeckt.

»Die müssen wir noch runterholen«, hörte ich plötzlich den Unteroffizier sagen, der neben mir im Führerhaus des LKWs saß. Er wies auf die Bäume neben dem Kaiserbollwerk. Ich sah in die Richtung seines ausgestreckten Armes und erschrak. Grauenvolleres konnte es nicht mehr geben. Der Druck der Bombentreffer hatte die Menschen, die beim Angriff aus den Zügen gestürmt waren, in die Bäume geschleudert; sie hingen tot zwischen den Ästen

der Baumkronen. Dieser Anblick gab mir den Rest. »Ich möchte aussteigen«, sagte ich. Im nächsten Augenblick stand ich auf der Straße. Ich wollte nichts weiter, als diese Totenstadt verlassen. Ich ging zurück zum Hafen. Es blieb mir auch auf diesem Wege nichts erspart. Der Kurpark glich einem umgepflügten Acker. Und dieser Acker war übersät mit menschlichen Körpern und was davon übrig geblieben war. Ungeordnet lag alles herum, wie nach einer großen Schlacht. Nur – die dabei umkamen, hatten sich nicht einmal wehren können. Nach dieser Schlacht gab es keine Sieger und Besiegte mehr, sondern nur noch Tote und Überlebende. Ich mußte im Hafen lange warten, bis ich ein Boot fand, das mich zu meinem Schiff auf die Reede brachte. Als ich an Bord kam, sah ich unseren Funkoffizier. Er sah mich mit großen Augen an, legte seine Hand auf meine Schulter und sagte: »Mensch – du lebst ja noch!«

Ich fand weder in diesem Augenblick noch Stunden später eine Antwort. Es war still in mir geworden. Ich lebte noch. Am 30. Januar war ich beim Untergang der *Gustloff* mit dem Leben davongekommen – und jetzt ein zweites Mal.

Eine tote Stadt und 28 000 Leichen

Die 671 Bomber der 8. Amerikanischen Luftflotte hatten mit ihren 3500 Eintausendpfund-Bomben »ganze Arbeit« geleistet – sie hatten Swinemünde

Die Baumbrücke nach der Sprengung.

Reste der Bahnhofsbrücke.

ausradiert. Generalmajor Charles Reid, der den Angriff leitete, bescheinigte die Londoner *Times* in ihrer Ausgabe vom 13. März 1945 einen »großen Erfolg«. Doch Reid konnte auf diese »Heldentat« nicht stolz zu sein. Es handelte sich nicht um einen gezielten Angriff auf militärische Ziele, sondern um einen Terrorangriff auf eine Stadt, die mit Zivilisten und Flüchtlinge vollgestopft war. Die überwiegende Mehrzahl der Toten waren Frauen und Kinder.

Eine Frau aus Swinemünde, die den Angriff überlebte, berichtet:

Wir waren so sicher geworden in dem Gedanken: Unsere kleine Stadt ist kein wichtiges Ziel. Als dann gegen 11.00 Uhr am 12. März die Sirenen aufheulten, da glaubten wir wieder an einen kurzen Alarm. Die Frauen standen in Reihen vor den Geschäften, in allen Ämtern ging die Abfertigung weiter, nur einige wenige eilten zu den spärlich vorhandenen Bunkern. Aber dann erscholl panikartig der Ruf: »Sie kommen – sie greifen an!« und jeder versuchte in den nächsten Keller zu kommen. Fast jede Wohnung in Swinemünde hatte Einquartierungen von Ostflüchtlingen, alle Säle und Schulräume waren mit Menschen überfüllt; und an den Auffahrten zur Fähre und zur Pontonbrücke, die man zur schnelleren Überquerung der Swine extra für die vielen Flüchtlingstrecks gebaut hatte, standen endlose Reihen von Wagenkolonnen, die auf die Überfahrt warteten. Trecks zogen durch die Straßen der Stadt. Im Kurpark biwakierten mehrere tausend Soldaten, die auf ihren Weitertransport zur Kurlandarmee warteten. Der Hafen lag voller Schiffe, vollgepropft mit verängstigten Flüchtlingen.

Erbarmungslos fielen die schweren Bomben über eine Stunde lang auf unsere Heimatstadt nieder, fielen in die dichten Wohnviertel, in die mit Menschen vollgepferchten Unterkunftsräume; auf die Schulen und Säle, in denen Flüchtlinge ein vorübergehendes Unterkommen gefunden hatten; in die vielen Reihen nebeneinander und hintereinander aufgefahrener Trecks, unter deren Wagen die Menschen in irrer Angst und Entsetzen Schutz gesucht hatten. Als ich nach dem Angriff durch das Strandviertel und durch die Königsallee kam, da packte mich das Grauen vor soviel zerrissenen Menschenleibern.

Eine weitere Augenzeugin des Terrorangriffs berichtet:

Am Vormittag gegen 10 Uhr formierten sich unsere Wagen an der Ostswine, um über die Pontonbrücke geleitet zu werden. Lucie und ich trennten uns von den Treckwagen, um in Swinemünde Brot zu kaufen. Auf der Straße hörten wir, daß Bomberverbände gemeldet wären. Gleich darauf schießt die Flak. Es kracht und splittert überall. Wir liefen, lagen hinter Zäunen, warfen uns auf freies Gelände flach hin, liefen wieder, bis wir zu einem Bunker kamen. Die Bomben krachten, Flugzeuge schwirrten. Detonationen ließen den Boden erzittern, dazwischen das Gehämmer der Flak und der Bordwaffen der Flugzeuge.

Wir sind in großer Sorge um unsere Angehörigen. Wir stolpern ins Freie. Überall Staub und Qualm und Rauchwolken über der Stadt. Die Ostswine ist nicht zu sehen, die Brücke zerstört. Die Fähre fährt nicht. Auf unser Flehen setzen uns Marinesoldaten über. Unsere Dorfgemeinschaft ist schwer getroffen. 20 Tote haben wir und viele Verwundete. Auf dem Platz, wo die Treckwagen standen, Trichter an Trichter. Dazwischen die Toten und viele tote Pferde, Wagentrümmer, zerfetztes Gepäck!

Nachdem das lähmende Entsetzen gewichen war, Stunden nach der Katastrophe, begannen die Aufräumungsarbeiten und die Leichenbestattungen.

Doch nicht nur in der Stadt, auch unter den Schiffen im Hafen hatte es Opfer gegeben. Bei dem Bombardement gingen verloren: *Jasmund* (276 BRT), *Hilde* (491 BRT), *Ravensburg* (1069 BRT), *Heiligenhafen* (1923 BRT), *Tolina* (2000 BRT), *Androß* (3048 BRT) und der große Hapag-Dampfer *Cordillera*, der als Wohnschiff eingesetzt war. Allein auf *Androß* verloren 570 Menschen ihr Leben. Mit dem Schrecken davongekommen war der Lloyd-Dampfer *Lappland*, der auf Reede lag. Gleich nach dem Angriff mußte der Kapitän des Schiffes in die Stadt. Als alter Fahrensmann und Ostasienfahrer hatte er schon viel gesehen, nicht zuletzt die Greuel der chinesischen Bürgerkriege. Doch was er in Swinemünde sah, übertraf alles. Er wollte gegenüber dem Verfasser nicht darüber reden. Er sagte nur: »Was ich am Hafen erblickte, kann ich nicht schildern. Es war wohl das Grauenhafteste, was ich in meinem Leben gesehen habe«.

Als die Toten von Swinemünde zusammengetragen waren, wurden sie in Massengräbern beigesetzt. Es waren 28 000 Leichen – achtundzwanzigtausend. Erst lange nach dem Krieg entdeckte man dieses Massengrab fünf Kilometer von Swinemünde entfernt wieder. Auf einer grauweißen Betonwand der Gedenkstätte Golm auf Usedom stehen in dunklen Lettern acht Worte: *Daß nie eine Mutter mehr ihren Sohn beweint*

Der Angriff auf Stettin

Viele Swinemünder, die das Bombardement vom 12. März überlebten, und mit ihnen viele Flüchtlinge, waren noch am 12. März oder einen Tag später nach Stettin geflohen, in der Hoffnung, von hier noch weiterzukommen. Sie hatten gehört, daß kein Schiff mehr Swinemünde anlaufen würde. Alle Flüchtlingsschiffe aus dem Osten würden jetzt nach Kopenhagen geleitet. Also gab es nur die Eisenbahn und die Straße, um noch wegzukommen. Und dafür war es höchste Zeit – bevor die Russen Stettin einschlossen. Daß die deutsche Führung in diesen Tagen einen Großangriff erwartete, wußten weder die Stettiner noch die Flüchtlinge. Wer noch ein Radio hatte, hörte nur immer wieder Erfolgsmeldungen: »Erfolgreich verteidigt«, »Den Feind abgewehrt«, »20 Panzer abgeschossen« und gelegentlich einmal die Aussage «...die Frontlinie wurde begradigt«. Daß diese Formulierung die Tatsache verbarg, daß die deutschen Truppen zurückgehen mußten, wußten nur die Soldaten.

Am 14. März war der neue Oberbefehlshaber der 3. Panzerarmee, General Hasso von Manteuffel, Träger des Ritterkreuzes mit Eichenlaub, Schwertern und Brillanten, in der Festung Stettin eingetroffen. Der energische und zielbewußte Truppenführer befahl: »Es wird kein Schritt zurückgegangen!«.

Am frühen Morgen des nächsten Tages hämmerten Hunderte von Geschützrohren los – die Sowjets starteten ihren Großangriff. Es war ihnen in den Tagen zuvor schon gelungen, die beherrschenden Höhen in der Buchheide oberhalb der Autobahn bei Podejuch und Kökendorf zu besetzen. Damit lag die Stadt für sie wie auf einem Präsentierteller. Auf den Höhen gingen Geschütze und Raketenwerfer in Stellung und verteilten gezielte Feuerschläge auf die Bahnhöfe sowie die Flußübergänge an Oder und Reglitz. Zu den bevorzugten Zielen gehörten die Innenstadt ab Plitzer Straße, Paradeplatz, Grüne Schanze, Hohenzollernplatz und die Kasernen an der Körner- und Linsingstraße.

Der Beschuß hielt den ganzen Tag über an. Die Zivilisten gerieten zusehends in Panik. Sie versuchten, mit der Bahn und auf den Ausfallstraßen Pasewalker Chaussee und Falkenwalder Straße Stettin zu verlassen. Und in die Schar der Fliehenden schlugen immer wieder Granaten ein. Es gab Tote und Verwundete. Doch die Masse ließ sich nicht aufhalten.

Auch die vorrückenden Sowjets waren nicht mehr aufzuhalten. Am späten Nachmittag trafen die Unglücksmeldungen ein:

»Zur Beseitigung des Brückenkopfes Stettin trat der Feind heute nach mehrstündiger Feuervorbereitung mit starken, zusammengefaßten Kräften zum Großangriff an«, »Im Abschnitt der 25. Panzerdivision durchbrach der Feind bei seinem Angriff die Front südlich Klebow bis zum Südrand Buchheide, konnte nach erbittertem Kampf Klebow nehmen und durch den Wald westlich und nordwestlich des Ortes mit Teilen bis an die Autobahn vordringen«, »Nördlich der Autobahn stand eine Batterie im Nahkampf«, »Feind bei Haltepunkt Königsweg und Straßenkreuz Autobahn/Reichsstraße 104«, »Feinddruck auf Hammermühle und Stutthof«, »Feindangriffe auf Oberhof und Bergland«. Daß die Russen am 15. März nicht schon weit in die Stadt vordringen konnten, lag an der Topographie und am verbissenen Widerstand der Verteidiger. Sie und die zahlreichen Flußläufe, Bahndämme sowie die Oderniederung bremsten den Angriff. Er blieb sieben oder acht Kilometer vor dem Stadtzentrum liegen. Die 1. Marinedivision brachte sogar einen südlichen Entlastungsangriff über Ferdinandstein zuwege, kam aber nicht bis Greifenhagen voran.

Der Befehl, der die deutschen Kommandostellen am 16. März um 1.30 Uhr erreichte, bedeutete das Ende der Festung Stettin:

Geheime Kommandosache.

Heeresgruppe Weichsel, 16.03.1945 ab 1 Uhr.

1.) Neue Feindnachrichten lassen erkennen, daß der Gegner den entscheidungssuchenden Angriff auf Berlin vorbereitet.

2.) Die Heeresgruppe hat daher unter vorläufiger Zurückstellung des Angriffsgedankens aus dem Brückenkopf Stettin alle Maßnahmen zur Stützung der Front der 9. Armee zu ergreifen.

Der noch am Vortag so wichtige Brückenkopf Stettin mit seinem Schiffsverkehr, der Versorgungs-

hafen der 2. Armee, war nebensächlich geworden. Absoluten Vorrang hatte die Verteidigung der Reichshauptstadt Berlin erhalten. Zu ihrer Verteidigung wurden in den nächsten Tagen kampferprobte Einheiten abgezogen; mit Verstärkungen und Munitionsnachschub brauchte Stettin nicht mehr zu rechnen.

Da die Russen nur zögernd folgten, konnten die Absetzbewegungen ohne Feinddruck planmäßig erfolgen. Am 16. März mußte auch die Führungsstaffel der Panzerdivision in die Kasernen von Podejuch ausweichen. Bei Altdamm wurde die Front noch von Norwegern der SS-Division *Nordland*, von Flamen der SS-Division *Langemarck* und von Holländern der SS-Division *Nederland* gehalten. Es handelte sich nur noch um Divisionsreste. Den Bahndamm hielt die 549. Volksgrenadierdivision; vermischt mit wallonischen Freiwilligen der Waffen-SS. Bis zur Uferstraße verteidigte die Panzerdivision. In der Nacht brüllten Lautsprecher der anderen Seite durch den Wald über Sydowsaue: »Weshalb wehrt ihr euch noch – das rechte Oderufer wird polnisch. Ihr habt hier nichts mehr zu suchen, geht zurück nach Stettin!«

Die Stettiner verlassen die Stadt

Eine Stettinerin erinnert sich an die letzten Märztage in ihrer Heimatstadt:

Am 14. und 15. März 1945 befanden wir uns Tag und Nacht in unserem Luftschutzkeller. Die Innenstadt lag unter starkem Artilleriebeschuß. Ständig heulten Flugzeuge über uns hinweg, schossen und warfen Bomben. Im Keller sprachen wir nur über die schlimme Entwicklung und berieten, was wir unternehmen sollten. Aus der Zeitung und über den Rundfunk hatten wir von den schlimmen Gewalttaten der russischen Soldaten erfahren. Eine Hausbewohnerin hatte mit Betroffenen gesprochen. Sie wußte zu berichten, daß die Sieger hemmungslos Frauen und Mädchen vergewaltigten. Mit Flammenwerfern sind sie in die Keller eingedrungen. Wir waren uns einig, daß man schnellstens die Stadt verlassen sollte. Am 15. März kamen ein Mann und eine Frau von der Ortsgruppenleitung der NSDAP mit dem Bescheid, daß diejenigen, die nicht in einem kriegswichtigen Betrieb arbeiteten, Stettin verlassen könnten. Auf dem Hauptbahnhof ständen Züge bereit.

Wir wollten uns an Ort und Stelle informieren. Am Spätnachmittg des 16. März gingen wir durch die Bismarckstraße, am Paradeplatz entlang und die grüne Schanze hinunter zum Bahnhof. Hin und wieder pfiffen Granaten über uns hinweg. Viele Menschen waren unterwegs. Nicht wenige hatten das gleiche Ziel wie wir. Auf den Straßen herrschte lebhafter Kraftfahrzeugverkehr. Hauptsächlich waren es Militärfahrzeuge. Wir sahen Beschädigungen, die von Granateneinschlägen herrührten, sowie Spuren von Flugzeugbeschuß. Am Hauptbahnhof herrschte ein starkes Gedränge. Überall lagen und standen scheinbar herrenlose Gepäckstücke, Handwagen und Karren herum. Bei Beschuß verstärkte sich das Durcheinander. Jeder wollte den unterirdischen Bunker erreichen. Von Bahnbediensteten erfuhren wir, daß Züge in Richtung Westen bereitständen.

Am 17. März verließen wir bald nach Tagesanbruch mit Handgepäck unsere Wohnung. Als wir den Paradeplatz erreichten, setzte Artilleriefeuer ein. Wir hielten uns an der Südseite, um durch die Ruinen Deckung zu haben, und hasteten weiter. Ich war etwas vorgeeilt. Gerade hatte ich die Einmündung der Grünen Schanze erreicht, als eine Granate in Höhe der Stadtbücherei einschlug. In einem Ruinengrundstück an der westlichen Straßenseite suchte ich Schutz. In diesem Moment sah ich, wie eine weitere riesige Granate angeflogen kam. Ca. zehn Meter vor mir prallte sie auf das Straßenpflaster! Sie detonierte nicht! Nach dem Auf- bzw. Abprall flog das Geschoß in einem flachen Winkel weiter und landete auf der Ladefläche eines LKWs. Auch dort detonierte es nicht, zerstörte das Fahrzeug aber erheblich. Nachdem sich die Beschießung auf andere Ziele verlagert hatte, setzte ich mit meinen Angehörigen den Weg zum Hauptbahnhof fort.

Am Bahnhof bot sich das gleiche Bild wie am Vortage. Unkontrolliert und unregistriert gelangten wir durch die Sperre auf den Bahnsteig. Wir sahen mehrere Züge, bestehend aus Personenwagen und geschlossenen Güterwagen. Sie waren alle vollbesetzt. Hunderte von Menschen warteten mit ihrem Gepäck an den Bahnsteigen. Nach einiger Zeit verlängerten Bahnbeamte einen der überfüllten Züge um mehrere geschlossene Güterwagen.

Willi Neuhoff.

Trotz fürchterlichem Gedränge konnten wir zusammenbleiben und in einem der Wagen Platz finden.

In Intervallen ebbte der Beschuß auf und ab, um schließlich auch wieder ganz zu verstummen. Häufig hörten wir Einschläge. Wir hatten furchtbare Angst. Aber keiner verließ den Waggon. Wer wollte schon den für den Weg in die vermeintliche Sicherheit mühsam ergatterten Platz aufs Spiel setzen. Stunden verrannen. Kein Zug fuhr aus dem Bahnhof. Es hieß, bei Pommernsdorf sei die Strecke durch einen Granateinschlag beschädigt. Der Tag neigte sich seinem Ende entgegen. Es wurde dunkel. Die Heimatstadt lag weiter unter Artilleriebschuß. Am Abend setzte sich der Zug langsam in Bewegung...

Ein anderer Stettiner, Willi Neuhoff, schreibt:

Am 18. und 19. März erreichten die sowjetischen Truppen ihr Ziel, mittels eines Durchbruchs bei Klütz die Ostoder zu erreichen und dadurch die deutschen Verbände zu spalten. In der Nacht zum 20. März mußte der Brückenkopf nach langem Standhalten gegen die erdrückende Übermacht der Roten Armee von seinen Verteidigern aufgegeben werden. Der Wehrmachtsbericht meldete am 21. März: *In wochenlanger erfolgreicher Abwehr hat die Besatzung des Brückenkopfes östlich von*

273

*Stettin den sowjetischen Durchbruch auf die Oder verei-
telt. Sie wurden nunmehr auf das Westufer zurückgenommen.* Das bedeutete, daß mit dem 20. März alle östlich der Großen Reglitz gelegenen Vororte Stettins von der
Roten Armee besetzt waren. In letzter Minute und vor den
Augen der heranrückenden Russen waren die Brücken
über die Ostoder und über die Große Reglitz gesprengt
worden.

Während des Anrennens der Russen gegen den mit
großer Zähigkeit verteidigten Brückenkopf war der Stadtkern von Stettin immer wieder das Ziel schwersten Artil-
lerie-Beschusses gewesen. Häufige Jagdbomberangriffe
hatten für eine zusätzliche Beunruhigung der Bevölkerung gesorgt und den Verkehr ganz erheblich beeinträch-
tigt. In allen Stadtteilen gab es Tote und Verletzte. Die
Schäden waren jetzt nicht mehr zu übersehen. Stundenlang mußte die Bevölkerung in Luftschutzkellern und
-bunkern ausharren.

Noch arbeiteten viele Betriebe. In den Feuerpausen
hasteten die Beschäftigten zu ihren Arbeitsplätzen und
zurück zu ihren Wohnstätten. Oder man eilte in die Geschäfte, um sich mit dem Notwendigsten zu versorgen.
Ein besonderes Lob gebührt denen, die sich in dieser
schweren Zeit bemüht haben, die Versorgung ihrer Mit-
bürger zu gewährleisten.

Mitte März begannen die Behörden und viele Betriebe Pläne für eine Aus- bzw. Verlagerung nach
Westen zu entwickeln. Die Stoewer-Automobil-
werke erhielten seitens der Rüstungsbehörde den
Auftrag, einen Teil ihrer Fabrikation, hauptsächlich
die Herstellung von Ersatzteilen für den leichten
Einheits-Personenkraftwagen der Wehrmacht,
nach Röbel am Müritzsee zu verlagern. Produkti-
onsstätte sollte die dortige *Reichshalle für Getreide*
werden. Erste Vorbereitungen für eine Verlagerung
des Amtsgerichts und der Gerichtskasse nach
Stralsund sowie des Land- und des Oberlandesge-
richtes nach Greifswald hatten schon 9. März begonnen.

Aber auch die Evakuierung der Bevölkerung aus
der stark gefährdeten pommerschen Hauptstadt
wurde nun in Erwägung gezogen. Dabei handelte
es sich um eine Bevölkerungsbewegung, die eigentlich schon in vollem Gange war. Eingesetzt
hatte sie mit dem Abfließen von Flüchtlingen, die als

Heimatlose in Stettin angekommen waren. Sie
hatte andere mitgerissen: Menschen, die keine
Chance mehr sahen, daß die Sowjets aufgehalten
werden konnten. Nach vorsichtigen Schätzungen
hielten sich in den links der Oder gelegenen Stadtteilen jetzt zeitweilig erheblich mehr als 300 000,
vermutlich sogar mehr als 400 000 Menschen auf.
Eine Drittelmillion war hier nur wenige Kilometer von
der Front entfernt auf engstem Raum zusammengeballt.

Die Entscheidung über die Räumung Stettins ob-
lag nicht etwa den Verwaltungsbehörden, also dem
Oberbürgermeister oder dem Regierungspräsiden-
ten. Sie war dem Gauleiter in seiner Eigenschaft als
Reichsverteidigungskommissar und damit der
Staatspartei übertragen.

Angesichts der akuten Bedrohung ließ der Räumungsbefehl dann lange auf sich warten. Aber im
Gegensatz zu anderen pommerschen Regionen
wurde die rechtzeitige Abwanderung Fluchtwilliger
nicht behindert, sondern zumindest geduldet.
Später folgte der Duldung die Förderung, und ab
15. März durfte Stettin mit Billigung des Gauleiters
verlassen werden. Am 20. März erfolgte die Anordnung der Räumung für die Zivilbevölkerung. Der
Hauptbahnhof war von Tausenden umlagert. Beschuß und Fliegerangriffe riefen immer wieder ein
chaotisches Durcheinander hervor. Menschenmassen drängten sich in den viel zu kleinen Bunker des
Bahnhofs. Dazwischen machtlose Ordner. In Feuerpausen setzte sofort ein Sturm zurück auf die
Bahnsteige oder zu der auf dem Bahnhofsvorplatz
zurückgelassenen Habe ein. Noch gab es »re-
guläre« Züge. Aber die Bahn stellte jetzt auf Veranlassung des *Gauleiters und Reichsverteidigungskommissars* Schwede-Coburg auch sogenannte
Räumungszüge bereit. Diese Züge verließen Stettin
mit unbestimmtem Ziel. Erste Transporte endeten in
der Provinz Hannover und in Ostfriesland. Später
gingen die Räumungstransporte meist in die vor-
pommerschen Kreise. Der Schienenverkehr in
Richtung Berlin endete inzwischen in Eberswalde.

Größere Gruppen Fluchtwilliger mit kleinem und
mittlerem Gepäck standen überall an den Ausfallstraßen, vor allem aber an der Pasewalker Chaus-

see und an der Falkenwalderstraße. Eine Konzentration gab es auch am Sammelplatz an der Arndt-Mittelschule in der Barnimstraße, wo Mitnahmemöglichkeiten per Militärlastwagen in die nähere und weitere Umgebung bestanden.

Unzählbar war die Schar derjenigen, die sich zu Fuß oder mit Fahrrädern auf den Weg in eine ungewisse Zukunft machten.

Die untere Oder stand als Verkehrsweg zum Abtransport von Flüchtlingen schon seit Anfang März nicht mehr zur Verfügung.

Hitler genehmigt die Räumung

Am 17. und 18. März mußten die deutschen Verbände weiter zurückgehen. Überall entstanden versprengte Haufen; eine zusammenhängende Verteidigungslinie gab es nicht mehr. Aufgrund dieser ausweglosen Situation beantragte General von Manteuffel am 18. März den Räumungsbefehl für die Truppen. Er konnte und wollte es nicht mehr verantworten, seine fast zerschlagene Truppe mit ihrem Gerät, auf engstem Raum auf dem rechten Oderufer zusammengepreßt, zurückzulassen und damit der Vernichtung preiszugeben. Der weitsichtige Panzergeneral hatte Hitler vor die Alternative gestellt: »«...entweder in der Nacht alles auf das Westufer der Oder retten, oder morgen alles verlieren!«

Widerwillig erteilte Hitler am 19. März den Räumungsbefehl für die kommende Nacht. Der Befehl, als *Geheime Kommandosache* eingestuft, hatte folgenden Wortlaut:

1. Führer hat Räumung des Brückenkopfes Stettin, in der Nacht vom 19. zum 20.03. beginnend, genehmigt.

2. Panzerarmee-Oberkommando 3 hat das Absetzen aus dem Brückenkopf so durchzuführen, daß die Rückführung sämtlicher schweren Geräte, vor allem der Panzer, der Artillerie und der Flak gewährleistet ist.

3. Mit den freiwerdenden Verbänden ist sofort die Oder-Verteidigung bei und beiderseits Stettin einzurichten und die Verstärkung des Oderkorps und des Brückenkopfes Langenberg durchzuführen. Schwerpunkte der Gesamt-Oderverteidigung sind nunmehr: a) Alt-Oustrinchen,

b) der Oderabschnitt beiderseits Schwedt, c) beiderseits Greifenhagen, d) bei Stettin, e) der Brückenkopf Langenberg.

Der Reichsführer-SS Himmler beeilte sich, Anweisungen für die sofortige Erhöhung der Verteidigungsbereitschaft anzuhängen:

Insbesondere mußte der Groß-Stützpunkt Stettin mit allen Listen und Tücken ausgebaut werden. Hierbei ist in hohem Maße von Scheinanlagen Gebrauch zu machen. Sie müssen dauernd durch schwache Besatzung belebt werden. Trampelpfade, aufgehängte Wäsche, Feuer und Rauch erhöhen die Natürlichkeit. Es kommt darauf an, durch derartige Anlagen den Feind zu hohem Munitionseinsatz zu veranlassen.

Zur »Erhöhung der Verteidigungsbereitschaft« gehörte auch die Umgruppierung des Stettiner Volkssturms. Eine weitere wichtige Anordnung erfolgte am 22. März 1945. Sie lautete:

An Panzer-Oberkommando 3 – An Festungskommandanten Stettin – Nachrichtlich an Gauleiter von Pommern, Betr.: Festung Stettin.

Für die Festung Stettin wird mit sofortiger Wirkung der Beginn der Festungskampfzeit befohlen. Damit treten innerhalb des Festungsbereiches alle dem Festungskommandanten gegebenen Rechte und Befugnisse in Kraft. Der Festungskommandant ist nunmehr Herr über Leben und Tod entsprechend den gegebenen Bestimmungen!

Die *Parteiamtliche Zeitung der NSDAP, Gau Pommern*, als *Pommern-Zeitung* betitelt, veröffentlichte auf Seite 1 der Ausgabe vom 23. März 1945 unter der Überschrift *Ruhe vor Stettin* einen Frontbericht:

Nach einem bolschewistischen Trommelfeuer am Dienstag ist der Kampflärm zunächst verstummt. Die deutsche Verteidigung aber ist auf alles gefaßt: Im Kampfraum Stettin herrscht nach der für den Feind überraschenden Räumung des Brückenkopfes ostwärts der Oder ziemliche Ruhe. Am Dienstag hatte es den Anschein, als wollten die Bolschewisten die Schlacht um Stettin selbst einleiten. In den frühen Morgenstunden setzte ein in seiner Massierung ungewöhnliches Trommelfeuer ein, daß die Straßen der Stadt mit dem Dröhnen der Einschläge erfüllte. Hunderte von Rohren spien ihre schweren Granaten brüllend auf die deutschen Stellungen und zerwühlten den Boden.

Es entwickelte sich gleichzeitig im Raum unmittelbar

Sie geht zur Arbeit,
er in den Kampf!

Im Kampfraum Stettin: Ein Bild aus diesen Tagen

In der Ausgabe vom 15. April 1945 zierte diese Aufnahme aus Stettin die Titelseite der *Berliner Illustrierten*: »Sie geht zur Arbeit – er in den Kampf!«

vor Stettin eine Panzerschlacht, in der der Feind den Durchbruch aber nicht erreichte. Brennende Panzerwracks übersäten bald das Kampffeld, ohne daß der Feind an die Stadt selbst herankam. Unermüdlich kämpften die deutschen Panzergrenadiere. Sturmgeschütze fuhren schneidige Gegenangriffe und Panzer um Panzer des Feindes, der gegen unsere Linien anrollte, mußte es mit seiner Vernichtung bezahlen.

Die am Montag, dem 9. April 1945 unter dem Titel *Festungs-PZ* erschienene *Pommersche Zeitung* informierte alle noch in Stettin befindlichen Zivilisten, daß »alle Personen ohne Aufenthaltsgenehmigung nicht mehr berechtigt sind, in der Stadt zu bleiben oder dieselbe zu betreten!« In dieser Anordnung des Festungskommandanten wurden alle Beschäftigten der Wehrmacht, der Partei, der Post, der Reichsbahn und der Stadtverwaltung aufgefordert, sich bei ihren Arbeitgebern Aufenthaltsgenehmigung ausstellen zu lassen.

Es wurde ferner darauf hingewiesen, daß »alle Personen ohne Aufenthaltsberechtigung sich nicht mehr in Stettin aufhalten dürften; sie müßten mit ihrem sofortigen Abschub rechnen«.

Truppenverladung an der Hakenterrasse.

Auch Stettiner, die in der Umgebung eine Bleibe gefunden hatten, durften die Stadt nicht mehr betreten. Dies besagte die Ziffer 3 der Anordnung des Festungskommandanten:

Zur Bergung ihres Eigentums für kurze Zeit nach Stettin zurückkehrende Einzelpersonen dürfen die Stadt ab sofort nicht mehr betreten. Hiervon sind ausgenommen diejenigen Zivilpersonen, die zur Bergung von wichtigen Wirtschaftsgütern (ärztliche Einrichtungen, Maschinen und ähnliches) bei Todesfällen nächster Angehörigen einreisen.

Die Ausweispflicht für die *Festung Stettin* trat am 13. April 1945 um 0.00 Uhr in Kraft, sie bedeutete die nahezu restlose Entvölkerung der Stadt. Die meisten Behörden verließen die Stadt und unterhielten – wenn überhaupt – nur noch Notdienste; wie etwa die Post, die Bahn und die Stadtverwaltung. In der *Festung Stettin* hielten sich ab Mitte April nur noch die zur *Besatzung* gehörenden Soldaten auf.

Verteidigung oder Aufgabe

Die oberste Führung in Berlin, die Stäbe der Heeresgruppe Weichsel und der Führungsstab des Panzerarmee-Oberkommandos 3 ließen sich durch die relative Ruhe an der pommerschen Oderfront zwischen Ende März und Mitte April nicht darüber hinwegtäuschen, daß spätestens Mitte April mit dem nächsten entscheidungssuchenden Großangriff gerechnet werden mußte.

Vieles hatte sich inzwischen zu Ungunsten der Oderfront entwickelt. So waren in den letzten Märztagen Gotenhafen und Danzig aufgegeben worden, russische Truppen beherrschten die Danziger Bucht, nur die Halbinsel Hela hielt sich noch. Am 9. April hatte Königsberg kapituliert, lediglich der letzte ostpreußische Hafen, Pillau, kämpfte noch. Am 8. bzw. 18. März waren die Pommernhäfen Stolpmünde und Kolberg verlorengegangen. Aufgrund dieser Entwicklung mußte damit gerechnet werden, daß sich in absehbarer Zeit die sowjetische Front gegen Stettin, Swinemünde und die Oderfront weiter verstärkte.

Bereits am 5. April hatte der Führungsstab der Heeresgruppe Weichsel erkannt, daß die Ende März an der Weichselfront freigewordenen Verbände der 2. Weißrussischen Front sich von Danzig aus auf Stettin in Marsch setzten. Aufgrund dieser Tatsache hatte der Oberbefehlshaber der Heeresgruppe Weichsel, Generaloberst Heinrici, vom Oberkommando die Rücknahme des befohlenen Abtransportes der schnellen Verbände der 3. Panzerarmee gefordert. Doch diese Forderung hatte Berlin abgelehnt. Aufgrund einer nochmaligen drin

Die Stellung einer 8,8-cm-Flakbatterie vor Stettin, die von blutjungen Soldaten bemannt wurde.

fehlte eine organisierte Gliederung der Einheiten, sie mußte notdürftig vollzogen werden. Zudem hatte sich auch die Frontlage im Westen so verändert, daß sich durch das gleichzeitige Vordringen des Gegners im Osten und im Westen für Stettin die Gefahr einer zweiten Front für Stettin anbahnte. Konnte mit den vorhandenen Kräften und den Vorräten an Munition und Verpflegung Stettin über einen längeren Zeitraum gehalten werden? Der weitere Kampfverlauf beantwortete diese Frage.

Die erwartete Endoffensive der sowjetischen Truppen begann am 18. April. Die vielfache Überlegenheit des Feindes und seine Erfolge ließen rasch erkennen, daß weiterer Widerstand sinnlos war. So hatte die 2. Weißrussische Front den breiten Brückenkopf westlich der Oder eingenommen und konnte aus diesem heraus jetzt auch Angriffe nach Norden führen – unmittelbar gegen die Südfront der Festung. Gemäß Führerbefehl mußten *Festungen* aber unter allen Umständen gehalten werden. Ohne ausdrückliche Genehmigung Hitlers war eine Räumung nicht möglich.

Stettin wird kampflos übergeben

In Stettin wurde nicht gefragt, sondern gehandelt.

Die Heeresgruppe Weichsel, die Führungsstäbe der 3. Panzerarmee und des XXXII. Armeekorps kamen darin überein, unnötige Opfer zu vermeiden. Die 3. Panzerarmee erteilte am 25. April den allgemeinen Absatzbefehl von der Oder. An diesem Tag bestand bereits für Stettin die Gefahr der Abschnürung von Westen her. Den Räumungsbefehl erließ das Generalkommando des XXXII. Armeekorps am 25. April 1945 um 16.45 Uhr für die Nacht des 25. zum 26. April. Befohlen wurde das Absetzen des Korps aus der derzeitigen HKL in die Linie Woddow – Wolchow – Menkin – Löcknitz – Beck – Blankakensee – Nassenheide – Neuendorfer See – Karpiner See – Haffhorst. Die schweren Waffen sollten vorweg in neue Stellungen gebracht werden. Ab 21.00 Uhr sollten die Truppen die Bewegungen so durchführen, daß bis gegen 4.00 Uhr

»Kindersoldaten« im Fronteinsatz bei Stettin.

genden Forderung erklärte sich Hitler bereit, 100 000 Mann der Luftwaffe, der Kriegsmarine und der Waffen-SS der Heeresgruppe Weichsel zur Verteidigung des Festungsbereiches Stettin-Swinemünde zuzuführen. Tatsächlich trafen nur 30 000 Mann ein; zum Teil ungenügend bewaffnet und ohne infanteristische Ausbildung. Darüber hinaus

morgens die Abwehrbereitschaft in den neuen Stellungen gewährleistet sein würde.

Der Kommandant von Stettin, Generalmajor Brühl, informierte den Kommandeur der Festungsbrigade, Oberst Woller, darüber, daß auch die Festungsbrigade Stettin die Absatzbewegung mitmachen solle. Er wies Woller in einem persönlichen Gespräch darauf hin, daß der kommandierende General des XXXII. Korps, General Schack, dies ausdrücklich befohlen hätte, »da nach seiner Auffassung der Führer den Überblick über die Kampflage verloren habe«. Die Truppe zum Selbstopfer zurückzulassen, wäre unsoldatisch und unzweckmäßig. Diese mutige Entscheidung des Generals hätte ihm zu einem früheren Zeitpunkt den Kopf kosten können.

Die Absetzbewegung wurde jedoch für die Festungsbrigade Stettin schwierig, da sie über keine Fahrzeuge verfügte, sie mußte sich diese erst in den umliegenden Dörfern beschaffen. Die um Stettin fest eingebauten Flakgeschütze mußten gesprengt werden. Da der Feind die beabsichtigte Räumung erkannt hatte, belegte er die Festung mit Störfeuer. Dadurch erlitt die abziehende Truppe noch erhebliche Verluste. Noch am Abend des 25. April versuchten Einheiten des sowjetischen 105. Korps, sämtliche aus dem Westen zur Stadt führenden Straßen abzuschneiden. Einheiten der 2. Stoßarmee rückten von Südwesten und über Pommerrensdorf auch von Süden in die Stadt ein. Das Absetzen der meisten deutschen Truppen erfolgte jedoch über die Falkenwalder Straße nach Nordwesten.

Die geräumte Festung wurde am 26. und 27. April von Teilen der 2. sowjetischen Stoßarmee besetzt. Die Zivilbevölkerung hatte die Stadt noch rechtzeitig verlassen. Beim Einmarsch des Gegners sollen sich noch etwa 10 000 Zivilisten, meist ältere Leute, in der Stadt befunden haben.

Der Nachrichtenoffizier Walter Hannemann wurde im Januar 1945 zur Festungskommandantur Stettin versetzt, zuvor war er Inspektionschef an der Flakschule in Greifswald gewesen. Er erlebte die kampflose Räumung der Festung Stettin mit:

Der Russe hat die Oder überschritten – marschiert auf Berlin – und steht vor Stettin. Ein verdammt unangenehmes Gefühl – bei dem Gedanken, daß man nun bald in der Falle sitzt.

Da kommt der Befehl: Stettin wird geräumt, kampflos geräumt! Weiß der Himmel, wem dieser einsichtige Befehl zu verdanken ist! Nun, der Befehl ist da. Am 25.04. abends beginnen die »Truppen« der Festung, sich als *Kampfgruppe Brühl* nach Westen abzusetzen.

Auf meinem »Holzvergaser« habe ich einen 100-Watt-Sender, zwei T-Empfänger, 40 Rollen schweres Feldkabel, Batterien, sechs Panzerfäuste, Sprengmaterial u.a.m. verladen, meine wertvollste »Ladung« jedoch: die sechs »Einzelkämpfer« der »Festung«. Über diese Männer, die mir unterstellt waren, wird später zu berichten sein. Immer, wenn es die Zeit erlaubte – vor allem nachts, *rufe* ich Kolberg, Frankfurt/Oder, Breslau. Die Sender schweigen! Schon am Abend des 25.04. stelle ich fest, daß es keine einzige geordnete Einheit mehr gibt. Aufgelöst. Rette-sich-wer-kann-Stimmung! Ob General Brühl, dieser soviel Ruhe ausstrahlende Offizier, wohl weiß, aus welchen bzw. aus wieviel Einheiten seine Kampfgruppe jetzt noch besteht? Den *Chef des Stabes* müßte man fragen. Aber wo ist er in dieser Stunde? Wo ist Kallmann? Wo der kleine Leutnant Silbermann, der *Ic* der Festung? Am nächsten Tag sehe ich beim General nur noch Leutnant Schulz, seinen ständigen Begleiter, den Artillerie-Kommandeur und ein paar Fahrer.

Auf meiner Karte sind einige Orte dick unterstrichen: Pasewalk, Friedland, Alten-Treptow, Demmin, Dargun, Gnoien – mein Heimatstädtchen, Tessin, Rostock. Marschweg der Kampfgruppe. Treffpunkte! Eine dicke Linie, gezogen vom Malchiner- über den Kummerower See und entlang der Peene erinnert mich daran, daß hier noch einmal eine *Widerstandslinie* errichtet werden soll... Soll!...Am Morgen des 30. April versuche ich noch nach Demmin hineinzukommen. Vergebens – der Russe soll schon mit einer Panzerspitze »drin« sein. Demmin brennt!

Als wir wieder das Dorf Zarnekow passieren, hören wir, daß ein General soeben »da gewesen«, jedoch gleich umgekehrt sei.

Auch in Dargun treffe ich General Brühl nicht mehr an. Nächster »Gefechtsstand« Gnoien! Mein Heimatstädtchen. Hier bin ich geboren, hier bin ich aufgewachsen, hier habe ich eine Familie gegründet.

Wer vermag zu sagen, was in mir vorging auf diesem Wege von Dargun nach Gnoien, auf dem mir, wie es mir schien, jeder Baum und jeder Strauch vertraut und vorwufsvoll zugleich nachschaute? Auf diesem Wege, der mich meiner Familie unter die Augen führte, den Eltern und den vielen, vielen Bekannten...

Auf der Brücke am Mühlentor müssen wir halten. Ein SS-Sturmbannführer kommt an unser Fahrzeug und fordert mich auf, auszusteigen.

Als ich vor ihm stehe, höre ich »Auffangstab... Verteidigung dieser Stadt... Brückensprengung...« Ich bin auf einmal wieder hellwach! Meine sechs »Einzelkämpfer« – wie ich im Tarnanzug ohne Dienstgradabzeichen – sind sofort vom Fahrzeug gesprungen. Sie schauen mich an. Von dem Mann vor mir nehmen sie überhaupt keine Notiz. Oder sollte ich mich täuschen?

Ich erkläre dem Auffangstäbler nun in höflichem Ton, daß nicht er zu bestimmen hätte, ob dieser Ort verteidigt würde oder nicht, sondern der Führer der *Kampfgruppe*, mein General, – daß, falls der General nicht mehr im Ort sei, ich als Sohn dieser Stadt dann entscheiden würde, ob sie verteidigt und ob gesprengt würde oder nicht. Ich lege – wie einst – die Hand an die Mütze und sage zu meinen sechs Männern nur kurz »Aufsitzen«. Ich steige wieder ein, ohne darauf zu achten, ob der Sturmbannführer und seine vier Männer die Hand zum Gruß erheben.

Auf dem Marktplatz meiner kleinen Heimatstadt stehe ich gleich darauf dem General gegenüber. Ich mache kurz Meldung über mein Gespräch mit dem »Auffangstab«. Er nickt nur nachdenklich mit dem Kopf. Ich bitte ihn nun kurz – als Sohn dieser Stadt – um eine halbe Stunde Urlaub. Da ich keine Antwort bekomme, sage ich noch schnell: »Herr General, ich bin spätestens in einer Stunde zurück«. Er nickt nur mit dem Kopf, ruft mich dann aber zurück: »Hannemann, wollen Sie ihre Heimatstadt verteidigen?« – »Nein, Herr General«, sage ich, ohne jede Begründung. – »Ist gut; es wäre auch sinnlos!«

Das Städtchen verteidigen? Womit? Die Brücke sprengen? Gut, aber was wäre schon mit dem Abschuß von ein paar Panzern gewonnen? Nichts! Es gäbe nur ein sinnloses Blutvergießen, und die Stadt würde auch brennen – wie Demmin. Das mögen meine Gedanken gewesen sein auf dem Wege zur Familie und ins Elternhaus.

Vor mir steht plötzlich der stellvertretende Ortsgruppenleiter Dettmann. Ich bitte ihn, mit all seinen Kräften beruhigend auf die Bevölkerung einzuwirken. Vor allem soll er dafür sorgen, daß möglichst alle Alkoholvorräte vernichtet werden, insbesondere die der Kaufleute und der Weinhandlungen Boettcher und Schröder.

Es folgt ein trauriges Wiedersehen mit den Angehörigen. Ich kann ihnen nur Mut zusprechen. Doch wer hat schon Mut in diesen Stunden. Ratlosigkeit und Verzweiflung – wohin man schaut...

Auf dem Rückweg zum Marktplatz immer wieder die gleichen Fragen: Was sollen wir bloß machen? Was können wir noch tun? Die nackte Angst spricht aus den Gesichtern dieser Menschen. Auch ich spüre es auf einmal: Da kommt etwas Schreckliches auf die kleine Stadt zu, besonders auf die jungen Mädchen und Frauen. Sie scheinen zu ahnen, was da am nächsten Tag schon über sie hereinbricht.

In den Abendstunden verlassen wir Gnoien. Wir wollen noch bis Teterow, um dann zu versuchen, über Güstrow und Bützow die Küste in Wismar zu erreichen. Doch wir kommen nur bis Jördenstorf – ein Ort, etwa 12 km südlich von Gnoien. Hier übernachten wir im Elternhaus des Unteroffiziers Westphal, der zum Festungsstab gehört und den der General hier entläßt.

1. Mai 1945: Schon sehr früh sind wir wieder auf den Beinen. Als wir bei Thürkow auf die Chaussee stoßen, die von Teterow über Laage nach Rostock führt, hören wir aus südlicher Richtung – aus dem Raum Teterow – bereits Kampflärm. Aus mit Teterow – es geht nordwärts, Richtung Laage. – In den Trecks, zumeist Bespannfahrzeuge und bei den vielen Menschen, die sich hier nach Norden zu retten versuchen, entsteht eine große Unruhe. Fahrzeuge verlassen die Chaussee, Frauen und Kinder laufen plötzlich querfeldein. Ich lasse halten, steige aus. Aber da schreit schon einer von meinen Männern: »Panzer! Weiterfahren!« Ich höre nun selbst einen Abschuß und gleich darauf den Einschlag. Jetzt wirds' ernst. Unser Holzvergaser ist langsam; die kleinsten Steigungen machen ihm schwer zu schaffen. Deshalb: Runter mit dem Feldkabel. Ich rufe es den Männern zu. 40 schwere Trommeln »fliegen« vom Fahrzeug. Es geht jetzt schneller. Oder bilde ich es mir nur ein? – Ein unangenehmes Gefühl, so gejagt zu werden, um so mehr, da ich nicht sehen kann, was hinter uns passiert. Ich verlasse mich ganz auf meine Männer. Die haben schon andere Situationen gemeistert. Auch unser alter und schon etwas beleibter Fahrer wird nun nervös.

Wir haben jetzt Laage erreicht und – wie es scheint – einen kleinen Vorsprung gewonnen. Hergott im Himmel, wie siehts in diesem kleinen und sonst so verträumten Städtchen aus! In einem aufgeschreckten Ameisenhaufen kann es nicht lebendiger zugehen! Ein Durchkommen ist unmöglich, zwei, drei Fahrzeugreihen sind nebeneinander aufgefahren!

Ich kenne das Städtchen, steige deshalb aus, um nachzusehen, wo die »Verstopfung« liegt. Ich finde sie – wie ich vermutete – in der sehr engen Straße, die vom Marktplatz zum Ortsausgang in Richtung Rostock führt.

Keine Feldgendamerie, kein Offizier, der hier schnell und energisch eingreift. Ein schreckliches Bild taucht vor mir auf – daß in Kürze schon russische Panzer hier hineinstoßen können.

Zwei von meinen Männern stehen plötzlich vor mir. Ich sage nur: »Los, Jungens, ran!« Sie verstehen sofort. Rücksichtslos wird nun die Stockung beseitigt. Oft reicht ein vernünftiges Wort. Oft hilft nur die schärfste Drohung mit der Pistole in der Hand. Nach und nach kommen die Fahrzeuge wieder in Fluß. In nur einer Reihe beginnen sie nun, aus der Stadt herauszufließen. Auch die Wehrmachtsfahrzeuge haben Befehl – gleich, wer der Fahrer ist – nicht aus der Reihe zu tanzen. Erst auf freier Chaussee, gleich hinter der kleinen Brücke am Ortsausgang, dürfen sie überholen.

Meine beiden Männer habe ich inzwischen zu unserem Fahrzeug zurückgeschickt – mit dem Auftrag, nach hinten »abzuschirmen«. Herrgott, sind das Männer! Den Teufel könnte man mit ihnen aus der Hölle holen! Aber nun werde auch ich nervös; es geht mir nicht schnell genug. Ein paar Bespannfahrzeuge wollen nicht mehr abfahren, weil noch einer der Angehörigen fehlt. Immer wieder muß ich eingreifen.

Nach Abschuß und Einschlag zu urteilen, muß die Panzerspitze der Russen den Ortseingang erreicht haben. Bange Minuten vergehen. Endlich erscheint er in der schier endlos langen Fahrzeugschlange – unser »Holzfresser«. Meine Männer winken mir zu. Sogar die kleine, tapfere Frau Raetzer von der Abteilung Ic, die wir unterwegs wiedergefunden haben, winkt.

Unvergeßlich das Bild, als wir uns nun selbst langsam aus der Stadt herauszwängen. Fahrzeuge, soweit das Auge reicht – aber in Fluß. Nur wenige haben die Fahrbahn verlassen. Haben sie aufgegeben? Vielleicht ist das die beste Lösung. Wer weiß das schon in dieser Stunde. Das Herz krampft sich zusammen, wenn man diese Menschen sieht: Alte, gebrechliche Männer und Frauen, Frauen und Kinder, junge Mädchen. Mitnehmen möchte man sie, alle mitnehmen, weil man spürt, daß etwas Furchtbares über sie hereinbrechen wird.

Gleich hinter der kleinen Brücke haben wir freie Fahrt – neben den im Sommerweg fahrenden Bespannfahrzeugen. Langsam steigt das Gelände. Auf der Höhe hält der General. Ist das eine Freude! Noch im Fahren springe ich ab.

»Na, so was! Wir hatten sie schon aufgegeben«, meint er lächelnd. Aber schon sind seine Gesichtszüge wieder ernst und hart. »Hannemann, können wir den Ortsausgang dort unten sprengen?« Daß ich nicht selbst auf den Gedanken gekommen bin! Ein einziger Panzerabschuß in der engen Ausfahrt dort unten oder die Sprengung der kleinen Brücke könnte vielen Menschen wertvolle Stunden schenken, die ausreichen müßten, die amerikanische Seite zu erreichen.

Ich rufe die Männer, wenige Worte genügen. Noch während das Fahrzeug wendet, springen wir auf. Es geht um jede Minute. Nein... zu spät! Aus dem Ortsausgang schiebt sich der erste Panzer heraus. Während der Fahrer wieder wendet, beobachte ich den Panzer durchs Glas. Da blitzt es auch schon hell auf. Knall des Abschusses und Einschlag auf freiem Feld – nicht weit von uns entfernt. Ein Warnschuß? – »Verfluchte Scheiße!« höre ich neben mir, »hätten wir die Brücke nicht gleich sprengen können, in den Wiesen dort unten wären die Schweine abgesoffen!«

Der Panzer ist langsam bis an die Brücke gerollt. Er hält. Zwei Russen steigen aus. Sie untersuchen die Brücke. Der Anblick der unendlich langen Fahrzeugschlange, die sich immer mehr auflöst – als würde sie in kleinste Bestandteile zerlegt, scheint dem Iwan nicht ganz geheuer vorzukommen. Die beiden Russen dort unten sind – wie mir scheint – nervös; sie warten. Ein zweiter dicker Brocken schiebt sich jetzt aus der Stadt heraus. Höchste Zeit für uns abzuhauen. Nun beginnt das Gejagtwerden aufs Neue. Zweifel steigen auf, ob wir Rostock noch erreichen. Wir klammern uns an den Gedanken, daß die Amerikaner Rostock schon erreicht haben.

Die Panzer sind – so scheint mir – schneller als wir; der Abstand zwischen uns scheint sich zu verringern. Nur

Walter Hannemann war Nachrichtenoffizier der *Kampfgruppe Brühl*.

noch ein paar Kilometer bis Kessin. Da, zwei gewaltige Detonationen vor uns. Zwei riesige Rauchpilze steigen vor uns auf. Aus! Aus mit Rostock! Ich weiß sofort: Das sind die Warnow-Brücken, die da »hochgegangen« sind... Zur Rechten jetzt ein Feldweg; wir verlassen die Chaussee. In einem Wäldchen lasse ich halten.

Zum ersten Mal erlebe ich nun, daß meine Männer sich nicht einig sind, uneinig darüber, wie es weitergehen soll. Ihr »Sondereinsatz« hinter den russischen Linien und ein mir in Stettin erteilter *Sonderauftrag* haben uns zusammengeführt. Durch gegenseitige Achtung und Anerkennung wurden wir Kameraden. Da stehen sie jetzt vor mir, unschlüssig, wie gelähmt – wohl deshalb, weil sie noch in

keiner Minute an eine Trennung gedacht haben. Doch nun ist diese Stunde gekommen.

Schon rollen die russischen Panzer auf der Chaussee vorüber. Wir verproviantieren uns schnell mit dem Nötigsten: Pro Person neben der eisernen Ration zwei Schachteln Schokolade, Zigaretten und die Feldflasche gefüllt mit Rum.

Unser Fahrzeug brennt bereits. Meine Befehle kommen jetzt kurz und rasch. Einer der Männer stammt aus Rostock; er soll sich allein nach Hause durchschlagen. Die übrigen fünf Männer und Frau Raetzer sind im Westen zuhause. Auftrag für sie: Nach Westen durchschlagen und Frau Raetzer in Sicherheit bringen. Unseren Zivilfahrer will ich mitnehmen, denn ich muß ja wieder zurück – wie er.

Für ein Wort des Dankes und der Anerkennung ist jetzt keine Zeit mehr. Ich drücke nur still jedem die Hand. Frau Raetzer weint. Auch mir werden die Augen feucht. Noch kurz ein Gruß für alle – so, als stünde ich noch einmal vor meiner ehemaligen Kompanie. Die sechs Jungens grüßen still mit deutschem Gruß, als ich schnell davongehe, ohne mich auch nur noch ein einziges Mal umzusehen.

H 27 rettet 4000 Flüchtlinge aus Swinemünde

Seit dem verheerenden Luftangriff war es in Swinemünde ruhiger geworden. Viele Bewohner hatten die Stadt in den folgenden Tagen und Wochen verlassen, da ihre Wohnungen und Häuser zerstört waren. Sie waren selbst zu Flüchtlingen geworden.

Der Frachter *H 27*. Im Vordergrund eine bespannte Feldhaubitze.

Werner Lehmann war Maschinenmaat auf *H 27*.

Nach wie vor waren aber weitere Flüchtlingstrecks aus Ost- und Westpreußen nach Swinemünde gekommen; in der Hoffnung, hier noch ein Schiff zu finden. Und es kamen auch noch Schiffe. Nicht mehr die großen Passagierschiffe, aber viele kleine Einheiten, darunter der Frachter *H 27* »San Mateo« ex *Liverpool*. Dieses englische Schiff hatte die Kriegsmarine bei Kriegsbeginn erbeutet und setzte es als Versorgungsschiff ein. *H 27* war von der Räumung Memels an als Flüchtlingstransporter in Fahrt. Am 14. April lief *H 27* in Swinemünde ein. Der Maschinist Werner Lehmann gehörte zur Stammbesatzung des Schiffes. Er schildert seine letzte Fahrt aus Swinemünde mit 4000 Frauen und Kindern an Bord:

Wir verholten in die Kaiserfahrt, um unsere Schäden zu reparieren. Von der Burmester-Werft bekamen wir einige Schlosser zugeteilt, die noch eine Kesselreinigung vornahmen. Am 15. April fuhr der Kreuzer *Lützow* in die Kaiserfahrt ein und machte vor uns fest. Am nächsten Tag gab es Fliegeralarm und die *Lützow* wurde von fünf Tonnen Bomben getroffen und sackte auf Grund.

Drei Tage später marschierte die halbe Besatzung an *H 27* vorbei. Die Seeleute sollten »Feldgrau« empfangen und irgendwo an der Front eingesetzt werden. Nur die Geschützbedienungen blieben an Bord, um die letzten Granaten zu verschießen und den Russen bei Wolgast etwas aufzuhalten. Unser erneutes Auslaufen verzögerte sich wieder, denn wir hatten zu wenig Brennstoff.

Der Hafenkapitän von Swinemünde teilte uns dann einige Tonnen zu, dafür mußten wir ihm aber mit der *H 27* zur Verfügung stehen. Wir verholten zur Kaiserpier und begannen auf Anweisung des Hafenkapitäns, unser Schiff zu beladen. Irgendwo ließ der Hafenkapitän ein Verpflegungslager räumen und wir übernahmen tonnenweise Schnaps, Schokolade, Konserven und sonstige Sachen, welche ich nur vor dem Krieg gesehen hatte. Nur wer einen Schein vom Hafenkapitän hatte, durfte an Bord: Die wenigen vorhandenen freien Kammern wurden für bestimmte Leute reserviert. Der Hafen füllte sich nun mit Tausenden Flüchtlingen und Soldaten, welche von Usedom und Wollin kamen. Der Russe näherte sich immer mehr Swinemünde, und die Menschen wollten ja alle mit in den sicheren Westen. Vier Dampfer lagen im Hafen neben uns und übernahmen Flüchtlinge und Soldaten.

Als der Hafenkapitän seine Leute an Bord untergebracht hatte, gab man auch unser Schiff für die Flüchtlinge frei. Wir übernahmen noch ca. 4000 Frauen und Kinder. Die Leute überfüllten drei Etagen und auch das Deck war voll von Menschen.

Am 05./06. Mai 1945 wurde unser Geleit zusammengestellt und wir verließen mit fünf Dampfern und einigen Zerstörern Swinemünde, Kurs Kopenhagen. Auf See wurden wir von der Nachricht von der Kapitulation überrascht. Vor Kopenhagen lagen Hunderte von Schiffen vor Anker, voll mit Flüchtlingen und Soldaten, und warteten auf die Anweisungen der Engländer. Nachdem die Engländer bei uns an Bord keine Kriegsverbrecher gefunden hatten, konnten wir auslaufen und nach Neustadt/Holstein fahren. Wir machten in Neustadt bei der ehemaligen U-Bootschule fest; die Frauen und Kinder gingen von Bord. Da ich trotz meiner Verwundung Dienst tat, hatte sich mein Bein entzündet, und so ging ich auf Befehl unseres Oberstabsarztes in Neustadt ins Lazarett.

Zu den wenigen Verwundeten, die noch zu guter Letzt in Swinemünde *H 27* erreichten, gehörte der Flaksoldat Friedemann Thehos:

Ich liege als schlechtausgebildeter Flaksoldat direkt am Oderufer östlich Pölitz (nördlich Stettin), als am 15.04.1945 Fregattenkapitän Nicol die KMD Stettin ver-

legte und Schiffe, Leichter, Docks und U-Boothebepontons nach Norden transportieren ließ. Um den 24./25.4. müssen wir Pölitz verlassen und gehen zu Fuß über Falkenwalde, Hintersee, Ahlbeck-Eggesin, Ueckermünde, Leopoldshagen in Richtung Rosenhagen.

Dort werden wir von russischen Panzern eingeholt und können in letzter Minute die noch nicht zerstörte Brücke Rosenhagen-Carmin (Usedom) erreichen. Am 3. Mai schafft uns tatsächlich noch ein Zug von Usedom nach Swinemünde. Sofort werden wir unter dem Schutz einer Nebelwand auf einen Transporter verschifft. Ich erleide eine Nebelvergiftung und kann erst nach einer längeren Zeit entdecken, wo ich bin: *H 27 = San Mateo!* Ich finde im Schiffsinnern ein Schild, das als Heimathafen St. Nazaire ausweist. Ich erfahre, daß das Schiff etwa 6000 BRT hat und von der Kriegsmarine als Hilfstruppentransporter eingesetzt ist. Es wird mit Soldaten belegt und verläßt nach etwa zwei Stunden den Hafen. Dabei erlebe ich, daß kurz davor ein Marineoffizier mit einem kleinen Schiff längsseits kommt und uns zuruft: »Los, Jungs, wenn schon in Gefangenschaft, dann ab nach Westen. Ich gebe euch noch einen Minensucher mit!«

Den Kapitän des Schiffes sehe ich nicht. Meine Kameraden und ich liegen auf dem Oberdeck neben einem Schornstein, nachdem wir uns geweigert haben, einen angewiesenen Platz im Schiffsinnern neben dem Maschinenraum zu beziehen. Wieviel Mann an Bord sind, ist schwer zu sagen. Die Matrosen sind ruhig und hilfsbereit; eine Bewaffnung gibt es nicht mehr.

Ernähren können wir uns von Brot und Kunsthonig. Die *H 27* fährt an Rügen-Stubbenkammer vorbei und nimmt unbehelligt Kurs auf Dänemark; vorbei an der schwedischen Küste von Malmö, die hell erleuchtet ist. Am Tag der Kapitulation liegen wir vor Kopenhagen und sehen die Stadt mit vielen dänischen Fahnen beflaggt.

Die Engländer erklären uns von Flugzeugen aus per Funk für »gefangen«. Nach etwa zwei Tagen Liegezeit werden wir nach Kiel beordert und liegen dann wieder für zwei Tage fest. Dabei nehmen wir noch etwa 100 Flüchtlinge an Bord und werden nach Neustadt/Holstein geschickt. Auf der Fahrt um Fehmarn stößt *H 27* während eines Ankermanövers auf ein Wrack. Es passiert aber nichts; wir laufen in Neustadt ein und werden auf dem Landekai von einem Engländer »entwaffnet«. Zu Fuß geht es in die Internierung westlich Grömitz (Korpsgruppe Stockhausen/Eutin).

Die *Haussa* haut nach Schweden ab

Zu den Ostsee-Flüchtlingstransportern gehörte auch der noch als Dampfschiff mit Kohlefeuerung gefahrene Frachter *Haussa*. Das Schiff hatte schon mehr als 15 000 Flüchtlinge über die Ostsee gebracht, zuletzt 3000 aus Pillau. Als das Schiff am 26. April in Swinemünde einlief, hatte weder der Kapitän noch die Mannschaft eine Ahnung von der Situation in der Stadt. Trotzdem konnten die Flüchtlinge noch von Bord gehen. Als das Schiff leer war, faßten einige Mitglieder der Besatzung den Beschluß, sich mit dem Schiff nach Schweden abzusetzen; sie wollten in keinem Fall in Swinemünde in russische Gefangenschaft geraten. Georg Sukow, damals Matrose und Offiziersanwärter, erinnert sich an eine abenteuerliche Reise:

Wir waren mit über 3000 Flüchtlingen, Verwundeten und Gefangenen um den 23.04.45 als letztes größeres Schiff von Pillau ausgelaufen. Bei Hela gingen wir vor Anker, um auf Geleitschutz zu warten. Ich war damals noch Matrose und Offiziersanwärter auf dem noch mit Kohlefeuerung betriebenen Dampfschiff DS *Haussa* der Afrikalinie. Die Luftangriffe sowohl mit Bomben als auch mit Bordwaffen nahmen ständig zu, da der Flugplatz Langfuhr in der Nähe von Danzig den Russen in die Hände gefallen war. Daher entschloß sich unser Kapitän, die Reise als Einzelfahrer nach Swinemünde fortzusetzen, um so schnell wie möglich dem Bombenhagel zu entgehen, denn unsere Bordabwehr war wegen Munitionsmangel nur noch bedingt einsatzfähig. Tatsächlich erreichten wir Swinemünde ohne jeden Zwischenfall am 26.04.45.

Wir machten in der Kaiserfahrt in der Nähe des Marinedepots fest, und zwar kurz vor der von den Pionieren geschlagenen Pontonbrücke. Die Flüchtlinge gingen an Land und wurden in Richtung Wolgast weitertransportiert. Die Laderäume, die sich in einem fürchterlichen Zustand befanden, wurden gereinigt. Man kann sich nicht vorstellen, wie Räume aussehen, in denen Menschen gezwungen sind, ohne hygienische Einrichtung einige Tage leben zu müssen. Anschließend wurde damit begonnen, militärische Güter und Benzin in Fässern zu laden. Diese Ladung war für die Kurlandarmee bestimmt.

Tag und Nacht erfolgten Luftangriffe von Engländern, Amerikanern und Russen; der Russe stand ja schon auf Wollin. Der Rückzug ging zunächst langsam vonstatten, es kamen nur vereinzelt Soldaten über die Brücke, dann aber mehr und mehr. Nicht weit von unserem Liegeplatz lag die *Lützow* (ex Panzerschiff *Deutschland*). Sie sprengte die Geschütztürme und begann damit, sich selbst zu versenken.

Wir waren wohl alle an Bord davon überzeugt, daß der Krieg verloren war und die bevorstehende Reise eine Reise in die russische Gefangenschaft werden würde. Da unser Kapitän ein Mann war, der nur Pflichterfüllung bis zum letzten kannte – dies wurde auch von allen respektiert –, entschloß sich der I. Offizier Charles Timmermann, diesem sinnlosen Warten ein Ende zu machen. Wir lagen unter ständigem Beschuß, am Strande vor der Kurpromenade waren Flakstellungen ausgehoben, am Kurhotel stand »Frontleitstelle Kurland«.

Von dem Vorhaben des I. Offiziers durfte außer den Eingeweihten niemand etwas erfahren, denn es war auch noch zu diesem Zeitpunkt ein gewagtes Unternehmen. Er hatte die Absicht, sich mit dem Schiff nach Schweden abzusetzen, und wenn der Krieg wider Erwarten doch noch wesentlich länger dauern sollte, wollten wir versuchen, von Schweden aus weiter zu gelangen, das hieß also, wir wollten desertieren.

Da wir aber nicht auslaufgerecht lagen, mußte ein Vorwand gefunden werden, das Schiff mit Schlepperhilfe zu drehen und wieder so festzumachen, daß wir ohne Schlepperhilfe und ohne Lotsenassistenz zu der uns günstig erscheinenden Zeit auslaufen konnten. Die zwischenzeitlich geänderte Auslauforder kam uns dabei zur Hilfe, wir sollten nunmehr für den Fall, daß Swinemünde in russische Hand fiel, schnellstmöglich auslaufen und uns vor der Einfahrt oder innerhalb der Molen versenken. Auch zwang uns diese neue Order zum schnellen Handeln.

Die Besatzungsmitglieder waren noch nicht vollständig an Bord, es wurden einige von uns an Land geschickt, den Rest zusammenzutrommeln und wenn möglich auch noch Freunde und Angehörige mit an Bord zu nehmen. Leider konnte nur die Frau des III. Offiziers, die nicht weit von Swinemünde wohnte, mitgenommen werden, da andere Angehörige und Freunde nicht anwesend waren.

Gegen Abend des 28. April 1945 begann wieder ein schwerer Luftangriff, und der Hafen wurde künstlich vernebelt. Die Gelegenheit war günstig, nur mußte noch ein Vorwand gefunden werden, unseren Kapitän von der Notwendigkeit des Auslaufens zu überzeugen. Ein fingierter Winkspruch des Flaggschiffs *Hela* forderte uns zum Auslaufen und zum Ankern auf der Reede auf, um dem Bombenhagel zu entgehen. Das Problem war also gelöst. Künstlicher Nebel ist sehr dicht, Radar gab es noch nicht, und aus naheliegendem Grunde konnten wir keinen Lotsen nehmen. Drei Mann waren an Bord, die die Swine etwas kannten. Wir versuchten, das Schiff aus dem Hafen zu bringen. Zu sehen war absolut nichts, und wenn, dann kamen die Bojen im allerletzten Augenblick in Sicht. Langsam, ganz langsam schipperten wir in Richtung Ausfahrt. Plötzlich knallte und krachte es fürchterlich, Funken sprühten, alle standen klar mit Schwimmwesten.

Wir hatten einen in der Ostmole liegenden Zerstörer in sehr spitzem Winkel gerammt, unserem Schiff war kaum etwas passiert, dann waren wir im dichten Nebel wieder verschwunden. Die Reede erreichten wir ohne nennenswerte Zwischenfälle. Nach einigem Hin- und Her erklärte sich dann auch der Kapitän mit dem Unternehmen einverstanden. Die Flakbesatzung hatten wir vorsorglich unter Deck eingeschlossen, und so konnten wir die Reise nach Ystad, fast genau nördlich von Swinemünde, fortsetzen.

Wir erreichten Ystad am 29.04.45 früh am Morgen. Nachts trafen wir noch einen Geleitzug, der uns noch anmorste, da wir aber nicht antworteten, ging alles gut. Wir wurden in den Hafen geholt, die Flakbesatzung wurde sofort interniert, die Zivilbesatzung wurde gründlich verhört, erst dann glaubten die Schweden, daß wir aus Swinemünde kamen. Einige Tage später verholten wir nach Karlskrona in den schwedischen Kriegshafen, dort wurden wir interniert und hörten dort auch von der Kapitulation.

Den Untergang des Hilfskreuzers *Orion* überlebt

Ein besonderes Schicksal widerfuhr dem Sanitätssoldaten Ernst Sautter. Er befand sich am 23. April im Einsatz an der gesprengten Dievenow-Brücke, gelangte dann durch Zufall auf den vor Swinemünde liegenden Hilfskreuzer *Orion*, überlebte den Untergang dieses Schiffs am 4. Mai und wurde von einem anderen Schiff nach Kopenhagen gebracht.

Ein Auszug aus seinen Tagebuchnotizen:

23.04.45: 21.00 beziehen wir Stellung an der gesprengten Dievenow-Straßenbrücke. Da ich Sanitäter war, war ich mit dem Melder im Zugführergefechtsstand in einem Keller eines großen Hauses.

27.04.45: Morgens russisches Streufeuer auf uns mit »Spucker«. Nachmittags wieder ruhiger. 19.00 Uhr vier Verwundete im 1. Zug. Nachts sehr unruhig.

28.04.45: Schwere Schiffsartillerie von Swinemünde beschießt mehrere Häuser im Dorf Hagen, die gleich brennen. Die Marineartillerie-Beobachter saßen im hohen Getreidesilo, ca. 300 m rechts von uns.

29.04.45: Auf Feindseite außerordentlich ruhig. In 4–5 km Entfernung beobachten wir vom Dach aus Leute und Vieh.

30.04.45: 2.20 Uhr russischer Übersetzversuch links von uns an der Eisenbahnbrücke wird abgeschlagen. Tag dann ziemlich ruhig. Abends sind russische Panzer im Dorf Hagen, unser Haus bekommt ca. zehn Treffer.

01.05.45: 5.00 Uhr Iwan macht Übersetzversuche mit

Ernst Sauter war an Bord der *Orion*.

Sturmbooten, eines wird mit Panzerfaust abgeschossen, die anderen drehen ab. Abends wird Gut Hagen in Brand geschossen von unserer Schiffsartillerie. Nachts höchste Bereitschaft.

02.05.45: Von 8 bis 10.00 Uhr russisches Trommelfeuer auf uns mit »Spucker«, »Orgel« und Panzer. Die Stadt brennt. Iwan rechts von uns eingebrochen, wir bringen ihn nicht mehr raus.

03.05.45: Ganze Nacht schweres Feuer, morgens Tote und Verwundete. Kein Verbandszeug mehr. Wir zerschneiden ein Leinentuch. 14.00 Uhr. Ein Kamerad und ich bringen einen Schwerverwundeten zurück. Russische Tiefflieger schießen auf uns. Wir setzen uns ab und marschieren zu fünft durch den Mistroyer Forst ca. 30 km bis Ostswine.

Flüchtlinge und Soldaten eines anderen Schiffes müssen hilflos zusehen, wie die *Orion* nach Bombenvolltreffer brennt und zu sinken beginnt.

04.05.45: Einschiffung in der Frühe in den Hilfskreuzer *Orion*, der vollbesetzt ist. Meine Einheit soll im unteren Schiffsraum sein. Wir schliefen sofort ein. Wir wachten erst auf, als das Schiff bombardiert wurde auf der Swinemünder Reede. Das Schiff brennt und sackt langsam ab. Sofort kommen Hilfsschiffe. Ich wurde gleich übernommen und nach Ostswine zurückgebracht. Ein holländischer Küstendampfer übernahm mich. Das Schiff hatte nur 2 m Tiefgang und viele Etagen. Stündlich kommen jetzt Bomber. Zwei Bomben fallen zwischen unserem Schiff und dem Kai ins Wasser, explodieren aber nicht, zu unserem Glück. Wir verlassen sofort den Hafen und fahren erneut einige Meilen auf Reede. Viele Schiffe sind dort zusammengezogen. Die Flugabwehr ist sehr stark, aber kein Flugzeug wird abgeschossen. Auch ein großes Trockendock und ein riesiger Schwimmkran wurden mitgeschleppt. Unser Schiff blieb immer auf Sichtweite mit zwei anderen holländischen Schiffen. 20.00 Uhr Weiterfahrt im Geleitzug. Wir haben keine Verpflegung, kein Wasser an Bord, auch keine Schwimmwesten.

05.05.45: Herrliches Wetter. Abends bleiben wir vor Kopenhagen liegen.

08.05.45: Einfahrt in Hafen Kopenhagen. Jeder Mann bekommt ein Brot und Wasser aus einem Tanker, das nicht zu trinken war.

09.05.45: Fahren um Seeland in Richtung Kiel. Auf Befehl der Engländer mußten dann sämtliche Schiffe in einer Kette nach Kiel fahren. In der Kieler Förde gab es abends ein herrliches Feuerwerk. Trotz Verbot der Engländer haben sämtliche Schiffe ihre Leuchtraketen abgeschossen. Der Krieg war zu Ende.

Manfred Kirchner überlebte den Untergang der *Orion*.

Streit um den »Räumungsbefehl Swinemünde«

Obwohl sich bei allen für den Verteidigungsbereich zuständigen Stäben des Heeres und der Marine Mitte April die Erkenntnis durchgesetzt hatte, daß Swinemünde nur noch eine befristete Zeit zu halten war, kam es in der letzten Aprilwoche zu einer heftigen Auseinandersetzung über den Zeitpunkt der Räumung. Generaloberst Henrici hatte am 25. April Großadmiral Dönitz empfohlen, eine Auflockerung der Einheiten in Swinemünde vornehmen zu lassen, da der Bereich von der 2. Weißrussischen Front immer stärker bedroht würde. Großadmiral Dönitz lehnte dies ab. Er erklärte, zunächst die weitere Entwicklung abwarten zu wollen, die Marine müsse den Hafen so lange wie möglich verteidigen.

Der Chef der Heeresführungsgruppe im Wehrmachtsführungsstab, Generalmajor Dethleffsen, überbrachte am 26. April Großadmiral Dönitz Hitlers Weisung, Swinemünde auch mit schwachen Kräften zu halten.

Am 28. April gegen 22.00 Uhr teilte der *Seekommandant Pommern* mit, daß die Kriegsmarine den Hafen nicht länger für ihre Transportbewegungen benötige.

Aufgrund dieser Information versuchte Generaloberst Heinrici gegen 22.30 Uhr des gleichen Tages bei Generalfeldmarschall Keitel die Erlaubnis zur Räumung zu erhalten. Er begründete dies damit, daß er nicht verantworten könne, unausgebildete Rekruten in den Kampf mit einem fronterfahrenen und weit überlegenen Gegner zu schicken. Der Generalfeldmarschall lehnte die Räumung von Swinemünde ab; unter anderem mit dem Hinweis, man könne Hitler die freiwillige Aufgabe des letzten Stützpunktes an der Oder nicht zumuten. Diese Feststellung veranlaßte Henrici zu der Aussage, daß er persönlich nicht bereit sei, die Verantwortung mitzutragen, er würde den Befehl zur weiteren Verteidigung von Swinemünde weitergeben mit dem ausdrücklichen Hinweis, daß der Befehl von Generalfeldmarschall Keitel käme, nicht von ihm. Keitel empfand dies als Ungehorsam und beendete das Gespräch, indem er den Oberbefehlshaber der Heeresgruppe Weichsel für abgesetzt erklärte.

Zwei Tage später, am 30. April um 16.30 Uhr, sah sich Keitel aufgrund der Frontlage gezwungen, den Befehl zur Räumung des Verteidigungsbereiches Swinemünde zu erteilen. Die Inseln Usedom und Wollin waren am 30. April bereits vom Festland abgeschnitten. Die Angriffe der 2. sowjetischen Stoßarmee an der Peene-Front (von Westen her) und der sowjetischen 19. Armee an der Dievenow-Front (von Osten her) waren bereits in vollem Gange.

Das Unternehmen *Knobelbecher* läuft an

Das Panzer-Oberkommando 3 hatte den Räumungsbefehl am 30. April sofort an den Kommandanten des Verteidigungsbereiches weitergefunkt. Da der Landweg für die Räumung bereits »dicht« war, sprach sich General Ansat mit der Kriegsmarine dahingehend ab, daß die Besatzung des Verteidigungsbereiches bis zum 5. Mai verschifft werden sollte.

Abzutransportieren waren 25 000 Soldaten des Heeres und der Luftwaffe, 16 000 Angehörige der Marine, eine unbestimmte Zahl der noch im Verteidigungsbereich anwesender Bevölkerungsteile und Flüchtlinge, sowie Heeresgut, Geschütze und Gerät.

Mit dem Abtransport, dem Unternehmen *Knobelbecher*, wurde bereits einen Tag später, am 1. Mai, begonnen.

Während sich die Führungsstäbe um die Räumung stritten, hatten der älteste Seebefehlshaber im Bereich *Seekommandant Pommern*, Vizeadmiral Kreisch, übereinstimmend mit dem Armeeoberkommando 3 den angestauten Swinemünder Hafen bereits auflockern lassen, damit er auf das Stichwort *Knobelbecher* hin ohne Zeitverzögerung geräumt werden konnte. Nach Abschluß des Unternehmens sollte der 10 131 BRT große Dampfer *Winrich von Kniprode* zwischen den Molen versenkt werden, um die Hafeneinfahrt zu sperren. Der Kapitän des schon etwas maroden Dampfers hatte sich aber geweigert, sein Schiff herzugeben, er packte sich 5200 Flüchtlinge an Bord und verließ am 1. Mai den Hafen.

Auch der Transporter *Adele Traber* war noch in Fahrt; er übernahm Teile des Swinemünder Marineausrüstungs- und Reparaturbetriebs sowie 800 Flüchtlinge. Der Kapitän des Schiffes, das schon mehrere zehntausend Flüchtlinge über die Ostsee gebracht hatte, zeigte auch für die flehentlichen Bitten eines Bauern Verständnis und nahm auch noch zwei Kühe mit nach Flensburg.

In Flensburg liefen – aus Swinemünde kommend – außer *Winrich von Kniprode* und *Adele Traber* noch folgende Schiffe ein: *Neidenfels*, *Cometa*, *Südsee*, *Dora Ahrens*, *Alette Noot*, *Stahleck*, *Masuren*, *Kronenfels*, *Weserberg* und *Henrick Fisser VII*.

Am Rande der Kaiserfahrt in Swinemünde lag noch der stark beschädigte Schwere Kreuzer *Lützow* achtern Leck auf Grund. Nachdem die Geschütztürme ihre letzten Granaten verschossen hatten, bereiteten Besatzungsmitglieder die Sprengung über Zeitzünder vor. Dann verließen sie mit dem kleinen Frachter *Maria Cords* ihr Schiff. Die Nacht war hereingebrochen. Sie warfen noch einen Blick in die Dunkelheit zurück, als eine dröhnende Detonation die Nacht erschütterte. Eine riesige Stichflamme loderte empor. Die *Lützow* hatte ihren Auftrag erfüllt.

Unter dem Befehl des *Führers der Zerstörer*, Vizeadmiral Kreisch, verließ am 4. Mai 1945 die gesamte Verladeflotte mit Anbruch der Dunkelheit die Reede von Swinemünde. Gesichert wurde das Geleit von den Zerstörern *Z 38* und *Z 39*, dem Torpedoboot *T 33* und den Schnellbooten *S 60* und *S 127*. Als auf der Ostmole bereits die ersten russischen Panzer auffuhren, lief als letztes Fahrzeug eine Artilleriefähre aus. An Bord befanden sich 1000 Soldaten sowie der Divisionskommandeur, der Kampfkommandant und der Hafenkommandant.

Sie waren aber doch noch nicht die Letzten. Der als *Einschiffungsoffizier West* eingesetzte Korvettenkapitän Korbjuhn war noch in der Nacht des 4. Mai mit einem S-Boot und mehreren Marinefahrprähmen am Küstenstreifen Ahlbeck-Zinnowitz unterwegs, um Soldaten und Zivilisten, die sich an den Strand abgesetzt hatten, aufzunehmen und dann an größere Schiffe abzugeben. Sein Abschlußbericht enthielt folgende Passage:

Etwa gegen 23.00 Uhr habe ich mit meinem Boot eine letzte Runde vor dem Schiffahrtsamt Swinemünde gedreht. Alle fahrbereiten Fahrzeuge hatten den Hafen verlassen. Beim anschließenden Ablaufen wurden keine fahrbereiten Schiffe mehr auf der Reede festgestellt.

Das von der Marine sorgfältig geplante Unternehmen *Knobelbecher* konnte am 4. Mai eine Stunde vor Mitternacht als »erfolgreich abgeschlossen« gelten. Auf drei Dampfern, vier Zerstörern, zwei Torpedobooten und einer Vielzahl kleinerer Fahrzeuge war es gelungen, 35 000 Menschen vor dem Zugriff sowjetischer Truppen, vor Gefangenschaft und Tod aus Swinemünde zu retten.

Bereits zu Beginn des Zweiten Weltkrieges wurden die Pommernhäfen
Stettin und Swinemünde wichtige
Nachschub- und Versorgungshäfen
der Marine und der Wehrmacht.
Während der Besetzung von Polen
und Norwegen wurde Stettin als
Lazarettstadt genutzt. Hier lag auch
im Sommer 1940 an der Hakenterasse
das große Lazarettschiff »Wilhelm
Gustloff«. *GA*

Seiten 290/291: Stettin, die Hauptstadt
von Pommern, unzerstört im September 1939. *PA*

Der Ostseehafen Swinemünde, in den Vorkriegsjahren ein beliebtes Seebad, wurde im Zweiten Weltkrieg ein wichtiger Ausbildungsstandort der Kriegsmarine, der Hafen Liegeplatz von Kriegsschiffen und Marine-Wohnschiffen. *PA*

Mit zunehmender Kriegs-
dauer gewann auch der
Stettiner Hafen an Bedeu-
tung für die Marine. *PO*

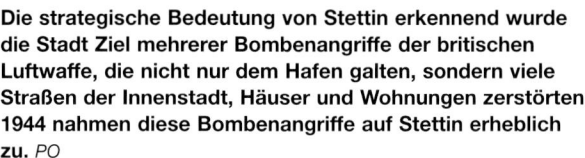

Die strategische Bedeutung von Stettin erkennend wurde
die Stadt Ziel mehrerer Bombenangriffe der britischen
Luftwaffe, die nicht nur dem Hafen galten, sondern viele
Straßen der Innenstadt, Häuser und Wohnungen zerstörten.
1944 nahmen diese Bombenangriffe auf Stettin erheblich
zu. *PO*

Im Januar 1945, nach Beginn der sowjetischen Offensive gegen Ostpreußen, wurden Verwundete mit Schiffen aus Pillau, Danzig und Gotenhafen nach Swinemünde gebracht, sie fanden Aufnahme in Stettiner Lazaretten. Zu diesen Schiffen gehörte auch das kleine Lazarettschiff »Rügen«. *OA*

Im Februar und März 1945 drangen sowjetische Panzer-, Infanterie- und Kavallerieeinheiten in Pommern vor. Ihr Ziel war die Ostsee zu erreichen, die Festung Kolberg zu erobern und Stettin einzunehmen. *Russische Originalfotos*

Am 12. März 1945 vernichtete die britische Luftwaffe Swinemünde durch einen verheerenden Luftangriff. Er legte den Hafen und die Stadt in Schutt und Asche. Zurück blieb eine tote Stadt mit 28 000 Leichen. *PO*

Als feststand, dass die Festung Stettin und der Verteidigungsbereich Swinemünde nicht militärisch verteidigt, sondern kampflos geräumt würden, begann im April die Beförderung der Zivilbevölkerung, der sich hier aufhaltenden Flüchtlinge, der Verwundeten und zuletzt der Soldaten mit Schiffen nach Schleswig-Holstein und Dänemark. Für diese Rettungsaktion wurden u. a. folgende Schiffe eingesetzt:

»Usambara«.
DAL

»Mercator«.
Atlas

»Stahleck«.
DDG Hansa

»Dithmarschen«.
Essberger

»Wadei«.
DAL

»Freiburg«.
HAL

Oben:
»Glückauf«.
NDL

»Else Hugo Stinnes«.
Stinnes

Das am 1. Mai 1945 begon-
nene »Unternehmen Knobel-
becher«, die Räumung von
Swinemünde, wurde am
4. Mai um Mitternacht abgeschlossen, nachdem das
letzte Schiff die letzten Soldaten an Bord genommen
und alle Schiffe Swinemünde
verlassen hatten. 35 000
Menschen waren noch gerettet worden. Jedes der Schiffe
hatte man bis zum letzten
Decksplatz besetzt. *OA*

10 Hela

Letzter Ostsee-Kriegsschauplatz

Auf der Halbinsel Hela im Westen der Danziger Bucht begann am 1. September 1939 der Krieg. In den ersten Tagen des Polenfeldzugs versenkte die deutsche Luftwaffe die im Hafen und auf Reede liegenden polnischen Kriegsschiffe. Am 17. September 1939 verlegte der Stab des polnischen Flottenkommandos nach Hela, wo sich 80 Offiziere und 2449 Unteroffiziere und Mannschaften, zu denen noch 40 Offiziere und 600 Seeleute der versenkten Schiffe stießen, gegen Verbände des deutschen Korps Kaupisch verteidigten. Trotz heftiger Luftangriffe und massivem Beschuß von Land und See aus – die alten Linienschiffe *Schleswig-Holstein* und *Schlesien* ließen ihre 28-cm-Türme sprechen –

Auf Hela, der Halbinsel im Westen der Danziger Bucht, fand der letzte Akt des Zweiten Weltkrieges an der Ostseeküste statt. Zerfetzte Bäume und zerschossene Gebäude bezeugen die Härte der Endkämpfe im Mai 1945.

konnten sich die rund 3000 Verteidiger bis zum 1. Oktober 1939 halten.

In den letzten 40 Tagen vor der Kapitulation der Wehrmacht 1945 kehrte der Krieg auf Hela zurück. Diesmal waren es deutsche Soldaten, die sich gegen eine Übermacht verteidigen mußten.

Am 23. März 1945 hatte die 2. Ukrainische Front unter Marschall Rokossowski die Reste der deutschen 2. Armee in drei Teile gespalten, die auf Hela, im Raum Oxhöft-Gotenhafen und im Gebiet der Weichselmündung weiter Widerstand leisteten. Hela war zwar von allen Landverbindungen abgeschnitten, blieb aber bis zur Kapitulation am 9. Mai in deutscher Hand. Bis zum Schluß befanden sich hier das *Armeeoberkommando Ostpreußen* und der Stab *Amiral Östliche Ostsee*. Standortkommandant war Oberst Eberhard Schoepffer, der letzte Einschiffungsoffizier Major i.G. Udo Ritgen.

Die Sicherung des Unternehmens *Walpurgisnacht* oblag dem Schweren Kreuzer *Lützow* sowie mehreren Zerstörern und Torpedobooten.

Unternehmen *Walpurgisnacht*

Als die Wehrmacht Ende März 1945 Danzig und Gotenhafen aufgeben mußte, retteten sich Zehntausende von Flüchtlingen und Soldaten auf die Oxhöfter Kämpe nördlich von Gotenhafen, die bis zum 4. April noch dem sowjetischen Druck standhalten konnte. Am 4. April warteten hier fast 40 000 auf den Seetransport nach Hela.

In der Nacht zum 5. April lief das minutiös vorbereitete Evakuierungsunternehmen der 9. Sicherungsdivision unter Fregattenkapitän Adalbert von Blanc an.

25 Kriegsfischkutter, 25 Marinefährprähme, fünf schwere Artillerieträger und fünf weitere Schiffe schafften in fünf Nachtstunden 30 000 Flüchtlinge und rund 10 000 Soldaten – die Reste des VII. Panzerkorps – auf die Halbinsel Hela. Dieses Unternehmen *Walpurgisnacht* deckten der Kreuzer *Lützow*; die Zerstörer *Z 31*, *Z 38* und *Paul Jakobi*; das Torpedoboot *T 36*; die SATs *Ostsee*, *Soemba* und *Robert Müller IV* sowie einige andere kleinere Einheiten. Kein Prahm, kein Kutter, kein Schiff ging verloren.

In der Nacht vom
5. zum 6. April 1945
wurden innerhalb
von fünf Nachtstun-
den 30 000 Flücht-
linge und 10 000
Soldaten von der
Oxhöfter Kämpe
nach Hela gebracht.
Als Transporter wa-
ren u.a. SAT *Ostsee*
(links) und SAT
Robert Müller
beteiligt.

Hilfskreuzer *Orion* im Ostsee-Einsatz.

Auf Hela befanden sich am 4. und 5. April 1945 weit über 150 000 Menschen. Am 4. und 5. April verließen fünf Schiffe mit etwa 38 000 Menschen an Bord die Reede von Hela. Es waren dies der Hilfskreuzer *Orion* mit 855 Flüchtlingen, 809 Verwundeten und 325 Soldaten; der Dampfer *Wangoni* mit 1100 Flüchtlingen und 710 Verwundeten; der Dampfer *Deutschland* mit 10 000 Flüchtlingen; die *Cap Arcona* mit 9800 Flüchtlingen; die *Pretoria* und die *Bernhard Essberger* mit je 7000 Menschen an Bord. Das Fahrtziel aller Schiffe hieß Kopenhagen.

Dampfer *Wangoni*.

Lazarettschiff *Würzburg*.

Tags darauf folgten einige kleinere Schiffe: Die *Renate* mit 800 Verwundeten und 50 Flüchtlingen; *RO 1* mit 1440 Verwundeten, 1000 Soldaten und 1200 Flüchtlingen; die *Würzburg* mit 1420 Verwundeten, 1543 Flüchtlingen und 4173 Soldaten; die *Neidenfals* mit 4000 Verwundeten und 2000 Flüchtlingen und Soldaten; die *Goya* mit 2000 Flüchtlingen und 4000 Verwundeten; die *Tübingen* mit 3000 Flüchtlingen; die *Glückauf* mit 400 Verwundeten; *Santander* mit 990 Verwundeten und 1250 Soldaten sowie die *Mercator* mit 2000 Verwundeten und 1200 Flüchtlingen. Diese Schiffe brachten 33 376 Menschen nach Swinemünde, Stralsund und Kopenhagen.

Der kleine
Dampfer *Tübingen*.

23 450 Flüchtlinge, Verwundete und Soldaten retteten *Potsdam*, *Askari* und der kleine Dampfer *Södenhamm* am 7. April über die Ostsee.

Alle Schiffe kamen durch. Katastrophen, wie die der *Gustloff* am 30. Januar und der *Steuben* am 10. Februar, hatten sich nicht wiederholt.

Hela – das »deutsche Dünkirchen«

Dünkirchen, Mai 1940: Der Frankreichfeldzug steht kurz vor seinem Abschluß. Deutsche Panzerverbände sind bis zum Ärmelkanal vorgestoßen. In der Hafenstadt Dünkirchen drängen sich Tausende englischer und französischer Soldaten auf engstem Raum zusammen – die Reste zweier geschlagener Armeen. Doch die deutschen Panzer erreicht ein unerwartetes »Halt« des Oberkommandos. Dies gibt dem britischen Expeditionskorps die Gelegenheit, 215 000 eigene und 123 000 französische Soldaten nach England zu evakuieren. Die deutsche Luftwaffe vermag den Abtransport nicht zu verhindern.

Ein ähnliches Bild zeigte sich im April 1945 auf Hela. Hier hatte sich ein Heerlager von Menschen angesammelt, die der vorwärtsdringenden Roten Armee entkommen wollten: 200 000 Flüchtlinge, Verwundete und Soldaten. Auch die sowjetische Luftwaffe vermochte die Einschiffung und den Abtransport nicht zu verhindern.

Oberst Eberhard Schöpffer beschreibt die Zustände im April 1945:

Nach den harten Kampftagen auf den Oxhöfter Kämpen kam ich mit meinem kleinen Stabe nach Hela und erhielt von dem Befehlshaber, General Specht, den Auftrag, die auf Hela landenden Flüchtlingsströme und Verwundetentransporte unterzubringen, zu verpflegen und für möglichst schnellen Abtransport nach Westen zu sorgen. Dieselbe Aufgabe hatte ich ebenso für diejenigen Truppen, wie Volkssturm und angeschlagene Verbände, die für den Kampf auf Hela nicht mehr in Frage kamen.

Es war die Zeit, in der noch im Samland und in der Danziger Niederung mit Verbissenheit gekämpft wurde, und in der die im Rücken dieser Kampfgruppen zusammengedrängten Flüchtlingsmassen auf Wasserfahrzeugen aller Art und Größe den rettenden Häfen von Hela zustrebten.

Zwei Häfen standen zur Verfügung, der Fischereihafen für die Zivilbevölkerung und der Marinehafen für Truppen und Verwundete. Die größeren Schiffe mußten auf der Reede außerhalb des Hafens ankern – der Wasserverhältnisse wegen, und um den russischen Luftangriffen zu entgehen.

Da die Transporte nur in den Abenstunden wegen der Feindeinwirkungen ihre Abfahrtshäfen verlassen konnten, trafen sie im Laufe der Nacht oder in den frühen Morgenstunden vor Hela ein. Nie konnten wir vorher erfah-

ren, um welche Personenzahlen es sich handelte. Daß bei diesem Massenandrang nicht an eine ordnungsmäßige Unterbringung gedacht werden konnte, war klar, und es wurde nach folgender Anordnung verfahren:

Die Lazarette, Schulen, ein Teil der Kasernen, Baracken und größeren Räume wurden den sehr umsichtig arbeitenden Ärzten für die Schwerverwundeten überlassen. Es war selbstverständlich, daß die Verwundeten den Vorrang auf den Transportschiffen hatten. Allen Flüchtlingen, mit Ausnahme der Kranken, Greise und Mütter mit Kleinkindern, wurden Quartiere in den mit Kusseln bestandenen Dünen angewiesen, und ebenso kamen die abzutransportierenden Truppenreste und Volkssturmbataillone in das dünne Waldgelände. Diese Maßnahme erschien anfangs vielen als Härte, sie war aber bei den gewaltigen Zahlen, die nächtlich anfielen, notwendig und erwies sich auch als äußerst zweckmäßig. Denn bei den warmen Nächten, die wir in dieser Zeit hatten, war ein Kampieren unter Zelten und Decken angenehmer als im stickigen engen Quartier, und vor allem waren die Waldbewohner vor den Luftangriffen der Russen, die regelmäßig bei klarem Sonnenschein einsetzten, viel sicherer, da sie sich besser tarnen und durch Erdlöcher und Bunker vor Splitterwirkung schützen konnten.

Schwieriger als die Unterbringung war für mich die Verpflegung dieser in der Zahl täglich schwankenden Flüchtlingsmassen. Aber im Laufe weniger Tage wurde auch dieses Problem gelöst. Zunächst wurden alle großen Küchen und Waschkessel beschlagnahmt, in denen früh, mittags und abends Suppe gekocht wurde. Ein zufällig im Hafen entdecker Verpflegungsprahm der Gauleitung Danzig mit drei gewaltigen Kochkesseln für je 6000 Portionen wurde ebenfalls in den Dienst der Kommandantur gestellt und ist uns wertvoll gewesen.

Aber die schwierigste Aufgabe war doch der Abtransport der sich auf Hela stauenden Masse. Sie war eine Sorge, die mit jeder glücklichen Landung neuangekommener Flüchtlinge, Verwundeten und Soldaten wuchs und die uns Tag und Nacht nicht verließ.

Die Schicksale der *Posen*, der *Moltkefels* und der *Karlsruhe*

Der rege Schiffsverkehr von Pillau und aus der Danziger Bucht nach Hela; vor allem die Beladung der großen Schiffe und ihr Ablaufen von Hela-Reede nach Westen, blieb der sowjetischen Luftaufklärung nicht verborgen. Nachdem die Sowjets die Flughäfen in Ost- und Westpreußen – mit Ausnahme des Fliegerhorstes Neutief auf der Frischen Nehrung – in ihren Besitz gebracht und rasch wieder instandgesetzt hatten, begannen die Luftangriffe. Zu den bevorzugten Angriffszielen der Bomber und Jagdbomber mit dem roten Stern gehörten die Schiffsansammlungen auf der Reede von Hela.

Am 8. April ging das 10 850 BRT große Troßschiff *Franken* brennend unter. Bombenvolltreffer versenkten das Flugsicherungsschiff *Hans Albrecht Wedel* (1335 BRT) und den Frachter *Albert Jensen*.

Am 10. April versenkte das deutsche Schnellboot *S 708* den Dampfer *Neuwerk* (803 BRT), der sich mit 1134 Verwundeten und Flüchtlingen auf dem Weg von Pillau nach Hela befand. Zwischen Mitternacht und 4 Uhr morgens hatte die Brückenwache das vorauslaufende Sicherungsschiff aus den Augen verloren, war vom Kurs abgekommen und hielt, ohne es zu wissen, Kurs auf Gotenhafen anstatt auf Hela. Nach mehrfachen Leuchtsignalen eines S-Bootes, die der Dampfer nicht beantworten konnte, weil sich keine ES-Mittel an Bord befanden, erhielt die *Neuwerk* Schüsse vor den Bug. Danach schoß *S 708* den Dampfer mit Artillerie bewegungsunfähig. Ein Torpedofangschuß kurz vor 5.00 Uhr schickte die *Neuwerk* innerhalb weniger Minuten auf den Grund der Ostsee. Erst bei der Bergung der 78 Überlebenden erfuhr der S-Boot-Kommandant, daß er aufgrund des Fehlverhaltens der *Neuwerk*-Schiffsführung ein deutsches Schiff versenkt hatte.

Die Versenkung der *Neuwerk* war und blieb der einzige »Unglücksfall« bei der Rettungsaktion Ostsee 1945.

Am Morgen des 11. April übernahm der 7862 BRT große Dampfer *Moltkefels* Flüchtlinge und Verwundete von Hela. Um 11.00 Uhr ließ Kapitän Voss

Am 11. April griffen sowjetische Flugzeuge den Dampfer *Moltkefels* an, der brennend sank. An Bord befanden sich rund 2700 Flüchtlinge, 1000 Verwundete und 300 Soldaten.

die Beladung unterbrechen: Zwei russische Flugzeuge warfen Bomben und beschossen das Schiff, allerdings ohne Schaden anzurichten. Kapitän Voß ließ sofort die Beladung fortsetzen, er mahnte zur Eile, weil er weitere Angriffe befürchtete. Gegen 14.00 Uhr wurde die *Moltkefels* von der Oxhöfter Kämpe aus mit Artilleriefeuer belegt. Der Kapitän befahl »Anker auf«. Er fuhr mit seinem Schiff in einem größeren Abstand von Land auf und an, dabei die Beladung fortsetzend. Um 14.30 Uhr befanden sich 2700 Flüchtlinge, 1000 Verwundete, 300 Soldaten und die Besatzung an Bord. Das Schiff war randvoll, mußte aber noch auf der Reede verweilen, um auf das Geleit zu warten. Unweit davon stand der Lazarettdampfer *Posen* (1069 BRT). mit 544 Verwundeten, zwölf Schwestern, 96 Flüchtlingsfrauen zur Verwundetenbetreuung, 30 Mann Sanitätspersonal, 27 Soldaten und 20 Mann Zivilbesatzung an Bord.

Kurz nach 16 Uhr gab es Fliegeralarm: 35 sowjetische Flugzeuge stürzten sich auf die *Moltkefels* und die *Posen*. Panik und Entsetzen erfaßten die Menschen an Bord, als Bomben auf der *Moltkefels* einschlugen. Innerhalb weniger Minuten stand das Schiff in hellen Flammen und begann sich langsam nach vorn zu neigen. Kapitän Voß versuchte zu retten, was noch zu retten war. Er ließ am Heck zwei Schlepper festmachen, um das Schiff auf Grund zu setzen. Das Achterschiff, voller Menschen, brannte zum Glück noch nicht. Eine ganze Flotte kleinerer Fahrzeuge und Boote gingen am Heck längsseits; an Tauen, Strickleitern und Netzbrooken kletterten die Menschen nach unten oder fielen in die Boote

und Kähne.

Die Rettungsaktion lief noch, als um 18 Uhr mehrere starke Explosionen das todwunde Schiff erschütterten. Unter Deck hatte man einige Lastwagen abgestellt, deren Benzintanks nun in die Luft flogen.

Die Retter arbeiteten bis zur Erschöpfung, sie mußten auch noch 200 Kisten Flakmunition von der brennenden *Moltkefels* auf ein Vorpostenboot umladen. Um 19.00 Uhr war der letzte Überlebende von der Moltkefels geborgen. Für rund 500 Menschen kam jedoch jede Hilfe zu spät. Sie waren verbrannt.

Das kleine Lazarettschiff *Posen* wurde durch Bombenvolltreffer versenkt. 300 Passagiere fanden den Tod.

Auch die *Posen* hatte es schwer erwischt. Sie sank brennend. Trotz aller sofortigen Rettungsbemühungen verloren auf der *Posen* 300 Menschen ihr Leben.

Mit 888 Flüchtlingen, davon 100 Kinder und 32 Säuglinge, 100 Verwundeten, 50 Soldaten und 25 Eisenbahnern war der 900 BRT-Dampfer *Karlsruhe* von Pillau mit Fahrtziel Hela ausgelaufen. Als das Schiff am 12. April in Hela eintraf, brannten Reste der *Moltkefels* noch immer. Auf der Reede von Hela liegend, betrachteten viele Menschen der *Karlsruhe* nachdenklich das Wrack – ohne zu ahnen, daß sie wenige Stunden später ein ähnliches Schicksal erwartete.

Urplötzlich erschienen drei sowjetische Flugzeuge über der Reede von Hela erschienen. Heftiges Flakfeuer der Schiffe auf Reede und im Marinehafen schlug ihnen entgegen. Eine Maschine stürzte brennend in die See. Da brausten weitere fünf Flugzeuge heran und warfen Torpedos.

Eine heftige Detonation erschütterte die *Karlsruhe*. Der Torpedo hatte an der Vorkante der Brücke getroffen und ein riesiges Loch gerissen. Das Schiff sank innerhalb von drei Minuten. Es ging alles so schnell, daß sich nur die an Oberdeck Stehenden durch einen Sprung über Bord retten konnten. Für 970 Menschen gab es keine Rettung mehr, sie sanken mit dem Schiff auf den Grund der Ostsee.

Wird die Reede zur Todesfalle?

Aufgrund der Schiffsverluste in den ersten beiden Aprilwochen schien sich die Reede von Hela zu einer Todesfalle für Flüchtlingsschiffe zu entwickeln.

Schon am Sonntag den 15. April erfolgte der nächste sowjetische Luftangriff. Um 9.30 Uhr tauchte der Bomberverband auf. Die Flak schoß aus allen Rohren; ein Höllenlärm brach los. Niemand zählte die Flugzeuge am Himmel mehr.... waren es 30, 40 oder noch mehr? Einige Maschinen stießen im Sturzflug auf den Dampfer *Pretoria*, obwohl dieser deutlich als Lazarettschiff gekennzeichnet war. Dies nahmen die russischen Piloten nicht

zur Kenntnis; sie belegten das Schiff mit einem ganzen Bombenteppich. Durch den Flakbeschuß im Bombenabwurf gestört, fielen viele Bomben in die See, doch drei schlugen im Vorschiff ein. Beim nächsten Angriff erhielt die *Pretoria* Treffer vom Bug bis zum Heck und brannte an mehreren Stellen.

Nach dem Angriff und dem Löschen der Brände registrierten der Kapitän und die Decksoffiziere die Schäden. Abschließend stellte der Kapitän fest: »Das Schiff ist noch fahrtüchtig, wir beginnen sofort mit der Anbordnahme von Verwundeten!«. Doch um 11.00 Uhr kamen die Russen wieder, zuerst Jagdflugzeuge, dann Bomber. Der Angriff konzentrierte sich auf die *Pretoria*, das größte Schiff auf der Reede. Diesmal erwischte es die Luken, aber die Sache verlief glimpflich. Nach einer Stunde waren die Brände gelöscht.

Um 14.30 Uhr begann das Feuerwerk von vorn. Eine Bombe setzte das Aufbaudeck der *Pretoria* in Brand, weitere Treffer beschädigten die Luken III, IV und V.

Doch die Maschine der *Pretoria* war noch intakt, das Schiff noch fahrbereit. Mit elf Toten und 24 Verwundeten hielten sich die Verluste in Grenzen – zum Glück war das Schiff noch nicht beladen.

Um 15.00 Uhr konnte dann endlich mit der Anbordnahme begonnen werden. 120 liegende Schwerverwundete, 1724 sitzende Verwundete, 144 Flüchtlinge und 100 Soldaten kamen an Bord. Zusammen mit dem Sanitätspersonal und der Handelsschiffsbesatzung befanden sich 2333 Menschen auf der *Pretoria*, die nun ihre Reise antrat und zwei Tage später wohlbehalten in Kopenhagen ankerte.

An ihre Rettung glaubten auch die 7200 Verwundeten, Soldaten und Flüchtlinge, denen es gelungen war, am 16. April auf den Frachter *Goya* zu gelangen. Nachdem im Hafen ein Gerücht die Runde gemacht hatte, die *Goya* sei das letzte Schiff nach Westen, stürmten Tausende die Boote, Kähne und sonstigen Wasserfahrzeuge, die den Pendelverkehr zur Reede leisteten. Während der Einschiffung griffen wieder russische Flugzeuge an. Sie beschossen die an Bord gehenden Menschen mit Bordkanonen und warfen einen Bombenteppich, der neben dem

Der Wassertanker *Ägier* und einige Minensuchboote, die zum *Goya*-Geleit gehörten, bargen 128 Schiffbrüchige.

Schiff niederging. Splitter durchlöcherten die Aufbauten der *Goya* und zertrümmerten sämtliche Scheiben der Kommandobrücke. Den schwersten Schaden hatten die Bomben aber ein Deck tiefer angerichtet: Im Raum für die Horch- und MES-Anlage hingen die Verschalung und die Kabel herunter; die Stromzufuhr, auch zum Umformer im Vorschiff, die MES-Anlage (Minen-Schutzanlage) und das moderne Peilgerät für die U-Boot-Warnung waren zerstört.

Schutzlos verließ die *Goya* am Abend des 16. April 1945 die Reede von Hela. Der Kapitän wußte, wie gefährlich diese Fahrt ohne die Minen- und U-Boot-Warnanlage war. Als sich die Goya als letztes Schiff dem Geleit anschloß, äußerte er: »Unser Schiff liegt jetzt in Gottes Hand.«

Kurz vor Mitternacht ereilte die *Goya* ihr Schicksal.

Um 23.52 Uhr erschien das Schiff im Zielperiskop des sowjetischen U-Bootes *L-3*.

Wenig später zerrissen zwei Torpedos die Schiffswände. Nach sieben Minuten schloß sich die See über der *Goya*.

Von den 7200 Menschen an Bord überlebten nur 128: Einhundertachtundzwanzig von siebentausendzweihundert!

Doch die meisten Schiffe die Hela verließen, kamen durch. So auch die *Walter Rau*, das letzte Schiff aus Gotenhafen, das noch immer als »Flüchtlingsschiff« im Einsatz war. Der Schiffsarzt Dr. Jess berichtet über den Hela-Einsatz seines Schiffes:

Von Hela pausenloser Transport mit Kleinbooten, Küstenschiffen, Kuttern etc. zu den auf Reede liegenden Schiffen. Die Flüchtlinge und Verwundeten wurden auf Paletten – sonst für Lasten bestimmt – mit den Ladekränen an Bord gehievt, sofern sie nicht selbst über die Fallreeps an Bord steigen konnten. Ein Wunder, daß nichts passierte.

Natürlich versuchten russische Flieger Bombenangriffe auf die deutschen Schiffe. Neben uns erwischte es die *Moltkefels* (7862 BRT), die brennend sank (11.4.45). Die russischen Tiefflieger hatten einigen Respekt vor unserer Bordflak, sonst wäre es wohl schlimmer gekommen. Einige Gerettete der *Moltkefels* wurden zu uns an Bord gebracht, darunter eine Frau, die nur ihren Säugling retten konnte. Zwei Kinder ertranken vor ihren Augen. Der Säugling starb auf der Rückfahrt, da es keine Milch an Bord gab.

Es meldete sich bei mir eine komplette Sanitätskompanie der Waffen-SS. Natürlich ohne Sanitätsmaterial. Die Haltung dieser Männer war vorbildlich. Sie wußten sehr genau – und sagten es erbittert – was ihnen bald bevorstand! Der Kompaniechef – Oberstarzt, Nichtchirug – erklärte, den Transport von Verwundeten und Kranken – per Hand – aus den Decks ins Schiffslazarett zu bewältigen, so auch geschehen. Die operative Versor-

Das Walfangmutterschiff *Walter Rau* war bis auf den letzten Oberdecksplatz besetzt.

Major i.G. Udo Ritgen organisierte als Einschiffungsoffizier auf Hela die gewaltige Rettungsaktion vor Ort. Er trat nach dem Krieg in die Bundeswehr ein und verließ sie als Brigadegeneral.

gung der Verwundeten konnte ich, sehr erleichtert, den chirurgischen Kollegen überlassen. Konnte mich um »kleine« Versorgung unter Deck kümmern und beim Schiffszahlmeister unter Androhung aller möglichen – natürlich unmöglichen – Höllenstrafen seine Reserven an Sanitätsmaterial loseisen.

Nach vielen Tagen waren wir schließlich »ausgebucht« mit weit mehr als 6000 Menschen. Es ging wieder nach Westen mit einem Zerstörer als Geleitschutz. Unsere Flak verteidigte das Schiff wacker und erfolgreich. Auch bei einem Torpedoangriff russischer Flieger. Einer wurde abgeschossen, der andere gab auf. Unser Kapitän konnte dem »Aal« geschickt ausweichen; seine Blasenbahn lief dicht am Schiff vorbei. Keine Panik. Ein geortetes U-Boot wurde durch Wasserbomben des Zerstörers vertrieben. Liefen nicht mit voller Kraft, um Brennstoff zu sparen. Es wurde gegen Westen ganz friedlich. See ruhig.

Ich bemerkte an Oberdeck einige ca. 12jährige Pimpfe, die mit unglaublichen Summen *17 + 4* spielten. Der dazugehörige HJ-Führer, junger Studienrat, beinamputiert, erklärte mir, daß er die Jungs zum Leichenbergen in Königsberg einsetzen mußte. Das Geld hatten sie bei den Toten gefunden. Der junge Studienrat glaubte immer noch an den Endsieg (durch Wunderwaffen); auch als am nächsten Tag die Bordlautsprecher den »Heldentod« Hitlers verkündeten, blieb er bei seiner Hoffnung. Akademische Ausbildung bewahrt nicht vor Schwachsinn. Die Reaktion an Bord auf diese eigentlich sensationelle Nachricht war kennzeichnend: Überhaupt keine! Das jämmerliche Ende des Krieges stand an Bord allen vor Augen. Hitler seit langem irgendwie »entrückt«, irgendwo eingebunkert, an einem Ort, von dem nichts mehr nach draußen drang.

Ohne weitere Zwischenfälle erreichte die *Walter Rau* ihren Zielhafen.

Mehr Menschen als Schiffe

Der Leiter der Seetransportstelle Hela, Major i.G. Udo Ritgen, hatte die Verantwortung dafür übernommen, möglichst alle noch auf Hela befindlichen Flüchtlinge, Verwundeten und Soldaten abzutransportieren. Die Sache hatte nur einen großen Haken: Es waren nicht mehr genügend große Schiffe vorhanden, um alle Menschen in Sicherheit bringen zu können. Die Aufzeichnungen Major Ritgens über die Situation auf Hela in den letzten drei Kriegswochen geben einen Einblick in das Geschehen:

20. April: Mit Ungeduld warten wir auf weitere Großschiffe, um die täglich wachsende Zahl von Menschen weitertransportieren zu können. Am Abend drängen sich die Menschen, Soldaten, Frauen und Kinder um den Rundfunkempfänger und hören die Rede Goebbels anläßlich des Führergeburtstages. Die Leute sind begeistert, mit neuen Hoffnungen kriecht jeder in sein Erdloch im Walde und wärmt sich am qualmenden Feuer die kalten Glieder.......es ist unvorstellbar!

Am Sonnabend, dem 21. April, stehen in der Frühe neun Großschiffe auf Hela-Reede. Die Einschiffung und Beladung trotz leichten Artilleriefeuers auf Hela-Reede und Hela-Hafen wird mit aller Energie vorwärtsgetrieben. Am Abend sind 20 000 Soldaten, Verwundete, Kranke, sowie eine über 10 000 Köpfe betragende Zahl von Flüchtlingen an Bord. Die Schiffe laufen noch in der Nacht unter starkem Marinegeleit nach Westen ab.

Auf Hela ist die ganze Situation den Tausenden nicht richtig gegenwärtig. Sie sind froh, daß noch Verpflegungsvorräte vorhanden sind und schauen voll Hoffnung auf den immer stärker werdenden eigenen Flakschutz, dem es gelingt, die russische Luftwaffe bei ihren Angriffen erheblich zu stören.

Mit Hochdruck werden die Einschiffungen weitergetrieben. Am 25. April verlassen 5000, am 26. April 8000 die Halbinsel. Kaum sind am 26. die drei großen Schiffe

ausgelaufen, als ab 14.00 Uhr schwere Luftangriffe den Kriegshafen (Marinehafen) treffen. In mehreren Wellen fliegen die Russen die Südspitze von Hela von allen Seiten an. Ca. 200 Tote sind am Abend als Opfer zu beklagen, ein Dampfer und vier Marinefährprähme haben schwere Treffer erhalten.

Der 27. April ist träge und verhangen, das ist ein großes Glück. Sieben Großschiffe sind da, so daß 24 000 Menschen nach Kiel und Kopenhagen abfahren können. Der Gegner, der nun auch von Großendorf vorrückt, um auf dem Landweg die Basis Hela auszuschalten, wird dort glatt und ohne Schwierigkeiten abgewiesen.

In den frühen Morgenstunden des 28. April gegen 3.00 Uhr fahren zwei russische Schnellboote einen Angriff auf den auf Hela-Reede liegenden Damper *Emilie Sauber*. Das Schiff wird mittschiffs getroffen, geht auf Grund und ist verloren.

Am Montag den 30. April ist kein Schiff auf Reede. Wir funken sofort nach Westen: *Auf Hela etwa 3000 Verwundete, 25 000 Flüchtlinge, 24 000 Soldaten. Großer Schiffsraummangel. AOK Ostpreußen i.a. Ritgen.*

»Im April abtransportiert: 387 076 Menschen«

Major i.G. Udo Ritgen berichtet weiter:

So warten bis hinauf nach Heisternest noch ca. 52 000 Menschen auf den Abtransport, die Halbinsel Hela läuft über. Die von mir um 12.30 Uhr abgesetzte Funkmeldung an Wehrmachts-Führungsstab lautet ganz knapp: *Hela an: Fehlanzeige. (Keine Schiffe angekommen).*

In dieser schicksalhaften Nacht vom 1. zum 2. Mai 1945, in der wir vom Tod Hitlers und der Nachfolge Dönitz

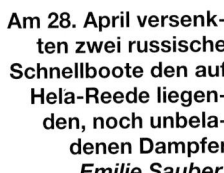

Am 28. April versenkten zwei russische Schnellboote den auf Hela-Reede liegenden, noch unbeladenen Dampfer *Emilie Sauber*.

Am 5. Mai liefen nochmals Schiffe Hela an, um mehr als 40 000 Menschen an Bord zu nehmen. Zivilisten warten im Fischereihafen.

in die höchsten Führungs- und Regierungsämter erfahren, holen wir von Kahlberg die letzten deutschen Soldaten von der Nehrung herunter. Die Marinefährpräme bringen von dort 1212 Soldaten und 325 Verwundete zurück. Von Schievenhorst werden 8440 Soldaten, 555 Verwundete, 150 Mann Sanitätspersonal, 1660 Flüchtlinge und 33 Zöllner herübergeholt. Die ganze Nacht sind wir auf den Beinen und in Tätigkeit.

Am Morgen des 2. Mai stehen die Dampfer *Weserstrom* und *Sachsenwald* auf Reede. Sie laufen in der Nacht zum 3. Mai mit 5150 Verwundeten, 3000 Flüchtlingen und 400 Mann Sanitätspersonal nach Kopenhagen, zusammen 8550 Menschen. Schon am Nachmittag dieses Tages gingen die Torpedoboote *T 108 T 36* mit je 150 Flüchtlingen in See, Kurs Westen.

Am 3. Mai melden wir zusammen mit der 9. Sicherungsdivision an den Wehrmacht-Führungsstab u.a.: ...... *Im Monat April wurden nach Westen abtransportiert 387 076 Menschen. Von Pillau, Kahlberg Schieverhorst und Oxhöfter Kämpe nach Hela mit MFP und Sicherungsfahrzeugen 264 687 Menschen* ....

Diese Zahlen, so nüchtern sie sein mögen, sprechen für sich. Kaum ein Mensch ahnt, welche Anstrengungen nötig waren, um diese Transportleistungen unter den obwaltenden Umständen herauszuholen.

Der 5. Mai bringt den Menschen auf Hela neuen Auftrieb und der verantwortlichen Führung insofern Erleichterung, als mehrere Großschiffe, unter ihnen *Hansa, Linz, Nautik, Isar, Ceuta* und *Pompeji*, sowie eine Reihe von Zerstörern und Torpedobooten unter ihnen *Galster, Riedel, Lody, Z 23, Z 25, T 28, T 17, T 19* und *T 35* auf Hela-Reede stehen.

Die Einschiffung erfolgt bei hereinbrechender Dunkelheit und wird, trotz Artilleriefeuers aus Gotenhafen, zügig durchgeführt. Die Masse der Schiffe kann am 6. Mai früh um 8 Uhr nach Westen in See gehen. Rund 43 000 Menschen haben auf diesen Schiffen Hela verlassen. In der gleichen Nacht, in der die Großverladung erfolgt, bringen Marinefährpräme aus Schievenhorst und Nickelswalde weitere 12 180 Soldaten, 910 Verwundete und 270 Flüchtlinge nach Hela.

Der Hilfskreuzer *Hansa* mit den Dampfern *Ceuta* und *Pompeji* gehörte zu jenen sechs Schiffen, die am 5. Mai auf der Reede von Hela Flüchtlinge an Bord nahmen.

Dampfer *Ceuta*

Dampfer *Pompeji*

Neun Zerstörer und Torpedoboote begleiteten die Flüchtlingsschiffe nach Westen, darunter die Zerstörer *Theodor Riedel* (im Bild) und *Hans Lody*, sowie die Torpedoboote *T 17*, *T 19* und *T 35*.

Zerstörer *Hans Lody*.

Die Torpedoboote *T 17, T 19* und *T 35*
von oben nach unten.

Helmut Friedle.

Soldatenschicksale

Unteroffizier Helmut Friedle gehörte zu jenen Soldaten, die in den letzten drei Kriegstagen noch über
die Ostsee gerettet wurden. Hier sein Erlebnisbe-
richt:

5. Mai 45: Überraschend als Vorkommando bei
Schievenhorst zum Verschiffen auf Hela bestimmt. Am
späten Nachmittag bei regnerischem und diesigem Wetter
auf Fährprahm verladen. Gute Fahrt bis Hela, in der
Dämmerung angekommen, dicht bei einem Schiff
liegend. Dort stehen seitlich im Bauch die Ladeluken auf,
wir verfrachten uns hinein mit Gewehr und Tornister und
sonstigem. Ich bleibe außen, auf dem Prahm, bei der
Feldküche. Es zeigt sich, daß diese nicht mitgenommen
werden kann. Ich frage mich heute noch, was denn

geschehen wäre, hätte ich mich auch still und leise in den
Bauch des Schiffes verzogen und nicht auf einer Rutsche
alle Lebensmittel vom Prahm ins Schiff rutschen lassen:
Brote, Butterballen, Büchsen usw..

Die höheren Dienstgrade saßen bereits dort, keiner
kümmerte sich um etwas. Die sonst üblichen scharfsinni-
gen Überlegungen hatten sich offensichtlich bereits in
eine furchtsame Heimkehr-Hoffnung verwandelt. Das Gefühl, daß es jetzt um das Letzte ging, hatte jeder.

6. Mai 45 früh: Fahrt um Hela herum, Richtung Dänemark. Einige Schiffe vor, einige hinter uns. Vier Zerstörer
begleiten uns, zwei vorne, zwei hinten. Ich unten im
Schiff neben einem Offizier von der 215. I.D. an die Schiffs-
außenwand angelehnt. Vor uns der offene Laderaum, gefüllt mit sitzenden und liegenden Soldaten. In Abständen
von ca. 5 m zogen sich Schienen längs durch das Schiff.
Gerücht: Es sei ein früherer Bananendampfer und 4 bis
5000 Mann seien auf ihm geladen, nebst vielen zivilen
Flüchtlingen.

Andauernd auf dem Schiff unterwegs, vernahm ich
plötzlich die Parole: Alle Lebensmittel sollen eingesam-
melt werden und die Gemeinschaftsverpflegung durch
die Schiffsküche erfolgen. Gleichzeitig sah ich die Matrosen von der Verpflegungsstelle ihres Schiffes kommen,
jeder auf dem Arm eine Portion: Ein geräuchertes Rippen-
teil auf beiden Armen, darauf Büchsen und Butter und
sonstiges. Ich selbst hatte zweimal nach mehrstündi-
chem Anstehen in einer langen Schlange Schiffseintopf
im Kochgeschirr erstanden. Meine Verpflegung hatte ich
äußerst knapp eingeteilt: Zerbrochene Brote vom Überladen bei Hela her, dann noch Zucker und etwas Butter.
Täglich gab es dann Butterbrotschnitten mit Zucker be-
streut.

Die Fahrt selbst war von großer, berechtigter Sorge und
Spannung begleitet, alles hielt besorgt Ausschau, was der
Russe wohl unternehme, denn unser Konvoi konnte ihm
nicht verborgen geblieben sein. Am 7. Mai waren wir
noch unterwegs. Es war in der Nacht des 7./8. Mai, als
wir uns an Bornholm vorbeistahlen. Wir sahen südlich die
Insel als grauen Schatten. Es hatte sich herumgesprochen, daß dort schon der Russe gelandet sei. Doch glück-
licherweise geschah nichts. Am 8. Mai erfahren wir von
der Kapitulation und sind am 9. Mai vor Kopenhagen. Wir
liegen vor der erhellten Stadt und die Freudenfeuerwerke
dort lassen erahnen, wie es den Leuten dort zumute ist.

Der Obergefreite Otto Borcherding, Jahrgang 1909, vom Grenadierregiment 391 der 170. I.D. befand sich am 5. Mai auf der Nehrung, die deutsche Verbände immer noch hielten. Doch nur noch Stunden. Borcherding und seinen Kameraden war klar, daß sie noch vor Kriegsende die Nehrung verlassen mußten, wollten sie nicht in russische Kriegsgefangenschaft geraten. Als letzte Absetzmöglichkeit bot sich ein Wasserfahrzeug an, um in den 35 Kilometer weit entfernten Kriegshafen von Hela zu gelangen. Aufgrund seines angeschlagenen Gesundheitszustandes und seines Alters gehörte er zu den ersten seiner Einheit, die zum Abtransport eingeteilt wurden. Nach zehneinhalb Kilometer Fußmarsch unter schwersten Bedingungen erreichte er den Anlandeplatz Nickelswalde. Über sein weiteres Schicksal berichtet er:

An Nickelswalde drei Uhr. Nachts ist es wie in diesen ganzen Tagen weiterhin kühl und naß. Verpflegungsempfang. 17 Uhr in Nickelswalde auf dem Prahm an Bord gegangen. Auf Deck. Man spricht von 900 bis 1000 Menschen. Ausfahrt. Zurück nach einer halben Stunde: Feindliche Aufklärer, einer und noch einer, 2-cm-Flak. Endlich ausgelaufen (abermals) 20.30 Uhr. Nebel. Stundenlang bis morgens auf dreiviertel des Weges liegengeblieben. Mehrfach auf geringer Tiefe. Mit Morgengrauen nach Hela hinein, Kriegshafen.

Montag, 7.5.: 14.15 Uhr an Bord der *Weserberg*, 2500 Soldaten und Zivil, 18.30 Uhr Abfahrt mit Geleit in Westrichtung. Erscheinen der Aufklärer. Durch das Beidrehen des Prahms wertvolle Zeit verloren; vergebliche Fahrt? Erneutes Auslaufen auf dem alten Kurs. Gefahr der Bodenberührung, Gefahr, auf eine Untiefe zu geraten: Durch Festsitzen wären wir noch hilfloser als hilflos geworden, vor allem gegenüber Gefahren aus der Luft.

Fix und fertig an Leib und Seele fand ich in Luke II der *Weserberg* eine Doppelpritsche. War zwar schon besetzt, dennoch ließ ich mich dort neben einem leidenden Landser nieder, er klagte über Ischias. Ich versprach, ihn so gut wie möglich zu wärmen. Am dritten Tag nach dem Verlassen der Reede von Hela waren wir bereits im Kieler Hafen angekommen.

Otto Borcherding.

Funksprüche und Befehle

Während auf der Reede und im Hafen von Hela und auch auf der Nehrung noch immer Soldaten und Flüchtlinge auf Prähme und Schiffe verladen wurden, rückte der Zeitpunkt der Kapitulation der Wehrmacht immer näher. Großadmiral Dönitz, der die Regierungsverantwortung am 1. Mai 1945 übernommen hatte, sah sich vor zwei wichtige Aufgaben gestellt: 1. Die Kapitulation hinauszögern, um Zeit zu gewinnen, und 2. diese Zeit dafür zu nutzen, möglichst alle noch auf Hela und in den Kurlandhäfen befindlichen Soldaten über die Ostsee nach Westen in Sicherheit zu bringen. Sein letzter Befehl an die Marine bestand aus zwei Worten: »Menschenleben retten!«

In den letzten drei Kriegstagen, am 6., 7. und 8. Mai, überschlugen sich die Ereignisse. Funksprüche jagten durch den Äther, ein Befehl folgte dem anderen.

Am 6. Mai 1945 wurde um 17.45 Uhr über die deutsche Handelsschiffswelle folgender Funkspruch ausgestrahlt:

Alle deutschen Schiffsbesatzungen aller Schiffe, die die deutsche Handelsschiffsflagge oder die Reichsdienstflagge führen, haben in den durch die Waffenruhe betroffenen Häfen und Seegebieten jede militärische Handlung zu unterlassen. Sie dürfen die Schiffe weder selbst versenken noch durch Zerstörung von Schiffseinrichtungen unbrauchbar machen. Die Besatzungen bleiben an Bord.

Dönitz, Großadmiral.

Um 23.13 Uhr befiehlt der Seetransportchef, Konteradmiral Konrad Engelhardt, den Schiffen:

Nach eingetretener Waffenruhe wird mit sofortiger Wirkung für alle deutschen Handelsschiffe unter Reichsdienst- oder Handelsflagge befohlen: Sämtliche Schiffe dürfen ihre augenblicklichen Liegeplätze nicht verlassen, sie dürfen nicht in einen anderen Hafen verlegen oder innerhalb der Häfen verholen ohne eine besondere Genehmigung des ObdM oder der Dienststelle der fremden Mächte. Ausgenommen in Lagen, die durch Wetterlage bestimmt. Die Besatzungen auf allen Schiffen bleiben angemustert!

OKM Skl.Adm.Qu VI.

Einen Tag später, am 7. Mai, trifft bei Großadmiral Dönitz in Flensburg folgender Funkspruch ein:

General Eisenhower besteht darauf, daß wir heute noch unterzeichnen. Andernfalls werden die alliierten Fronten auch gegenüber denjenigen geschlossen werden, die sich einzeln zu ergeben versuchen, und alle Verhandlungen werden abgebrochen. Ich sehe keinen Ausweg als Chaos oder Unterzeichnung. Erbitte sofortige drahtlose Bestätigung, ob ich Vollmacht habe, die Kapitulation zu unterzeichnen. Sie kann sofort wirksam werden. Feindseligkeiten werden dann am 09. Mai 00.01 Uhr aufhören.

Jodl.

Gegen 1.00 Uhr gab Großadmiral Dönitz die Zustimmung zur Unterzeichnung des Kapitulationsvertrages.

Großadmiral Dönitz, in dessen Bemühen es lag, soviel Menschen wie möglich noch aus den Kurlandhäfen und von der Halbinsel Hela zu retten, weiß am Morgen des 7. Mai, daß hierfür nur noch knapp 48 Stunden zur Verfügung stehen, denn um Mitternacht vom 08. zum 09. Mai müssen alle Ostseehäfen, die im Bereich der Sowjets liegen, von Soldaten, Verwundeten und Flüchtlingen geräumt sein. Höchste Eile war geboten.

Mit einem Blitzfernschreiben informierte die 1. Abteilung der Seekriegsleitung alle in der Ostsee befindlichen Kriegs- und Handelsschiffe, vor allem auch die 9. und 10. Sicherungsdivision, über die Situation und die zeitlich begrenzten Möglichkeiten der Rettung von Soldaten, Verwundeten und Flüchtlingen aus Windau, Libau und Hela. Das über Funk weitergegebene Blitzfernschreiben hatte folgenden Wortlaut:

An alle in der Ostsee befindlichen Schiffe:

1. Infolge der durch die Kapitulation veränderten Lage müssen sämtliche See- und Sicherungstreitkräfte sowie Handelsschiffe bis zum 09.05. 0001 Uhr die Häfen Kurlands und Hela verlassen haben. Schiffe und Boote bis an die Grenze des Fassungsvermögens mit Menschen und kleinstem Gepäck verladen. Zielhäfen sind Kiel, Eckernförde und Neustadt. Zwischenlaufen dänischer Häfen aufgrund der Lageentwicklung ausgeschlossen.

2. Kriegs- und Handelsschiffe auf Ostmarsch, deren Wiederauslaufen aus den Ostseehäfen nach Beladen mit Menschen bis 0001 Uhr nicht gewährleistet ist, machen kehrt und laufen Flensburg an.

3. In Marsch gesetzte Geleite mit Zahl der geretteten Menschen, getrennt nach Truppen, Verwundeten, Flüchtlingen zeitgerecht melden.

MOK. Ost, Führungsstab F 1.68 OP.

Zerstörer *Karl Galster* – zweimal Hela und zurück

Zu den Kriegsschiffen, die kurz vor Kriegsende Soldaten aus Hela nach Westen retteten, gehörte der Zerstörer *Karl Galster*. Oberleutnant zur See Karl-Franz Fiehe, berichtet über die zwei letzten Einsätze des Zerstörers:

Die beiden letzten Einsätze galten der Rettung der auf Hela eingeschlossenen Truppen. Der kommandierende *Admiral Östliche Ostsee* – Vizeadmiral Thiele – seit dem 28. April im Befehlsbunker auf Hela stationiert, hatte am 4. Mai 45 folgenden Funkspruch an den in Kopenhagen stationierten *Führer der Zerstörer* – Vizeadmiral Kreisch – abgesetzt:

Infolge fast gänzlichen Aufhörens des Ost-Geleit-Verkehrs nach Hela in Kürze über 200 000 Menschen massiert. Heraufbeschwört zwangsläufig Zusammenbruchserscheinungen. Erbitte sofort großzügige Inmarschsetzung von Schiffsraum für Abtransport. 2. und 3. Mai nur ein Dampfer nach Westen. Abhilfe dringend erforderlich.

Am 5. Mai liefen fünf Zerstörer, darunter *Karl Galster*, und fünf Torpedoboote aus Kopenhagen aus mit dem Ziel Hela und kehrten mit Truppen voll beladen am 6. Mai in dänische Gewässer zurück. Diese Einheiten erhielten Order, zunächst außerhalb der 3-Meilen-Zone zu ankern, weil inzwischen im Nordwesten Waffenruhe eingetreten war und aus dänischem Hoheitsgebiet kein Schiff mehr hätte auslaufen dürfen.

Sämtliche Einheiten wären also für weitere Einsätze in Richtung Hela ausgefallen. Insgesamt konnten am 6. Mai ca. 43 000 Mann von Hela abtransportiert werden.

Im Hinblick auf die am 8. Mai zu erwartende Gesamtkapitulation mußte nunmehr schnellstens gehandelt werden. Um weitere Menschen von Hela zu holen, war es erforderlich, zuerst das Problem des Brennstoffmangels zu lösen. Keine Einheit war wegen des Ölmangels in der Lage, bis Hela zu fahren, geschweige denn, auch zurückzukommen. Wegen der nur äußerst knapp noch verfügbaren Zeit kamen für den letzten Einsatz nur noch schnelle Einheiten in Frage. In einer Blitzaktion wurde aus allen nicht fahrbereiten bzw. nicht geeigneten Einheiten das noch vorhandene Öl in die zur Fahrt nach Osten vorgesehenen drei Zerstörer und zwei Torpedoboote gepumpt. In der Frühe des 8. Mai liefen die Zerstörer *Friedrich Ihn*,

Karl-Heinz Fiehe.

Z 25 und *Karl Galster* sowie die Torpedoboote *T 23* und *T 28* mit hoher Fahrt in Richtung Hela aus und trafen am Abend desselben Tages vor Hela ein. Die auf Hela eingeschlossenen Truppen hatten damit nicht mehr gerechnet.

So selbstverständlich uns die Ausführung unserer letz-

Das letzte Aufgebot an Schiffen, die am 8. Mai noch einmal Hela anliefen, bestand aus den Zerstöreren *Karl Galster* (im Bild), *Friedrich Ihn*, *Z 25* und den Torpedobooten *T 23* und *T 28*.

Die Zerstörer *Friedrich Ihn* **und** *Z 25*.

Die Torpedoboote *T 23* **und** *T 28*.

ten Aufgabe war, trotz des Waffenstillstandes im Nordwesten noch nach Osten auszulaufen, war das nicht überall der Fall. Die Überlegung, obwohl man den Krieg heil überstanden hatte, sich nochmals in gefährliche Nähe des Russen zu begeben, brachte drei Besatzungsmitglieder des Zerstörers *Paul Jakobi* dazu, in der Nacht zum 4. Mai die Kreiselkompaß-Anlage zu zerstören und damit das Boot fahruntüchtig zu machen. Die drei Meuterer wurden von einem Kriegsgericht zum Tode verurteilt und am 5. Mai standrechtlich erschossen. Zur Ehre unserer Besatzung muß ich aber feststellen, daß bei dieser keinerlei derartige Probleme auftraten. Im Gegenteil, unsere Besatzung schien wie erlöst, als wir den Auslaufbefehl bekanntgaben. Sie beseelte der Gedanke, noch einmal helfen zu können und dem Russen möglichst viele Kameraden zu entreißen.

Als wir am Abend des 8. Mai vor Hela eintrafen, befürchteten wir, daß die Soldaten unser Boot stürmen würden; was menschlich verständlich gewesen wäre. Umso erstaunter waren wir, als wir die Pier fast menschenleer vorfanden und dann die zur Einschiffung vorgesehenen Einheiten geschlossen anrückten. Der Feind störte die Einschiffung nicht, er hatte wohl nicht mehr mit weiteren Einheiten gerechnet.

Ich selbst war von meinem Kommandanten als Einschiffungs-Offizier eingesetzt worden und erlebte die Übernahme der Soldaten an der Stelling, über die diese an Bord gingen. Wir hatten befehlsgemäß darauf zu achten, daß alle Handfeuerwaffen von der Stelling ins Wasser geworfen wurden. Das war aus Sicherheitsgründen in vielerlei Hinsicht erforderlich. Diese, auch symbolisch deutbare Maßnahme hat uns damals sehr bedrückt.

Nachdem nach meinen überschlägigen Feststellungen etwa 1800 Mann an Bord gekommen waren, wurde die Einschiffung beendet. Im gleichen Augenblick wurde mir gemeldet, daß an der der See zugewandten Seite ein Fährprahm längsseits gekommen sei mit Hunderten Soldaten an Bord, die mitgenommen werden wollten. Wir haben nicht mehr gezählt, sondern versucht, sie so schnell wie möglich an Bord unterzubringen, denn die Zeit drängte.

Es war inzwischen 21 Uhr geworden, in drei Stunden war auch im Osten Waffenstillstand. Im Ablaufen erlebten wir am östlichen Horizont noch das Freudenfeuer der Russen aus allen Rohren, mit dem sie ihren Sieg feierten.

Noch einmal färbte sich der Himmel feuerrot.

Mit großem Respekt bewunderte ich die hervorragende Haltung der absperrenden Soldaten, die keinen Versuch machten, im letzten Augenblick noch an Bord zu gelangen, sondern sich von uns mit militärischem Gruß verabschiedeten, den wir mit einem kalten Gefühl im Nacken erwiderten.

Die Gruppe der Zerstörer und Torpedoboote formierte sich zum Marsch nach Westen. Einen – wegen der Minengefahr erforderlichen – Sperrbrecher gab es nicht mehr. Wir fuhren das Bugschutzgerät gegen Ankertauminen aus und konnten deshalb keine Höchstfahrt laufen. Gegen Magnetminen schützte uns – hoffentlich – unsere Magnetschutzanlage. Einige Zeit darauf erreichte uns ein Funkspruch, der die Weisung enthielt, sofort den nächsten alliierten Hafen anzulaufen. Das wäre für uns Swinemünde gewesen, das von den Russen bereits besetzt war.

Nach kurzer Abstimmung mit den Schiffsoffizieren und den übrigen Einheiten befahl der Kommandant den Weitermarsch nach Westen. Die anderen Einheiten operierten ebenfalls nach eigenem Ermessen in Richtung Westen. Niemand sollte dem Russen ausgeliefert werden. Das Bugschutzgerät wurde gekappt und die Geschwindigkeit erhöht, soweit die Sichtverhältnisse es erlaubten. Wir waren nämlich nicht allein auf Kurs West. Um uns herum wimmelte es nahezu von Wasserfahrzeugen aller Art und Größen, sämtlich ohne Beleuchtung. Der Ausguck wurde noch verschärft, um jeden Zusammenstoß zu vermeiden.

So jagten drei Zerstörer und zwei Torpedoboote mit etwa 10 000 Menschen an Bord gen Westen, um die Geretteten auch wirklich zu retten. Ein Funkspruch unseres *Führer der Zerstörer* bestätigte unsere Entscheidung. Er lautete: *An alle im Osttransport eingesetzten Einheiten! Im Sinne der Aufgabe handeln. Beeilt Euch! FdZ*

Am 9. Mai versuchten am Tage etwa in Höhe von Swinemünde russische Schnellboote und Flugzeuge uns zum Abdrehen in Richtung Swinemünde zu zwingen. Wir setzten kurzfristig – weniger gezielt als demonstrativ – unsere leichten Waffen ein. Das genügte, um den Russen zu zeigen, daß wir unsere Haut so teuer wie möglich verkaufen würden. Sie drehten ab. Die weitere Fahrt gen Westen verlief ohne Störungen. Am Abend des 9. Mai liefen wir in die Flensburger Förde ein. Nach Verbindungsaufnahme mit der Dienststelle des in Mürwik befindlichen Großadmirals Dönitz erhielten wir Order, nach Kiel zu gehen. Während der Fahrt nach Kiel wurde begonnen, die Munitionsvorräte über Bord zu geben. Die in den Rohren befindlichen Torpedos wurden unscharf verschossen. Am Morgen des 10. Mai liefen wir in die Kieler Förde ein und warteten auf weitere Weisungen.

Eine Barkasse mit bis an die Zähne bewaffneten Engländern unter Führung eines Offiziers kam längsseits und an Bord. Mit vorgehaltenen Maschinenpistolen verteilten sie sich auf das ganze Boot und schraken bei jedem lauten Kommando von uns zusammen. Im übrigen ging der notwendige Dienstbetrieb ungestört weiter. Der englische Offizier sprach mit unserem Kommandanten und mischte sich zunächst in unseren Dienstbetrieb nicht ein. Am Nachmittag erhielten wir den Befehl, in Mönkeberg an die Pier zu gehen und die Truppen auszuladen. Bei der Ausschiffung sah man nur fröhliche Gesichter der sichtlich erleichterten Soldaten, die sich bei uns sehr herzlich für die Rückführung bedankten.

8. Mai 1945: Letzter Kriegstag – letzter Rettungstag

Nach Unterzeichnung der Kapitulationsbedingungen war der 8. Mai 1945 der letzte Kriegstag. Für die Soldaten in den Kurlandhäfen, auf der Nehrung und auf Hela war es auch der letzte Tag, um sich über See der drohenden russischen Gefangenschaft zu entziehen.

Josef Potzgruber, Obergefreiter des Nachrichtenzuges der Flakabteilung 504, zuletzt in der Weichselniederung im Raum Stutthof-Stegen eingesetzt, erinnert sich:

In ständige schwere Rückzugskämpfe verwickelt, in denen sich unsere Einheit von Eydtkuhnen über Königsberg, dem Samland über die Nehrung bis schließlich in den Raum Stegen zurückzog, hatten wir keinen Überblick über das allgemeine Frontgeschehen und über die größeren Vorgänge um uns.

Als wir am 6. Mai aus einer der letzten Riegelstellungen der Nehrung herausgelöst wurden, ahnten wir von der unmittelbar bevorstehenden Kapitulation noch nichts. Wir spürten wohl eine steigende Spannung und Nervosität, diese lag aber mehr in der Befürchtung begründet, daß

der Russe stündlich den Kessel eindrücken und überrollen könnte. Daß er dies gar nicht mehr nötig hatte, da ihm über kurz oder lang die Masse der Soldaten kampflos in die Hände fiel, wußten wir daher nicht.

Unsere Herauslösung aus der Riegelstellung war erfolgt, um uns nach Hela überzusetzen. Das sollte am Abend des 7. Mai erfolgen. Schutzsuchend lagen wir eingegraben in den Schützenlöchern den Tag über am Strand von Stegen. Wegen der ständigen Tiefflieger- und Bombenangriffe war es nicht ratsam, sich allzuweit vom Loch zu entfernen. Wir wußten daher kaum, was um uns herum vorging, wir warteten nur auf die gemeinsame Einschiffung der spärlichen Reste unserer Einheit.

Die Boote kamen wie zugesagt; noch ehe uns der Befehl der Einschiffung erreichte, waren sie voll und legten ab. Wir wurden auf den nächsten Tag vertröstet. Ständigen Tieffliegerangriffen ausgesetzt, horchten wir gespannt auf den scheinbar immer näher kommenden Frontenlärm.

Als am Abend des 8. Mai, pünktlich wie an den Tagen zuvor, die Boote und Prähme ankamen, lagen wir sprungbereit in unseren Löchern. Als wieder kein Befehl kam und alles zu den Booten drängte, sprangen auch wir aus unseren Löchern, stürmten durch das brusttiefe Wasser zu den schon hoffnungslos überfüllten Booten. Zusammen mit drei Kameraden versuchten wir, den erhöhten Bootsrand zu fassen. Auf die Schulter des anderen kletternd, halfen wir uns gegenseitig und kamen glücklich ins Boot, bzw. auf Deck des Fährprahms. Kurz darauf nahm das kleine Geleit Fahrt auf, es mochte ungefähr 7 Uhr abends gewesen sein. Es war ein klarer Abend, als wir die Bucht hinaus auf See fuhren. Zu unserer Verwunderung fuhren wir an Hela vorbei auf die offene See. Da verbreitete sich wie ein Lauffeuer die Nachricht, daß um Mitternacht der Waffenstillstand in Kraft trete. Ein kalter Schauer lief mir über den Rücken, angesichts der Tausenden Zurückbleibenden und meiner ungeahnten Rettung in letzter Sekunde.

Am Vormittag trafen wir auf offener See ein kleines Geleit von Booten, die aus den Kurlandhäfen kamen. Kurz darauf griffen uns russische Tiefflieger an. Aus allen Rohren wurde geschossen, darunter auch aus dem Geschütz auf unserem Prahm. Nach mehreren Bombenabwürfen drehten die Maschinen ab. Wir landeten ohne Schaden in Eckernförde.

Willi Faulhammer, der zur Flakabteilung auf Hela gehörte, befand sich bis zum letzten Kriegstag auf seinem Posten bevor es hieß: »Abmarsch zum Kriegshafen und Einschiffen in Richtung Heimat!« Er erinnert sich an den 8. Mai 1945 und die Tage, die ihm folgten:

8.5.45: Zunächst warteten wir Soldaten in aller Ruhe auf den Abtransport (Seesteg). Plötzlich hörte die Übernahme auf und es wurde erklärt, nur im Kriegshafen könnten die Soldaten damit rechnen, abtransportiert zu werden. Im selben Moment gab es keine Führung mehr. Vorbei war es mit Ruhe und Ordnung. Von keiner Seite erscholl ein Kommando oder ein Hinweis der Organisation. Auf den Gesichtern – sämtlicher Soldaten und Vorgesetzter – stand zu lesen: *Rette sich, wer kann!*. Jammervoll war der Anblick, wie Menschen in ihrer Ratlosigkeit hin und her rannten. Viele Kameraden versuchten, den Kriegshafen zu erreichen. Der Weg dorthin war bald verstopft; außerdem fluteten größere Menschenmengen vom Kriegshafen wieder zurück, die genau das Gegenteil erhofften – nämlich vom Seesteg abgeholt zu werden.

Während es drunter und drüber ging, stand ich ziemlich teilnahmslos in 20 m Entfernung vom Seesteg mit meinem Gepäck. Ich war ein Neuling im Absetzen und hatte aus diesem Grunde lächerlich viel Gepäck.

Auch der »Herzklapps« machte sich unangenehm bemerkbar. Trotzdem ich seit einigen Jahren ein Schwarzseher war, wagte ich doch in bezug »Absetzbewegung« auf ein Wunder zu hoffen.

Das Wunder trat tatsächlich ein. In der Ferne tauchte ein Fährprahm auf, mit Kurs Seesteg. Beim Näherkommen des Bootes rief der Kapitän: »Wo sind die Verwundeten vom Leuchtturm?« Das Boot hatte bereits 20 Schwerverletzte im Kriegshafen aufgenommen. Arme Teufels, denen am selben Tag mittags böse mitgespielt wurde (Ari-Beschuß).

Dann versprach der Bootsführer, die Flüchtlinge (zivil) mitnehmen zu wollen. Während der Übernahme der Zivilisten versuchte jeder Soldat, das Boot zu erobern.

Trotzdem der Kasten nie fest lag, waren außer den Zivilisten auch bereits über 200 Soldaten auf das Deck gesprungen. Das Boot setzte sich in Bewegung. Ich nahm meinen Kopierstift und eröffnete die Schreibstube, 33 Kameraden fand ich im Gewühl, und einige Zeit später waren diese auch auf einen Blockzettel notiert.

9.5.45: Die Fahrt auf dem Fährprahm war alles andere als ein Vergnügen. Der pestilenzartige Gestank im Pott war kaum auszuhalten. Verfaultes Stroh, zum Teil unter Wasser. Die Menschen kauerten zusammengepfercht zwischen großen Brennstoffvorräten; Kurlandkämpfer, schwarz wie Kohlentrimmer, teils in Lumpen gehüllt, zusammengewürfelt mit Zivilisten, Männer, Frauen und Kindern. Die Schwerverletzten – den meisten waren tags zuvor die Füße abgerissen worden, zwei hatten Bauchverletzungen, einer eine schwere Kopfverletzung – hatten durchblutete Verbände, vollgeschissene Tragbahren usw.. Zwei Sanitäter versuchten die oftmals – meist nachts – brüllenden und schreienden Verwundeten durch harte Ausdrücke zum Schweigen zu bringen. Wie sollten sie auch anders helfen – ohne Medikamente, Schlafmittel und Verbandszeug. Einer der Verwundeten bat in der Nacht unter ständigem Wehklagen um ein Messer, damit er sich die Kehle durchschneiden könne.

Es herrschte Mangel an Trinkwasser an Bord. Weil es im Pott wie in der Hölle aussah, strömten die gesunden Menschen wenigstens am Tage, soweit Platz vorhanden, an Deck. Das Wetter war schön, die Sonne meinte es gut, und der Seegang war zu ertragen. Die Soldaten legten sich auf Deck lang, streckten sich und suchten sich durch Faulenzen Entspannung zu verschaffen. Allmählich erhellte sich die bisher gedrückte Stimmung. Alle waren froh, der Mausefalle von Hela entronnen zu sein und in Richtung Heimat zu fahren.

Der Krieg war aus. Oder nicht?

Die einzelne russische Jagdmaschine, die am Vortag mehrmals kurze Zeit unser Begleiter war, besuchte uns auch heute am 9.5. des öfteren. Um 18.00 Uhr kam die Überraschung. Punkte tauchten auf – wurden größer – 18 *J 22* und *Boston*-Maschinen. Noch immer will die Mehrzahl der an Deck lagernden Menschen nicht auf die Beine. Inzwischen hatte die Schiffsbesetzung mit auffälliger Ruhe die Schwimmwesten an sich genommen. Jetzt gab es auch für die Optimisten keine Zweifel mehr – der Russe greift uns tatsächlich an. Ehe die letzten liegenden Soldaten den Arsch vom Deck hoch bekamen, tobte schon der Kampf. Das 1. Schiff vom Geleit ist ein U-Jäger. Ein Lufttorpedo rutschte dicht am Bug vorüber. Die Kameraden der 3. Batterie waren im 1. Fährprahm untergebracht, nicht weit vom U-Jäger als zweites Schiff. Hier fielen zwei Bomben in geringer Entfernung (20–30 m) steuerbords. Fürchterlich rumpelte der Kasten. Jedem fuhr der Schreck in die Glieder.

Alle Augen waren auf die Bordwand gerichtet, denn irgendwo mußte der Kasten zerreißen. Der Pott zerbarst nicht, aber dennoch wich die Spannung und der Schreck nicht aus unseren Gliedern, denn die Flugzeuge kamen immer in neuen Anflügen wieder. Die letzte Stunde schien gekommen. Außer der Schiffs- und Geschützbedienung kroch alles vom Deck in das Innere des Potts, da der Beschuß mit Bordwaffen unheimlich wurde. Der Seegang war bei weitem nicht so ruhig wie vormittags. Hinzu kam das Schaukeln des Kastens durch wildes Zick-Zack-Fahren.

Ein erlebter Fliegerangriff zu Lande zeigte wesentliche Unterschiede gegenüber einem Angriff auf dem Wasser für eine Landratte. Der zweite Angriff begann ca. 30 Minuten später. Jeder Angriff brachte wiederholte Anflüge der Maschinen auf die einzelnen Schiffe des Geleits. Ein Pott, der größte des Geleits, wurde von einem Torpedo getroffen. Der Torpedo detonierte nicht. Das Schiff verlor dennoch Öl und begann zu sinken. Nach dem Kampf zogen elf Einheiten näher an das getroffene Schiff und übernahmen sämtliche Seelen. Heldenmütiger Verteidigungskampf und etwas Glück hatten dazu beigetragen, daß nicht jedes einzelne Schiff des Geleits ausradiert wurde. Der U-Jäger mit zwei Fährprähmen erreichte noch am 9.5. ohne weitere Zwischenfälle die Insel Mähn. Die restlichen Pötte des Geleits trafen wir mehrere Tage später in Kiel. Vom 10.–14. Mai lagen wir in Kiel vor Anker. Alle Bemühungen des Kommandanten, die Schwerverletzten loszuwerden, schlugen fehl. Erst am 14. Mai wurden die armen Teufel – einige mehr tot als lebendig – in Lazarettkraftwagen verladen. Am gleichen Tage setzten wir uns in Richtung Neustadt in Bewegung.

Mit dem Raddampfer *Express III* nach Schweden

Kurt Mascholler, Batteriechef in der Marineflakabteilung 818 auf Hela, verließ Hela am letzten Kriegstag mit einem außergewöhnlichen Fahrzeug – dem 1911 gebauten Raddampfer *Express III*, der einst auf Weichsel und Elbe schipperte. Das Ziel der Reise war diesmal nicht Schleswig-Holstein oder Dänemark, sondern Schweden. Kurt Mascholler berichtet:

Unsere Aufgabe war es, alle Angriffe auf Hela und die dort liegenden Schiffe abzuwehren und die Rettungsaktionen für Flüchtlinge und rückströmende Einheiten aus Königsberg, Pillau, Danzig und dem Danziger Werder zu sichern, soweit das im Abteilungsverband der Mar.Flak.-Abt. 818 noch möglich war.

Ein Lufttorpedo ca. 50 m neben dem 1. Geschütz strandete im Sande, ohne zu krepieren, Tieffliegerangriffe durchsiebten eine Wohnbaracke aus der tags zuvor die letzten Soldaten gerade ausgezogen waren, nächtliche Bombenangriffe zerstörten eine weitere Baracke, Artilleriebeschuß von Gotenhafen her lag aber immer 100–200 m zu weit. Das waren die bemerkenswertesten Feindeinwirkungen in der Nacht vom 7./8. Mai auf unsere Batterie am Leuchtturm Hela.

Die Mar.Flak.Abt. sollte am 8. Mai um 18.00 Uhr vom Seesteg am Leuchtturm geschlossen abgesetzt werden. Die Batterie am Leuchtturm – unsere Batterie –, mit 20 Mann besetzt, hatte laut Abteilungsbefehl den Feuerschutz für diese Aktion übernommen.

Das Nachkommando war schnell zusammengestellt. Es blieben freiwillig die Unteroffiziere, die schon meiner früheren Batterie 1./219 Johanniskrug in Gotenhafen angehörten und einige junge Soldaten. Allen Soldaten der Batterie hatte ich es freigestellt, an der befohlenen Absetzbewegung um 18.00 Uhr teilzunehmen oder in der Batterie zu bleiben und nach erfülltem Auftrag den vor der Batterie bereitliegenden Raddampfer *Express III* zu besteigen, und mit uns die Fahrt nach Schweden zu wagen. Der Raddampfer *Express III* war einer der vielen kleinen Pötte, die im Hafen von Hela herumlagen und nicht mehr gebraucht wurden. Dank des Einsatzes einiger Unteroffiziere und Soldaten wurde der Raddampfer Tage zuvor gechartert und an der Außenseite von Hela vor der Batterie verankert.

Am Nachmittag des 8. Mai wurde alles an Bord gebracht, was wir für diese Fahrt noch zu brauchen meinten: Leichte Flakwaffen, Maschinengewehre, Panzerfäuste und Proviant. Auch einige Sportgeräte gingen mit. Oberleutnant Töttcher und Leutnant Becker vom Abteilungsstab haben einige Tage zuvor den Raddampfer besichtigt, aber diesem Seelenverkäufer wollten sie doch nicht ihr Leben anvertrauen, wie sie humorvoll erklärten.

Zudem war bekannt geworden, daß Schweden deutsche Soldaten den Russen ausliefern würden, bzw. schon ausgeliefert hatte.

Das Vertrauen zum *Express III*, Baujahr 1911, kohlebeheizt, der früher auf der Weichsel und Elbe fuhr, und zu meinem Reiseziel Schweden war nicht besonders groß. Mir selbst schien damals jede Absetzbewegung in Richtung Flensburg um keinen Deut aussichtsreicher. Nur in einem Falle habe ich vielleicht den freien, persönlichen Entschluß beeinflußt: Den Marine-Obergefreiten Walter Kohlschmidt, ältester Soldat in der Batterie und im Zivilberuf Pastor an der Christuskirche in Hamburg, habe ich gefragt, ob er nicht doch mit uns die Reise nach Schweden mitmachen wolle. Als E-Messer hat er mir einmal gestanden, daß er froh wäre, als Bedienungsmann am E-Meßgerät nicht direkt auf Luft- und Seeziele schießen zu müssen.

Um 18.00 Uhr stand die Batterie unter Führung von Stabsfeldwebel Fritz Jakobi und Obermechaniker Kurt Scholz befehlsgemäß bereit zum Einschiffen. Hier habe ich mich von allen Soldaten persönlich verabschiedet und ging zum Leitstand zurück.

Auch Soldaten und Offiziere anderer Batterien und vom Abteilungsstab warteten vergeblich, die Boote lagen angeblich noch im Kriegshafen.

Vom Leitstand aus hielt ich Kontakt mit dem Abteilungskommandeur Kapitän Pfeiffer. Die Feldwebel Timm und Herbst übernahmen mit Soldaten des Nachkommandos den Raddampfer. René Hennrich, Marine-Obergefreiter, holte als letzter Kurier den von Kapitän Pfeiffer ausgestellten Absetzbefehl für das Restkommando.

Was sich am Stande tat, war vom Leitstand aus gut zu beobachten: Soldaten kehrten von der nicht geglückten Absetzbewegung zurück, aber nicht alle kamen. Viele suchten auf eigene Initiative ein Boot zu erreichen, manche hatten Glück, andere zögerten, waren unschlüssig. Das Gedränge am Strand nahm panikähnliche Form an. Jeder suchte verständlicherweise einen fahrbaren Untersatz zu erreichen. Um 21.30 Uhr kam Feldwebel Walter Timm vom Raddampfer zum Leitstand zurück und drängte mich, zum *Express III* zu kommen, andernfalls würde man ohne mich abdampfen. Die Männer an Bord wären nicht länger zu halten, der Andrang zum Raddampfer würde immer stärker.

Ein letztes Gespräch mit Kapitän Pfeiffer, ich meldete das Nachkommando und mich selbst ab. »Sie wollen also doch nach Schweden, dann gute Fahrt und falls Sie heimkommen, dann grüßen Sie bitte alle!« Die Batterie sollte gesprengt werden, alles war vorbereitet, aber der Befehl war zurückgenommen worden. Aus Sicherheitsgründen ließ ich die Schlagbolzen und die Widerlager herausnehmen und im Sande verbuddeln. Das Gedränge am Strand war kaum zu beschreiben, mit Mühe kam unser Beiboot mit den letzten Soldaten der Batterie – wie wir meinten – noch an Bord des Raddampfers, der, wie wir später feststellten, 212 Soldaten aufgenommen hatte, darunter 51 Soldaten der eigenen Batterie.

Es wäre Zeit gewesen, alle 161 Soldaten der Batterie nach der mißglückten Absetzbewegung um 18.00 Uhr noch an Bord des *Express III* aufzunehmen, aber auch bei den eigenen Männern war das Vertrauen zum Raddampfer und zu dem von mir schon Tage zuvor bekanntgegebenen Reiseziel Schweden nicht sehr groß, obwohl ich – zugegeben – stark in Optimismus machte und hinausposaunte: »Wer mit mir fährt, kommt durch!«

Mir verschlug es die Sprache, als ich bei meinem ersten Rundgang an Bord des Raddampfers Oberst Bockkamp mit hochgeschlagenem Mantel hinter zwei großen Säcken mit Offizieren seines Stabes entdeckte. Ich fragte nach Leutnant Schmidt, der für die infanteristische Verteidigung der Batterie verantwortlich war, erhielt aber keine Antwort. Mir war sofort klar, was geschehen war. Ich kletterte wieder an Deck, rief zum Strand hinüber nach Leutnant Schmidt, der sich auch sofort meldete: »Beeilen Sie sich, kommen Sie, steigen Sie ein!« Seine Antwort: »Ich komme nicht, solange noch ein Soldat meiner Kompanie hier am Strand zurück bleibt!«

Vielleicht sind noch zwei oder drei Beiboote gekommen, zum Strand wollte keiner mehr zurückrudern. Um 22.00 Uhr legten wir ab, zwei Stunden später als geplant. Leutnant Schmidt war nicht dabei.

Leutnant Schmidt kannte meinen Absetzplan in Richtung Schweden. Ich habe ihm angeboten bis 20.00 Uhr mit seiner Kompanie einzusteigen, falls er wolle. Er mußte noch zu einer Besprechung zum Bataillon, eine zusagende Antwort erhielt ich von ihm nicht. Es gibt keinen Zweifel, Schmidt hat bei dieser Besprechung vom Raddampfer und meinen Reiseplänen gesprochen. Oberst Bockkamp und sein Stab hatten sich an Bord eingefunden, wieviel Soldaten vom Schützenbataillon noch von Hela fortkamen, sollte Oberst Bockkamp wissen.

Am letzten Tag habe ich Kapitän Pfeiffer gefragt, wann er wohl Hela verlassen wollte. Seine Anwort war in etwa »...wenn der letzte Marinesoldat fort ist, und das ist auch die Meinung von Admiral Sorge«. Kapitän Pfeiffer übergab die Batterie an die Russen und marschierte mit den Soldaten von Hela bis Graudenz. Hier wurden Offiziere und Soldaten getrennt.

Die Nacht zum 9. Mai war sternklar, Seeleute waren wir nicht. Ein langer Geleitzug war gerade von Hela ausgelaufen, an den wir uns nicht anhängen wollten. Wir steuerten geraden Kurs nordwärts, um russischen Booten, die westwärts fuhren, möglichst aus dem Wege zu gehen. Später gingen wir auf Nordwestkurs, um die Südküste Schwedens zu erreichen.

Die Navigation der Marineartilleristen war gar nicht so schlecht. Nach 36 Stunden lagen wir in den Schären von Karlskrona.

In der ersten Nacht blieben wir unbehelligt, am Morgen des 9. Mai flogen zwei russische Flugzeuge in großer Höhe von Ost nach West über uns hinweg. Die See war glatt, der Himmel klarblau und ich lästerte damals: »Der reinste KdF-Ausflug!«

Wir waren noch nicht lange nach Schweden unterwegs, als Oberst Bockkamp eine Ordonnanz zu mir schickte, mit der Bitte, ich solle doch einmal zu ihm kommen. Der Bockkampsche Stab hatte sich inzwischen in der einzigen Kammer niedergelassen, wo zuvor die Unteroffiziere ihr Marschgepäck abgelegt hatten.

Ich traf Oberst Bockkamp im Kreise seines Stabes bei einer Flasche Cognac an. Mir wurde auch ein Glas angeboten mit den freundlichen Worten: »Wollen wir doch einmal gemeinsam erst ein Glas trinken!« Das konnte ich nicht ausschlagen, aber der Oberst kam sofort zum Theam: »Wollen Sie wirklich nach Schweden?« »Selbstverständlich, und alle Soldaten meiner Batterie auch!« war meine Antwort. Man versuchte mich von der »Unsinnigkeit« meines Vorhabens zu überzeugen und als alles nichts fruchtete, fragte er, wer denn das Schiff eigentlich führe, schließlich seien wir keine Seeleute, er aber habe einen Oberleutnant z.S. in seinem Stabe. Das stimmte tatsächlich, konnte mich aber nicht umstimmen. Ich verwies noch auf meinen Absetzbefehl und verabschiedete mich mit der Bemerkung, daß wir nicht daran dachten, unser Ziel zu ändern.

In der Nacht vom 9. zum 10. Mai wurde die See unruhiger, unser Raddampfer schaukelte bedenklich, wir schätzten Windstärke 3–4. Auch Pastor Kohlschmidt war nicht recht wohl zu Mute: »Was Sie hier machen, das mache ich nicht mehr mit, das heißt ja Gott versuchen!«. Das vergißt man natürlich nicht so schnell. Ich ließ Notsignale schießen, weil ich annahm, die südschwedische Küste könne nicht mehr fern sein und unsere Notsignale mußten beobachtet worden sein. In den frühen Morgenstunden wurde die Ostsee wieder ruhiger, die ersten Lichter an der Küste tauchten auf, die gedrückte Stimmung an Bord war bald vorbei. Wir hielten mit noch langsamerer Fahrt durch die Schären auf die Lichter zu. Wir lagen vor einer Küstenbatterie. Ein Mann kam auf uns zugerudert und gab uns zu verstehen, wir sollten warten, er wollte die Hafenpolizei alarmieren.

Das unerwartete Erscheinen unseres vollbesetzten »Kriegsschiffes« hatte den Mann so in Aufregung versetzt, daß ihm während des Gesprächs seine Jagdflinte ins Wasser fiel. Gern hätten wir den hilfreichen Schweden entschädigt, aber wir haben ihn nie wieder gesehen.

Dann folgte die Übernahme unseres Rettungsschiffes *Express III* durch schwedische Behörden. Wir gaben die Waffen ab, wurden registriert und nach Ronneby gebracht, wo wir im Folks mit einem kalten Büffet freundlichst begrüßt wurden. Diesen Empfang hatten wir der nationalen Frauenvereinigung *Svenska-Lotta-Kor* zu verdanken.

Wir hatten die Wahl in Schweden zu bleiben oder nach Deutschland heimzukehren. Die Heimkehrer – das waren die Mehrzahl – wurden von den Schweden mit dem inzwischen überholten Raddampfer an der Küste entlang über Dänemark nach Deutschland zurückgebracht. Damit endete die Fahrt des *Express III* und der Krieg für uns.

Rette sich, wer kann!

Während in den ersten sieben Maitagen 1945 mehrere zehntausend Soldaten und Flüchtlinge die Halbinsel Hela mit Schiffen verlassen hatten, warteten am 8. Mai 1945 noch fast 100 000 auf ihren Abtransport. Die meisten von ihnen wußten, was die Stunde geschlagen hatte: Entweder Rettung über

◄

Total überfüllt verließen am 8. Mai die letzten Schiffe die Reede und die Häfen von Hela.

See bis um Mitternacht oder am nächsten Tag Abmarsch in russische Gefangenschaft. Vor diese Alternative gestellt, galt für den letzten Kriegstag auf Hela nur eine Parole, die keiner aussprach aber für diesen Tag zum Leitmotiv wurde: *Rette sich, wer kann!*

Doch keiner der 100 000 konnte sich selbst retten. Retten konnten nur Schiffe – und die waren unterwegs, sie liefen von Westen, von Kiel und Kopenhagen durch die Ostsee nach Hela. Ihr Auftrag: *Retten was noch zu retten ist – ab Mitternacht läuft nichts mehr!*

Am frühen Morgen des 8. Mai 1945 jagte ein Funkspruch den anderen. Jeder mahnte die Retter zur Eile. Der *Führer der Zerstörer* funkte:

An alle im Osttransport eingesetzten Einheiten: Im Sinne der Aufgabe handeln. Beeilt Euch – FdZ.

Die Zerstörer und Torpedoboote, die in der letzten Nacht noch vor Kopenhagen gelegen hatten, empfingen diesen Funkspruch auf dem Weg nach Hela, den sie um 3.00 Uhr angetreten hatten.

Über die Ostseewelle folgte ein Funkspruch der Seekriegsleitung: Transport deutscher Menschen aus dem Osten mit höchster Beschleunigung durchführen – Skl

Ein weiterer Funkspruch war an die Heeresgruppe Kurland in Libau und an das Armee-Oberkommando Ostpreußen auf Hela gerichtet:

Alle bis zum 9. Mai 00.01 Uhr gegebenen Möglichkeiten zum Abtransport über See unter äußerster Anspannung aller Kräfte ausnutzen. Alle Schiffe müssen bis zu diesem Zeitpunkt ausgelaufen sein.

Die ganze Halbinsel glich am frühen Morgen einem großen, im Aufbruch befindlichen Heerlager. Im Kriegshafen und im Fischereihafen herrschte ein unbeschreibliches Gedränge. Boote, Leichter, Prähme, Fischkutter und andere Wasserfahrzeuge wurden herangeschafft. Alles, was auf Hela aufzutreiben war und noch auf dem Wasser schwimmen konnte, wurde mit Menschen beladen. Den ganzen Tag über kamen kleine Fahrzeuge, kaum jemand wußte, woher die Nußschalen stammten.

Da von den angekündigten großen Kriegsschiffen auch in den frühen Nachmittagsstunden noch nichts zu sehen war, wurden die Wartenden immer unruhiger und nervöser.

Die Spannung im Kriegshafen legte sich, als gegen 18.30 Uhr Zerstörer und Torpedoboote im Kriegshafen festmachten und sofort mit der Beladung begannen. Kein Sturm auf die Schiffe, kein Chaos, keine Panik. Rasch und ruhig gingen die Soldaten an Bord.

Da die Stäbe bereits am Vormittag wußten, wieviel Soldaten die Kriegsschiffe aufnehmen konnten, hatten die meisten Einheiten schon eine Auswahl getroffen. Den Vorzug hatten verheiratete Soldaten mit Kindern, ohne Rücksicht auf den Dienstrang; die meisten anderen mußten zurückbleiben. Die letzten Verwundeten hatte man bereits an den Vortragen auf die großen Verwundetentransporter eingeschifft.

Im Fischereihafen hatten neben den kleinen Booten und Kuttern auch Marinefährprähme angelegt, die mit Soldaten und verbliebenen Flüchtlingen beladen wurden. Daneben lag das letzte Aufgebot an Schiffen und Schiffchen. Alle füllten sich in wenigen Stunden. Vollbesetzt liefen alle Fahrzeuge bis zum frühen Abend aus.

Im Kriegshafen war die Beladung der Schiffe um 21.30 Uhr abgeschlossen. Kapitänleutnant Temming, Kommandant des Torpedobootes *T 28* trug ein:

8.5.1945 – 3.00 Uhr Marsch nach Hela – 18.40 Uhr Hela-Kriegshafen – übernehmen 1237 Soldaten – 21.30 Uhr mit *T 23* Rückmarsch angetreten.

Auf *T 23* befanden sich etwa 1500 Soldaten, *T 33* hatte über 2000 Soldaten an Bord genommen. Noch mehr befanden sich auf den Zerstörern. *Karl Galster* verließ als letzter Zerstörer um 22.00 Uhr den Kriegshafen von Hela.

Kurz danach legten auch die kleinen Tanker *Julius Rütgers* (854 BRT) und *Lieselotte Friedrich* (517 BRT) ab. Beide Schiffe waren für die Personenbeförderung völlig ungeeignet, aber bis auf die letzte

Das letzte Schiff, das Hela verließ, war der Ex-Bäderdampfer *Rugard*, der zuletzt dem Chef der 9. Sicherungsdivision als schwimmender Befehlsstand gedient hatte.

Ecke unter Deck und auf dem Oberdeck mit Soldaten besetzt.

Um 22.45 Uhr befand sich nur noch der 1358 BRT große Ex-Bäderdampfer *Rugard* der Stettiner Dampfschiffahrts-Gesellschaft F.J. Braeunlich im Helaer Kriegshafen. Das Schiff diente zuletzt dem Chef der 9. Sicherungsdivision, Fregattenkapitän von Blanc, als schwimmender Befehlsstand. Als der Fregattenkapitän als Letzter an Bord gegangen war, verließ die *Rugard* eine Stunde vor Mitternacht, 61 Minuten vor Inkrafttreten der Kapitulation und der endgültigen Waffenruhe, als letztes Schiff Hela.

Der Krieg ist aus – die Russen greifen an

Am 8. Mai war es auf Hela den ganzen Tag über ruhig geblieben. Der Russe hatte weder Jagdflugzeuge noch Bomber geschickt, um die Einschiffung zu stören. Auch die bei Oxhöft stationierte russische Artillerie hatte geschwiegen. Offensichtlich waren sich die Sowjets sicher, daß ihnen alle Schiffe, die am letzten Kriegstag in Hela beladen

worden waren, in der Nacht und am folgenden Tag kampflos in die Hände fallen würden. Russische Schnellboote würden die Schiffe zur Umkehr oder

Fregattenkapitän Adalbert von Blanc, Chef der 9. Sicherungsdivision.

zum Einlaufen in die besetzten Pommernhäfen und nach Bornholm zwingen.

Damit jeder deutsche Kapitän wußte, was er in der Nacht und am folgenden Tag zu tun hatte, ließ der Chef des Stabes der *Baltischen Rotbannerflotte* am 08. Mai um 23.00 Uhr folgenden offenen Funkspruch an alle auf See befindlichen deutschen Kriegs- und Handelsschiffe absetzen:

In Übereinstimmung mit den Bedingungen der Kapitulation und den Befehlen der deutschen Führung haben Sie die Häfen Memel und Kolberg zur Übergabe anzulaufen. Allen sich freiwillig Ergebenden wird das Leben, den Offizieren das Behalten der Uniformen, Rangabzeichen und Orden garantiert!

Der Funkspruch galt sowohl den Schiffen, die Hela verlassen hatten und aufgefordert wurden, den russisch besetzten Hafen Kolberg anzulaufen, als auch den Schiffen, die am 8. Mai aus den Kurlandhäfen Libau und Windau ausgelaufen waren und ihre Reise in Memel beenden sollten.

Die Kommandanten und Schiffsführer der auf See befindlichen Schiffe nahmen die Aufforderung des Stabchefs der *Baltischen Rotbannerflotte* zur Kenntnis. Doch alle waren sich darin einig, »Kurs Heimat« beizubehalten und dem Wunsch der Russen nicht nachkommen zu wollen.

Gegen 16.30 Uhr passierte der Ex-Bäderdampfer *Rugard* mit 1000 Soldaten an Bord im Abstand von etwa 13 sm die sowjetisch besetzte dänische Insel Bornholm, begleitet von einigen R-Booten und kleineren Schiffen. Der wachhabende Offizier auf der Brücke der *Rugard* hatte gerade beruhigend festgestellt: »Wir haben soeben Bornholm passiert, jetzt sind wir in Sicherheit«, als der achtere Ausguck rief: »Achteraus drei Schnellboote – russische!«

Eines der Boote lief an *Rugard* heran. Der Führer des Bootes rief durch eine Flüstertüte in gebrochenem Deutsch: »Zurück Bornholm!« Doch auf *Rugard* fiel das Kommando: »Äußerste Kraft voraus!«

Nun setzten die Russen einen Warnschuß vor den Bug des Schiffes. Da die *Rugard* ihren Kurs stur beibehielt, schoß das russische Boot *TS 193* einen Torpedo, der allerdings vorbeiging. Jetzt setzte sich die *Rugard* mit ihrer Artillerie zur Wehr, auch die R-Boote des Geleits eröffneten das Feuer.

Die russischen Boote setzten schließlich eine Nebelwand und verschwanden in Richtung Roenne.

Fregattenkapitän von Blanc setzte von der *Rugard* einen Funkspruch an das OKM ab:

17.30 Uhr, 13 Seemeilen westlich Bornholm *Rugard* durch drei russische Schnellboote angegriffen. Nach Torpedoschuß ohne Befehl Feuer eröffnet, worauf Schnellboote abdrehten. *Rugard* setzt Marsch fort. Erbitte klare Weisung für Verhalten befohlenes Westgeleit.

Eine Antwort traf nicht ein. Unbeschädigt erreichte das *Rugard*-Geleit am 10. Mai die Kieler Förde.

Die letzten Kampfhandlungen auf der Ostsee fanden, kurz nach dem *Rugard*-Angriff, am Spätnachmittag des 9. Mai 1945 östlich von Bornholm statt.

Mit 35 Schiffen hatten die Tanker *Julius Rütgers* und *Lieselotte Friedrich* Hela am Abend des 8. Mai verlassen. Im Geleit fuhren auch Schiffe und Boote der 3. Artillerieträger-Flotte und der 8. L-Flotte. Das Geleit kam mit 7 sm nur langsam voran, da es sich nach der Geschwindigkeit des langsamsten Schiffes richten mußte. Bei Bornholm schloß sich ein aus Windau kommendes Geleit kleiner und kleinster Fahrzeuge an.

Plötzlich tauchten *Boston*-Bomber auf, Leihgaben der Amerikaner an die Russen. Im Tiefflug stürzten sie sich auf die *Julius Rütgers* und die *Lieselotte Friedrich*.

Julius Rütgers ließ die 2-cm-Flak sprechen, dann legten die Artillerieträger mit ihren 8,8-cm-Kanonen los. Auf der *Julius Rütgers* rief jemand: »Die werfen Torpedos!«

Die Männer an Oberdeck des Schiffes sahen die silbernen Aale ins Wasser eintauchen und ihre Blasenbahn ziehen. Doch das Schiff wich ihnen aus.

Die *Lieselotte Friedrich* hatte weniger Glück: Torpedotreffer. Das Schiff begann zu sinken. Die 300 Soldaten an Bord sprangen in die See. Die Besatzungen der Artillerieträger fischten sie auf – alle überlebten. Naß schlotternd, noch den Schreck in den Gliedern, übernahm sie die ohnehin schon überfüllte *Julius Rütgers*.

Außer der *Lieselotte Friedrich* hatte es auch den Marinefährprahm *MPF F 517* erwischt, der durch Bombentreffer sank. Alle Menschen an Bord wur-

neral der Panzer-
ppen Dietrich von
ucken war letzter
erbefehlshaber der
deutschen Armee.
ging mit 100 000
ner Soldaten in
ssische Gefangen-
haft, aus der er erst
ch zehn Jahren
imkehren sollte.

den gerettet und von anderen Schiffen übenom-
men. Nach dem Angriff zog sich das *Julius Rütgers*-Geleit immer weiter auseinander, denn jedes
der Schiffe versuchte nun mit Höchstgeschwindigkeit voran zu kommen. Alle erreichten die schles-
wig-holsteinische Küste.

Hela, 9. Mai:
100 000 marschieren in Gefangenschaft

Während der Fahrt wurde vielen Soldaten auf den
Rettungsschiffen erst so richtig bewußt, daß der
Krieg zu Ende war. Sie hatten überlebt, weil sie am
letzten Tag über die Ostsee gerettet wurden. Es
konnte nur noch Stunden dauern, dann würden sie
im Westen sein. Es war ihnen klar, daß nun der Weg
in ein englisches Gefangenenlager vor ihnen lag;
aber dieses Schicksal nahm jeder gelassen auf
sich.

Bei den Zurückgebliebenen auf Hela, dem verlorenen Haufen, sank indessen die Stimmung –
trotzdem fühlten sie sich nicht als Verlierer. Diszipliniert sammelten und ordneten sie sich nach Einheiten und Verbänden. 100 000 Soldaten sahen einer
ungewissen Zukunft in einem russischen Gefange-

nenlager entgegen.

Zu ihnen gehörten auch die Grenadiere der
32. Infanteriedivision, die den sowjetischen Truppen
bis zum letzten Tag den Zugang auf die Halbinsel
Hela verwehrt hatten. Der Divisions-Adjutant, von
Schaumann-Werner, schildert die letzten Tage
seiner Einheit:

Am 9. Mai 1945 ruhen die Waffen. Noch etwas ungläu-
big sehen wir die ersten russischen Offiziere und Soldaten zwischen uns auftauchen. Sie sollen die Magazine
und Hafendienststellen übernehmen, die Waffensammel-
plätze bewachen und Verbindung mit den Führungsstä-
ben aufnehmen. Der O.B., General von Saucken, hat unseren Kommandeur, General Boeckh-Behrens, zu den
Kapitulationsverhandlungen bei der russischen Armee
mitgenommen und beauftragte ihn dann mit der Abwick-
lung der *Kampfgruppe Hela*. Um ein reibungsloses Abfließen der 100 000 deutschen Soldaten von Hela in die
Auffanglager zu gewährleisten, muß die deutsche
Führung den Abmarsch organisieren. Am 9. Mai früh beginnt die Bewegung. Drei Marschgruppen: 31. V.G.D., 32.
I.D. und eine 3. Gruppe – 30 000, 60 000, rund 100 000
Mann stark – setzen sich nach Marschband in Bewegung
und räumen reibungslos in zwei Tagen Hela und den
Raum um Danzig. In den tiefen Sandwegen der Dünen-
halbinsel ist ein Überholen kaum möglich. So hat die 31.
Volksgrenadierdivision das Dorf Grossendorf auf dem
Festland schon passiert, als wir dort eintreffen.

Auch das Grenadierregiment 4 als Spitze der 32. I.D. ist
schon durch. Wir fahren hinterher und verabschieden uns
von ihm, wobei der General noch Oberleutnant Beitz
seine Beförderung zum Hauptmann und die Verleihung
des Ritterkreuzes, sowie Oberst Schlagskoch die Verleihung der Goldenen Nahkampfspange bekanntgeben
kann. Dann geht es zurück an die Straßengabel in Grossendorf.

Schnell hat es sich herumgesprochen: Der General
steht rechts. Was nun folgt, ist der Beweis wirklichen
deutschen Soldatentums. Aus dem zu erwartenden Trau-
erzug eines geschlagenen Heeres wird spontan ein trot-
ziger, sieghafter Vorbeimarsch. Vor der Straßengabel ord-
nen sich die durch den langen Anmarsch durch den tiefen
Sand gelockerten Kompanien und Batterien und in
Marschkolonne *Augen rechts* marschiert eine nach der
anderen in vorbildlicher Disziplin vorbei. Hervorragend

die III. Abteilung des Artillerieregiments 32, das I. Bataillon des Infanterieregiments 94 und dann die Sturmgeschützabteilung – ganz in schwarzen Panzeruniformen, ihr Gepäck verladen, z.T. im Achtungsmarsch, sehr gut das Pionierbataillon... Eine Einheit wie die andere, dazwischen Baukompanien, ihre Gepäckfahrzeuge wie die Wolgaschiffer an langen Tauen schleppend. Und jeder einzelne richtet sich auf, sieht unserem General ins Auge, und bei jedem erkennt man den ungebrochenen Stolz, deutscher Soldat zu sein. Wir schämen uns nicht der Tränen, die uns bei diesem Anblick in die Augen treten.

Der russische kommandierende General trifft mit einigen Begleitoffizieren ein und stellt sich neben den Kommandeur. Zwei Stunden stehen die Russen wie gemeißelt da, ohne die Hand von der Mütze zu nehmen. Abends spricht der Russe unserem General seine Hochachtung aus über das, was er gesehen hatte: »Das können wir Euch nicht nachmachen. Es muß eine Freude sein, solche Soldaten führen zu dürfen.« Der hochgewachsene Sibirier hat den geschulten Blick eines alten Soldaten und Einzelheiten gesehen und behalten. Jeden Regimentskommandeur kennt er mit Namen und erkundigt sich nach Oberst Eggemann, von dem er längere Zeit nichts mehr gehört hatte. Stunden, viele Stunden dauert dieser Marsch, nur durch die Nacht unterbrochen. Nach zwei Tagen ist Hela von den deutschen Truppen geräumt, nur Bau- und Minenkommandos bleiben noch zurück. Der weite Weg nach Osten beginnt. Keiner dachte, daß er so lange dauern würde.

Unser kleiner Abwicklungsstab wurde am 15. Mai aufgelöst, und der General und ich fuhren im Divisionswagen mit Generalstander und Divisionsflagge in voller Uniform, nur mit einem russischen Major als Begleitung, nach Stettin, wo wir uns, wie alle Generale mit ihren Adjutanten, beim Marschall Rokossowski melden sollten. Diese Fahrt durch die völlig verlassene Heimat war ein trauriges Erlebnis. Kein Mensch, kein Tier war zu sehen. Nur der Raum um Belgard war noch bewohnt. Hier konnte ich noch zwei Stunden mit meinem verehrten Kommandeur zu Hause bei meiner Mutter sein, während der Russe draußen im Auto sitzen blieb. Dann ging es weiter über Plate, Gollnow, Altdamm nach Stettin. Immer stärker wurden die Spuren des Kampfes. Plate stark zerschossen, Gollnow zu 90 % zerstört, Altdamm ein einziger Trümmerhaufen. Die Oderbrücken gesprengt, nur eine Notbrücke an der Autobahn. Hier begegneten uns die ersten »Polen«, die auf gestohlenen Treckwagen nach Osten zogen, um das verlassene Pommern in Besitz zu nehmen.

Aus der Meldung beim Marschall Rokosowski wurde nichts. Er weigerte sich, die deutschen Generale zu empfangen. Nach wenigen Tagen flog eine Maschine mit der Masse der Generäle nach Moskau, für fünf, darunter General Boeckh-Behrens, war kein Platz. Am 20. Mai kamen wir nach Stargard ins Sammellager, und hier wurde ich von meinem Kommandeur getrennt.

Die Halbinsel Hela der Danziger Bucht drohte in den letzten Kriegsmonaten zum »Deutschen Dünkirchen an der Ostsee« zu werden. Bevor die großen Häfen in der Danziger Bucht, Gotenhafen und Danzig, Pillau und die Frische Nehrung aufgegeben werden mussten, schaffte man in Kurztransporten mit kleinen und kleinsten Schiffen und Booten mehrere zehntausend Flüchtlinge, Verwundete und Soldaten auf die Halbinsel Hela, die bis zum letzten Kriegstag in deutschen Händen blieb.

Die ersten Transporte erfolgten von Pillau, Danzig und Gotenhafen nach Hela. Hierfür wurden vor allem Pionier-Landungsboote, Marinefahrprähme und kleine Wasserfahrzeuge eingesetzt. *OA*

Weitere Transporte mit Prähmen und Booten erfolgten von der Frischen Nehrung nach Hela. *OA*

Verwundete, Soldaten aber auch Flüchtlinge wurden an der freien Küste aufgenommen und nach Hela befördert. *OA.*

Udo Rittgen, Major im Generalstab, wurde in den ersten Apriltagen als verantwortlicher Einschiffungsoffizier auf Hela eingesetzt und leitete bis Kriegsende den Abtransport der Flüchtlinge, Verwundeten und Soldaten. Das Foto zeigt ihn als späteren Brigadegeneral der Bundeswehr.

»Walter Rau«, Walfangmutterschiff, zum Verwundetentransportschiff umgerüstet, mit großem Operationsraum, auf der Fahrt von Hela-Reede in Richtung Westen. *Rau*

Hela, 11. April 1945: Bomben auf Schiffe auf Hela-Reede. Sowjetische Flugzeuge greifen auf Hela-Reede ankernde voll- beladene Schiffe an. Dampfer »Moltkefels« brennt und sinkt. Im Hintergrund, das brennende kleine Lazarett-schiff »Posen«. *OA*

Der Frachter »Goya«, nur 5 230 Bruttoregistertonnen groß, hat etwa 6 000 Menschen, fast ausnahmslos Verwundete aufgenommen und ver- lässt am 16. April 1945 gegen 19 Uhr Hela-Reede unter Führung von Kapitän Otto Plünnecke. Um 23 Uhr 55 zerreißen zwei russi- sche Torpedos das Schiff, es sinkt in sieben Minuten. Nur 172 Menschen überleben den Untergang, auch der Kapitän gehört zu den Opfern der Katastrophe. *OA*

335

In den ersten Maitagen 1945 warten auf Hela noch weit über 100 000 Menschen.
Jeden Tag werden es mehr.
Auf der Reede sind weitere Schiffe eingetroffen:

Eisenbahnfährschiff »Deutschland«.
DR

Hilfskreuzer »Hansa«.
HAL

Frachter »Swakopmund«.
DAL

Dampfer »Sachsenwald«.
HAL

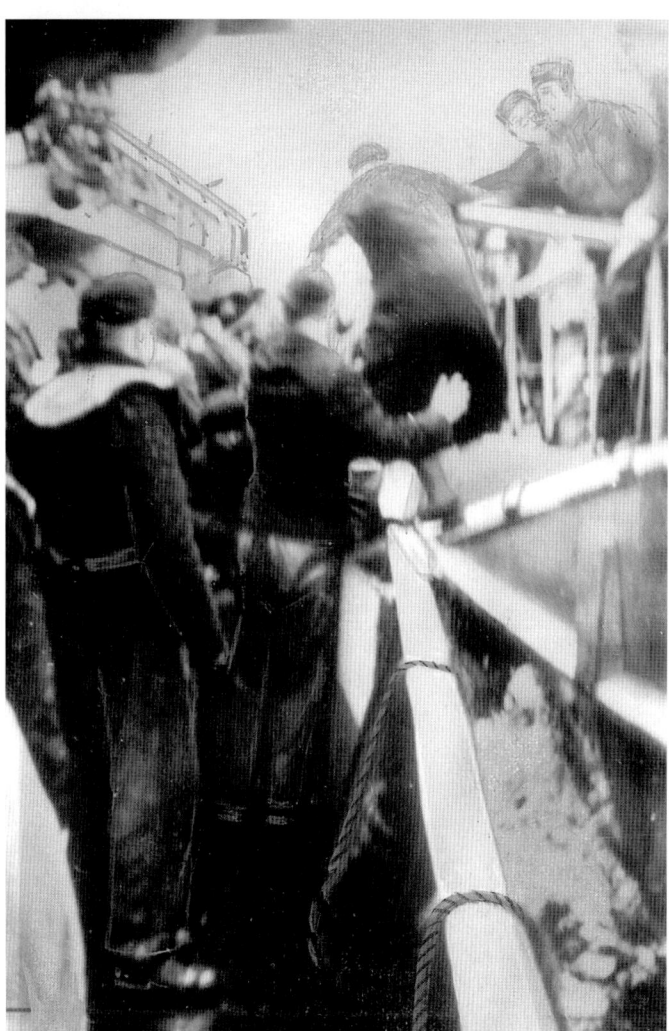

Minensuchboote nehmen im Kriegshafen Flüchtlinge an Bord. *OA*

Alle Schiffe, Schiffchen, Prähme, Kutter und sonstigen Seefahrzeuge, die Hela noch am 7. und 8. Mai 1945 verlassen, gehen auf »Kurs Heimat«. *OA*

Exbäderdampfer »Rugard« ist das letzte
Schiff, das am Abend des 8. Mai 1945
aus dem Kriegshafen Hela mit 1 500
Flüchtlingen an Bord ausläuft.
Bräunlich

Der letzte Akt der »Tragödie Hela« fand
am 9. Mai 1945 statt, einen Tag nach
der bedingungslosen Kapitulation der
Deutschen Wehrmacht. Mehr als
100 000 deutsche Soldaten, wohl geordnet, nach Einheiten getrennt, die
Panzer voran, begeben sich unter den
Blicken eines sowjetischen Generals in
einem stundenlangen Zug in russische
Kriegsgefangenschaft, unter ihnen der
Oberbefehlshaber der 2. Armee, zuletzt
der »Armee Ostpreußen«, General der
Panzertruppen Dietrich von Saucken,
ein Ostpreuße. Erst zehn Jahre später
sah er Deutschland wieder.
Russisches Originalfoto

11 Libau und Windau

Die Kapitulation der Kurlandhäfen

Kurland, die lettische Provinz zwischen Ostsee, Rigaer Meerbusen und Düna, wurde im Juli/August 1941 von der deutschen 18. Armee unter Führung von Generaloberst Georg von Küchler besetzt. Im Sommer 1944 geriet Kurland wieder in Frontnähe, als die Heeresgruppe Nord unter Führung von Generaloberst Ferdinand Schörner auf den Raum zwischen Riga und der ostpreußischen Grenze zurückgedrängt wurde. Sie geriet dadurch in Gefahr, von der Heeresgruppe Mitte abgetrennt zu werden. Hitler jedoch reagierte nicht auf die entsprechenden Warnungen von Generalstabschef Guderian.

So erreichte am 10. Oktober 1944 die 1. Baltische Front die Ostsee beiderseits Memel, ehe die Heeresgruppe geordnet zurückgenommen werden konnte. Den Abtransport über See verbot Hitler; er wäre auch kaum durchführbar gewesen, da sich die baltischen Inseln Ende November 1944 bereits in sowjetischer Hand befanden.

In sechs großen Kurlandschlachten behauptete sich der Verband, der seit dem 26. Januar 1945 die Bezeichnung *Heeresgruppe Kurland* trug. Sie bestand aus der 16. und 18. Armee und stand unter dem Oberbefehl von Generaloberst Carl Hilpert. Die Kurlandkämpfer hielten den Sowjets in sechs

Die Kurlandarmee konnte bis zum letzten Kriegstag die Tore zur Ostsee – die Brückenköpfe Libau (Foto) und Windau – offenhalten.

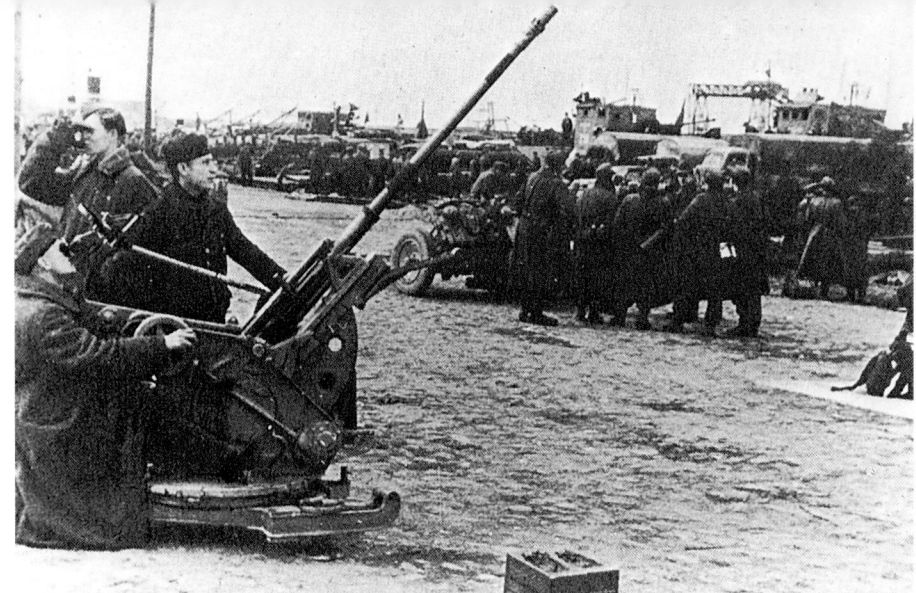

Als die Kapitulation bevorsteht, sammeln sich in Windau und Libau die für den Abtransport bestimmten Soldaten. Eine 2-cm-Flak 38 überwacht den Luftraum.

Schlachten stand, so daß sich die sowjetische Führung Mitte März 1945 mit der Blockierung der Heeresgruppe begnügte.

Es erwies sich strategisch als richtig, die Kurlandfront mit den Häfen Libau und Windau auch noch zu halten, als die Fronten längst auf deutschen Boden vorgedrungen waren. Der hartnäckige Widerstand der Kurlandfront band zweifellos starke sowjetische Truppenverbände, die sonst im Kampf um Ostpreußen, Westpreußen, Pommern und Berlin eingesetzt worden wären. Durch die erfolgreiche zähe Verteidigung Kurlands mit seinen Seebrückenköpfen Libau und Windau wurden diese der Rotbannerflotte als Stützpunkte entzogen. Die deutschen Kurlandkämpfer hielten sie bis Kriegsende als Tor zur Freiheit offen.

Das Ende beginnt mit dem Rückzug

Vier Wochen vor Kriegsende bahnte sich auch das Ende der Kurlandfront an. Am 13. April 1944 sandte General der Infanterie Hilpert als *Geheime Kommandosache* eingestufte Botschaften an den Seekommandanten Lettland und an den Oberbefehlshaber der Luftflotte I. Der General wies mit Nachdruck darauf hin, daß die Verluste der Heeresgruppe Kurland nicht mehr durch Ersatzzuführung aus der Heimat ausgeglichen werden könnten, er

bat deshalb um Bereitstellung weiterer Einheiten der See- und Luftstreitkräfte für den Erdkampf. General Hilpert erwartete eine 7. Kurlandschlacht; hierauf auch ein Hinweis in seinem Brief: ...der Auftrag der Heeresgruppe Kurland unverändert bleibt, d.h. mit allen verfügbaren Mitteln zu kämpfen und damit die russische Menschenkraft zu schwächen und ein Eingreifen weiterer russischer Kräfte ins Reich selbst zu verhindern...

Bereits am nächsten Tag ging ein Befehl des Oberkommando des Heeres ein in dem es u.a. hieß

... um auch die 7. Kurlandschlacht zu einem vollen Abwehrerfolg zu führen, muß die Heeresgruppe wie bisher an nicht angegriffen Fronten erhebliche Streckungen in Kauf nehmen, um an den Schwerpunktabschnitten, insbesondere im Raum ostwärts Libau, stark zu sein...

Die Heeresgruppe Kurland funkte zurück:

...Annahme kommender Schlacht in jetziger Front. HGr. entschlossen, durch zähe Abwehr und aktive Kampfführung augenblickliche Front zu halten...!

Die Bemühungen General Hilperts um Verstärkungen hatten doch noch Erfolg. Die Luftflotte II stellte im April noch einmal 17 Bataillone aus ihren Reihen für den Erdkampf bereit. Es waren 257 Offiziere, 6735 Unteroffiziere und Mannschaften; sowie 127 Beamte, die die Objekt- und Flugplatzsicherung sowie Pionierdienste übernahmen.

Doch der für Mitte April erwartete sowjetische Angriff blieb aus. Die Rote Armee setzte zu diesem

Zeitpunkt auf eine Entscheidung des Krieges in Deutschland; sie wollte an der Kurlandfront keine Kräfte mehr vergeuden.

Stattdessen zogen die Sowjets die Masse ihrer Truppen zurück. Im kurländischen Raum beließen sie die 1. Stoßarmee zwischen dem Rigaer Meerbusen und Tukkum, die 22. Armee westlich Dzukste, die 42. Armee vor Frauenburg, die 4. Stoßarmee beiderseits der Windau, die 6. Armee zwischen Vaimode und Skoudas, und die 51. Armee südlich von Libau. Diese Armeen setzten nicht mehr zu Offensiven an. Sie warteten darauf, daß ihnen die 250 000 Mann der Kurlandarmee nach der Kapitulation der Wehrmacht kampflos in die Hände fielen.

Am 1. Mai verkündeten sowjetische Lautsprecher überall an der Front »Hitler ist tot!« und zwei Tage später »Berlin ist unser!«

Am 3. Mai 1945 um 19.30 Uhr sandte Großadmiral Dönitz einen Funkspruch an Generaloberst Hilpert, der sich im Hauptquartier auf Schloß Pelci befand:

Die veränderte Lage im Reich erfordert den beschleunigten Abtransport zahlreicher Truppenteile aus den ost- und westpreußischen Räumen sowie aus Kurland. Die Kampfführung der Armee Ostpreußen und der Heeresgruppe Kurland hat sich diesen Anforderungen anzupassen. Von den zurückführenden Truppenteilen ist das Personal mit leichten Infanteriewaffen zu verladen. Alles übrige Material, einschließlich Pferde, sind zurückzulassen und zu vernichten. Heeresgruppe Kurland erhält Operationsfreiheit zur Zurücknahme der HKL in die vorgeschobenen Brückenköpfe Libau und Windau.

Die Auflösung der Heeresgruppe Kurland

Der Chronist der Kämpfe der Kurlandarmee, Werner Haupt, schreibt über ihr Ende: *Die Auflösung der Heeresgruppe Kurland, die als einziger deutscher Großverband nicht besiegt werden konnte, vollzog sich systematisch, ohne daß ein Befehl hierzu ergangen war. Die Divisionsstäbe legten Anfang Mai die Marschrouten zu den Häfen Libau und* *Windau fest, auf denen die Kolonnen ziehen sollten, sobald der entsprechende Befehl gekommen war. Die Reihenfolge der Einheiten wurde bestimmt und die Nachhuten eingeteilt, die als letzte am Feind zu bleiben hatten. Das schwere und unbewegliche Material wurde vernichtet; die Nachschublager geräumt und zerstört.*

Die Grenadiere, die in der Hauptkampflinie zurückblieben, wußten, daß es für sie keinen Ausweg gab, doch verloren sie die Hoffnung nicht, daß noch Transportschiffe kommen würden, um sie abzuholen. Die Männer der 16. und 18. Armee, die nun schon mehr als sieben Monate von jeder Verbindung zur Heimat abgeschnitten waren, hielten trotzdem aus. Sie erfüllten nach wie vor ihre Pflicht, als Wachposten vorn in der Hauptkampflinie, als Fahrer bei den Nachschubkolonnen, als Sanitäter in den Lazaretten oder als Offiziere in den Stabsquartieren. Jeder aber versuchte, seine inneren Ängste und Zweifel zu betäuben, weil keiner an das bittere Ende glauben wollte.

Die Kolonnen der Divisionen setzten sich befehlsgemäß und in voller Ordnung langsam zur Küste ab. Das Heeresgruppenkommando hatte strenge Befehle erlassen, daß wirklich nur die Einheiten nach Libau und Windau gelangten, die noch vor der Kapitulation abtransportiert werden sollten. Viele Soldaten verließen das Land, in dem sie fast vier Jahre zugebracht und für das sie Opfer und Leid getragen hatten.

Im Laufe des 3. Mai empfing Großadmiral Dönitz in seinem Hauptquartier die militärischen und zivilen Befehlshaber der noch von der Wehrmacht besetzten Gebiete. Die Heeresgruppe Kurland hatte einen Generalstabsoffizier entsandt. Mit den letzten Befehlen und Ausführungsbestimmungen, nach denen die Heeresgruppe Kurland ihre Maßnahmen zu treffen hatte, kehrte er zurück. Außerdem schickte der Großadmiral den *Ia* der Operationsleitung im Oberkommando des Heeres, Oberstleutnant i.G. de Maizière, nach Kurland. Er sollte dem Oberbefehlshaber der Kurlandarmee »über die Zielsetzung des Großadmirals und seine Absichten zum Abtransport der Truppen unterrichten«.

Doch alle Befehle und angeordnete Maßnahmen

hingen davon ab, ob genügend Schiffsraum vorhanden war, um in Windau und Libau über 200 000 Soldaten an Bord zu nehmen und nach Westen zu bringen.

Dieser Schiffsraum stand am 3. Mai 1945 nicht mehr zur Verfügung. Die letzten großen Schiffe waren am 3. Mai von Hela-Reede abgelaufen. Ihre Rückkehr in die Kurlandhäfen war nicht mehr möglich. Dies nicht nur wegen des weiten Seeweges; die Schiffe hatten kein Öl oder keine Kohle mehr, ein großer Teil war beschädigt, nicht mehr fahrbereit. Viele der »Großen« waren bereits dem Krieg zum Opfer gefallen, verbrannt oder versenkt, wie die *Robert Ley*, die *Gustloff*, die *Steuben* und viele andere.

Die einzigen Schiffe, die noch nach Libau und Windau entsandt werden konnten, waren die schnellsten Kriegsschiffe – die Schnellboote. Aber auch davon gab es nicht genug, um auch nur einen Bruchteil der Kurländarmee über die Ostsee bringen zu können.

»Alle Schiffe nach Libau und Windau!«

Fregattenkapitän Adalbert von Blanc, Chef der 9. Sicherungsdivision, und der *Kommandierende*

Admiral Östliche Ostsee, Burchardi, ordneten an, den gesamten verbliebenen Schiffsraum in Libau und Windau zusammenzuziehen. Sie schickten außerdem alle noch verfügbaren Schnellboote in die Kurlandhäfen.

Die »Rettungsflotte«, die am 6. und 7. Mai 1945 in Libau und Windau zusammengestellt wurde, bestand aus Minensuchbooten, Minenräumbooten, Flugsicherungsbooten, Artillerieträgern, Artilleriefährprähmen, Fischkuttern, Schleppern, Siebelfähren, Leichtern, Marinefährprähmen, Pionierlandungsbooten, dem Küstenmotorschiff *Kurland*, 19 Schnellbooten und dem Schnellboot-Begleitschiff *Tsingtau*.

Nachdem am Abend des 6. Mai der Funkspruch der Seekriegsleitung mit dem Befehl eingegangen war *... infolge Kapitulation müssen sämtliche See- und Sicherungsstreitkräfte sowie Handelsschiffe die Häfen in Kurland bis 9. Mai, 00.001 Uhr verlassen haben...*, bot in den Vormittagstunden des 7. Mai der Oberbefehlshaber der Heeresgruppe Kurland dem sowjetischen Oberkommando in Kurland die Kapitulation seiner Armeen an; er ließ dieses Angebot durch einen seiner höheren Offiziere übermitteln. Die Russen lehnten ab. Sie verlangten, daß General der Infanterie Hilpert, der ihnen mit seinen

Diszipliniert warteten die Landser, bis sie an der Reihe waren.

343

Truppen solange Widerstand geleistet hatte, persönlich das Kapitulationsangebot überbringen sollte.

General Hilpert hatte keine Wahl. Er ging den schwersten Gang seines Lebens. Begleitet von einigen seiner Kommandeure fuhr er im offenen Wagen, mit einer weißen Fahne am Fahrzeug, durch die feindlichen Linien. Er sah seine Heimat nie wieder; er starb in russischer Gefangenschaft.

Am Morgen des 8. Mai begann sowohl in Libau als auch in Windau die Beladung der Schiffe, die in völliger Ruhe erfolgte. In Libau wurde die Einschiffung vom 2. Bataillon des Dresdner Panzergrenadier-Regiments und der Feldgendarmerie gesichert und überwacht. Neben einigen Verbänden dieser Einheit wurden von jeder Kurland-Division je 125 Mann, Verwundete oder Familienväter für den Transport in die Heimat ausgewählt. Drei Stunden lang verlief die Einschiffung ohne Störungen. Dann griffen sowjetische Jagdflugzeuge an. Ihr Angriff galt nicht den Schiffen, sondern den auf dem Kai angetretenen Soldaten. Bomben und Bordwaffengeschosse brachten noch einer großen Anzahl von Soldaten kurz vor der Fahrt in die Heimat den Tod.

Am Nachmittag des 8. Mai zeigte sich in beiden Kurlandhäfen, daß die bereitstehenden Schiffe die Soldaten nicht aufnehmen konnten. Selbst die Oberdecks der Schiffe waren voll, hier stand Mann an Mann.

In diesen bitteren Stunden zeigte sich nochmals die Kameradschaft der Frontsoldaten, besonders als es um die entscheidende Frage ging, entweder in die Freiheit zu fahren oder in russische Gefangenschaft zu marschieren. Offiziere, Väter von mehreren Kindern, die sich bereits an Bord befanden, gingen wieder an Land zurück, um Mannschaften und jüngeren, leicht verwundeten Soldaten, Platz zu machen.

Auf einem Schnellboot war ein Hauptmann des Heeres erschienen. Er hatte eine Liste seiner Einheit zusammengestellt, die er dem S-Boot-Kommandanten übergab: »Nehmen Sie die Liste mit in die Heimat, damit Frauen, Eltern und Angehörige wissen, daß sie in Gefangenschaft sind und noch leben...!« Der S-Boot-Kommandant bot dem Haupt-

mann an, mitzufahren: »Bleiben Sie an Bord – ich werde schon noch einen Platz für Sie in meiner Kajüte finden«. Der Hauptmann, Vater von drei Kindern, lehnte ab: »Danke – ich gehöre zu meinen Leuten!«. Er legte die Hand an die Mütze und ging von Bord.

Ausnahmslos blieben die Kommandierenden Generäle, die Divisionskommandeure und die Offiziere bei ihren Mannschaften. Das war in Libau so und auch weiter oben in Windau.

In der Abenddämmerung war das letzte Schiff im Libauer Hafen beladen. General der Infanterie Boege, Oberbefehlshaber der 18. Armee, rief seinen Kameraden auf den Schiffen zu:

»Grüßen Sie die Heimat von den Kurlandkämpfern!«

Was in den Männern vorging, die die auslaufenden Schiffe mit zwei Hurra-Rufen verabschiedeten, ließ sich nur ahnen.

Drei Stunden vor Mitternacht des 8. Mai 1945 begann draußen auf See das große Sammeln. Eine ganze Armada von Schiffen – 113 Fahrzeuge – bildeten auf der Reede von Libau die »Rettungsflotte der Kurlandkämpfer«.

175 Schiffe retten 25 300 Kurlandkämpfer

Die 113 Schiffe wurden in vier Geleitzüge eingeteilt. Das 1. Geleit bestand aus dem Vorpostenboot 1450 und 26 Booten der 14. Sicherungsflottille. An Bord dieser zumeist sehr kleinen Schiffe befanden sich 2900 Soldaten.

Das 2. und größte Geleit setzte sich aus drei Minensuchbooten, 34 Artilleriefährprähmen, dem Artillerieträger *Nienburg*, acht Fischkuttern, drei Schleppern, einem Tanker, drei Siebelfähren, zwei Marinefährprähmen, einem Leichter, zwei Fährprähmen, einem Minenräumboot, einem Motorboot und dem Küstenmotorschiff *Kurland* zusammen. Die 61 Fahrzeuge hatten 5720 Soldaten an Bord.

Das 3. Geleit transportierte auf drei Minenräumbooten, zwei Flugsicherungsschiffen und dem Schnellboot-Begleitschiff *Tsingtau* insgesamt 3780 Soldaten.

Am 8. Mai verließ der Tanker *Rudolf Albrecht* mit anderen, kleineren Schiffen Libau mit Kurs Flensburg, vollbesetzt bis an Oberdeck.

345

Kleine und kleinste Schiffe brachten die Kurlandkämpfer über die Ostsee. Sie landeten oft Tage nach Kriegsende in Flensburg oder anderen Häfen Schleswig-Holsteins. Diese Fähre mit ihrer imposanten Flakbewaffnung brauchte russische Tiefflieger offensichtlich nicht zu fürchten.

Als letztes Schiff verließ das Schnellboot-Begleitschiff *Tsingtau* am 8. Mai 1945 gegen 21 Uhr Libau.

Ein Alleinfahrer: Die Fähre 319 auf ihrem letzten Marsch von Windau nach Flensburg, wo sie am 11. Mai 1945 anlegte.

Gegen 22.00 Uhr verließ das 4. und letzte Geleit Libau-Reede. Es setzte sich aus 19 Schnellbooten der 1., 2. und 3. Schnellboot-Schulflottille zusammen. Es war das schnellste Geleit, und die 2000 Soldaten kamen buchstäblich noch im letzten Augenblick davon. Zwei Hafenschlepper, die sich noch anschließen wollten, wurden von den vorrückenden Sowjets aufgebracht.

Wie in Libau vollzog sich auch im Hafen von Windau die Beladung der Schiffe in völliger Ordnung, ohne jede Panik. 15 Fischkutter, 45 Pionierlandungsboote und der Tanker *Rudolf Albrecht* nahmen insgesamt 11 300 Soldaten auf. In zwei Geleitzügen liefen die 61 Schiffe noch rechtzeitig vor Mitternacht aus. Zur *Stunde Null* befanden sie sich bereits auf hoher See.

An der Küste Kurlands blieben zerstörte und unbrauchbar gemachte Waffen und Fahrzeuge als Strandgut des Krieges zurück.

Am Morgen des 9. Mai 1945 galt Waffenruhe an allen Fronten. Trotzdem griffen nach Sonnenaufgang 25 sowjetische Bomber das zweite und vierte Libau-Geleit an. Kein Schiff konnte zur Umkehr gezwungen oder versenkt werden. An Oberdeck der Schiffe verloren aber noch einige Soldaten durch Bordwaffenbeschuß ihr Leben.

Das Sammeln der Gefangenen: 200 000

Am 9. Mai, mittags um 13.00 Uhr, hörten die Männer auf den Schiffen und die in Kurland Zurückgebliebenen den letzten Bericht des Oberkommandos der Wehrmacht aus dem Hauptquartier des Großadmirals:

... in Ostpreußen verteidigten die deutschen Divisionen am Dienstag noch bis zum äußersten die Weichselmündung und den westlichen Teil der Frischen Nehrung... Das Gros der Heeresgruppe Kurland, die unter dem Kommando des Generals der Infanterie Hilpert monatelang stark überlegenen sowjetischen Panzer- und Infanterieeinheiten Widerstand geleistet hat und in sechs großen Schlachten tapfer standhielt, hat sich unsterblichen Ruhm errungen. Sie hat jede vorzeitige Kapitulation abgelehnt. Die Offiziere und Stäbe sind bei ihren Truppen geblieben. Um Mitternacht wurden entsprechend den von uns angenommenen Bedingungen die Feindseligkeiten und jede Bewegung eingestellt...

Am nächsten Tag begann das große Sammeln: 42 Generäle, 8038 Offiziere, 191 032 Unteroffiziere und Mannschaften sowie 1400 lettische Freiwillige gingen den Weg in die Gefangenschaft. Für viele wurde es ein Weg ohne Wiederkehr.

Die beiden Kurlandhäfen Libau und Windau hatten bisher alle Angriffe der Sowjets abwehren können. Im Herbst 1944 war die Kurlandfront nochmals verstärkt worden mit einem Transport genesener Verwundeten und mehreren Kompanien Infanteristen. Zu Beginn des Winters wurden auch Panzer nach Libau gebracht. *OA*

Nachdem Ende Januar 1945 Memel von deutschen Truppen geräumt werden musste, in der Folge von den Russen besetzt worden war und in den folgenden zwei Monaten die Häfen der Danziger Bucht und Königsberg verloren gegangen waren, änderte sich die Situation der Kurlandhäfen schlagartig. Erst am 3. Mai 1945 wurde die Räumung der Kurlandhäfen befohlen und die Abgabe aller Waffen. *OA*

Weit über 250 000 Kurlandkämpfer waren abzutransportieren. Doch dafür fehlten große Schiffe. Sie kamen auch nicht mehr. Bis zum 8. Mai wurden alle Fahrzeuge, die sich auf dem Wasser fortbewegen oder geschleppt werden konnten, mit Soldaten beladen, es waren 175 Fahrzeuge: Vorpostenboote, Minensuchboote, einige Schnellboote, Artilleriefährprähme, Artillerieträger, Marinefahrprähme, Fischkutter, Schlepper, Siebelfähren, Leichter, Motorboote und ein Tanker. In 4 Geleitzügen traten die Schiffe die Reise in die Heimat an. *OA*

Zu diesem Zeitpunkt standen in den Kurlandhäfen nur noch wenige größere Schiffe zum Abtransport der Soldaten zur Verfügung; sie wurden bis auf den letzten Decksplatz besetzt und nach Westen geschickt. *OA*

Dicht gedrängt standen die Soldaten, Mann an Mann, auf dem Oberdeck des Tankers »Rudolf Albrecht«, nur wenige hatten einen Sitzplatz. *OA*

Als letztes Schiff verließ am 8. Mai um 21 Uhr das Schnellbootbegleitschiff »Tsingtau« den Hafen von Libau. *OA*

Am Morgen des 9. Mai 1945, dem ersten Tag nach dem Zweiten Weltkrieg, atmeten die mehr als einhundert Kurlandkämpfer, die auf einer Fähre des Landungs-Pionier-Btl. 128 Platz gefunden hatten, auf. Der Krieg war zu Ende, sie fuhren der Heimat entgegen. Dieses Glück hatten insgesamt nur 25 300 Kurlandkämpfer, 250 000 Kameraden, die in Libau und Windau zurückbleiben mussten, marschierten am gleichen Tag in russische Kriegsgefangenschaft.
AO

Als sowjetische Truppen die beiden Kurlandhäfen besetzten, fanden sie nur noch Trümmer des Krieges.
Russische Originalfotos

12 »Wir danken unseren Rettern«

Dank an die Retter. Stellvertretend für die 2,5 Millionen Menschen, die über die Ostsee gerettet wurden, bedanken sich 25 Gerettete bei ihren Rettern.

Eva Meding, geb. Schulmeistrat,
Alter bei Fluchtbeginn : 30 Jahre...

Hildegard Schattschneider,
Alter bei Fluchtbeginn: 17 Jahre...

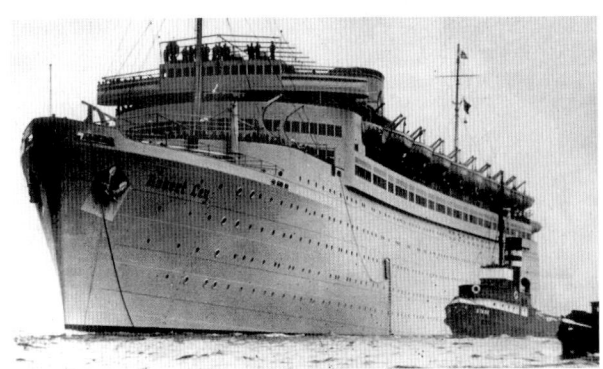

...gerettet von EMS »Robert Ley«. *HAL*

...gerettet vom Frachter »Nautik«. *DDG Neptun*

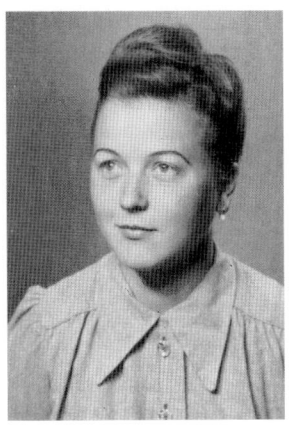

Regina Herold, verh. Lück,
Alter bei Fluchtbeginn: 21 Jahre…

Hannelore Packwolat, verh. Beck,
Alter bei Fluchtbeginn: 18 Jahre…

…gerettet vom Dampfer »Cap Arcona«. *HSDG*

…gerettet vom Frachter »Lappland«. *HSDG*

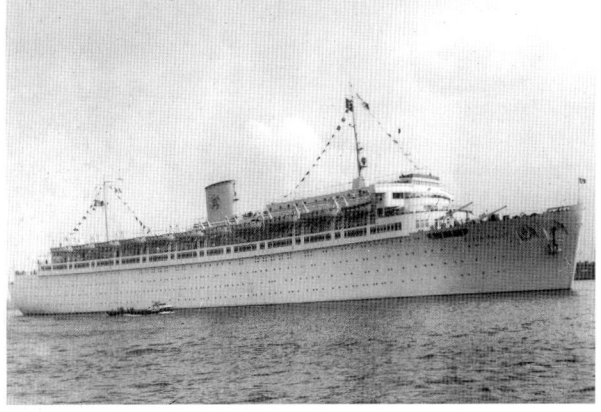

Jürgen Danöhl,
Alter bei Fluchtbeginn: 9 Jahre…

…gerettet mit Mutter und Geschwistern
von M/S »Wilhelm Gustloff«. *HSDG*

Walter Klink,
Alter bei Fluchtbeginn: 12 Jahre…

Ilse Kolmsee, verh. Werner,
Alter bei Fluchtbeginn: 1O Jahre…

…gerettet vom Schulschiff »Rigel«.
KM

…gerettet vom Frachter »Mars«.
DG Neptun

Brunhilde Groehn, verh. Mahn,
Alter bei Fluchtbeginn: 13 Jahre…

…gerettet vom Dampfer »Deutschland«.
HAL

Georg Willuhn,
Alter bei Fluchtbeginn: 14 Jahre…

Herta Kupsch, verh. Nowotka,
Alter bei Fluchtbeginn: 20 Jahre…

…gerettet vom Frachter »Feodosia«.
HAL

…gerettet vom Frachter »Neidenfels«.
DDG Hansa

Wolfgang Wever,
Alter bei Fluchtbeginn: 15 Jahre…

…gerettet vom Versuchsboot »Wullenwever«.
KM

Ute Birkner, verh. Schöpf,
Alter bei Fluchtbeginn: 6 Jahre…

Dieter Willuweit,
Alter bei Fluchtbeginn: 13 Jahre…

…gerettet von Dampfer »Der Deutsche«.
NDL

…gerettet vom Lazarettschiff »Berlin«.
NDL

Günter Possekel,
Alter bei Fluchtbeginn: 7 Jahre…

…gerettet vom VTS »General San Martin«.
HSDG

  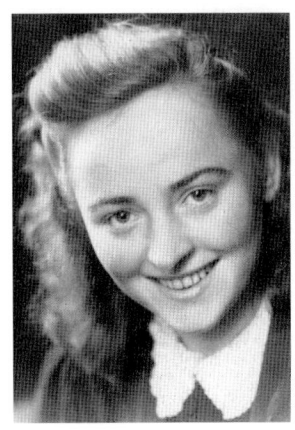 

**Christel Willert, verh. Nöring,
Alter bei Fluchtbeginn: 16 Jahre…**

**Brigitte Lyss, verh. Schlacht,
Alter bei Fluchtbeginn: 22 Jahre…**

…gerettet vom Frachter »Masuren«.
Poseidon

…gerettet vom Lazarettschiff »Pretoria«.
DAL

**Marianne Hartung,
Alter bei Fluchtbeginn: 9 Jahre…**

…gerettet vom Dampfer »Potsdam«.
NDL

Rosemarie Hesse, verh. Grundmann,
Alter bei Fluchtbeginn: 16 Jahre…

Gerda Plottner,
Alter bei Fluchtbeginn: 23 Jahre…

…gerettet vom Frachter »Hercules«.
DG Neptun

…gerettet vom Dampfer »Hansa«.
HAL

Helmut Holstein,
Alter bei Fluchtbeginn: 8 Jahre…

…gerettet vom Dampfer »Ubena«.
DAL

Bruno Polkehn,
Alter bei Fluchtbeginn: 8 Jahre…

Herta Grieger verh. Kutz,
Alter bei Fluchtbeginn: 24 Jahre…

…gerettet vom Dampfer »Hamburg«.
HAL

…gerettet vom Frachter »Fangturm«.
DDG Hansa

Hermann Kölling,
Alter bei Fluchtbeginn: 6 Jahre…

…gerettet vom Kreuzer »Nürnberg«.
KM

Annemarie Münsterberg, geb. Ewert,
Alter bei Fluchtbeginn: 28 Jahre…

Giesela Gerlach, verh. Bicknese,
Alter bei Fluchtbeginn: 9 Jahre…

…gerettet vom Lazarettschiff »Posen«.
Mathies

…gerettet vom Frachter »Consul Cords«.
Cords

Anhang

Quellen- und Literaturverzeichnis

Vorbemerkung:

Die Dokumentation *Die letzten Kriegstage – Ostseehäfen 1945* stützt sich in der Hauptsache auf das *OSTSEE-ARCHIV 1939–1945* des Autors, das mehrere tausend Dokumente umfaßt, darunter

– Protokolle, Berichte und Niederschriften der letzten Festungs- und Kampfkommandanten, Stabsoffizieren und Kommandostellen über das Kriegsende in den Ostseehäfen von Memel bis Flensburg;

– Erlebnisberichte von Angehörigen des Heeres, der Kriegsmarine und der Luftwaffe, die an den letzten Kampfhandlungen teilgenommen, bzw. die letzten Kriegstage in den Ostseehäfen miterlebt haben;

– Berichte von ehemaligen Bewohnern über ihre Erlebnisse in den letzten Kriegstagen in den Hafenstädten oder während ihrer Flucht;

– Recherchen des Autors in den Bundes-, Landes- und Stadtarchiven der Ostseehäfen; Archiven der Vertriebenenverbände, Museen, Erinnerungsstätten und anderen Einrichtungen;

– Auswertungen von Büchern, Broschüren, Zeitschriften und Zeitungsbeiträgen über Geschehnisse in den Ostseehäfen;

– Auswertungen von Tagebüchern und Aufzeichnungen von Erlebnis- und Wissensträgern (Kriegstagebücher, Schiffstagebüchern, Tagesbefehle, Meldungen und Berichte);

– Auswertungen amtlicher, halbamtlicher und privater Archive sowie Unterlagen von Institutionen, Organisationen und Dienststellen.

Nachstehend sind die wichtigsten Quellen angegeben, die dem Autor zur Verfügung standen:

Archive

Bundesarchiv Koblenz
Bundesarchiv (Außenstelle) Berlin
Bundesarchiv/Militärarchiv Freiburg/Br.
Militärgeschichtliches Forschungsamt, Archiv, Freiburg/Br.
Ostakademie,
Zeitgeschichtliche Forschungsstelle, Archiv, Lüneburg
Forschungsstelle Ostsee, Archiv der Ostakademie, Lüneburg
Archiv des Instituts für Zeitgeschichte, München
Archiv der Bibliothek für Zeitgeschichte, München
Hamburger Weltwirtschafts-Archiv, Hamburg
WASt-Archiv Berlin
Landesarchiv Schleswig-Holstein, Kiel
Vorpommersches Landesarchiv, Greifswald
Stadtarchiv Stralsund
Stadtarchiv SaßnitzStadtarchiv Greifswald
Stadtarchiv Rostock
Stadtarchiv Wismar

Stadtarchiv der Hansestadt Lübeck
Stadtarchiv Kiel
Stadtarchiv Eckernförde
Stadtarchiv Flensburg
Archiv des Städtischen Museums, Flensburg
Archiv der Neptun-Werft, Rostock
Archiv der Seehafen Wismar GmbH
Danzig-Archiv, Prof. Dr. Ruhnau, Stuttgart
Archiv Ostpreußisches Landesmuseum, Lüneburg
Archiv Westpreußisches Landesmuseum, Münster
Archiv der Gesellschaft für Kieler Stadtgeschichte, Kiel
Archiv des Museums für Kunst- und Kulturgeschichte der Hansestadt Lübeck,
Archiv der Memellandkreise e.V., Flensburg-Mürwick
Archiv Historischer Arbeitskreis Stettin
Swinemünder Archiv in der Patenstadt Flensburg
Memel-Archiv Dr. Willoweit
Archiv der Heimatgemeinschaft Seestadt Pillau e.V., Eckernförde
Archiv Samland-Museum, Pinneberg/Holstein
Archiv des Kriegsmarine-Museums Kaliningrad/Königsberg

Literatur

Arndt, Werner: Ostpreußen, Westpreußen, Pommern 1944/45, Friedberg 1975

Baasch, Herbert: Handelsschiffe im Kriegseinsatz, Oldenburg 1975

Bagranjan, Ivan: Wie wir den Sieg errangen, Moskau 1978

Baranow, O. und Panow, I: Geroi i Podvigi, Band 4, Moskau 1966

Behm/Lange: Swinemünde – Schicksal einer deutschen Stadt, Flensburg 1986

Bekker, Cajus: Flucht übers Meer, Ostsee – Deutsches Schicksal 1945, Oldenburg 1964 der. Kampf und Untergang der Kriegsmarine, Hannover 1953

Bernadotte, Folke: Das Ende, Zürich 1948

Berthold, Willi: Der große Treck, München 1980

Bindlinger, Ingrid: Entstehung und Räumung der Ostseebrückenköpfe 1945, Neckargemünd 1962

Boelck, Detlef: Kiel im Luftkrieg 1939–1945, Kiel 1980

Böddecker, Günter: Die Flüchtlinge, München 1980

Bourke-White, Margret: Deutschland – April 1945, München 1979

Brustat-Naval: Unternehmen Rettung – letztes Schiff nach Westen, Herford 1970

Clappier, Louis: Festung Königsberg, Köln 1952

Deichelmann, Hans: Ich sah Königsberg sterben, Aachen 1950

Dieckert/ Großmann: Der Kampf um Ostpreußen, Stuttgart 1980

Dönitz, Karl: Meine wechselvollen Jahre, Göttingen 1968

ders.: 10 Jahre und 20 Tage – Erinnerungen, München 1962

Dollinger, Hans (Hrsg.): Die letzten hundert Tage des Zweiten Weltkrieges, Wiesbaden 1965

Ehrenburg, Ilja: Memoiren: Menschen, Jahre, Leben, München 1962

Epp, Waldemar: Danzig – Schicksal einer Stadt, Esslingen 1983

Franken, Bert: Die große Flucht, Kriegsende in Ostdeutschland, Bayreuth 1975

Fredmann, Ernst: Sie kamen übers Meer, Köln 1971

Fuller, J.F.: Der Zweite Weltkrieg 1939–1945, Wien 1952

Gerdau, Kurt: Ubena – Rettung über See, Herford 1985

Golikow, Klaus (Hrsg.): Letzte Tage in Pommern, München 1984

Granzow, Klaus (Hrsg.): Letzte Tage in Pommern, München 1984

Grischenko, F.B.: Moi druz ja Podvodnik, Leningrad 1966

Grube, Frank und Richter, Gerhard: Flucht und Vertreibung zwischen 1944 und 1946, Hamburg 1980

Güth, Rolf: Zerstörer Z 34, Herford 1980

Guderian, Heinz: Erinnerungen eines Soldaten, Heidelberg 1961

Haupt, Werner: Als die Rote Armee nach Deutschland kam, Friedberg 1985

ders.: Kurland 1944/45, Friedberg 1985

ders.: Heeresgruppe Mitte 1941–1945, Dornheim 1986

Heiber, Helmut (Hrsg.) Lagebesprechungen im Führerhauptquartier 1942–1945, Stuttgart 1962

Henning, Eleonore: Aus Deutschlands dunklen Tagen, Bad Liebenzell 1982

Hillgruber/Hümmelchen: Chronik des Zweiten Weltkrieges, Frankfurt/M. 1966

Hoßbach, Friedrich: Die Schlacht um Ostpreußen, Überlingen 1951

ders.: Flüchtlingstransporte aus dem Osten über See, Frankfurt/M. 1962

Hubatsch/Hillgruber/Schramm (Hrsg.): Das Kriegstagebuch des Oberkommandos der Deutschen Wehrmacht, Frankfurt 1963

Jahn, Hans-Edgar: Pommersche Passion, Preetz 1964

Jürgensen, Kurt: Die Briten in Schleswig-Holstein 1945–1949, Neumünster 1989

Käning, Günter: Wiek/Rügen – Chronik eines Inseldorfes, Lauterbach 1992

Kätner, Alfred: Weiße Fahne über Danzig, Kiel 1960

Kadelbach, Gerd: Die Stunde Null, München 1962

Karweina, Günter: Der große Treck, Stuttgart–Wien 1958

Kieser, Egbert: Danziger Bucht 1945, Esslingen 1978

Knütter H.H.: Das Kriegsende in Stralsund und Rügen, Recklinghausen 1986

Kopelew, Lew: Aufbewahren für alle Zeit, Hamburg 1976

Kühn, Volkmar: Schnellboote im Einsatz 1939–1945, Hamburg 1980

Krauskopf, Fritz: Königsberg lebt weiter, Zeven 1954

Kurowski, Franz: Der Luftkrieg über Deutschland, Düsseldorf 1977

Lasch, Otto: So fiel Königsberg, Stuttgart 1977

Lass, Edgar Günther: Die Flucht – Ostpreußen 1944/45, Bad Nauheim 1964

Lehndorf, Hans: Ostpreußisches Tagebuch, München 1961

Linck, Hugo: Königsberg 1945–1948, Leer 1956

Lindenblatt, Helmut: Pommern, Leer 1988

Loßberg, Bernhard von: Im Wehrmachts-Führungsstab, Hamburg 1950

Lüdde-Neurath, Walter: Regierung Dönitz, Die letzten Tage des Dritten Reiches, Göttingen 1953

Macksey, Kenneth: Guderian, der Panzergeneral, Düsseldorf/Wien 1975

Mallmann-Showell, I.P.: Das Buch der deutschen Kriegsmarine 1939–1945, Stuttgart 1989

Matern, Norbert: Ostpreußen – als die Bomben fielen, Düsseldorf 1986

Mehner, Kurt: Die geheimen Tagesberichte der deutschen Wehrmachtsführung im Zweiten Weltkrieg 1939–1945, Band 12, 1. Januar bis 9. Mai 1945, Osnabrück 1984

Meyer, Gerhard: Lübeck 1945, Lübeck 1986

Meyer, Hans-Jürgen: Blinkzeichen am Rügendamm, Berlin-Ost 1975

Minz, I.J.: Der Große Vaterländische Krieg der Sowjetunion, Berlin-Ost 1947

Mühlfenzl, Rudolf: Geflohen und vertrieben, Königstein 1981

Murawski, Erich: Der Deutsche Wehrmachtsbericht 1939–1945, Boppard 1967

ders.: Die Eroberung Pommerns durch die Rote Armee, Boppard 1969

Noffke, Arthur: Hafen der Hoffnung, Hohenwestedt 1987

Normann, Käthe von: Tagebuch aus Pommern 1945, München 1962

Novak, Hugo: Kampf um Ostpreußen, Siegen 1984

Paul, Wolfgang: Der Endkampf um Deutschland 1945, Esslingen 1976

Petershagen, Angelika: Entscheidung für Greifswald, Berlin-Ost 1989

Petershagen, Rudolf: Gewissen in Aufruhr, Berlin-Ost 1988

Piekalkiewicz, Janusz: Seekrieg 1939–1945, München 1978

Porella, Peter: Unvergänglicher Schmerz – Danzigs Schicksalsjahr 1945, Freiburg 1985

Porten, Edward, P. von der: Die deutsche Kriegsmarine im II. Weltkrieg, Stuttgart 1975

Prager, Hans-Georg: Panzerschiff Deutschland – Schwerer Kreuzer Lützow, Herford 1981

Reichenberger, E.J.: Ostdeutsche Passion, Düsseldorf 1948

Reinoß, Herbert (Hrsg.): Letzte Tage in Ostpreußen, München 1983

Rendulic, Lothar: Gekämpft – Gesiegt – Geschlagen, Heidelberg 1952

Rohwer, Jürgen: Der Krieg zur See 1939–1945, Gräfeling 1992

Rohwer/Hümmelchen: Chronik des Seekrieges 1939–1945, Oldenburg 1968

Ruge, Friedrich: Die Sowjetflotte als Gegner im Seekrieg 1941–1945, Stuttgart 1981

Ruhnau, Rüdiger: Die Freie Stadt Danzig, Berg am See 1979

Schacht, Ulrich: Die letzten Tage von Mecklenburg, München 1986

Schäufler, Hans: So lebten und so starben sie, München 1968

ders.: Die Tragödie an der Weichsel, München 1976

ders.: 1945 Panzer an der Weichsel – Soldaten der letzten Stunde, Stuttgart 1979

ders.: Der Weg war weit, Neckargemünd 1973

Schmalenbach, Paul: Kreuzer Prinz Eugen, Herford 1985

Schön, Heinz: Ostsee 45 – Menschen, Schiffe, Schicksale, Stuttgart 1983

ders.: Flucht über die Ostsee 1944/45 im Bild, Stuttgart 1984

ders.: Die Gustloff-Katastrophe – Bericht eines Überlebenden, Stuttgart 1984

ders.: Die KdF-Schiffe und ihr Schicksal, Stuttgart 1987

ders.: Die Cap Arcona-Katastrophe, Stuttgart 1989

Schramm, P.E. (Hrsg.): Kriegstagebuch des Oberkommandos der Wehrmacht – Wehrmachtsführungsstab 1944–45, Frankfurt/M. 1965

Schikow, Georgi: Erinnerungen und Gedanken, Stuttgart 1969

Schröder, Jürgen: Zwischen Hela und Pillau, München 1956

Schulz-Naumann, Joachim: Die letzten dreißig Tage, München 1985

ders.: Mecklenburg 1945, München 1989

Schwadtke, Karl-Heinz: Deutschlands Handelsschiffe 1939–1945, Oldenburg 1974

Salewski, Michael: Die deutsche Seekriegsleitung 1939–1945, Frankfurt/M. 1970

Schukow, G.K.: Erinnerungen eines Feldmarschalls, Berlin-Ost 1976

Solschenitzyn, Alexander: Ostpreußische Nächte, Darmstadt 1976

Sonnteg/Wollenberg: Als der Osten brannte, Friedberg 1965

Thorwald, Jürgen: Die große Flucht, Stuttgart 1963

Verrier, Anthony: Bombenoffensive gegen Deutschland, London/Frankfurt/M. 1968/1970

Voelker, Johannes: Die letzten Tage von Kolberg, Würzburg 1985

Wagner, Gerhard (Hrsg.): Lagevorträge des Oberbefehlshabers der Kriegsmarine vor Hitler 1939–1945, London/Frankfurt/M., 1970

Wilkens, Hans-Jürgen von: Die große Not, Hannover-Sarstedt 1957

Wieck, Michael: Zeugnis vom Untergang Königsbergs, Heidelberg 1989

Zawlalow, Alexander S: Die Angriffsoperation der Roten Armee in Ostpommern, Moskau 1950

Zayas, Alfred N. de: Die Anglo-Amerikaner und die Vertreibung der Deutschen, München 1987

Zentner, Christian: Lexikon des Zweiten Weltkrieges, Hamburg 1977

Zilm, Franz-Rudolf: Die Festung und Garnison Stettin, Osnabrück 1988

Zeitungen und Zeitschriften:

Braunschweig, Günter: Untergangstage in Königsberg. In Band III des Jahrbuches der Albertus-Universität, Kissingen 1953

Heidkämper, Otto: Die Abwehrschlacht in Ostpreußen in den Kriegstagen Januar 1945. In: Wehrkunde, Juli 1954

Granzow, Klaus: 671 Bomber über Swinemünde. In: Pommersche Zeitung, 16. März 1985

Kaffke, E: Wie sich Gauleiter Koch davonstahl. In: Ostpreußenblatt 10/1962

Kerwin, A: Bericht über die letzten Tage von Königsberg. In: Die Eintracht, 1954

Ritscher, H: Das Ende des Schweren Kreuzers Lützow. In: Leinen Los 6/1955

Ritgen, Udo: Pflichterfüllung bis zum bitteren Ende. In: Die große Not

Scholz, Ulrich: Die Flucht des Gauleiters Koch. In: Bild am Sonntag 1/1980

Schützack, Axel: Die Flucht über die Ostsee –Evakuierung des deutschen Ostens. In: Die Welt, April 1965

Sudmeier, Wilhelm: Die Retter, die in die Hölle fuhren. In: Kehrwieder, o.J.

Voellner, Heinz: So fiel Gotenhafen. In: Der Westpreuße 4/1985

Wentzel, Hans-Günter: In der Seestadt Wismar Anfang 1945. In: Unser Mecklenburg

Berichte von Augenzeugen und Wissensträgern

Beerboom, Heinrich: Bericht über meinen Einsatz als Bootsoffizier in Stralsund und auf der Insel Rügen

Behr, Ulrich, Baron von: Aus der Festung Pillau ausgebrochen

Berndt, Helge: Flensburg im Mai 1945

Blanc, Adalbert, von: Die Aufgaben der 9. Sicherungsdivision bei der Rückführung von Flüchtlingen, Verwundeten und Soldaten 1945 über die Ostsee

ders.: Die Fahrt mit der Rugard ab Hela 8. Mai 1945

Birkholz, Udo: Ich war 9 als ich aus Rostock-Warnemünde floh

Beckner, Heinz: Wir flohen aus Kolberg

Böhmer, Kurt: Die Aufgaben der 9. Sicherungsdivision bei der Räumung Revals

Borcherding, Otto: Hela – meine letzte Rettung

Brandtner, Gerhard: Mein Einsatz in der Festung Pillau

Brunner, Friedrich: Ein 13jähriger erlebt den Einmarsch der Roten Armee in Rostock

Chill, Kurt: Die Ereignisse in Ost-und Westpreußen – Januar bis Mai 1945

Detlefsen, Erich: Die Kämpfe der 4. Armee in Ostpreußen im Januar 1945

Drolle, Christian: Auf Lappland im Ostsee-Einsatz

Duntzlaff, Ernst-August: Mein Einsatz in der Festung Kolberg

Ebeling, Werner: Als letzter Kampfkommandant in der Festung Memel

Ehlert, Willy: In Königsberg und Pillau

Faulhammer, Willi: Bei der Flak auf Hela

Feindt, Bruno: Als Kapitän auf dem Dampfer Deutschland

Fürstenberg, Paul: Ich begrub die Gustloff-Toten in Pillau

Fullriede, Heinz: Als letzter Festungskommandant in Kolberg im März 1945

Fiehe, Karl-Franz: Zweimal Hela und zurück

Franzkowski, Kurt: Meine Erlebnisse in der Festung Königsberg

Friedle, Helmut: Hela – letztes Tor in die Freiheit

Gawehn, Helmut: Meine Flucht aus Memel

Grewe (Kpt.): Die letzte Fahrt des Tankers Julius Rütgers am 9.Mai 1945 über die Ostsee

Groehlke, Olaf: Rostock im Luftkrieg 1941–1945

Großmann, Horst: Das VI. Armee-Korps in Ostpreußen

Grote, Waltraut: Die letzten Tage von Pillau

Gruhlke, Manfred: Meine Flucht – im Schulheft notiert

Guderian, Heinz: Ereignisse an der Ostfront – Im Oberkommando des Heeres und Führerhauptquartier Juni 1944 bis 28. März 1945

Guttmacher, Else: Tagebuch meiner Flucht aus Danzig

Hannemann, Walter: Kampfgruppe Brühl – die Verteidigung der Festung Stettin

Hansen, Kapitän: Bericht über den Totalverlust des Lazarettschiffes Posen

Harzheim (Kpt.): Der tragische Verlust des Dampfers Hamburg auf der Reede von Saßnitz

Hetz (Kkpt.): Der letzte Swinemünde-Einsatz des Zerstörers Z 34

Hilliger, Gertrud: Die Evakuierung eines Kolberger Kinderheimes

Höhn, Gustav: Die Verteidigung des Dohnasberges in Gotenhafen

ders.: Im Einsatz in Pillau

Hoffmann, Werner: Die Räumung der Festung Memel

ders.: Die Kämpfe um Königsberg

Hoßbach, Friedrich: Die Kämpfe in Ostpreußen Juli 1944 bis 30.Januar 1945

Huwe, Joachim: Als Arzt auf dem Lazarettschiff *Pieta*

Jesse: *Walter Rau* – letztes Schiff aus Gotenhafen

ders.: Letzte Fahrt von Hela

Kaftan, E: Das Ende der Seestadt Pillau

Kannenberg, Johann: Die letzten Kriegstage in der Festung Pillau

Kayser, Theodor: Was ich in Pillau erlebte

v. Kendell: Das war Gauleiter Forster

Kerschies, Erwin: Als Funker an Bord des Eisbrechers *Ostpreußen*

ders: Die Flucht des Gauleiters Koch

Kerwin, Bruno: Die letzten Tage in der Festung Königsberg

Knebel, Kurt: Der letzte Kampf unseres Generals Karl Henke

Kirchner, Manfred: Den Untergang der *Orion* vor Swinemünde überlebt

Kolbe (Fkpt.): Bericht über die blitzartige Räumung von Stolpmünde

Kohn, Alfred (Kpt.): Logbuch des Pillauer Transportfischkutters *Ostsee*

Lange, Henry: Die Bombardierung des Dampfers *Moltkefels* auf der Reede von Hela

Lassen, E.A.: Der Kampf um Ostpreußen

Lauterbach, Eugene: Die Kapitulation von Greifswald – miterlebt

Layher, Eberhard: Die Räumung der Festung Pillau

Lehmann, Hermann: Mit *H 27* im Ostsee-Einsatz

Lörke, Helga: Unsere Flucht aus Rügenwalde

Lokenvitz, Ulrich: Wie ich das Ende von Saßnitz erlebte

Lüddecke, Otto: Erlebnisse in Westpreußen 1944/45

Luikas, Heinrich: Als Offizieranwärter im Pillau Einsatz

Luksch, Johann: Memel – Samland – Pillau

Marquardt, Käthe: Letzte Stunden im toten Memel.

Marquardt, O.: Bericht an die KMD Stettin über Transporte aus Kolberg über die Ostsee

Mascholler, Kurt: Mit dem Raddampfer von Hela nach Schweden

Matzky, G: Ostpreußen im Januar 1945

Merten, H.F.: Die Rettung von 6000 Hitlerjungen mit Schiffen aus Memel

Michel, Erwin: Die Räumung der baltischen Häfen

Möller, Johannes: Als letzter Marine-Festungskommandant in Memel

Mordal, Jaques: Die Sowjets besetzten Königsberg

Naether, Johannes: Die 2. Armee in Westpreußen

ders.: Das Schicksal der westpreußischen Bevölkerung

Natzner, Oldwig v.: Die Festung Kurland – ein Bericht

Neuhoff, Willi: Kriegsende in Stettin-Swinemünde – miterlebt

Nicol (FKpt.): Die Räumung der Festung Stettin

Nolte, Alma: Aus Kolberg geflohen

Perband, Siegfried: Im Ostsee-Einsatz 1945

Potzgruber, Josef: Rettung von Hela in letzter Stunde

Prien, A.: Gefechtsbericht Marine über die Verteidigung der Festung Kolberg vom 1. bis 13. März 1945

Ritgen, Udo: Mein Einsatz bei der Verteidigung von Gotenhafen als Einschiffungsoffizier und Leiter des Seetransports auf der Halbinsel Hela

Sautter, Ernest: Stettin – Swinemünde – Wollin April/Mai 1945

Saynisch, Paul: Die Verteidigung der Festung Memel

Schaumann, Werner v.: Mit 100 000 Mann in die Gefangenschaft

Scheunemann, Edith: Meine Flucht mit dem Dampfer *Theseus*

Schewe, Edmund: Mit Fahrrad, Bahn und Schiff geflohen

Schneider, G.D.: Der Einsatz der 8. Artillerieträger-Flottille in der Ostsee 1945

Schön, Arnold: Die Räumung der Festung Pillau

Schöpffer, Eberhard: Die Situation der Flüchtlinge auf der Halbinsel Hela im April und Mai 1945

Dem Autor lagen rund 700 weitere Einzelberichte und Mitteilungen über die letzten Kriegsereignisse in den Ostseehäfen von Reval-Riga bis Flensburg-Kopenhagen vor, die hier aus Platzgründen nicht aufgeführt werden können.

Ergänzende Informationen an den Autor erbeten:

Heinz Schön,
D 32107, Bad Salzuflen, Auf dem Sepp 19,
Telefon (0 52 22) 74 24, Fax (0 52 22) 7 39 20

Bildnachweis

Soweit die Abbildungen nicht aus dem **Ostsee-Archiv Heinz Schön, 32107 Bad Salzuflen, Auf dem Sepp 19,** stammen oder dem Autor aus Privatbesitz für die Veröffentlichung überlassen worden sind, wurden sie von folgenden Archiven zur Verfügung gestellt:

Bundesarchiv Koblenz (1)	Polnisches Danzig-Archiv (10)
Königsberg-Archiv (26)	Polnische Original-Fotos (13)
Memel-Archiv (22)	Russische Original-Fotos (40)
Pommern-Archiv (42)	

Folgende Reedereien stellten Fotos von Flüchtlingsschiffen, die 1944/45 in der Ostsee eingesetzt waren, zur Verfügung:

Ahrens-Reederei, Erich Ahrens, Rostock (1)
Argo-Reederei, Richard Adler & Co, Bremen (1)
Atlas-Reederei, AG, Emden (1)
J. F. Bräunlich, Stettin (1)
Cords-Reederei, August Cords, Rostock (2)
Deutsche Afrika-Linien, Hamburg (13)
Deutsche Levante-Linie, AG, Hamburg (1)
Deutsche Reichsbahn – Fährschiff, Stettin
John T. Essberger, Hamburg (21)
H. M. Gehrckens, Hamburg (2)

Gribel-Reederei, Rud. Christ. Gribel, Stettin (8)
Hamburg-Amerika-Linie, Hapag-Lloyd, Hamburg (16)
Hamburg-Südamerikanische Dampfschifffahrts-Gesellschaft (8)
Hamburg-Bremer-Afrika-Linie (1)
H. C. Horn-Reederei, Hamburg (1)
»Hansa«, Deutsche Dampfschiff. Ges. Bremen (5)
Ippen-Linie, Reederei, Hamburg (1)
Ivers & Arlt, Königsberg (1)
Mathies, Reederei AHG, Hamburg (2)
Neptun-Reederei, Dampfschiff.-Ges., Bremen (5)
Norddeutscher Lloyd, Bremen (6)
Oldenburg-Portugiesische Reederei, Bremen (1)
Ostsee-Reederei, Danzig (1)
Poseidon, Kohle-Import, Schiff.-Ges., Königsberg
Walter Rau, Neusser Ölwerke, Neuss (1)
Rickmers-Reederei, AG Hamburg (1)
Russ-Reederei, Ernst Russ, Hamburg (1)
Sauber & Co, Reederei, Hamburg (1)
Hugo Stinnes, GmbH, Hamburg (1)
Traber & Co, Hamburg (1)

Der Autor dankt allen Reedereien und privaten Bildgebern für die Überlassung der Fotos.